Dietrich Bonhoeffer

# PREDIGTEN – AUSLEGUNGEN – MEDITATIONEN

## 1925–1945

Herausgegeben von Otto Dudzus



Erster

1925–

CHR. KAISER VERLAG MÜNCHEN

CIP-Kurztitelaufnahme der Deutschen Bibliothek

*Bonhoeffer, Dietrich:*
Predigten – Auslegungen – Meditationen :
1925–1945 / Dietrich Bonhoeffer.
Hrsg. von Otto Dudzus. – München : Kaiser
NE: Bonhoeffer, Dietrich: [Sammlung]
Bd. 1. 1925–1935. – 1984.

ISBN 3-459-01535-7
NE: GT


Umschlag: Reinhard Liedtke.
Gesamtherstellung:
Buch- und Offsetdruckerei Wagner GmbH, Nördlingen.
Printed in Germany.

# Inhalt

Noch einige Hinweise:

Die Überschriften sind zum Teil bereits von Eberhard Bethge in den »Gesammelten Schriften« Band IV und V, in allen übrigen Fällen vom Herausgeber für diese Edition formuliert worden. Die Titelabkürzungen bei Hinweisen auf Schriften Dietrich Bonhoeffers entsprechen der allgemein üblich gewordenen Form; z. B. E = Ethik, GL = Gemeinsames Leben, GS = Gesammelte Schriften, N = Nachfolge, WEN = Widerstand und Ergebung, Neuausgabe, und Biographie = Eberhard Bethge, Dietrich Bonhoeffer. Theologe, Christ, Zeitgenosse.

Schließlich muß die Verwendung verschiedener Klammern im Textverlauf erklärt werden.

(. . .) stammen von Bonhoeffers Hand.

⟨. . .⟩ umschließen eine von Bonhoeffer gestrichene Textpassage, an deren Kenntnis doch manchem Leser liegen mag.

[. . .] umschließen Einfügungen des Herausgebers.

OTTO DUDZUS

# »WER IST JESUS CHRISTUS FÜR UNS HEUTE?«

## Dietrich Bonhoeffers Versuch einer Antwort durch 20 Jahre Verkündigung

Bonhoeffers Predigten und Auslegungen umgreifen, nimmt man die aus seiner Studentenzeit hinzu, einen Zeitraum von 20 Jahren. Eine kurze Zeit, verglichen mit der vieler anderer bekannter Prediger. Aber auch eine lange Zeit, ein ganzes Menschenleben, eine weite Wegstrecke, was den Inhalt und Wechsel der Zeiten und Situationen, was den vielfältigen Versuch deutender, antwortender Begleitung, Einflußnahme und Gestaltung angeht.

Predigen ist in Bonhoeffers Lebenswerk kein Nebenschauplatz. Er hat es so früh wie möglich gesucht. Seine erste Predigt vor einer Gemeinde hielt er als neunzehnjähriger Student. Als er sehr viel später, ein paar Jahre vor seinem Tod, erfuhr, daß eine Verwandte nur noch wenige Monate zu leben habe, schreibt er: »Was würde ich tun, wenn ich wüßte, in vier bis sechs Monaten wäre es zu Ende? Ich glaube, ich würde versuchen, Theologie zu unterrichten wie einst und oft zu predigen.« Predigen führt mitten in das Herz dieser Existenz hinein. Hier spricht Bonhoeffer sich aus wie kaum irgendwo sonst. In der doppelten Bestimmtheit durch Wahrheit und Wirklichkeit, durch gehörtes Wort und im Weitersagen versuchten Gehorsam. Und es will wie eine überaus merkwürdige Vollendung dieses Lebens erscheinen, daß seine letzte Tat, ein Tag vor seinem Tod, die Predigt vor seinen Mitgefangenen in Schönberg über das österliche Wort

sein sollte: »Wiedergeboren zu einer lebendigen Hoffnung durch die Auferstehung Jesu Christi von den Toten« (1. Petr. 1,3).
Das Corpus Bonhoeffer'scher Predigten ist zeitlich klar gegliedert und daher auch leicht überschaubar. Die Szenerie ist jedesmal grundverschieden: andere persönliche Voraussetzungen, andere Zeitereignisse in sehr unterschiedlichen Umgebungen, andere Adressaten. Aber gleich geblieben ist das Sicheinlassen auf den jeweiligen Personenkreis, die Besonnenheit, mit der ein weiter Lebensumkreis mit all seinen Komponenten und Inhalten bedacht wird, der wache Blick für das fällige Wort, die manchmal verhaltene, oft aber auch sich offen gebende Leidenschaft des Redens mit der dazu gehörigen Gewißheit, vor allem aber das Zutrauen und die Liebe zu der unergründlichen Wahrheit des Evangeliums.

Die in dieser Ausgabe vorgelegte Textfassung weicht öfter von der bisherigen Veröffentlichung in »Gesammelte Schriften«, Band IV und V, ab, manchmal erheblich. Das hat seinen Grund in den völlig unterschiedlichen Veröffentlichungskriterien damals und heute. Als Eberhard Bethge die Predigten erstmals herausgab, ging es darum, auch den predigenden Bonhoeffer zugänglich zu machen. Fast ohne Ausnahme handelte es sich um Predigten, die Bonhoeffer nie für den Druck vorgesehen und im vorliegenden Zustand nie für eine Veröffentlichung freigegeben hätte. Eine behutsame Überarbeitung war unumgänglich. Sie betrifft in der Hauptsache stilistische Glättungen, aber auch Auslassungen, vor allem bei den Barcelona-Predigten, gelegentlich aber auch später. Ganz offenkundig steht hinter allen Eingriffen die Überlegung, wie Bonhoeffer selber im einzelnen Fall verfahren wäre. Und niemand sonst hätte für solche Überlegungen eine annähernd überzeugende Kompetenz. So kommt es, daß ein heutiger

Herausgeber nur ungern auf einige dieser Änderungen verzichtet. Aber für eine neue Edition, die in ihrer Textdarbietung mit der bevorstehenden Bonhoeffer-Werkausgabe identisch sein soll, gelten andere Gesichtspunkte. Sie muß sich streng an Bonhoeffers Manuskript halten. Abweichungen müssen, wenn es sich nicht um Schreibfehler handelt, als solche kenntlich gemacht werden. Der Verzicht auf Eingriffe hat natürlich auch seine Vorteile. Er läßt Bonhoeffers beachtliche Sprachentwicklung besser erkennbar werden, weg vom »Phraseologischen«, hin zu einer bezwingenden, kaum mehr zu überbietenden Einfachheit und Prägnanz. Diesen Prozeß hat Bonhoeffer selber einmal in einer Rückschau einen der gravierendsten in seinem Leben genannt. »Es gibt Menschen, die sich ändern, und manche, die sich kaum ändern können. Ich habe mich, glaube ich, nie sehr geändert, höchstens in der Zeit meiner ersten Auslandseindrücke und unter dem ersten bewußten Eindruck von Papas Persönlichkeit. Damals ist eine Abkehr vom Phraseologischen zum Wirklichen erfolgt« (WEN, 300).

Nur in der Interpunktion der Predigten hat der Herausgeber sich Freiheiten erlaubt; wo sie bei Bonhoeffer offenkundig nachlässig ist, aber auch darüber hinaus. Bonhoeffer liebte es, mit Gedankenstrichen zu arbeiten. Für das Sprechen eines Textes mag das eine Hilfe sein, aber es stört das Schriftbild und läßt öfter die Zugehörigkeit eines Satzteiles zum ganzen nur schwer erkennen. Außerdem setzt Bonhoeffer häufig ein Semikolon, wo ein Punkt angebrachter erscheint. Komplizierte Satzkonstruktionen gibt es bei ihm so gut wie gar nicht, wohl aber manchmal über halbe Seiten hinweg aneinandergereihte Hauptsätze, die durch Komma oder Semikolon getrennt sind. Es ist leicht einzusehen, wie Bonhoeffers Sprache ihre ganze Prägnanz erst zeigt, wenn man überall dort einen Punkt setzt, wo er hingehört.

## I. Aus der Studentenzeit (1925–1927)

Erstmals werden hier Predigten zugänglich gemacht, die Bonhoeffer als Student in einer Gemeinde gehalten oder auch nur für das homiletische Seminar und das erste theologische Examen angefertigt hat. Die beiden Seminarpredigten sind möglicherweise nachträglich gehalten worden. Jedenfalls gibt der Rezensent (Prof. Mahling) zu der über Ps. 127,1 ausdrücklich seine Genehmigung. Und zu der über Jak. 1, 21-25, die im Blick auf »gebildete oder doch irgendwie geistig angeregte Jugend von 16–20 Jahren« konzipiert ist, schreibt er: »Die Predigt ist als eine an die Jugend gerichtete gedacht. Sie ist nach Inhalt und Form, nach der Seite forscher Männlichkeit und herzlicher Güte, reiner Wahrhaftigkeit und gewissenhaften Ernstes als eine recht gute Auslegung und Anwendung des vorliegenden Textes zu bezeichnen.« Mit gutem Grund wurde bisher von einer Veröffentlichung abgesehen. Es sind tastende Versuche, durchsetzt mit allerlei Unzulänglichkeiten. Der Prediger ist erst auf dem Weg zu seiner Aufgabe und zu seinem unverwechselbaren Wort. Aber inzwischen ist Bonhoeffer so bekannt geworden, daß die Rückfrage nach den Anfängen, nach erkennbaren Entwicklungen auch auf dem für ihn so wichtigen Gebiet des Predigens eine Antwort erwarten darf.

Und da ist auf verschiedene Dinge hinzuweisen. Etwa darauf, daß bereits in den ersten Anfängen Themen begegnen, die ihn sein ganzes Leben lang in Atem halten sollten, die Frage nach Hören und Tun, nach Glauben und Gehorchen (in der Predigt über Jak. 1, 21–25). Der Horizont wird jedesmal weiter, der Erfahrungshintergrund reicher und gleichzeitig komplexer, die Antwort wird immer präziser und befreiender, aber immer ist es die gleiche Frage. Auffallend ist sodann die reife Sicherheit mancher Urteile über Zeitereignisse, über den Charakter der Gegenwart, zum Beispiel wenn er gleich in den ersten Sätzen der Jakobuspredigt die Gegenwart keineswegs eine klassische Zeit der Weltgeschichte nennt, aber noch viel weniger eine, über die man später zur Tagesordnung wird übergehen dürfen. Sie »hat zu viel Narben, um ein klassisches Aussehen, erst recht aber, um ein gleichgültiges Antlitz zu haben.« Hier klingt deutlich an, was er in einem Brief aus dem Gefängnis sehr schlicht sagen wird: er habe sich niemals gewünscht, in einem anderen Jahrhundert gelebt zu haben. Endlich und besonders fällt auf in diesen Predigten die Dominanz derjenigen Theologie, der Bonhoeffer sich früh verpflichtet wußte: die Radikalität Barth'schen Denkens; die Kategorie des Entweder – Oder: Evangelium oder Kultur; Offenbarung oder Religion; Gottes Ehre oder des Menschen Ruhm; Gottes Erbarmen oder des Menschen Werk. »Christentum bedeutet Entscheidung, Wendung, Absage, ja Feindschaft dem vergangenen, alten Menschen gegenüber. Christus schlägt den vergangenen Menschen in Trümmer ganz und gar. Er trifft und durchschneidet mit seinem Schwert ... den innersten Lebensnerv. Und gerade da schmerzt der Hieb am meisten, wo er die scheinbar edelsten Gesinnungen einer vollkommenen Sittlichkeit traf.«

Mit welchem Erstaunen mag Bonhoeffers Mutter diesen ersten Sätzen, die ihr Sohn je von einer Kanzel herab sprach, zugehört haben? Sie, die als Enkeltochter des Kirchenhistorikers von Hase in der hier anvisierten Frömmigkeit, Religiosität und Geistigkeit ganz zu Hause war. Es war wohl anhaltende Überraschung, die sie das Manuskript dieser Predigt eigenhändig Wort für Wort abschreiben ließ. Bonhoeffer wußte, wovon und wogegen er redete. Diese Welt war ihm von Kindheit an vertraut. Sicher im Gegensatz zu vielen anderen, denen das Reden von Gott als der Krise alles Menschlichen, auch und gerade der Kultur, des Intellektes, der hohen geistigen Möglichkeiten mehr oder weniger Modesache war. Bei Bonhoeffer schleicht sich nirgends ein hämischer Ton ein. Manchmal meint man so etwas wie Schmerz herauszuspüren, wie hier über alle menschliche Höhe von Gott her Gericht anzusagen ist. Immer ist dieses Reden voller Respekt, etwa in der Predigt über Ps. 127,1, wo er Versuche des Wiederaufbaus nach vorausgegangener Zerstörung in den verschiedensten Lebensbereichen beschreibt. Gehört er doch einer Gesellschaftsschicht an, die zu den Trägern all dieser Aufbauversuche zählt. Man ahnt die bereits geschehenen und noch bevorstehenden Auseinandersetzungen, wenn in diese Welt geistigen Reichtums und respektabler Lebensweise die Kraft des Evangeliums umwerfend, umgestaltend, erneuernd einbricht. »Die Bekehrung der Guten« wird er diesen Vorgang später nennen. Und man ahnt auch schon, daß sich sehr bald eine Akzentverschiebung einstellen wird: Gott nicht mehr vorrangig die Krisis des Menschen und alles Menschlichen, sondern sein Freiwerden, die Eröffnung ganz neuer Möglichkeiten des Lebens (so bereits am Ende der Predigt über Jak. 1, 21–25).

Nicht zu übersehen sind allerdings bei diesen ersten Predigten sprachliche und formale Mängel, wahrscheinlich typische Merkmale eines Anfängers. So gibt es zu viel unnötige Füllsel (»weiß Gott«, »wahrhaftig«), zu viel emotionsgeladene Exklamationen (»wehe uns«, »wohl uns«), zu viel und nicht immer begründete Superlative (»zutiefst«, »furchtbarer Ernst«, »erschütternd«), nicht selten auch überflüssige Dramatisierungen.

Zu den formalen Mängeln ist das Auseinanderklaffen von »Auslegung« und »Anwendung« zu rechnen, wovor Bonhoeffer später seine Kandidaten nicht dringlich genug warnen kann. Das sei ein nicht wieder rückgängig zu

machender Verfall an Langeweile. Außerdem sei es eine Verachtung des biblischen Textes, der unserer »Anwendungen« nicht bedarf. Die Gegenwartsbedeutung eines Textes wird gelegentlich in einem anstrengenden geistigen Prozeß vorgeführt: Man müsse sich so lange in eine Erzählung versenken, bis die Mauer der Jahrhunderte zwischen damals und heute (Lessing sprach treffender von dem »garstigen Graben«, der durch keine Anstrengung zu überwinden sei) dahinschwinde. Später wird Bonhoeffer sagen: »Beteuere nicht die Gegenwartsbedeutung eines Textes, sondern setze voraus.« Die innere Beteiligung des Predigenden an der behandelten Situation wird gelegentlich mit psychologischen Affekten des »Entsetztseins«, der »Wut«, des »Schmerzes« ausdrücklich angezeigt. Welche Sorgfalt sollte Bonhoeffer später auf die Beschreibung des inneren Beteiligtseins des Predigenden verwenden! Es ist, als hätte er bei all dem auch eigene Irrwege vor Augen gehabt.
Sollte es ein Zufall sein, daß alle genannten Mängel in gehäufter Weise gerade in der Examenspredigt anzutreffen sind? Der Adressat bestimmt eben doch auch schon in der Vorbereitung die Gestalt einer Predigt. Und es macht einen Unterschied, ob dies eine Gemeinde oder der Kreis der immerhin bekannten Kommilitonen aus dem homiletischen Seminar oder die anonyme Kommission prüfender Konsistorialräte ist.
Unberücksichtigt bleiben müssen in dieser Veröffentlichung Bonhoeffers Katechesen und Kindergottesdienstpredigten. Leider! Denn gerade auf diesem Gebiet war er beeindruckend und ungewöhnlich erfolgreich. Zuerst in seiner Heimatgemeinde Berlin-Grunewald und später in Barcelona. Er verstand packend zu erzählen. Material boten ihm vor allem die biblischen Geschichten, aber auch Märchen und Gleichnisse. Manche mag er selber erfunden haben. Bei biblischen Texten scheute er sich

nicht vor Ausmalungen, auch nicht vor Dramatisierungen. Alle vertretbaren Mittel waren ihm recht, wenn es darum ging, deutlich zu machen, daß Gottes Wort nicht eine Sache der Vergangenheit ist, sondern uns heute zum Glauben bringen und zu einem Leben im Glauben verhelfen will.

## II. Vikariat in Barcelona (März 1928 – Februar 1929)

Aus der Barcelona-Zeit gibt es das hier erstmals veröffentlichte Papier, das seiner Zweckbestimmung nach nur schwer einzuordnen ist. Offenbar ist es flüchtig hingeworfen, meist in Form einer Anrede. Das legt den Gedanken nahe, es sei der Entwurf eines Briefes oder einer Reihe von geplanten Briefen. Aber wer entwirft schon Briefe auf Vorrat oder, wenn es einer sein sollte, wer schreibt schon mit einer so breit gestreuten Thematik? Am wenigsten Bonhoeffer, der Präzision und Beschränkung liebt. Das Papier erinnert an Skizzen aus späterer Zeit, etwa an die »Gedanken über Verschiedenes« aus der Tegeler Zelle (WEN, 408 ff). Gelegentlich pflegte Bonhoeffer Gedanken zu sammeln, die später irgendwo, meist in überraschenden Zusammenhängen, auftauchen. Es ist auch unverkennbar, daß Bonhoeffer in dem Barcelona-Entwurf Themen benennt, die ihn durch alle Stationen seines Lebens begleiten werden. So mag man annehmen, daß er hier, zu Beginn seiner Lebensarbeit, sich Rechenschaft gibt über Fragen, Komplexe, Inhalte, die ihm selber wichtig sind und auch anderen durch seinen Dienst wichtig werden könnten. Eine Art heimlicher Kanon für bevorstehende Begegnungen, Gespräche, vornehmlich mit

Jugendlichen; und dann vor allem auch, wie wir sehen werden, für sein Predigen.
Die Parabel von den zwei Wanderern auf der Landstraße scheint den ganzen Entwurf zu beherrschen. Jedenfalls hat sie allen Abschnitten die Form der Anrede, mindestens an einer Stelle die des Zwiegespräches gegeben (»wir haben manchmal vom Beten geredet«). Besonders schön ist, daß sie die Frage in der Schwebe läßt, wer sich hier eigentlich begegnet. Unverkennbar steht die Emmausgeschichte aus Luk. 24 im Hintergrund. Aber weil das nicht ausgesprochen wird, kann man leicht an Begegnung und gemeinsame Wanderschaft in der Nachfolge des Herrn denken. Genau dies scheint beabsichtigt zu sein.
Nahezu alle angesprochenen Themen sind in die Predigten eingegangen: die Parabel *in die* über Matth. 28, 20, breit angelegt, wobei auch Märchen und Legenden hinzugezogen werden, wahrscheinlich um den universalen Charakter der Begegnung mit dem Auferstandenen zu unterstreichen, auch hier den Angetroffenen, Angeredeten an je seinem Platz und in je seiner eigenen Situation ins Gespräch ziehend, ebenfalls in der doppelten Form seiner Gegenwart im Wort und im Bruder. Das Thema vom Alleinsein und vom Gebet finden wir ausführlich wieder in der Predigt über Ps. 62,2; das von der Arbeit ist mindestens andeutend enthalten in der über Luk. 17,33; während das Thema »vom Wachsen« (ganz Kind zu sein, um ein ganzer Junge und dann ein ganzer Erwachsener werden zu können) in der Predigt über Röm. 12,11c reich entfaltet wiederkehrt. Und dem Thema »rein bleiben und reif werden« ist eine ganze Predigt gewidmet, die über Matth. 5,8. Von ihr schreibt Bonhoeffer am 7. 8. 1928 an H. Rößler: »Am Sonntag will ich nun über Matth. 5,8 sprechen. Ich bin noch nie an eine Predigt mit solchem Herzklopfen herangegangen. Aber ich freue mich auf Sonntag« (GS I, 52 f). Warum Herzklopfen?

Vielleicht weil er die in der Jugendbewegung der zwanziger Jahre so beliebte Formel aus dem »Wanderer zwischen zwei Welten« zwar übernimmt, aber die Brüchigkeit des idealistisch-nationalistischen Hintergrundes durchschaut und sie mit biblischer Begründung und vom Evangelium herkommendem Inhalt füllen möchte? Die Flex'sche Formel sollte durch die Möglichkeit nationalistischen Mißbrauchs sehr bald zum Gespött werden. Aber Bonhoeffer ist das Wort von der Reinheit des Herzens und vom Reifwerden durch diese Reinheit durch alle Zeiten und Entwicklungen hindurch unverändert kostbar und maßgeblich geblieben. Als er 1939/40 den 119. Psalm auslegt, schreibt er zu Vers 9 in deutlicher Kontinuität zu dem Barcelona-Papier: »Klingt uns diese Frage nach dem unsträflichen, reinen Weg unjugendlich, unfrei, lebensverneinend? So doch nur darum, weil wir uns schon an einen zu sehr gottlosen Begriff von Jugend gewöhnt haben und die Kraft und Lebensfülle, die in der Unschuld liegt, nicht mehr zu verstehen vermögen« (GS IV, 524).

Bonhoeffer hatte in Barcelona in 14tägigem Turnus zu predigen, in den sehr langen Sommerferien seines Vikariatsvaters sonntäglich. Demnach hat er in dem einen Jahr seines Vikariates 25–30 Predigten gehalten. Leider sind davon nur 12 erhalten geblieben. Von einigen existieren Fragmente, die aber keinen Zusammenhang ergeben. Durchweg predigte er über kurze Texte. Das wird damit zusammenhängen, daß die Themen ihm vorher feststanden. Später sah er darin eine Willkür, von der abzuraten sei.

Bevor Bonhoeffer mit dem Predigen beginnt, muß er sich Kenntnisse über die Gemeinde verschaffen, ihre Menschen, ihre Geschichte, ihre soziale Zusammensetzung, ihre Lebensweise, ihre Kirchlichkeit, über vorherrschende Tendenzen. Mit der ihm eigenen Umsicht und mit seiner scharfen Beobachtungsgabe gelingt ihm das in kurzer Zeit. Wege dazu bieten sich genügend: in den zahlreichen Vereinen, einschließlich Gesang- und Tennisclub; vor allem aber über die Kinder und Jugendlichen, mit denen er es in großer Zahl im Kindergottesdienst und Religionsunterricht zu tun bekommt. Er besucht sie alle und lernt so auch die Eltern und ihre häusliche Umgebung kennen. In seiner Seelsorgevorlesung wird Bonhoeffer später eindrücklich darüber reden, von welcher Wichtigkeit es für den Prediger ist, Eingang in Häuser zu finden. Und welch ein Vertrauensbeweis darin liegt! Mit gewonnenen Kenntnissen versteht er in den Predigten souverän umzugehen. Er schildert sie nicht. Er gibt auch keine Situationsanalysen, wie noch in den Predigten aus der Studienzeit (besonders in der über Ps. 127, 1). Er setzt das alles einfach voraus, redet in die Situation hinein; versucht eine Antwort zu geben, Ziele aufzuzeigen und zu diesen Zielen hin etwas in Bewegung zu bringen. Durch alle Predigten geht eine starke Leidenschaft. Mit jeder will er etwas ganz Bestimmtes erreichen.

Die Sprache ist dabei die eines jungen Mannes. Gewiß herrscht hohe Intellektualität vor. Aber dann trifft man auf Eindrücke, Stimmungen, die auf Wanderungen, überhaupt aus der Begegnung mit der Natur gewonnen sind. Man spürt ihnen Entdeckerfreude ab, auch Überschwang. So kommt es, daß die Sprache manchmal etwas »blumig« wirkt. Die eigene Kindheit ist ihm noch nahe genug, um die Ratlosigkeit beschreiben zu können, in die man beim Überschreiten der Schwelle weg von der Kindheit gerät, wenn man sein Ich entdeckt; wenn man erfährt, wie die Seele sich gleichsam spaltet; wenn man fassungslos zu fragen beginnt: Wer bin ich eigentlich? (Predigt über Luk. 17, 33) Auch diese Frage wird einmal auf anderem Niveau, nach anderen Erfahrungen, unter anderen, dramatischen Verhältnissen und dann auch mit ganz anderen

Antworten wiederkehren. Soll man über diese jugendnahe Sprache die Nase rümpfen? Soll man von einem 22jährigen die abgeklärte Sprache reiner Sachlichkeit erwarten? Es gibt genug junge Prediger, die wie Greise reden oder, was noch schlimmer ist, wie Routiniers.
Mit der Sprache hängt ein weiteres zusammen. In den Barcelona-Predigten nimmt die Situation des Jugendlichen einen verhältnismäßig breiten Raum ein, nicht ausgeführt, aber doch unverkennbar vorausgesetzt: sein Idealismus, sein Werden und Wachsen, sein Streben und Kämpfen, seine Sehnsüchte und Träume. Nicht idealisiert, erst recht nicht verabsolutiert, aber ernst genommen; und darum hineingestellt in den großen Lebenszusammenhang, aber mit eigenem Gewicht. In der deutschen Predigtliteratur gibt es kaum Vergleichbares. Kinderpredigten, Jugendpredigten gibt es die Hülle und Fülle; zumeist Versuche, biblische Inhalte »kindesgemäß«, »jugendgemäß« darzustellen. Immer sehr bemüht, längst nicht immer gelungen, fast immer gekennzeichnet durch erheblichen Substanzverlust. Und das ganz einfach, weil man die Situation des Kindes beziehungsweise des Jugendlichen zur dominierenden Größe und seine Verstehensmöglichkeit zur Norm des Darzubietenden macht. Darin kann man nur Irrtümern anheimfallen und in Sackgassen geraten. Von Bonhoeffer wissen wir, daß seine Wirkung auf Kinder und Jugendliche ungewöhnlich stark war, und zwar ohne die geringste Verkürzung biblischer Substanz. Ob diese starke Wirkung nicht daran liegt, daß er Jugend und Jugendgemäßheit nie zum eigenen Thema macht, sondern sie mit großer Selbstverändlichkeit in die Begegnung mit dem Evangelium hineinnimmt?
Unter den Predigten darf man zwei als herausragend ansehen, die über 1. Kor. 12, 27 u. 26 (»Kirche«) und über Röm. 12 11 c (»Dienet der Zeit«). Das Thema Kirche war Bonhoeffers große Entdeckung in seiner Studienzeit. In

»Sanctorum Communio« hat er Kirche unter den theologischen, soziologischen und geschichtlichen Bedingungen des 20. Jahrhunderts darzustellen unternommen und ist damit für evangelisches Kirchenverständnis weit in Neuland vorgestoßen. Die Tragweite dieses Pionierganges beginnt man erst heute voll auszuloten. Wie sieht es nun aus, wenn der Verfasser eines so profunden Buches das Thema Kirche zur Predigt macht? Keine akademischen Belehrungen, keine hochtrabenden Worte über einen hohen Gegenstand, keine Spur von Abwehr wirklicher oder nur vermuteter Gegnerschaft, sondern eine Predigt voller Lockungen, Einladungen, weil es Überraschendes zu entdecken gibt, sobald man sich auf den Weg macht. Es sei, wie wenn das Kind zur Mutter zurückkehrt, der Wanderer nach langen Irrwegen zur Heimat. So reich ist das Angebot, auch an Menschlichkeit, an Hilfen zum Existieren, im Eintreten füreinander, in der Fürbitte füreinander, im Gewähren gegenseitiger Vergebung. Und das alles unter der Herrschaft des uns in seinem Wort und im Bruder suchenden, findenden, begleitenden Christus. So sieht Bonhoeffer die Kirche; so liebt er sie; so hat er sich für sie zu leben und zu arbeiten entschlossen.
Für die zweite herausragende Predigt kennen wir die »Vorgeschichte« weniger gut, höchstens in einigen Andeutungen. Aber sie muß immer schon dagewesen sein, um dann hier etwas überraschend ans volle Tageslicht zu treten: Bonhoeffers starkes Plädoyer für die Gegenwart. »Es gibt in der ganzen Weltgeschichte immer nur eine wirklich bedeutsame Stunde, die Gegenwart. Wer aus der Gegenwart flieht, flieht die Stunden Gottes.« »Willst du Gott, so halte dich an die Welt.« »Gott will Menschen sehen, nicht Gespenster, die den Erdboden scheuen ... Gott hat uns lieb gerade im Festhalten an unserer Mutter Erde, ... in der Solidarität mit dem Menschengeschlecht, auch dort, wo es schwach ist.« »Der

Christ stellt sich mitten in sie (sc. seine Zeit) hinein, in ihre Aufgaben und Schwierigkeiten, in ihren Ernst und in ihre Not und dient; er ist Gegenwartsmensch im tiefsten Sinne.« In diesem Zusammenhang erfolgt dann auch der Verweis auf die Sage vom Riesen Antäus.

Liebe zur Kirche als dem Ort der Gegenwart Christi und Treue zur Welt – hiermit sind die beiden Pole benannt, um die Bonhoeffers ganzes künftiges Denken, Arbeiten, Beten und Handeln kreisen wird. Sie werden unterschiedlich akzentuiert sein, aber immer bleiben sie, sich gegenseitig befruchtend, aufeinander bezogen.

## III. Berlin (1931–1933)

Zwischen der letzten Predigt in Barcelona (3. 2. 1929) und der ersten in Berlin (4. 10. 1931) liegen fast drei Jahre. Sie sind ausgefüllt mit der Assistentenzeit an der Berliner theologischen Fakultät, dem zweiten theologischen Examen und der Habilitation mit »Akt und Sein« (Juli 1930); vom September 1930 bis Sommer 1931 mit dem Studienaufenthalt am Union Theological Seminary in New York. Ehe Bonhoeffer mit seiner Tätigkeit in Berlin beginnt, nimmt er Anfang September 1931 an der Weltbundkonferenz in Cambridge teil. Hier wählt man ihn zu einem der beiden für Europa zuständigen Jugendsekretäre des Weltbundes für Freundschaftsarbeit der Kirchen. In dieser ganzen Zeit scheint Bonhoeffer nur einmal gepredigt zu haben, am 21. 12. 1930 in der deutschen Gemeinde Havanna. Diese Predigt ist der Einfachheit halber denen aus Barcelona beigefügt.

Bonhoeffers Arbeit in der Berliner Zeit lag auf drei verschiedenen Ebenen: der akademischen, der kirchlichen und der oekumenischen. Die meiste Zeit und Kraft beanspruchte die akademische. In den vier Berliner Semestern hielt er eine Fülle von Vorlesungen, Seminaren und Übungen. Zu seiner kirchlichen Tätigkeit als »Stadtvikar von Berlin« gehörte die Studentenseelsorge an der Technischen Hochschule, wo er ein sehr dürftiges und auch unbefriedigendes Arbeitsfeld vorfand, die vertretungsweise Übernahme des Konfirmandenunterrichtes in Berlin-Wedding, einer der schwierigsten Gemeinden Berlins, in welcher der zuständige Pfarrer gerade am Konfirmandenunterricht gescheitert war (Bonhoeffer sollte an diesem Dienst besonders große Freude und auch »Erfolg« erfahren), und dann gelegentliches Predigen. Er hatte zwar keine eigene Kanzel und auch keinen fest umschreibbaren Personenkreis als Gemeinde, von seinem Auftrag her jedenfalls nicht. Erst im Laufe der Zeit entstand so etwas durch die Anziehungskraft seiner Predigt. Gelegenheit zum Predigen fand er in der Dreifaltigkeitskirche, wo ihm Bronisch-Holtze, Pfarrer dieser Gemeinde und gleichzeitig Studentenpfarrer an der Universität, etwa zweimal im Semester die Kanzel überließ, meist allerdings in »Nebengottesdiensten«, d. h. abends. Gerhard Jacobi bat ihn sodann öfter um Vertretung in Gottesdiensten der Kaiser-Wilhelm-Gedächtnis-Kirche. Aus zwei Jahren sind knapp 15 Predigten erhalten. Das ist nicht viel. Aber was verstand Bonhoeffer aus diesen wenigen Gelegenheiten zu machen! Sie sollten der heimliche Schwerpunkt seiner Arbeit in diesen Jahren werden.

Die äußeren Voraussetzungen der Berliner Predigten hätten im Vergleich zu denen in Barcelona nicht unterschiedlicher sein können. In Barcelona war Bonhoeffer ganz auf sich gestellt, von niemandem beraten, von niemandem kontrolliert, an niemandem sich messen könnend. In Berlin war seine Stimme eine unter hunderten, eine unbekannte neben vielen mit großem Namen, eine unerprobte unter lauter routinierten. Dort eine Winkelgemeinde, abseits von geistigen Bewegungen, Tendenzen und Ansprüchen der Gegenwart, ganz mit sich, ihren kleinen menschlichen, geschäftlichen, gesellschaftlichen Problemen beschäftigt. Hier eine Weltstadt, in der sich gerade in jenen Jahren wie kaum anderswo die politischen, wirtschaftlichen und auch kulturellen Spannungen artikulierten. Dort eine relativ ruhige Zeit, wo man noch nicht ahnte, wohin die Entwicklung gehen würde. Hier Bankenzusammenbrüche, Weltwirtschaftskrise, Massenarbeitslosigkeit, Krise in der internationalen Zusammenarbeit, zunehmende Radikalisierung und der sich abzeichnende Zusammenbruch der Demokratie in Deutschland. Es ist selbstverständlich, daß diese Bedrohung der Lebensgrundlagen in den Predigten dieses wachen, die Vorgänge auf allen Gebieten so sorgfältig beobachtenden Zeitgenossen ihren Ausdruck finden wird. Wie das geschieht, mögen folgende Beispiele zeigen.

Seine erste Predigt hält Bonhoeffer am Erntedankfest (4. 10. 1931) über Psalm 63, 4: »Deine Güte ist besser denn Leben.« Zu Beginn nimmt der Gedanke an die sieben Millionen Arbeitslosen in Deutschland und, weil er gelernt hat, über die Grenzen des eigenen Landes hinauszudenken, nicht weniger der an die noch weitaus größeren Zahlen in England und den Vereinigten Staaten von Amerika sowie an die vielen Millionen verhungernder Menschen in China und Indien einen relativ breiten Raum ein. Aber nur, um sofort und um so dringlicher die Frage zu stellen, unter welchen Bedingungen uns die Zusage der Güte Gottes gelten kann; zu welchen Konsequenzen sie uns führen will; in welchen Kampf sie uns hineinstellt, wenn sie nicht unter der Hand zu einem Fluch werden soll. »Willst du meine Gnade, so gib dem Nächsten von deinem Besitz. Willst du meine Liebe, so gib dem Nächsten deine Seele. Willst du meine Güte, so setze dein

Leben für den Nächsten ein.« Als utopische, harte, unerfüllbare Forderung kann das nur dann erscheinen, wenn »wir Gottes Liebe im Leben Jesu Christi nicht mehr anschauen und uns von ihm aufrütteln lassen zu neuem Leben«.

Am Volkstrauertag (21. 2. 1932) predigt Bonhoeffer über Matth. 24, 6–14. Unmittelbar voraufgegangen war eine landauf – landab sich steigernde Hetze gegen Günther Dehn, mit dem Ziel seiner beruflichen und menschlichen Diskriminierung. Dehn hatte es gewagt, vor einer Pervertierung der Trauer über die Gefallenen zu einer Glorifizierung des Krieges zu warnen. Bonhoeffer waren Predigten am und zum Volkstrauertag immer besonders wichtig, bis weit in die Finkenwalder Zeit hinein, als dieser Tag längst umgefälscht war zu einem »Heldengedächtnis« und viele Prediger aus Angst vor Heuchelei ihm am liebsten aus dem Wege gingen (vgl. die Finkenwalder Predigtentwürfe zum Volkstrauertag). Dabei spielte gewiß der Gedanke an die Betroffenheit der eigenen Familie durch den Soldatentod des ältesten Bruders eine Rolle. Aber wichtiger war, daß er einen so ungeheuerlichen Vorgang wie das gewaltsame Sterben von Millionen nicht der antwort- und hilflosen Trauer bloßer Erinnerung und schon gar nicht der einen neuen Krieg vorbereitenden Propaganda der Nationalisten überlassen wollte. Ihm ging es gerade an einem solchen Tag um das Wort der Kirche, das allerdings über die Solidarität mit aller Trauer und allen Trauernden weit hinausgeht. »Die Kirche steht am heutigen Tage merkwürdig unfestlich da, wenig stolz, wenig heldisch. Sie gleicht dem Seher, ... der etwas sieht, was die anderen nicht sehen, und der nun davon reden muß, was er sieht, obwohl es keiner hören will.« Und nun die deutliche Anspielung auf den »Fall Dehn«: »Man will hier keine Störung, man will, daß hier jeder mittut ohne Ausnahme! Man will nicht, daß einer hier etwas besonderes sieht, was andere nicht sehen, und wenn das doch so ist, nun, so muß man versuchen, ihn loszuwerden. Und so geschieht es denn, daß solche Seher aus der Festversammlung ausgestoßen werden, mit Schimpf und Schande davongejagt werden von dem Volk, dem sie gerade dienen wollen, das sie lieben wie nichts auf der Welt.« Volkstrauertag in der Kirche kann nichts anderes heißen als das »Aufrichten der einen großen Hoffnung, von der wir alle leben, der Predigt vom Reich Gottes«, das ein Reich des Friedens ist.

Und endlich: Anfang Juni 1932 war nach wohleingefädelter Intrige der Reichskanzler Brüning gestürzt und durch von Papen ersetzt worden. Die neue Regierung suchte Zustimmung und Vertrauen weiter Kreise des Volkes dadurch zu gewinnen, daß sie christliche Weltanschauung, christliche Grundwerte als Grundlage ihres Regierungsprogramms beschwor. Am 12. Juni predigt Bonhoeffer in der Kaiser-Wilhelm-Gedächtnis-Kirche gegen den Mißbrauch des Namens Gottes; mehr noch gegen die Fixigkeit, mit der man in der evangelischen Kirche nach solchen Ersatzstücken greift und bösen Täuschungen anheimfällt. Das alles, weil man den Blick für die Substanz, das Zutrauen zu den wirklichen Zusagen des Evangeliums verloren hat. »Im Namen Gottes« könne man tun, was man wolle und dem noch die höhere Weihe des Christlichen anhängen. Damit sollte man sehr bald böse Überraschungen erleben.

Für die Predigtaufgabe in einer solchen Situation hielt Bonhoeffer Ausschau nach Vorbildern, auch unter Berliner Predigern. »Fendt und Dehn sind fast die einzigen, die ich wirklich hören kann«, hatte er zwei Jahre zuvor an H. Rößler geschrieben (GS I, 54). Was ihm wirklich hätte helfen können, scheint er nicht gefunden zu haben. Er bittet Erwin Sutz um dessen Manuskripte. Von einem Bekannten läßt er sich Karl Barths berühmt gewordene

Predigt über den »reichen Mann und armen Lazarus« (Luk. 16, 19–31) schicken. Als er dann selber über diesen Text predigt, setzt er die Akzente völlig anders; weniger breit angelegt, auf einen einzigen Punkt das Interesse konzentrierend und eben deswegen vielleicht auch mit der größeren Durchschlagskraft. Ein genauer Vergleich beider Predigten könnte für das Bild dieser beiden Männer sehr instruktiv sein. Von sich selber sagt Bonhoeffer in einem Brief an Erwin Sutz, er habe in seinen Predigten »am Ende immer den grauenhaften Druck, ganz an der Sache vorüber geredet zu haben« (GS I, 34). Darin dürfte er sich getäuscht haben.

Ein Versuch über Bonhoeffers Predigtweise und über seine Wirkung auf den Hörer mag an dieser Stelle angebracht erscheinen. Bonhoeffer war der Meinung, daß die ersten Minuten einer Predigt die wichtigsten seien und daß hier die Entscheidung über Gelingen oder Vergeblichkeit falle. Daher seien »Einleitungen« unerlaubt. Man müsse gleich mit der ganzen Sache »in die Gemeinde hineinspringen« (so in der Finkenwalder homiletischen Vorlesung). Mit wenigen kurzen, scharf gestochen wirkenden Sätzen wird die Ausgangsposition geschaffen. Dafür einige Beispiele:

»In den unbeugsamen Geboten Gottes ruht die Welt. Das ist die Treue Gottes zur Welt, daß er seinem Gebot Bestand gibt. Das ist der Zorn Gottes, daß er uns sein Gebot verbirgt. Das ist die Gnade Gottes, daß er uns sein Gebot wissen läßt. Das ist die Verheißung Gottes und unsere Hoffnung, daß wir einst sein Gebot halten werden« (Exaudi-Predigt über 2. Chron. 20, 12).

»Das ist vielleicht das revolutionärste Wort des Neuen Testaments. Es richtet sich darum nicht an die Massen, sondern es wird begriffen von den wenigen echten Revolutionären. Es ist ein exklusives Wort. Es bleibt der Menge ein Geheimnis. Sie macht eine Phrase daraus. Das

ist das Gefährlichste. Denn die Phrase stumpft das Revolutionäre gänzlich ab« (Predigt über Joh. 8, 32).
»Die Bibel, das Evangelium, Christus, die Kirche, der Glaube – sie sind das Kriegsgeschrei gegen die Furcht. Die Furcht – das ist der Urfeind. Die Furcht sitzt dem Menschen im Herzen, sie höhlt ihn aus, bis er plötzlich widerstandslos und machtlos zusammenbricht. Sie zernagt heimlich alle Fäden, die den Menschen mit Gott und den anderen verbinden. Und wenn der Mensch in seiner Not sich an sie klammern will, dann zerreißen sie, und hilflos sinkt er unter dem Gelächter der Hölle in sich selbst zurück. Und nun grinst ihn die Furcht unverhohlen an und sagt: Jetzt sind wir beide allein, du und ich, nun zeige ich dir mein wahres Gesicht« (Predigt über Matth. 8, 23–27).
»Eine leidenschaftliche Geschichte vom Spotte Gottes über alle Ängstlichen und Kleingläubigen, alle allzu Vorsichtigen und Besorgten, über alle, die vor Gott etwas sein wollen und doch nichts sind. Eine Geschichte vom Spott Gottes über des Menschen Macht. Eine Geschichte vom Zweifel und vom Glauben an diesen des Menschen spottenden und ihn in diesem Spott gewinnenden, liebenden Gott« (Gideon-Predigt über Richt. 6 f).
Gelegentlich genügt ein einziger Satz. »Es ist, wie wenn unser ganzes Leben getragen, gehoben und aufgehoben würde in diesen Worten« (Predigt über Kol. 3, 1–4 vom 19. 6. 1932).
Es wäre ein Leichtes aufzuzeigen, wie dieser Beginn jedesmal den ganzen Fortgang beherrscht; vor allem, wie vom ersten Satz an die Aufmerksamkeit des Hörers beansprucht wird. Durch eine präzis formulierte biblische Aussage, die meist etwas Überraschendes an sich hat. Oder durch eine Aussage über menschliche Existenz, über des Menschen Empfinden, Denken, Urteilen. Manchmal erfährt er mehr über sich, als er bisher wußte

oder sich eingestand. Er fühlt sich durchschaut, gestellt. Auf jeden Fall ahnt er, daß Wichtiges auf ihn zukommt. In einem nächsten Schritt kommen in der Regel Einsprüche, Gegenpositionen zu Wort, ohne den geringsten Versuch einer Karikierung, so ernst genommen, daß der Hörer sich auch darin wiedererkennen kann. Es ist eine ausgesprochen vornehme Art, in der Bonhoeffer mit ernst gemeinten Überzeugungen umgeht. Aber nun kommt alles darauf an, daß der Hörer auf einen Weg mitgenommen wird, auf dem er immer wieder, meist in sich steigernder Dringlichkeit, sich mit dem Evangelium konfrontiert sieht. Die Dringlichkeit liegt dabei stets in der Sache, niemals in verbalen Beteuerungen. Es ist gleichsam ein Kampf der Argumente gegeneinander, wobei sich immer wieder zeigt, daß das Evangelium nicht auf gleicher Ebene mit menschlichen Argumenten gesehen werden darf. Und nicht gesehen zu werden braucht! Gegen alle Argumente, gegen alle Widerstände öffnet sich überraschend ein Blick auf neue Möglichkeiten, neues Leben, neue Freiheiten.

Dies ist gemeint, wenn Bonhoeffer sagt, in jeder Predigt müsse »etwas passieren«. Nicht nur auf intellektueller Ebene, so daß wir neue Einblicke, neue Erkenntnisse gewinnen, mit denen unser Horizont sich weitet. Sondern so, daß tief eingegriffen wird in menschliches Leben, in Lebensverständnis, Lebensgestaltung und Lebensverhältnisse. Jeder Predigt Bonhoeffers ist anzumerken, daß sie darauf angelegt ist.

In jener ganzen Zeit war Bonhoeffer umgetrieben durch die Frage nach der Konkretion in der Verkündigung. Das war alles andere als ein akademisches Problem, sondern drängte sich auf angesichts der vielen kirchlichen »Grundsatzerklärungen«, die von lauter Richtigkeiten strotzen, aber niemandem helfen, weil sie das für den Augenblick Notwendige eben nicht zu sagen wagen. In einem Brief an Erwin Sutz: »Es ist einfach nicht genug und darum falsch zu sagen, das Prinzip der Konkretion könne nur der Heilige Geist sein. ... Die Konkretion der Gnadenverkündigung ist doch das Sakrament. Was ist aber das Sakrament des Ethischen, des Gebotes« (GS I, 34)? Im Vortrag »Zur theologischen Begründung der Weltbundarbeit« (GS I, 140–158) versucht er eine Antwort. »Mit Vollmacht kann zu mir nur gesprochen werden, wenn ein Wort aus der tiefsten Kenntnis meiner Menschlichkeit mich in meiner ganzen Wirklichkeit jetzt und hier betrifft. Jedes andere Wort ist Ohnmacht« (aaO. 144). In diesem Zusammenhang wagt er den Satz: »Was für die Verkündigung des Evangeliums das Sakrament ist, das ist für die Verkündigung des Gebotes die Kenntnis der konkreten Wirklichkeit. Die Wirklichkeit ist das Sakrament des Gebotes« (aaO. 147). Bonhoeffer will hier natürlich keine dogmatische Aussagen machen und die geheiligte Zahl der Sakramente um ein weiteres vermehren, sondern greift zurück auf die Urbedeutung dieser Metapher: »tragende Kraft«. Wie aber ist eine profunde Kenntnis der Wirklichkeit zu gewinnen? Sich orientieren natürlich, sich Informationen verschaffen, wo immer man kann, auch über die Hintergründe von Entscheidungen und Entwicklungen. Bonhoeffer hat das bereits in jenen Jahren ausgiebig geübt. Aber er hat auch immer gewußt, daß nicht der Bestinformierte eo ipso der Wirklichkeit am nächsten ist. Dazu gehört etwas anderes, nämlich sich hineingenommen wissen in Verlegenheit, Irrtum, Angst und Schuld einer Zeit; um die spätere Formulierung vorwegzunehmen: solidarisch werden. Aber auch das genügt nicht. Wirkliches Solidarischwerden gelingt nur, wenn die Voraussetzung hierzu, wenn ihr Ermöglichungsgrund gesehen und gewagt wird: sich hineinnehmen lassen in den Weg Christi, Teilnahme an seinem Kreuz. Es ist leicht zu erkennen, daß die eigentliche Mitte aller Berliner

Predigten das Wissen um das Kreuz Jesu und die Bereitschaft zur Nachfolge ist.
Dem aufmerksamen Leser wird die deutliche Zäsur innerhalb der Berliner Predigten nicht entgehen. Sie betrifft die Diktion, mehr noch die Atmosphäre. Die bis Ende 1932 haben etwas Grüblerisches an sich. Sie sind voller Kritik, voller Zweifel an der Kirche, die manchmal bis hart an den Rand der Verzweiflung gehen kann. Die Kritik ist hintergründig. Ihre Rhetorik kann ironische Färbung annehmen. Gelegentlich muß man dreimal »um die Ecke denken.« Als Beispiele hierfür seien die Predigten über 2. Chron. 20, 12, Kol. 3, 1–4 (vom 12. 6. 1932) und die vom Reformationstag über Offenbarung 2, 4–5; 7 genannt. Die beiden unmittelbar aufeinanderfolgenden Predigten über den gleichen Text am gleichen Ort lassen vermuten, Bonhoeffer habe selber den Eindruck gehabt, das in der ersten Predigt kritisch zum Mißbrauch des Namens Gottes Gesagte reiche nicht aus; es bedürfe einer positiven Ergänzung. Er beginnt auch mit einer Position. Aber wenn er dann auf die Treue zu sprechen kommt, die der Christ der Welt schuldig ist, wird er mit der Kritik nur noch schärfer. In dieser Treue werde die Kirche von den Atheisten oft genug weit überboten. In diesem Zusammenhang steht das prophetische Wort, daß »für unsere Kirche Zeiten kommen werden, wo Märtyrerblut gefordert werden wird. Aber dieses Blut, wenn wir denn wirklich noch den Mut und die Treue haben, es zu vergießen, wird nicht so unschuldig und leuchtend sein wie jenes der ersten Zeugen. Auf unserem Blut läge große eigene Schuld: die Schuld des unnützen Knechtes, der hinausgeworfen wird in die Finsternis.«
Es überrascht nicht, daß in dieser ersten Gruppe der Berliner Predigten das Stichwort »Revolution« zustimmend aufgenommen und ungewöhnlich intensiv ausgelegt wird. So in der eben zitierten Predigt vom 19. Juni und in der

darauf folgenden vom 24. Juli über Joh. 8, 32 »Die Wahrheit wird euch frei machen.« Revolution versteht Bonhoeffer hier keineswegs metaphorisch, sondern sehr wörtlich. Wichtige Aussagen, besonders wenn sie ungewohnt waren, pflegte er auf das sorgfältigste zu reflektieren. Die Bejahung des Revolutionären in den Predigten hat ihre Entsprechung in den Vorlesungen aus der gleichen Zeit, wo das alles näher begründet wird (GS V, 183, 317; 328, hier besonders der Verweis auf revolutionäre Elemente im Christentum).
Einen anderen Ton haben die wenigen Predigten aus dem Jahr 1933. Sie sind eindeutiger, direkter, ohne Nebenwege. Auch die Verhältnisse sind eindeutiger geworden, leider nicht besser. Die Predigt über die Stillung des Sturmes (15. 1. 1933) nimmt gleichsam alle aus dem bevorstehenden 30. Januar resultierenden Erschütterungen und Ängste vorweg und in sich auf. Die Gideon-Predigt vom 26. 2. 1933 rückt angesichts naiver Träume über volksmissionarische Möglichkeiten, hervorgerufen durch massenhafte braune Nachtrauungen und kommandierte Gottesdienstbesuche durch »SA-Stürme«, aber auch angesichts der Verzagtheit bei den wenigen Wissenden und Nüchternen die Relationen zurecht: »Des Volkes ist zu viel.« Und bei dem Aufmarsch der widereinander stehenden Gruppen in der Kirche, bei den vielen taktischen Manövern und Versuchen, sich gegenseitig auszutricksen, bei all dem fanatisch-kurzsichtig-verlogenen Gezänk, wie der Kirche eine Gestalt gegeben werden könne, die dem »nationalen Aufbruch«, den nationalen Hoffnungen angemessen sei, predigt Bonhoeffer am 28. Mai 1933 über die Mose- und Aaronskirche.
Diese Predigten sind streckenweise von großer sprachlicher Schönheit. Mit einem einzigen Satz werden ganze Reihen von Assoziationen auf den Plan gerufen, von Ängsten, Gefährdungen, aber auch von Errettungen und

neu gewonnenem Glauben. In unvergeßlichen Bildern werden Stimmungen und Empfindungen jener tumultuarischen Zeit festgehalten, »verdichtet«. Etwa in dem Bild der als Person geschilderten Furcht, die mit den Jüngern im Boot sitzt; oder in dem Bild der zu jedem Opfer bereiten Menge am Fuß des Sinai. Die Deutschland in jenen Monaten beherrschende Massenhysterie dürfte schwerlich in einer anderen Dokumentation aus jener Zeit so transparent gemacht und so treffsicher beantwortet worden sein. Solch ungeheuerliches Phänomen bedarf zu seiner Erkenntnis und Überwindung der Begegnung mit dem Evangelium. Dämonen können nur durch Christus ausgetrieben werden.

Die letzte der Berliner Predigten hat Bonhoeffer am Kirchenwahlsonntag (23. 7. 1933) zu halten, jenem schlimmen Tag mit so verheerenden Folgen. Thematisch schließt sie an die Mose-Aaron-Predigt an, auch formal dadurch, daß er auch hier der Kirche einen Namen gibt: »Petrus-Kirche.« Ohne alle Rechthaberei, aber des Weges völlig gewiß predigt er die Kirche des Hörens auf die Stimme Christi, die Kirche des Bekennens, des Gehorsams, der Nachfolge, die eben deswegen nur Kirche der Niedrigkeit und stellvertretenden Leidens sein kann.

»Kommt, ... wir wollen zusammen die Kirche suchen gehen.« Das war kein pathetisches Wort für den Augenblick. Damit beschreibt er seinen künftigen Weg. Und manche unter seinen damaligen Hörern haben das als Aufforderung verstanden, diesen Weg mit ihm zu gehen, um in seiner Gemeinschaft nach der wahren Kirche zu suchen.

## IV. London (Oktober 1933–April 1935)

»Wenn ich zu einer deutschen Auslandsgemeinde kam, hat mich die Frage immer am meisten beschäftigt: Wie sind die Leute hier alle an diesen Ort gekommen? Welche verschiedenartigen Gründe und welche merkwürdigen Ziele haben sie hierher gebracht?« So beginnt eine der in englischer Sprache von Bonhoeffer in London gehaltenen Predigten. Menschen, ihre Geschichte, ihre Lebensumstände kennen zu lernen ist für den Pfarrer einer Gemeinde ein Akt der Liebe. Und Liebe ist die unumgängliche Voraussetzung alles Predigens.

Bonhoeffer hat sich lange mit der Frage herumgequält, welchem beruflichen Weg er den Vorzug geben soll, dem akademischen oder dem kirchlichen. Mindestens in den heimlichen Winkeln seines Herzens rangierte die Kanzel vor dem Katheder. Die Londoner Zeit muß er darum als Erfüllung seiner Wünsche angesehen haben. Zum ersten und einzigen Mal in seinem Leben hatte er die volle Verantwortung für eine Gemeinde, für Verkündigung und Leitung. Gemeindeleitung sollte er mit Energie und Zielstrebigkeit üben. Dem, was daran Verwaltung war, konnte er nie Freude abgewinnen.

Bonhoeffer hatte in London sonntäglich zu predigen, einmal im Monat in englischer Sprache. In den 1½ Jahren seiner dortigen Tätigkeit müßte er zwischen 70 und 80 Predigten gehalten haben. Erhalten geblieben ist davon nur ein Bruchteil (16). Zu den verloren gegangenen gehören leider auch seine Auslegungen zur Bergpredigt, von denen wir aus einem Brief an Erwin Sutz vom 28. April 1934 wissen (GS I, 39 ff). Sonntäglich predigen zu müssen erschien ihm manchmal als Last. Darin teilte er das Los fast aller Prediger. Eberhard Bethge berichtet vom Urteil der Londoner Gemeinde über ihren jungen Pfarrer. Seine

Predigten hätten starke Zumutungen enthalten. Man habe sich ihnen nur durch Fernbleiben entziehen können (Biographie 385). Das heißt doch wohl, bei Teilnahme am Gottesdienst wären die Argumente zu einer Verweigerung sehr bald ausgegangen.
Die Predigten der ersten Zeit sind ganz vom »Casus« bestimmt: von der Situation des »Antritts«, von Bußtag, Totensonntag, Advent und Neujahr (Andacht für den »Gemeindeboten« über Luk. 9, 57–62); hierher gehört wohl auch die undatierte Predigt über Spr. 16, 9.
Zweierlei fällt an ihnen auf. Zunächst daß man ihnen überhaupt nicht anmerkt, aus welcher Welt der Prediger gerade kommt. Nichts von dem vibrierenden Untergrund des Lebens in Deutschland, besonders in Berlin; nichts von politischen Erschütterungen und Ängsten; nichts von einem Versuch, Orientierung zu geben, einzugreifen in den Gang der Dinge, eine Gegenposition aufzubauen. Ist das der Rückzug auf die berühmte »innere Linie«, die Bonhoeffer später als so fatal erleben sollte und vor der er nicht dringend genug warnen konnte? Manche haben Bonhoeffers Weggehen aus Berlin so gedeutet, einschließlich und besonders eindrücklich Karl Barth. Diesem ersten Rückzug entsprächen dann auch die folgenden. Bonhoeffer selber scheint dem Wechsel nach London eine ähnliche Begründung zu geben. Er habe sich den Ereignissen in Deutschland nicht gewachsen gefühlt und sehne sich nach den turbulenten Berliner Jahren ganz einfach nach Ruhe und Besinnung. Aber gegen den Rückzug auf irgend eine innere Linie spricht sein ganzer Lebens- und Arbeitsstil. Er hält ständigen Kontakt mit Berlin, familiär und kirchlich, läßt sich informieren und gibt Informationen weiter. Es dauert nicht lange, da ist er eine Zentralfigur in der Deutung der Vorgänge in Deutschland gegenüber kirchlichen und weltlichen angelsächsischen Gesprächspartnern. In dieser Zeit bahnt sich die Freund-

schaft zum Bischof von Chichester an, die von so weittragender Bedeutung für Kirche und Politik in Deutschland werden sollte. Kaum ein anderer Deutscher hatte so sehr wie Bonhoeffer das Ohr wichtiger Leute in England. Es dauerte auch nicht lange, bis er zum Initiator des Widerstandes gegen nationalsozialistische Kirchenpolitik in ihren Versuchen der Einflußnahme auf die deutschen Auslandsgemeinden jedenfalls in England wurde. Nach Rückzug sieht das alles nicht aus. Wenn von den Zeitereignissen so wenig in die ersten Predigten eingeht, hat das einen anderen Grund. In London weiterzupredigen wie in Berlin wäre einer Verleugnung seiner gegenwärtigen Aufgabe gleichgekommen. »Konkret« predigen, was Bonhoeffer immer wollte, heißt hier, sich diesen Menschen in der Situation einer Auslandsgemeinde ganz zur Verfügung stellen. Und das kann zunächst nur bedeuten, den menschlichen, persönlichen Dingen ihr Recht und ihren Platz zu geben in der Begegnung mit dem Evangelium. Diese Predigten scheinen geradezu ein Musterbeispiel dafür zu sein, wie in einer solchen Begegnung die entscheidenden Lebensvollzüge zur Sprache kommen und eine Antwort finden. Sie befreien von dem Verdacht, das Evangelim bedürfe zu seiner Aktualität irgend welcher aufregender Zeitereignisse und der Stellungnahme dazu. Es leuchtet in seiner eigenen Kraft und in seinem eigenen Glanz.

Sodann fällt bei diesen ersten Predigten auf, wie stark eschatologisch sie geprägt sind. Die einfachste Erklärung wäre der Hinweis auf die Kirchenjahreszeit: Bußtag, Totensonntag, Advent; alle reden von den »letzten Dingen«. Aber diese Erklärung bleibt an der Oberfläche. Es ist schon erstaunlich, wenn ein so vitaler, so in weit verzweigte Aktivitäten und Verantwortlichkeiten hineinverflochtener junger Mann von 28 Jahren die »Freude auf den lieben Jüngsten Tag« als Ursache, als Quelle, als

Ermöglichungsgrund aller Freude überhaupt preisen kann (in der Bußtagspredigt); und wenn er erst recht am Totensonntag sagen kann: »Der hat noch nichts vom Reich der Auferstehung vernommen, der von Stund an nicht selbst Heimweh hat und wartet, freudig wartet auf des Leibes Erlösung; ob wir jung sind oder alt!« Nun hat zwar gerade diese Predigt einen sehr persönlichen Hintergrund, der auf ihre Gestaltung und Färbung eingewirkt haben mag. Hinter ihr stehen Schmerz und Scham in der Erinnerung, daß er ein paar Monate zuvor dem nicht getauften jüdischen Vater seines Schwagers Gerhard Leibholz eine christliche Beisetzung, um die er gebeten war, nicht meinte gewähren zu können. Er hatte bei dem zuständigen Generalsuperintendenten um Zustimmung nachgefragt, und der hatte natürlich dringend gewarnt. Bonhoeffer mochte sich damit aber zu keinem Zeitpunkt herausreden. In einem Breif an Gerhard Leibholz aus eben diesen Tagen stehen Töne, die manchen Aussagen der Predigt ganz nahe sind. »Totensonntag ist einem diesmal ein besonders nahegehender Tag, weil man nach all dem, was in den letzten Monaten vorgegangen ist, so starke Sehnsucht hat nach wirklichem Frieden, wo nun wirklich all das Elend und Unrecht und Lüge und Feigheit ein Ende hat« (zitiert in der Biographie, 386). Aber auch das ist noch keine ausreichende Erklärung. Man muß zum Verständnis solcher Passagen wohl daran erinnern, daß Bonhoeffer sich von früher Jugend an in ungewöhnlicher Weise mit dem Tod auseinandergesetzt hat, auch und gerade mit dem eigenen, ohne daß hierzu der geringste Anlaß erkennbar war. Als sehr viel später Anlaß zur Beschäftigung mit diesem Ernstfall menschlichen Existierens in dramatischer Weise bestand, war er längst im Gedanken an den Tod eingeübt. Was er in der Zwischenzeit vom und zum Tod zu sagen gelernt hatte, gehört wohl zum Tiefsten, was wir überhaupt darüber zu hören bekommen können. »Der Tod ist wieder mitten unter uns getreten«, schreibt er in einem Rundbreif vom 20. September 1939 (GS II, 557 f). »Und wir müssen uns, ob wir wollen oder nicht, Gedanken über ihn machen. Zweierlei ist mir in der letzten Zeit dabei wichtig geworden: Der Tod ist außerhalb unser selbst und er ist in uns. Der Tod von außen ist der schreckliche Feind, der an uns herantritt, wann er will. ... Er ist der Tod des ganzen Menschengeschlechtes, Gottes Zorn und Ende alles Lebens. Aber das andere ist der Tod in uns, er ist unser eigener Tod. Wir sterben ihn in Jesus Christus täglich oder wir verweigern ihn. Dieser Tod in uns hat mit der Liebe zu Christus und zu den Menschen etwas zu tun. Wir sterben ihn, wenn wir Christus und die Brüder von Herzen lieben; denn lieben heißt sich dem ganz hingeben, den man liebt. Dieser Tod ist Gnade und Vollendung des Lebens. Daß wir diesen Tod sterben, daß es uns geschenkt wird, daß uns der Tod von außen erst antrifft, wenn wir durch diesen eigenen Tod für ihn bereit gemacht sind, das darf unser Gebet sein; dann ist unser Tod wirklich nur der Durchgang zur vollendeten Liebe Gottes.« Gegenüber der Predigt von 1934 ist hier eine ganze Dimension neu hinzugekommen, die der Liebe zum Nächsten. Abschluß und Höhepunkt alles Denkens und Formulierens über den Tod sollte dann das Gedicht »Stationen auf dem Wege zur Freiheit« werden, besonders mit dem letzten Vers: »Komm nun, höchstes Fest auf dem Wege zur ewigen Freiheit, / Tod, leg nieder beschwerliche Ketten und Mauern/ unsres vergänglichen Leibes und unsrer verblendeten Seele,/ daß wir endlich erblicken, was hier uns zu sehen mißgönnt ist./ Freiheit, dich suchten wir lange in Zucht und in Tat und in Leiden./ Sterbend erkennen wir nun im Angesicht Gottes dich selbst« (WEN 403).

Dieses Ausgesöhntsein mit dem Tod als dem Beginn unserer wahren Zukunft finden wir übrigens auch am

Ende der Predigt über Ps. 98, 1 und in der dritten Predigt aus dem 1. Kor. 13-Zyklus, hier angereichert mit mystischen Motiven, bis hin zur unio mystica. Nun waren gerade die Mystiker zu keiner Zeit Bonhoeffers theologische Kronzeugen. Im Unterschied zu ihnen behält er dieses Motiv auch ausschließlich der Vollendung aller Dinge vor. Aber immerhin kommt es etwas überraschend. Ob hier Hegels Identitätsphilosophie Pate gestanden hat? Es ist noch nicht allzu lange her, daß er sich in einem systematischen Seminar mit Hegels Religionsphilosophie befaßt hat. Gelegentlich zog er philosophische Komplementärsätze zur Erläuterung theologischer Aussagen hinzu, etwa in dem Pfingstbrief aus dem Tegeler Gefängnis vom 14. 6. 1943: »Leibniz hat sich sein Leben lang mit der Idee einer Universalschrift, die nicht in Worten, sondern in evidenten Zeichen alle Begriffe zur Darstellung bringen wollte, herumgeschlagen – ein Ausdruck seines Verlangens, die damals so zerrissene Welt zu heilen – ein philosophischer Reflex zur Pfingstgeschichte« (WEN, 67). Eine bloße Spekulation diese Verbindung von Bonhoeffers unio mystica und Hegels Identität? Aber warum sollte die nicht gelegentlich erlaubt sein?

Intruktuv ist aus dieser ersten Londoner Zeit schließlich noch ein Vergleich der beiden Adventspredigten, weil sie typenmäßig so verschieden sind. Die erste macht das Warten auf den kommenden Herrn ausgesprochenermaßen zum Thema. Es wird eingeführt durch ein Ereignis aus der jüngsten Vergangenheit, das allen Predigthörern noch gut in Erinnerung ist (Grubenunglück in Wales). Es werden auch noch andere parallele Situationen zum Thema »Warten auf Befreiung« herangezogen. Das ganze ist so gestaltet, daß das biblische Zeugnis keinesfalls überdeckt, sondern durchaus überzeugend zur Darstellung gebracht wird.

Die Predigt über das Magnificat dagegen hält sich streng

an den Gang des Textes, natürlich Schwerpunkte bildend. Aber hier wird nichts anderes gemacht, als gespannt auf die Aussagen des Textes zu achten und sie sprechen zu lassen. Man möge an diesen Beispielen überlegen, welche Art zu predigen überzeugender ist und auch einen längeren Atem, d. h. mehr Zukunft hat. Bonhoeffers Magnificat-Predigt darf man wohl in einer gewissen Kongenialität zu berühmten Vorbildern sehen, einschließlich dem des Johann Sebastian Bach. Hinter den Ausführungen zu dem »harten Lied von stürzenden Thronen« meint man wohl nicht ohne Grund Bachs Musik zu dem Satz: »Deposuit potentes de sede et exaltavit humiles« im Ohr zu haben. Und hier ist dann auch, ohne daß es ausdrücklich gesagt wird, die Zeitgeschichte völlig präsent, mit der gegen sie und in ihr von Gott her aufgerichteten Hoffnung und dem ganzen Jubel, der diesem Eingreifen Gottes angemessen ist.

Ausdrücklich Bezug genommen auf Zeitereignisse wird dann allerdings in einigen Predigten der kommenden Monate, in denen über Jer. 20, 7 (21. 1. 1934), Luk. 13, 1–5 (8. 7. 1934) und dann natürlich in der Friedenspredigt von Fanö vom 28. 8. 1934, die der Londoner Zeit zuzurechnen ist.

Der Januar 1934 war für die Kirche in Deutschland besonders turbulent. Der Aufstand gegen die »Deutschen Christen« und ihre die Kirche verwüstenden Maßnahmen formierte sich immer stärker, aber auch die repressiven Maßnahmen des deutsch-christlichen Kirchenregiments und des Staates. Es kam zu schlimmen Bedrohungen und auch zu ersten Verhaftungen. Bonhoeffer nimmt in seiner Predigt über Jer. 20, 7 darauf Bezug. Aber das Gewicht dieser Predigt liegt keineswegs in den angedeuteten Zuständen und Gefährdungen, sondern ganz in der inneren Geschichte dieses von Gott in seinen Dienst genommenen jungen Propheten; in seinem Widerstand; in dem

Sieg und der Gewalt Gottes über ihn; in der Gestalt, die sein Leben unter dieser Inanspruchnahme annimmt; in seinem Leiden und durch das alles hindurch in seinem Gehorsam: »Du bist mir zu stark gewesen und hast gewonnen.« Oder mit Bonhoeffers Worten: »Konnten wir wissen, daß deine Liebe so weh tut, daß deine Gnade so hart ist?« Das Herzstück dieser Predigt ist das große Gebet in der Mitte, das sich fast über eine ganze Seite ersteckt. Nach Form und Inhalt ist es eine Confessio, wie es deren nur wenige gibt, von Bonhoeffer wahrscheinlich nur an dieser Stelle. Das Innerste eines Menschenlebens kommt hier an den Tag, nicht durch den dunklen Drang zur Selbstdarstellung, sondern durch die Begegnung mit einem übermächtigen Gegenüber, mit dem Gott, der es auf den Menschen abgesehen hat und einen zähen Kampf um ihn führt, mit der ganzen Erschütterung, die das dem Menschen einträgt, mit dem Glück, mehr aber noch mit dem Schmerz der Berufung, mit der Abwehr von Gottes Zumutungen bis hin zu dem Gedanken an Suizid (»Und wenn er meint, er könne es nicht mehr ertragen, er müsse sich selbst ein Ende machen, dann weiß er doch auch wieder, daß er auch so nicht mehr loskommt von dem Gott, auf den er sich einließ«). Wie zwanglos, unbeabsichtigt, aber notwendig wächst das alles heraus aus dem angespannten Hören auf die Confessio des Jeremia, desjenigen Propheten, dem Bonhoeffer sich seit der frühsten Jugend seltsam nahe wußte.

Warum diese Confessio Bonhoeffers gerade hier, gerade in diesem geschichtlichen Augenblick? Darauf kann es keine überzeugende Antwort geben. Bonhoeffer selber versucht eine mit dem Hinweis auf die in Deutschland wegen ihres Bekenntnisses zu der Herrschaft Christi über alles Leben in Bedrängnis geratenen Pfarrer. Das ist der schwächste Teil dieser ungewöhnlichen Predigt. Es ist mit Händen zu greifen, wie dieser Versuch einer Konkretion

völlig unzureichend ist. Eine erahnte Erkenntnis über Art, Tiefe, Konsequenzen der Begegnung mit dem wirklichen Gott geht weit über den Augenblick hinaus. Sie ist nicht auf die Situation einer Kirche übertragbar, und sei sie noch so dramatisch, auch nicht auf einen größeren Personenkreis, sei in ihm die Entschlossenheit zu einem mutigen Bekenntnis auch noch so groß. So etwas bleibt Ausnahme. Jeremia war eine Ausnahme. Und Bonhoeffer mit seinem Hören und Gehorchen sollte – mutatis mutandis – gleichfalls eine Ausnahme werden. Solche Ausnahmen erweisen sich nachträglich als bedeutsam für das ganze, auch wenn das ganze weit zurückbleibt hinter Erkenntnis und Nachfolge dieser Einzelnen.
Man muß diese Predigt von Bonhoeffers Ende her lesen, mit der vollen Kenntnis der sein Leben bestimmenden Motive und Tendenzen. Dann muß man den Eindruck bekommen, er selber habe hier vorweggenommen, was einmal im Rückblick auf sein Leben zu sagen sein wird, vorausgesetzt, dieser Rückblick dringt durch alles Vordergründige hindurch zum Wesentlichen.
Die Predigt über Luk. 13, 1–5 hält Bonhoeffer unmittelbar nach dem 30. Juni 1934, in die ganze Erregung und das tiefe Entsetzen über diese Ereignisse hinein. Auf den ersten Blick überrascht es, daß er keine Stellung nimmt, obwohl man annehmen kann, daß ihm Schrecken und Abscheu tief in den Knochen sitzen. Es muß dieser Predigt ein Sieg des Evangeliums über unmittelbare Reaktionen gerade dieses Predigers voraufgegangen sein. Nur so läßt sich erklären, daß die Predigt nicht die geringste Spur von Verurteilung oder auch nur Beurteilung enthält. Vor beidem warnt der Prediger als verhängnisvollem Irrweg. In der Tat: wem könnte es nützen, wenn Emotionen geschürt werden? Bonhoeffer denkt weiter. Bei den Hörern der Predigt soll sich in diesem Augenblick etwas ereignen. Und das kann nur darin bestehen, daß sie auch

und gerade bei solchen Ereignissen lernen, auf sich selber zu blicken. So lautet der Kernsatz der Predigt: »Das ist meine Welt, in der das geschehen ist; die Welt, in der ich lebe, in der ich sündige, in der ich Haß und Lieblosigkeit säe Tag um Tag; das ist die Frucht dessen, was ich und meine Brüder gesät haben – und diese Betroffenen, die Galiläer und Pilatus, sie sind meine Brüder, meine Brüder in der Sünde, im Haß, in der Bosheit, in der Lieblosigkeit, meine Brüder in der Schuld. . . . Darum laßt uns Buße tun und so unsere Schuld erkennen und nicht richten.« Nie wird Bonhoeffer in schlimmen Ereignissen sich in einer Zuschauerpose gefallen. Immer wird er sich verantwortlich in sie hineingestellt sehen und entsprechend handeln. Nur auf dem Wege der Buße kann die Welt neu werden. Von dieser Predigt führt ein direkter Weg zu dem großen Schuldbekenntnis in der »Ethik« (117–123).

Man scheut sich, für diese beiden Predigten und dann auch besonders für die aus Fanö das Beiwort »politisch« zu akzeptieren, im Unterschied zu den anderen, »unpolitischen«. Eine solche heute wie selbstverständlich gehandhabte Etikettierung enthält eine Verkürzung, auch eine Irreführung. Sie unterstellt, eine Predigt erhalte ihre Aktualität durch das Bezogensein auf Zeitereignisse. In Wirklichkeit ist es doch genau umgekehrt. Sie lebt, wenn überhaupt, ausschließlich von ihrem Hineingenommensein in Gottes Handeln, in sein Gebieten, Verheißen und Heilschaffen. Und dieses hat viele Ausstrahlungen, viele Bereiche: das ganz individuelle geist-leiblich-seelische Existieren, den sozialen, politischen, ethischen und nicht zu vergessen den ästhetischen Bereich. In welchem Bereich und in welcher Weise Evangelium und Gebot Gottes zum Sprechen kommen, hängt von dem Ort, dem geschichtlichen Augenblick und auch von dem Kreis der Adressaten ab. Das ist seine »Wirklichkeitsgemäßheit«. Blindheit dafür wird meistens fatale Folgen haben. So ist es ein Unterschied, ob »der Friede Gottes, der höher ist als alle Vernunft«, in einem Abschiedsgottesdienst der Gemeinde in Barcelona im relativ ruhigen Februar 1929 oder auf der Weltkonferenz Fanö im mit weltpolitischen Spannungen geladenen August 1934 Gestalt annehmen und zu Konsequenzen führen will. Jedenfalls ist auch die hochpolitische Predigt in Fanö, die nach den schon damals von den Nationalsozialisten propagierten und praktizierten Maßstäben landesverräterisch war, nichts anderes als Evangeliumspredigt. Und schlimm, wenn sie das nicht wäre.

Zwei der Londoner Predigten enthalten unbeabsichtigt wichtige Aufschlüsse zu Person und Biographie Bonhoeffers, scheinbar auf einem Nebengebiet.

In der Kantate-Predigt über Ps. 98, 1 erzählt er wie beiläufig von dem Renaissance-Dichter Petrarca, wie der einst überwältigt war von der Schönheit italienischer Landschaft, aber im gleichen Augenblick, als er sich dessen bewußt wurde, erschrocken das Kreuz über sich schlug: von der Schönheit der Welt dürfe man sich nicht gefangen nehmen lassen; ihr dürfe man keinen Raum in seinem Herzen gewähren, da dieses ausschließlich Gott gehöre. Hier redet Bonhoeffer in Wirklichkeit über sich selbst, von seinen eigenen Bedenken, seiner eigenen Angst, wie sie ihn damals und dann noch eine lange Zeit beherrscht haben mag. Ich entsinne mich eines unvergleichlich schönen Sommerabends im Juli 1937 auf dem Stettiner Haff, bei der Rückkehr des Seminars von ein paar Urlaubstagen am Strand der Ostsee. Genau dies war das Thema seines Gespräches mit einem kleineren Kreis der Teilnehmer: wie schnell und leicht das Herz sich gefangen nehmen lasse von der Schönheit der Welt; wie gründlich das Auge dadurch geblendet werden könne für die Niedrigkeit Christi; wie schwer der wirkliche Gott es dadurch hat, sich in unserem Herzen Raum zu verschaf-

fen. Im Hintergrund standen dabei heidnische Naturverehrungen und wahrscheinlich auch das Problem der »natürlichen Offenbarung.« Kaum jemand von uns wird damals verstanden haben, was diese Angst dem für alles Schöne so sensiblen, in seinem Urteil über echt und unecht so treffsicheren Mann bedeutet haben mag. Es war ein weiter Weg, bis er in der »Ethik« so unbefangen über »das Recht des natürlichen Lebens«, das keiner Dauerreflexion unterworfen werden dürfe, reden konnte.
Die Trinitatispredigt über 1. Kor. 2, 7–10 hat das Geheimnis Gottes zum Gegenstand. Zu Beginn spricht Bonhoeffer ausführlicher über die Geheimnislosigkeit des modernen Lebens, die nichts anderes als Verfall und Armut ist. Sehr im Gegensatz zu ihrer Selbsteinschätzung. Möglichst allen Dingen auf die Spur zu kommen gelte als höchster Ruhm. Aber genau damit verfehle man das Leben. Vom Leben verstehe man nur so viel, wie man Respekt behält vor seinem Geheimnis. Wer Bonhoeffer kennt, spürt vom ersten Wort an, wie er hier das Grundmuster seines eigenen Verhaltens zu Menschen und Dingen zur Sprache bringt. Darin liegt wohl auch zu einem guten Teil seine starke Wirkung auf andere; den Respekt vor dem Geheimnis des anderen spürte man vom ersten Augenblick der Begegnung. Und fühlte sich eben dadurch ernst genommen. In einem der Gefängnisbriefe erwähnt Bonhoeffer das Entsetzen einer Bekannten, als die im Zeitraffer das Wachsen einer Pflanze dargestellt sieht; das sei unerträglich pervers. Er selbst sieht das genau so. Seine Liebe zu Adalbert Stifter ist zu einem guten Teil darin begründet, daß dieser bei Darstellung von Menschen und Ereignissen niemals versucht, in das Innere der Personen einzudringen.
So wichtig die Londoner Zeit für Bonhoeffer war, so deutlich zeigt sie doch transitorische Spuren. Auch in den Predigten ist vieles enthalten, was erst in der folgenden,

vom Thema »Nachfolge« beherrschten Zeit zur Entfaltung kommen sollte. Von den verloren gegangenen Predigten über Matth. 5–7 war schon die Rede. Er muß sie im April und Mai 1934 gehalten haben. Aus dem Brief an Erwin Sutz vom 28. 4. 1934: »Schreiben Sie doch einfach mal, wie Sie über die Bergpredigt predigen. Ich versuche es gerade – unendlich schlicht und einfach, aber es geht immer um das Halten des Gebotes und gegen das Ausweichen. Nachfolge Christi – was das ist, möchte ich wissen – es ist nicht erschöpft in unserem Begriff des Glaubens. Ich sitze an einer Arbeit, die ich Exerzitien nennen möchte nur als Vorstufe« (GS I, 43). Diese Predigten würden uns den besten Aufschluß zum Verständnis der folgenden Zeit geliefert haben.

Es wird kein Zufall sein, daß er in der Neujahrsbetrachtung für den »Gemeindeboten« die Geschichte von den drei Nachfolgern aus Luk. 9 behandelt. In den Eingangskapiteln der »Nachfolge« wird sie ein großes Gewicht bekommen.

Hierher gehören dann vor allem die vier Predigten über 1. Kor. 13. Hier geschieht ja nicht weniger als eine Befragung der reformatorischen Kirche mit ihrer Predigt von der Gerechtigkeit aus Glauben allein, ob das denn alles stimmt, was sie mit ihrer Predigt sagt. Und diese Befragung geschieht nicht von irgendwo her, sondern von dem, was Paulus die alles beherrschende Mitte des Evangeliums nennt. In der letzten dieser Predigten scheint Bonhoeffer geradezu den Versuch einer Neuinterpretation des »articulus stantis et cadentis ecclesiae« vorzulegen, nicht in gedanklicher theologischer Bemühung, sondern im Vollzug des zugesprochenen Evangeliums. Wie das geschieht, möge der Leser selber nachprüfen.

## V. Finkenwalde (1935–1939)

»Ich quäle mich damit ab, einen Entschluß zu fassen, ob ich als Leiter eines neu zu errichtenden Predigerseminars nach Deutschland zurückgehen soll. ... An die Universität glaube ich nicht mehr, habe ja eigentlich nie daran geglaubt. ... Die gesamte Ausbildung des Theologennachwuchses gehört heute in kirchlich-klösterliche Schulen, in denen die reine Lehre, die Bergpredigt und der Kultus ernst genommen werden – was gerade alles drei auf der Universität nicht der Fall ist und unter gegenwärtigen Umständen unmöglich ist. Es muß auch endlich mit der theologisch begründeten Zurückhaltung gegenüber dem Tun des Staates gebrochen werden – es ist ja doch alles nur Angst. ›Tu den Mund auf für die Stummen‹ Spr. 31, 8 – wer weiß das denn heute noch in der Kirche, daß dies die mindeste Forderung der Bibel in solchen Zeiten ist?« (Brief an Erwin Sutz vom 11. 9. 1934, GS I, 42).
Ein paar Monate nach Beginn der neuen Arbeit in Finkenwalde kann er dann urteilen: »Der Sommer 1935 ist für mich, glaube ich, die beruflich und menschlich ausgefüllteste Zeit bisher gewesen. Ich habe im Zusammenleben mit Euch ... mehr gelernt als je zuvor« (GS II, 458). Das ist zwar speziell im Rückblick auf die Erfahrungen mit dem ersten Seminarkurs gesagt, gilt aber im Grunde für die ganzen fünf Jahre dieser Tätigkeit. Niemals zuvor und erst recht niemals wieder gab es für Bonhoeffer eine Zeit so kontinuierlicher und vielgestaltiger Arbeit. Endlich konnte er tun, wonach er sich so lange gesehnt hatte: »mit einem überschaubaren Kreis interessierter und lernbegieriger Leute Theologie treiben, intensiv über Nachfolge Christi nachdenken, sich in gemeinsamem Leben einüben und das alles mit dem Ziel, Evangelium und Gebot Gottes angemessen verkündigen zu lernen.« Liebe

zu Kanzel und Katheder finden hier zu einer seltenen Einheit.

Um so erstaunlicher scheint es auf den ersten Blick, daß aus diesen fünf Jahren nur acht Predigten existieren (wenn man Beichtansprachen und »Amtshandlungen« nicht mitzählt). Im Unterschied zu den voraufgegangenen Zeitabschnitten sind die von Bonhoeffer gehaltenen Predigten auch samt und sonders erhalten geblieben. Es gab im Finkenwalder Seminar zwar eine »Notkirche«, von den Seminaristen und der kleinen Finkenwalder Bekennenden Gemeinde gemeinsam zu sonntäglichen Gottesdiensten genutzt. Aber diese beanspruchte Bonhoeffer zum wenigsten für sich selbst. In der Regel standen sie den Seminaristen und den Mitgliedern des Bruderhauses zur Verfügung. Den Schwerpunkt seiner Tätigkeit, so weit sie die Verkündigung betraf, sah Bonhoeffer in den wöchentlich stattfindenden homiletischen Übungen. Ein Kandidat hatte jeweils eine ausgearbeitete Predigt vorzulegen, die eingehend besprochen wurde. Am Ende der Sitzung lieferte dann Bonhoeffer einen meist recht ausführlichen Entwurf. Sechs solcher Entwürfe existieren im Original, ein Vielfaches davon in Nachschriften, wobei man davon ausgehen muß, daß zahlreiche Nachschriften noch in den Aktenordnern von ehemaligen Seminaristen lagern.

Bonhoeffer pflegte scharf zu unterscheiden zwischen diesen homiletischen Übungen und den in Gottesdiensten zu haltenden Predigten. Nie erschien in einem Finkenwalder Gottesdienst ein zuvor im Seminar besprochener Entwurf. »Eine besprochene Predigt hält man nicht; eine gehaltene Predigt bespricht man nicht.« Diese unüberschreitbare Barriere schützte die hohe Einschätzung der Verkündigung, des uns im gesprochenen Wort begegnenden Christus. Bonhoeffer sprach in diesem Zusammenhang von dem sacramentum verbi.

Damals gab es noch nicht die heute vielerorts geübte und

hoch anempfohlene gemeinsame Predigtsvorbereitung des Pfarrers mit Gemeindegliedern; auch keine »Dialogpredigten«, »Gesprächspredigten« und »Predigtnachgespräche«. Es ist schwer vorstellbar, daß sie auf dem Boden der Bonhoeffer'schen Konzeption hätten erwachsen können. Und es ist sicher nicht falsch, wenn diese heute geübte Praxis sich gelegentlich von Bonhoeffers Predigtverständnis auf ihre Legitimität befragen und sich gegebenenfalls in der Gestaltung korrigieren läßt.

Aber so wenig Predigten in so viel Jahren bei einer so ausgeprägten Liebe zum Predigen verlangen noch nach einer weiteren Erklärung. Predigten waren hier aus ihrer gewohnten Isolierung herausgenommen. Im Finkenwalder gemeinsamen Leben haben viele erfahren, was mit dem Wort aus dem Kolosserbrief überhaupt gemeint sein kann: »Lasset das Wort Christi reichlich unter euch wohnen« (3, 16). Das Wort Christi schaffte sich überraschend viel Gelegenheiten, unter uns zu wohnen: in den regelmäßigen Morgen- und Abendandachten mit ausführlichen Lesungen aus dem Alten und Neuen Testament, für die es nie Auslegungen gab; in den Psalmengebeten; in »Lobgesängen und lieblichen Liedern« (als »lieblich« haben wir die Lieder des Gesangbuches da in der Tat empfunden); vor allem auch im frei formulierten Gebet, das Bonhoeffer stets selber gehalten hat. Er benutzte das Gebet nie zu Mitteilungen, versuchte auch nie heimlich eine Predigt daraus zu machen. Aber da Bonhoeffers Art und Weise zu beten in einem ungewöhnlichen Maße genährt war von zuvor erfolgtem Hören auf das Wort Gottes, sah man sich im Reflex des Gebetes in anderer und neuer Weise mit eben diesem Wort konfrontiert. In der regelmäßigen Andacht zum Wochenende, die Bonhoeffer sich selbst vorbehielt, hatte er reichlich Gelegenheit, unter Bezugnahme auf Ereignisse und Erfahrungen der voraufgegangenen Tage Evangelium und Gebot auszulegen. Leider ist

keine dieser Ansprachen erhalten geblieben, wenn man von dem Stichwortzettel zu Spr. 3, 27–33 absieht, der vom Inhalt her gut die Skizze einer Wochenschlußandacht sein könnte. Bonhoeffer scheint sie im Unterschied zu den Predigten nicht schriftlich vorbereitet zu haben. Und dann waren da die Bibelarbeiten, die damals aufkamen und eine ganz eigenartige Bedeutung gewinnen sollten. Grundsätzlich sind sie von Predigten kaum zu unterscheiden. Sie wollen genau so wenig eine wissenschaftliche, persönlich unverbindliche Textauslegung anbieten; sie stellen nicht weniger Ansprüche an den Hörer und sind nicht weniger geladen mit Erwartung, daß sich in ihnen etwas ereigne in Richtung Glauben und Erkennen und Nachfolgen. Der einzige gravierende Unterschied ist der des Milieus. Sie sind weder eingebunden in einen strengen liturgischen Ablauf noch beschränkt auf die berühmten zwanzig Minuten. Außerdem ist in der Regel der Hörerkreis homogen, durch keine Zufälligkeiten bestimmt. Für Bonhoeffer wurden Bibelarbeiten wichtig, wenn er ein halbes Jahr nach der Entlassung aus dem Seminar die Kandidaten zu einer Rüstzeit einlud. Wenn irgend möglich kamen sie alle, und zwar gern und mit großem Gewinn. Ein größerer biblischer Zusammenhang bot dann den Raum, über alles Notwendige nachzudenken. Bonhoeffer rechnete mit Langzeitwirkung von Verkündigung, Glaube und Gehorsam. Nicht daß er jemals gefallene Entscheidungen wieder zur Disposition gestellt hätte oder hinter einen geschehenen Anfang zurückgegangen wäre – gerade das galt es zu vermeiden. Aber er fragte nach Bewährung, nach gewonnener Erkenntnis, auch nach dem, was es einem schwer machte.
In der Bibelarbeit über Esra und Nehemia geht es vorrangig um Fragen des Wiederaufbaus, der Erneuerung der Gemeinde, eine Situation, in die sich jeder der Kandidaten Tag um Tag gestellt sah, mit den vielen großen und klei-

nen Erfordernissen. Restauration oder neuer Anfang durch Erweckung, das war wie bei Esra und Nehemia auch im Alltag der Bekennenden Kirche stets von neuem die Frage. Was ist verheißungsvoll und darum auch hilfreich? Und wo warten Irrwege?

Der Wiederaufbau Jerusalems unter Esra und Nehemia hat Bonhoeffer schon lange vor dieser Bibelarbeit beschäftigt. Nicht nur in der von Eberhard Bethge (GS IV, 321, Anm. 1) erwähnten nicht erhalten gebliebenen »Mauerbaupredigt« vom 12. Januar 1936, als die Kanzelabkündigung der Bekennenden Kirche der altpreußischen Union gegen die Kirchenausschüsse verlesen wurde, sondern bereits auf einer studentischen Freizeit Sommer 1933 in Herrmannswerder bei Potsdam. Auch hiervon existiert weder Manuskript noch Nachschrift.

Die Arbeit über »Timotheus, Diener am Hause Gottes« gibt Gelegenheit zu sehr persönlichen, das Gewissen, den eigenen Wandel betreffenden Fragen und Hinweisen. Meist werden diese Dinge so behandelt – d. h. nicht behandelt, sondern ausgespart –, als verstünde sich das alles von selbst. Nichts versteht sich von selbst. Auch der erfahrenste Christ bedarf der Mahnung. Aber wer verbindet in überzeugender Weise Einsicht mit Takt? »Der gesunde Glaube bedarf der Einübung, er verachtet die Ermahnung nicht. Er ist nicht stolz, sondern versteht, daß die Ermahnung den Glaubenden schützt vor den Anläufen des Teufels. Auch Timotheus ist nicht geschützt« (GS IV, 356).

Die Arbeit über »Versuchung« ist von allen die stillste und innerlichste. Und dabei hätte sie von der Situation her die »aktuellste« sein können. Im Frühsommer 1938 (20.–25. Juni) hatte Bonhoeffer zum letzten Mal alle ehemaligen Seminaristen zu einer Freizeit nach Zingst eingeladen, dorthin, wo er drei Jahre zuvor die Arbeit begonnen hatte. 45 waren der Einladung gefolgt. Jene Wochen waren für die Bekennende Kirche eine besonders gefährliche, um nicht zu sagen beschämende Zeit. Kritische Beobachter sprachen von einer unaufhaltsamen Selbstauflösung. Die Verhandlungen um die Leistung des Treueides auf Hitler hatten die Bruderräte weithin als handlungsunfähig erwiesen. In den Wochen danach bemühten sich Konsistorien und Kirchenausschüsse verstärkt, die illegalen Pfarrer der Bekennenden Kirche zur Legalisierung, das heißt, zur Unterstellung unter die Kirchenausschüsse zu bewegen. Ein Erfolg würde die Kirchenleitung der Bruderräte vollends ausgehöhlt haben. Anlaß genug, »Versuchung« zum Thema einer situationsbezogenen Bibelarbeit zu machen.

Aber kaum etwas davon ging in Bonhoeffers Ausführungen ein. Statt dessen entstand ein Dokument, das von allen erhalten gebliebenen am meisten gesättigt ist mit Bonhoeffers eigenen geistlichen Erfahrungen über den Komplex Versuchung. Es wäre frivol, den Hintergründen einzelner Aussagen nachforschen zu wollen. Es war wie stets bei ihm: er ging mit seiner Verkündigung weit zurück hinter alle aktuellen Fragestellungen. Aber gerade so wurde sie hilfreich für die fälligen kirchlichen und politischen Entscheidungen. Von den Teilnehmern der Freizeit erlag meiner Erinnerung nach kein einziger den Verlockungen zu einer Legalisierung. Man ging auseinander mit der Selbstverpflichtung, in allen kommenden Entscheidungen untereinander in Verbindung zu bleiben und darüber hinaus diejenigen Brüder aufzusuchen, die in Gefahr standen, sich aus der Gemeinschaft der Bekennenden Kirche zu lösen. »Die gemeinsamen Ferientage leben noch in uns weiter. Es war eine so reiche Zeit, wie ich sie nur ganz selten erlebt habe«, urteilte Bonhoeffer selber kurz danach in einem Rundbrief (GS II, 533). Daß auch die tiefste Innerlichkeit bei Bonhoeffer immer eine Außenseite hat, wird auch in der Bibelarbeit mindestens an zwei Stellen ganz deutlich: »Wir sollen dem Teufel vorhalten, daß Jesus nicht die Heiligen, sondern die Sünder zu sich gerufen hat und daß wir – dem Teufel zum Trotz – Sünder bleiben wollen, um bei Jesus zu sein, lieber denn als Heilige beim Teufel.« Und dann der letzte Satz, der vom »Kampf des Christen« redet. »So beten wir, wie Jesus Christus uns gelehrt hat, zum Vater im Himmel: ›Führ uns nicht in Versuchung‹ und wissen, daß unser Gebet erhört ist, denn alle Versuchung ist in Jesus Christus überwunden für alle Zeit bis ans Ende. . . . Die Verheißung Jesu Christi aber heißt: ›Ihr seid's, die ihr beharrt habt bei mir in meinen Versuchungen, und ich will euch das Reich bescheiden‹« (Luk. 22, 8). Das steht dicht bei der Definition des Christseins aus Bonhoeffers letzter Zeit: »Mit Christus in Gethsemane wachen«; und: »Christen stehen bei Gott in seinem Leiden.«

So gering die Finkenwalder Predigten ihrer Zahl nach sind, so tief greifen sie doch jedesmal ein in das Leben der Hörer. Sie hatten meist einen bestimmten Anlaß und immer ein ganz bestimmtes Ziel. Die Adressaten waren fast ausnahmslos die jeweiligen Mitglieder des Seminars. Das bestimmt auch die Textwahl. Bonhoeffer hegte ein tiefes Mißtrauen gegen das auf Paul Tillich zurückgehende und damals in Schwung kommende Reden vom »Kairos«. »Wer weiß denn, was Zeit oder Unzeit für Gottes Wort ist? Wer kennt Gottes Zeit aus der Zeit heraus? Es gibt keine Möglichkeit, den Kairos Gottes aus den Gegebenheiten zu erkennen. Die Predigt selbst schafft sich den Kairos, nicht aber erzwingt sich der Kairos seine Predigt (GS IV, 354 f). Statt vom Kairos redet Bonhoeffer vom »gegebenen Ort«. Das ist bescheidener und gleichzeitig präziser. Den »gegebenen Ort« hat Bonhoeffer stets sehr ernst genommen. Für die Finkenwalder Predigten heißt das, den Kandidaten Mut und Freude zur Nachfolge Christi im Dienst der bedrängten Bekennenden Kirche zu machen; und ihnen zu einem klaren Blick und nüchternen Urteil zu helfen für und über die Welt, in der dieser Dienst zu geschehen hat. Diese beiden Aspekte gehören auf's engste zusammen. Sie dürfen keinesfalls voneinander getrennt werden.

Dem ersten Aspekt mögen die Predigten über Psalm 42, Sach. 3, 1–5, Matth. 18, 21–35, die Judas-Predigt über Matth. 26, 45–50 und endlich die von März 1938 über Röm. 5, 1–5 zugerechnet werden. Ganz aus dem Rahmen fällt der Vortrag, den Bonhoeffer am 5. 8. 1936 in einer Veranstaltungsreihe der Bekennenden Kirche aus Anlaß der olympischen Spiele in Berlin gehalten hat. Die Apostel-Paulus-Kirche in Berlin-Schöneberg war damals überfüllt. Der Vortrag mußte gleich anschließend in der Zwölf-Apostelkirche, ebenfalls in Schöneberg, wiederholt werden. In beiden Kirchen zusammen mögen über 3 000 Menschen diesen Vortrag über das evangelische Kirchenlied gehört haben. Es war zwar keine Predigt, aber die Belehrung war so intensiv und der Eindruck auf die Hörer so stark, daß es ein Verlust wäre, dieses Stück Verkündigung an dieser Stelle fehlen zu lassen.

Bereits in der ersten Predigt über Psalm 42, noch in der provisorischen Unterkurft des Seminars in Zingst, finden sich gleichsam thematisch all die Gesichtspunkte beieinander, die für das gemeinsame Leben von so großer Bedeutung werden sollten: Freude an Gott und seinem Wort, Sehnsucht nach Gottesdienst und Anbetung, Wissen um die Not des Einsamseins, Dank für das Geschenk der Bruderschaft in der Kirche. Auffallend ist, wie nahe innerhalb der Predigt Verkündigung und Gebet beieinander liegen. Jeden Augenblick kann das eine in das andere übergehen, ohne daß es als Bruch empfunden wird. Das gilt von allen Predigten Bonhoeffers aus allen Zeitabschnitten. Aber nirgends ist das so häufig der Fall wie in dieser.

Die Predigt über Sach. 3, 1–5 entfaltet das Bild der Kirche, in der gemeinsam zu leben man sich entschlossen hat. In den prophetischen Bildern gewinnt die Gegenwart ihr eigentliches, ihr schärfstes Profil; auch das Existieren auf den verschiedenen Ebenen, in den unterschiedlichen Beziehungen: Mensch und Gott, Mensch und Mensch, Mensch und sein Werk, Mensch und sein Verkläger, Prediger und Gemeinde, mit den jeweils sehr unterschiedlichen Urteilen und Wertungen. Das Herzstück der Predigt ist die iustificatio impii. Aber welch farbige, frische Lebendigkeit gewinnt dieser Artikel, wenn er nicht in lehrhaften Formeln einhergeht, sondern sich in biblischen Bildern und Situationen artikuliert!

Die Predigt über Matth. 18, 21–25 handelt von der Grundvoraussetzung allen gemeinsamen Lebens, von Bereitschaft und Fähigkeit zu gegenseitiger Vergebung. Eberhard Bethge hat empfunden, hier trete der Prediger dem Hörer möglicherweise zu nahe (siehe Vorwort zu GS IV, 7). Könnte es aber nicht sein, daß auch hier »der gegebene Ort« die Dringlichkeit der Sprache bestimmt? Zu künftigen »Botschaftern der Versöhnung« darf wohl unmittelbarer, bedrängender von eben dieser Versöhnung gepredigt werden als anderswo.

Die Judas-Predigt über Matth. 26, 45–50 gehört zu den hintergründigsten, tiefstbohrenden Predigten, die Bonhoeffer je gehalten hat. An der Gestalt des Judas spürt er dem Rätsel der Erwählung – dem der Verwerfung bezeichnenderweise nur ganz am Rande – nach. Judas, »einer der Zwölf«, mit dem ganzen Entsetzen, das diese Feststellung beinhaltet; Judas, den der Herr selbst erwählt hat; Judas, den Jesus noch zuletzt »mein Freund« nennt, mit dem er verbunden bleibt durch den Kuß. – Und doch der einzige, durch den die Welt Gewalt bekommen kann über den Herrn. Von sich aus vermag sie nichts über ihn. Nur von innen heraus, durch Preisgabe, Verrat geschieht das Schreckliche. – Und doch liegt in eben diesem Schrecklichen das Heil für alle Welt beschlossen. Judas und Christus sind allein wichtig auf dieser Szene. Nur auf dieser? Alle anderen versinken neben diesen beiden. Wer ist Judas? Diese Frage wird durch alle Stationen und in alle Tiefen hinein verfolgt, in die eigene Existenz, in das zwiespältige Schicksal des Volkes, dessen Namen Judas trägt, in die Existenz der Kirche in ihrer Geschichte und in ihrer Gegenwart. »O hilf, Christe, Gottes Sohn,/ durch dein bitter Leiden . . .«

Die andere Gruppe der Finkenwalder Predigten greift nicht weniger tief, nur nach einer anderen Seite hin in Bewußtsein, Gewissen und dementsprechendes Handeln der Kirche ein. »Es muß endlich mit der theologisch begründeten Zurückhaltung gegenüber dem Tun des Staates gebrochen werden – es ist ja doch alles nur Angst«, so hörten wir in dem Brief an Erwin Sutz. Muß das nicht auch und gerade da seinen Ausdruck finden, wo das Tun der Kirche am stärksten in die Öffentlichkeit hineinwirkt, in der Verkündigung?

Die große Frage ist nur: Wie? Die Predigt über Offenbarung 14, 6–13 signalisiert offene Konfrontation. »Babylon, die Feindin Gottes, die Stadt, die nicht aufhört, ihren Turm bis in den Himmel zu bauen, – Babylon, die gegen Christus den Gekreuzigten auf eigene Macht trotzt, . . . die die Menschen umwandelt und verdirbt . . ., das die Menschen lieben und umschwärmen, dem sie besinnungslos in die Netze laufen, . . . Babylon, das von seinen Anbetern nichts anderes verlangt als blinde Liebe und Rausch, das ihnen reichlich, verschwenderisch gibt, wonach den Menschen das Herz und die wilde Begierde steht.« Wenn Bonhoeffer die Frage stellt, wo Babylon heute sei und antwortet: »Wir wagen es heute noch nicht zu sagen – nicht aus Furcht vor den Menschen! Sondern die Gemeinde weiß es noch nicht – aber sie sieht furcht-

bare Dinge und Enthüllungen herannahen«, so sagt er weniger, als er weiß. Augenscheinlich differenziert er zwischen seinem Wissen und dem der Gemeinde. Der Wissensstand der Gemeinde ist ja in der Tat ein mit zu bedenkender Gesichtspunkt. In dem zitierten Brief an Erwin Sutz schreibt er ein gutes Jahr zuvor: »Hitler hat sich ganz klar als der gezeigt, der er ist, und die Kirche muß wissen, mit wem sie zu rechnen hat« (GS I, 42).
In der Nähe solcher Konfrontation ist auch die Predigt über den Rachepsalm 58 angesiedelt. Sie will kein Lehrstück über einen schwierigen, heute von Christen nicht mehr nachzuvollziehenden und darum auch nicht mehr prädikablen Text sein. So ist sie von den Kandidaten des Sommerkurses 1937 weithin verstanden worden und war demzufolge vom ersten Augenblick an heftig umstritten. Sie greift in ganz andere Tiefen. Sie stellt sich der Frage, wie von Gericht, Zorn und Rache Gottes angesichts so offenkundiger Verachtung der Gebote Gottes, der Schändung des Menschen und seines Rechtes gepredigt werden kann und muß. Daß es damals an solchen Predigten fehlte, meist aus Mangel an Mut, aber auch an theologischer Erkenntnis, ist unbestreitbar. Bonhoeffer geht diese Frage in einer sehr spezifischen Weise an, ähnlich wie seinerzeit in der Predigt über Luk. 13, 1–5 nach den Ereignissen des 30. Juni 1934: mit einer Wendung gegen uns selbst. Wir seien in der Tat nicht die richtigen Leute, die Rache gegen die Feinde Gottes in unsere Hände und darum auch nicht als Gebet in unseren Mund zu nehmen. Seinen Platz und sein Recht habe dieses Gebet allein im Herzen und im Munde der Unschuld. Da aber mit zwingender Notwendigkeit. Und im Gericht über den einzigen Unschuldigen liege die Erhörung dieses Gebetes. Im Kreuz Christi kulminiere Zorn und Rache Gottes über alle menschliche Schuld. Der einzig legitime Beter des Psalmes habe, indem er die Rache Gottes beschwört,

gegen sich selber, aber eben damit für Gottes Recht und der Schuldigen Heil gebetet. Bonhoeffer befindet sich in guter biblischer und reformatorischer Tradition, wenn er Gottes Gericht und Zorn im Kreuz Christi kulminieren sieht, auch wenn er diese Konzentration auf das Kreuz nicht als Auflösung, als Eliminierung von Gottes Gericht gelten läßt, die es den Schuldigen erlaubt, sich aus dem Staube zu machen. Im Gegenteil: »Wie grausam seine Ruten,/ wie zornig seine Fluten,/ will ich aus diesem Leiden sehn« (Paul Gerhardt).
Aber dann muß diese Predigt sich doch einige Fragen gefallen lassen; nicht in ihren inhaltlichen Aussagen, wohl aber in der Begründung mit diesem Text. Wird diesem Text mit der durchgehend christologischen Deutung nicht unnötig Gewalt angetan? Reicht die eher zufällige und doch wahrscheinlich erst nachträglich erfolgte Zueignung dieses Psalmes an David überhaupt aus für die davidisch – messianische Deutung? Führt das nicht notwendig zu Verzerrungen? Etwa zu folgender: »Wir wissen, daß David alle persönlichen Schmähungen demütig ertragen hat.« Wissen wir das wirklich? Bedenklicher aber sind die Verzerrungen an dem Bild Christi, die in Verfolg dieser Deutung entstehen müssen. Wo gibt es im Neuen Testament auch nur Andeutungen dafür, daß die Unschuld Christi sich »furchtbare Gebetswünsche« zueigen gemacht hat? Daß er die hier beschworene Rache Gottes am eigenen Leibe trägt, steht auf einem ganz anderen Blatt. Weiter: Darf man diesen zufällig David zugeschriebenen Rachepsalm von den anderen trennen, die in gar keiner Weise mit seinem Namen in Verbindung gebracht werden können, etwa Ps. 137, 7–9? Und grundsätzlich: Ist es so falsch, den biblischen Zeugen, auch den Betern in der Bedrängnis durch Feinde und im Schmerz über die Verachtung und Schmähung Gottes leidenschaftliche Haßausbrüche und Rachewünsche zu konzedieren? Sich

darüber erhaben zu dünken (»überwundene Stufe von Religiosität«) ist genau so unangemessen wie der Versuch, das wegzuinterpretieren. Bonhoeffer selber hat doch später einmal gesagt, Temperierung von Leidenschaften sei durchaus kein Zeichen reifer Christlichkeit.

Implizit sind mit diesen Fragen auch schon einige der Bedenken genannt, die gegen die Bibelarbeit über »König David« zu erheben sind. Bonhoeffer hielt sie 1935 vor der Bruderschaft pommerscher Vikare. Sie ist nicht zu vergleichen mit den zuvor besprochenen Bibelarbeiten mit ehemaligen Seminaristen. Es fehlt ihr der Anredecharakter, die menschliche Zuwendung, jene Vertrautheit, die die Auslegung auf weite Strecken zur Seelsorge werden läßt. Hier dominiert Belehrung, Darstellung eines Auslegungsprinzips, nicht apologetisch, eher aggressiv. Die Bibelarbeit und dann besonders ihre Veröffentlichung in der »Jungen Kirche« war damals eine mutige Tat. Sie platzte wie eine Bombe in den ganzen Judenhaß und in die wüste Diffamierungskampagne gegen das Alte Testament hinein. Mit einem entsprechenden Echo! Insofern war sie ein notwendiges Unternehmen und zeitigte auch positive Wirkungen. Möglicherweise war das alles von Bonhoeffer vorher bedacht und auch ein klein wenig beabsichtigt. Der theologische Hintergrund der Arbeit war Wilhelm Vischers damals viel beachtetes Buch »Das Christuszeugnis des Alten Testamentes.« Hier setzen nun die Fragen an: wird in Bonhoeffers Auslegung die messianisch-christologische Deutung nicht zu sehr befrachtet? Dem David wird kaum noch erlaubt, Mensch zu sein, so sehr ist er mit messianischen Prädikaten und Verhaltensweisen behängt und durch sie eingeengt. Natürlich gibt es Anfänge dazu auch in der biblischen Geschichtsschreibung. Aber ist es nicht so: Je stärker, penetranter bestimmte Linien ausgezogen werden, um so weniger überzeugend sind sie am Ende. Die Geschichtsschreibung in den Königsbüchern ist sprechender als die in 1. und 2. Chronik. Die in die Zukunft weisenden Linien müssen in einer gewissen Schwebe bleiben. Ihr Geheimnis verträgt es nicht, daß es ausgewalzt wird. Natürlich weiß Bonhoeffer das alles und bedarf er keiner Belehrung. Aber manchmal vergaß er es, mit Absicht. Eine Auslegung könne bis an die Grenzen der Ketzerei gehen, soll er einmal sinngemäß gesagt haben. Immer dann, wenn dadurch ein legitimes Ziel erreicht werden, d. h. zum Glauben an Gottes Treue in seinem Wort verholfen werden kann. Treffender und hilfreicher als ein solches Dictum ist wohl Bonhoeffers Unterscheidung von Textgemäßheit und Schriftgemäßheit einer Predigt oder Bibelarbeit. Der Schriftgemäßheit hat er dabei – übrigens unter Berufung auf Luther – den Vorrang gegeben.

Die als letzte in diesem Zusammenhang zu erwähnende Predigt über Röm. 12, 17–21 ist das notwendige Gegenstück zu der über Ps. 58. Obwohl ein halbes Jahr zwischen beiden Predigten liegt, folgt sie gewiß nicht zufällig der über den 58. Psalm. Bonhoeffer selber mag den Eindruck gehabt haben, die Predigt über Gottes Rache bedürfe einer Ergänzung. Nicht einer Korrektur, einer Zurücknahme. Keine einzige inhaltliche Aussage braucht zurückgenommen zu werden. Aber das Gebet um Gottes Rache kann wohl nur dann von eigenen Rachegelüsten frei bleiben, wenn wir mit der gleichen Dringlichkeit gesagt bekommen, wie wir mit unseren Feinden, auch und gerade mit den Feinden des Evangeliums umzugehen haben: Nicht anders, als Gott zuvor mit uns, – seinen Feinden umgegangen ist.

Mit großer Sorgfalt hat Bonhoeffer in jedem Seminarhalbjahr alle Fragen, die mit Gottesdienst und Predigt zusammenhängen, in einer homiletischen Vorlesung behandelt. Seine eigenen Manuskripte sind leider verloren gegangen. Die Nachschriften weisen jedoch aus, daß er ständig daran weitergearbeitet hat. Die Grundkonzeption ist die gleiche geblieben, aber in den verschiedenen Kursen hat er manches hinzugefügt und gelegentlich auch etwas fallen gelassen. Es ist anzunehmen, daß er die Akzente durchaus unterschiedlich gesetzt hat. Weil in all dem implizit auch die Kriterien genannt sind, die er für sein eigenes Predigen als verbindlich ansah, erscheint es angebracht, einige seiner wichtigsten Gesichtspunkte an dieser Stelle zu bringen.

1. Grundvoraussetzung der Predigt

»Das Predigtwort hat seinen Ursprung in der Inkarnation Jesu Christi. ... Es ist nicht eine neue Inkarnation, sondern der Inkarnierte, welcher die Sünde der Welt trägt. ... Menschen annehmen will das Wort der Predigt, sonst nichts. Es will die ganze menschliche Natur tragen. Alle Sünde soll in der Gemeinde auf das Wort fallen. So muß gepredigt werden, daß der Hörer seine Not, Sorge, Furcht und Sünde auf das Wort legt. ... Wir werden alle durch das Christuswort getragen. Indem es dies tut, schafft es Gemeinschaft. ... Das Wort macht die Einzelnen zu einem Leibe« (GS IV, 240 f).

2. Das sacramentum verbi

»Weil das Wort die neue Menschheit trägt, ist es seinem Wesen nach immer schon auf die Gemeinde gerichtet. ... Das Wort hat eine Eigenbewegung. Es geht von selbst zur Gemeinde, um sie zu tragen. Der Prediger vollzieht deshalb nicht eine Anwendung. Das Wort steigt gleichsam aus der Bibel heraus, nimmt Gestalt an als Predigt und geht so zur Gemeinde, sie zu tragen. Diese Eigenbewegung des Wortes zur Gemeinde soll der Prediger nicht hindern, sondern anerkennen. ... Nichts ist dem gesprochenen Wort an Würde gleich. ... Um des gepredigten Wortes willen besteht die Welt mit all ihren Worten. In der Predigt wird der Grund einer neuen Welt gelegt. ... Weil das Wort der den Menschen annehmende Christus ist, ist es voller Gnade, aber auch voller Gericht. Entweder wir lassen uns annehmen und vergeben und tragen oder wir bleiben unangenommen. Gehen wir an dem gesprochenen Predigtwort vorüber, gehen wir am lebendigen Christus vorüber. Es gibt ein sacramentum verbi« (aaO. 241 ff).

3. Ehrfurcht vor dem Wort

»Das Wort gehört nicht uns, sondern Christus zu eigen. Wir können damit nicht machen, was wir wollen. ... Deshalb sollen wir den Text nicht zum Sprungbrett der eigenen Gedanken machen. Verachtung und Mißachtung des biblischen Textes verhindern das Kommen Christi« (aaO. 247).

4. Der Wahrheitscharakter der Predigt

»Diese Wahrheit ist nicht das Resultat von Deduktionen, sie ist nicht die Vermittlung eines bestimmten Lehrbestandes. Sie ist geschehende Wahrheit. Sie schafft sich ihre Existenzform. Es ist möglich, daß die Kirche die reine Lehre predigt und daß sie dennoch unwahr ist. Der Wahrheitscharakter hängt von der Existenzform der Kirche ab. Ihre Existenzform aber heißt Nachfolge und nicht Volksnähe oder Volksverbundenheit. Nicht die volksnahe, sondern die nachfolgende Kirche wird gehört. ... Volks- und Gegenwartsnähe zu suchen ist gerade gegenwarts- und volksfern« (aaO. 252).

5. Die Glaubwürdigkeit des Pfarrers

»Der Pfarrer begegnet der Bibel in dreifachem Gebrauch, auf der Kanzel, auf dem Studiertisch und auf dem Betpult. An allen drei Stellen geht es darum, sie recht zu gebrauchen. Darum wird ein Kampf geführt werden müssen.

Die Bibel ist auch beim Pfarrer ein weithin mißachtetes Buch. ›Vergib uns unsre Schuld‹ auch darin! Diesen Kampf um den rechten Gebrauch der Schrift zu bestehen wird die beste Theologie sein« (aaO. 255).

6. Warum Textpredigt?

»Die strenge Textpredigt ist die echte Überwindung der Predigtnot. Das quälende Warten auf neue Gedanken schwindet unter der ernsthaften Textarbeit. Der Text hat übergenug Gedanken. Man braucht wirklich nur zu sagen, was drinsteht. . . . Vor der Frage: was sage ich heute der Gemeinde? sind wir verloren. Mit der Frage: was sagt dieser Text der Gemeinde? sind wir getragen und mit allem Vertrauen ausgerüstet. Die Treue, mit der wir uns in den Text hineinleben, tut es« (aaO. 269).

7. Formprobleme der Predigt

»Augustin nennt in seiner Homiletik drei Bestimmungen für die Predigt in Anlehnung an Ciceros Rhetorik: docere, delectare, flectere. Das Wort richtet sich an das verständige, das willige und das gehorsame Herz des Hörers. . . . Der Stil sei subtile in probando (klar, sachlich), modicum in delectando (maßvoll), vehemens in flectendo (eindringlich). . . . Die drei Elemente Lehre, Erbauung und Bekehrung müssen in jeder Predigt vorhanden sein, nicht als drei Teile einer Disposition. Unmerklich stehen sie hinter ihr.
a) Lehre muß im Dienst des Textes bleiben. . . . Die Predigt soll sich hüten, Dogmatik zu entwickeln. Lehre ist im Evangelium, aber das Evangelium ist nicht Lehre.
b) Das genus delectandi hat sein Recht im Recht des Hörers auf jede Art Freude, die im Dienst des Evangeliums steht. Dieses genus gehört in das Gebiet der seelischen Gesundheit des Gottesdienstes und der Frömmigkeit. Die reine Erbauungspredigt setzt Gefallen an die

Stelle der Wahrheit, Erhebung an die Stelle der Entscheidung. Aber es ist doch Rigorismus, das Erfreuliche grundsätzlich zu verdächtigen.
c) Die Bekehrungspredigt hat ihren festen theologischen Grund im Bußruf des Evangeliums. ... Hier lauert die gefährliche Verwechslung, als ob ich zur Bekehrung rufe. ... Wenn ich bekehre, dann bekehre ich zu einem Ideal. Nur Gott bekehrt zu Gott. Wir schaffen ihn (den ›Bekehrten‹) nach unserem Bilde und verderben alles. ... Die Bekehrung kann Erfolg haben wie die politische Propaganda. Es geschieht Bekehrung zu Hitler, die formal in völliger Analogie zu Bekehrungen zu Christus steht« (aaO. 272 ff).

8. Die Sprache im Gottesdienst

»Praxis und Meinung pendeln zwischen größerer Objektivität und größerer Subjektivität des kirchlichen Sprechens hin und her. Das Problem liegt darin, daß es für protestantisches Denken die Objektivität des Wortes Gottes nur in der Subjektivität des sprechenden Menschen gibt.
a) Falsche Subjektivität. Man erkennt oft schon an den ersten Worten der Liturgie, welche Theologie der Pfarrer hat. Diese formt die Sprache und die Sprechweise. ... Der Sprechende macht das gesprochene Wort zu seinem Werkzeug. Das Sprechen interpretiert das Wort und traut ihm seine Eigenbewegung und Kraft nicht mehr zu.
b) Falsche Objektivität. Hier wird das subjektive Element bewußt und angestrengt außer acht gelassen. Das führt so weit, sich nach seinem klassichen Ideal zu sehnen: der lateinischen Sprache in der römischen Messe. ... Hinter der Ausschaltung der Subjektivität steht das ex opere operato. Aber das Wort will von Menschen gesagt werden und nicht von einer Institution.
c) Die echte Subjektivität oder die Demut. Es handelt sich

hier nicht um schwächere subjektive Beteiligung, sondern um eine ganz andere, das demütige Wissen um die Kraft des Wortes, das selbst seinenWeg nimmt; und um das Geltenlassen dieser Kraft. Es muß bei einer Distanz zwischen dem eigentlichen Subjekt des Wortes (Gott) und mir bleiben. Bei Zornestexten zürne nicht ich, sondern Gott. Gott bekehrt, nicht ich. Es ist, wie wenn ich einen Brief vorlese, den ein anderer schreibt. Ich richte aus in Schlichtheit, was ein anderer sagt. Es ist ein höheres Maß an Beteiligung, das so die eigene Subjektivität in den Tod gibt. (Dieser Abschnitt ist einem früheren Kapitel entnommen, aaO. 251. Für alles Übrige siehe unten stehende Quellenangabe.) Diese Demut in sachlicher Distanz zum Wort ist keine Tugend, sie ist keine Sache des demütigen Tonfalls und sie erzeugt keinen Typus. Sie ist die allein subjektiv angemessene Haltung gegenüber diesem Wort. An dieser Subjektivität liegt alles.

d) Natürlichkeit. Hier kommt der Begriff der Natürlichkeit zu seinem Recht, Natürlichkeit, die im Dienst gebunden und in Zucht genommen ist (Kol. 2, 23). Alles, was unnatürlich und künstlich wird, hindert die Glaubwürdigkeit und stellt sich als Lüge dem Wort in den Weg. Unnatürlich ist die Ausschaltung der Natürlichkeit. Natürlichkeit ist das Gegenteil zur Manier und zu dem Sich-freien-Lauf-lassen. Im Dienst Jesu werde ich natürlich.

e) Sachlichkeit. Wahrhaftigkeit und Sachlichkeit legen einfache Formen nahe. Sie verbieten ein sinnloses Schreien und Sich-Aufregen in Gottesdienst und Predigt. Wir sind Zeugen und nicht die Posaune des Jüngsten Gerichtes. Das schließt aber den größten Eifer um die Sache nicht aus, sondern ein. Es wird sich nicht um eine phlegmatische, sondern um eine durchaus sehr leidenschaftliche Sachlichkeit handeln.

f) Gestik. Eine Vorbereitung des Wortes ist ebenso geboten, wie eine Vorbereitung der Gesten und rhetorischen Effekte verboten ist. Geste ist Bild. Die Predigt aber ist Wortgegenwart des nicht darzustellenden Gottes. Geste und Rhetorik mögen absichtslos die Predigt als Ausdruck der Subjektivität begleiten, aber sie dürfen nicht zielhaft die Predigt darstellen wollen. Der Theologe kann nicht beim Politiker oder Schauspieler sprechen lernen« (aaO. 278–284).

## VI. Auslegungen im Krieg (1940–1942)

Am 17. März 1940 wurde der Sigurdshof, das letzte Refugium des Bonhoeffer'schen Predigerseminars in der Einsamkeit der hinterpommerschen Wälder von der Gestapo geschlossen. Zwei Tage vorher waren die letzten Seminaristen nach Hause gefahren. So endete dieser für Bonhoeffers Leben und Arbeiten so wichtige Zeitabschnitt. Bedeutsam wurde er auch für die vielen Kandidaten, die im Laufe der Jahre mit ihm zusammen leben und lernen konnten; darüber hinaus für die Bekennende Kirche in Preußen; und nachträglich muß man sagen, für die ganze evangelische Kirche in Deutschland. Nach der polizeilichen Schließung des Hauses in Finkenwalde im September 1937 konnte die Arbeit nur noch erschwert und eingeschränkt durch die Tarnung der Sammelvikariate an getrennten Orten geleistet werden. Aber es war erstaunlich, wie intensiv selbst das geschah und vor allem, daß die Tarnung so gut gelang. Als die Geheime Staatspolizei dahinter kam, war sie, bedingt durch den Krieg, ohnehin beendet. Bonhoeffer hatte in diesen zwei Jahren seit der Schließung des Hauses in Finkenwalde keinen festen Wohnsitz und auch keinen Schreibtisch, an dem er kontinuierlich hätte arbeiten können. Er pendelte ständig zwischen Köslin und Schlawe, den beiden Zentren des Sammelvikariates, später Sigurdshof und Berlin hin und her. Nach der Beendigung der Predigerseminar-Tätigkeit ergab sich für Bonhoeffer das schwierig zu lösende Problem einer weitergehenden kirchlichen Beauftragung, die sich gleichzeitig mit seinen anderen, neu übernommenen Verbindlichkeiten kombinieren ließ. Die Visitation in Ostpreußen sollte ihm dann auch sehr bald, am 4. September 1940, ein Redeverbot für das ganze Reich, verbunden mit polizeilicher Meldepflicht eintragen. Nicht lange danach, am 27. März 1941, folgte ein Druck- und Veröffentlichungsverbot.

Nach all dem blieben ihm für Predigten und Auslegungen kaum noch Möglichkeiten. Und mit der einzigen Ausnahme der Trauerfeier in Kieckow am 3. August 1941 konnte es nur schriftlich geschehen. In Kieckow kümmerte er sich nicht um das bestehende Rede- und Predigtverbot. Das war möglich, weil die Feier in familiärem Rahmen stattfand, obwohl in einer Kirche. Die wenigen Gelegenheiten hat Bonhoeffer wie immer konsequent genutzt und er hat etwas aus ihnen zu machen verstanden. Öffentlich reden durfte er nicht mehr. Aber er hatte doch so vieles zu sagen. Und er konnte es auch nicht lassen. Weil er es selber nicht durfte, sagte er es dem Freund »ins Ohr« (nach Matth. 10, 27 f), in allerlei Vorschlägen zu Andachten, Bibelarbeiten und volksmissionarischen Ansprachen. Ob und wie das dann laut »von den Dächern« weitergesagt wurde, ist nicht publik geworden.

Und dann sind da allerlei Auftragsarbeiten; eine Lesepredigt über Matth. 2, 13–23 für den Sonntag nach Neujahr 1940, um die er für den von J. Beckmann und F. Linz für Lektoren herauszugebenden Predigtband gebeten war; ferner vier Predigtsmeditationen für die geplante Predigthilfen-Reihe »Herr, tue meine Lippen auf«, herausgegeben von G. Eichholz; und endlich theologische Ausarbeitungen zu Weihnachten, Epiphanias, Ostern und Himmelfahrt, und über die »Dankbarkeit des Christen«, um die ihn der pommersche Bruderrat der Bekennenden Kirche als Beilage zu den »Monatsbriefen« an seine Pfarrer gebeten hatte. Auftragsarbeiten waren für Bonhoeffer ein Novum. Bisher hatte er Gelegenheiten, Themen und Texte zu dem, was er als fällig erachtete, stets selber ausgesucht. Alles trug von Beginn an den Stempel seiner Subjektivität. Wie sollte diese Subjektivität etwa in der Lesepredigt zur Geltung kommen? In der Homiletik hatte er ihr ein hohes Recht eingeräumt, sie allerdings als demütige, »in den Tod zu gebende« Subjektivität beschrieben; das heißt doch wohl, eine ganz der Sache, dem eigentlichen Subjekt der Predigt sich zur Verfügung stellende Subjektivität. Als Beispiel dafür nannte er das Lesen eines Briefes, den ein anderer geschrieben hat. Bei einer Lesepredigt ist diese Art Subjektivität ausgeschaltet. Das Lesen betrifft hier nicht unmittelbar das gehörte und weiter zu gebende Wort Gottes, sondern die von einem anderen vorgefertigte Predigt. Man geht wohl nicht fehl in dem Urteil, daß es bei dieser Predigt an der bei Bonhoeffer gewohnten Frische und Aggressivität (Leidenschaft) fehlt.

Zu den Predigtmeditationen, um die G. Eichholz ihn bat, äußerte er zu Beginn starke Bedenken. Er konnte sich nichts Sinnvolles darunter vorstellen (s. Briefwechsel mit G. Eichholz GS VI, 478–483). Was hier von ihm erwartet wurde, war himmelweit verschieden von dem, was er Meditation nannte und wozu er immer wieder verhelfen wollte. Bei ihm war es ein durch keinen kurzfristigen Zweck bestimmtes Hinhören auf das Wort Gottes, der Versuch, sich seinem Anspruch und Zuspruch auszusetzen, das Wort ständig im Herzen zu bewegen, um es sich anzueigenen und in diesem Wort alles zu finden, Wahrheit, Freiheit, Leben und Dienst. Bei der von ihm erbetenen Aufgabe sollte Meditation gerade einem zwar wichtigen, aber an einen bestimmten Augenblick gebundenen Zweck dienstbar gemacht werden. Auch in seinem Fahrplan zur Entstehung einer Predigt hatte Derartiges keinen Raum. Eine gründliche Exegese sollte zwar jeder Predigt voraufgehen, aber in der inneren Aneignung des Textes mit der Bildung von Schwerpunkten, dem Suchen nach einer Mitte, dem Gewißwerden darüber, was gerade dieser Text bei diesen Menschen in diesem Augenblick erreichen wolle, hat ein fremdes Element nichts mehr zu suchen, auch keine fremde Predigt, und sei sie noch so gut und berühmt. Bonhoeffer hat sich dann doch zur Mitarbeit bereit gefunden. Ihn beeindruckte es, daß viele, besonders junge Prediger in der Einsamkeit ihres Dienstes nach solcher Hilfe ausschauten und sie dann auch dankbar benutzten.

Aber sind seine Bedenken damit wirklich gegenstandslos? Hilfreich sind solche Predigtmeditationen auf jeden Fall; auch zeitsparend. Und das ist ja für einen durch viele Aufgaben bedrängten Pfarrer durchaus wichtig. Aber sind sie nicht auch eine ständige Verführung zur exegetischen Schnellbleiche? Und zu einer mangelnden eigenen Durchdringung des Textes? Und zur Unselbständigkeit?

Bonhoeffer scheint mit seinen Arbeiten ein ganz eigenes genus von Predigthilfen gelungen zu sein. Keine Spur von exegetischen Detailfragen ist darin zu erkennen; dagegen eine Durchdringung des Textes und seines Weges zu den Hörern hin bis zum äußersten Rand. Aber nicht mehr; den Schritt zum Predigtentwurf tut er nicht. Das entscheidende Stück Arbeit überläßt er dem Benutzer. In wie wenigen der ungezählten Predigtmeditationen seither ist diese Grenze beachtet! Oder auch nur gesehen!

Für Bonhoeffers Arbeiten war es wahrscheinlich ein Glücksfall, daß sie gerade zentralen Texten an zentralen Tagen galten: Ostern, wenn es auch erst an den beiden folgenden Sonntagen zu verkündigen war; Pfingsten und in der Arbeit aus etwas späterer Zeit Weihnachten. Der Rezensent hat durch Jahrzehnte eigenen Predigens hindurch um des angedeuteten Charakters dieser Arbeiten willen sie zu seiner Verkündigung an diesen Tagen auch über andere Texte immer wieder zuvor sorgfältig gelesen und sich auf die entscheidenden Dinge hingewiesen empfunden.

Völlig anderer Art ist die Auftragsarbeit für den pommerschen Bruderrat, obwohl sie nahezu den gleichen Tatbeständen gilt und auch ausgesprochenermaßen der Verkündigung dienen will. Sie steckt systematisch theologisch den Raum ab und arbeitet den Boden neu auf für die Predigt an Weihnachten, Epiphanias, Ostern und Himmelfahrt. In der Arbeit zu Weihnachten hat er Gelegenheit, endlich einmal wieder seiner alten und dankbaren Liebe zur altkirchlichen und zu Luthers Christologie Ausdruck zu geben, wie seinerzeit in extenso in der Vorlesung über Christologie Sommer 1933. »Die altkirchliche Christologie ist wirklich an der Krippe von Bethlehem entstanden, und es liegt auf ihrem verwitterten Antlitz weihnachtlicher Glanz. Wer sie kennen lernt, dem gewinnt sie noch heute das Herz ab.«

Die Arbeit über Epiphanias legt die liturgiegeschichtlichen Wurzeln dieses Tages frei. Hinter ihr scheint das Bemühen zu stehen, dies für unser gottesdienstliches Bewußtsein verloren gegangene Fest zurück zu gewinnen.

An der Arbeit über Ostern fällt auf, daß und wie hier die Kreatur, die alte Mutter Erde in die Auferstehung Christi mit hineingenommen wird. Die Auferstehung ist eine starke Einladung zur Treue zur Welt. »Wer die Auferstehung Christi gläubig bejaht, der kann nicht mehr weltflüchtig werden, er kann aber auch nicht mehr der Welt verfallen, denn er hat mitten in der alten Schöpfung die neue Schöpfung Gottes erkannt.«

Die Himmelfahrt Christi wird unter den drei Gesichtspunkten der Christologie, der Soteriologie und der Paränese behandelt. Diese Arbeit nimmt äußerlich den größten Raum ein. Bonhoeffer scheint ihr ein besonderes Gewicht zu geben, vielleicht weil der Himmelfahrtstag aus dem öffentlichen Festkalender damals gestrichen war und weil man sich innerhalb der Kirche mit dieser Streichung abzufinden begann. Ereignis und Bedeutung dieses Tages zu predigen bereitete schon lange schlimme Skrupel.

Aufs ganze gesehen scheinen diese Arbeiten wenig Beachtung gefunden zu haben. Sie dürften über den Kreis der damaligen Adressaten hinaus kaum bekannt geworden sein.

»Das Gebetbuch der Bibel«, Bonhoeffers letzte Veröffentlichung, war die Frucht jahrelanger eigener Übungen im Beten der Psalmen. Darin gleicht es dem »Gemeinsamen Leben«. Auch dies schrieb er erst nieder, als das Experiment gemeinsamen Lebens zuende gegangen war. Der Versuch sollte literarisch festgehalten werden und so wenn möglich weiter wirken. Das Beten der Psalmen war wichtiger Bestandteil des gemeinsamen Lebens. Auch und gerade dieses Stück sollte erhalten bleiben. Es sollte Eingang finden in Bewußtsein und Leben der Gemeinde.

Bonhoeffer war schon lange der Meinung, daß Geringschätzung und Verlust des Psalmgebetes ein entscheidender Grund für die innere Verarmung und Ausdörrung evangelischer Frömmigkeit im Leben des einzelnen Christen und erst recht in den Gottesdiensten der Kirche sei. Dabei dachte er nicht in erster Linie an das spärliche Vorkommen der Psalmen im liturgischen Ablauf des Gottesdienstes. Wichtiger war ihm, daß das Gespür für den weiten Umkreis der Inhalte des Betens verloren gegangen war. Ohne die Psalmen schrumpfen die Inhalte des Betens auf ein Minimum des Notwendigen und Möglichen. Und verlieren auch ihre Anbindung, ihren tragenden Grund. Das Geheimnis gerade des Psalmgebetes konnte er etwa so beschreiben: »Wenn also die Bibel auch ein Gebetbuch enthält, so lernen wir daraus, daß zum Wort Gottes nicht nur das Wort gehört, das er uns zu sagen hat, sondern auch das Wort, das er von uns hören will. ... Das ist eine große Gnade, daß Gott uns sagt, wie wir mit ihm sprechen und Gemeinschaft haben können.« In den Psalmen erkannte er immer besser und immer tiefer den menschlichen, antwortenden Reflex auf den Weg Gottes mit seinem Volk durch die Geschichte hindurch, durch Gnade und Gericht, durch Befreiungen und Blockierungen, durch Offenbarsein und Verborgenheiten, durch Beglükkungen und Zufügungen von Schmerz, mit einem Wort durch Leben und durch Sterben hindurch. So vielgestaltig und reich ist Gottes Geschichte mit seinem Volk. Und so vielgestaltig und reich muß und darf das antwortende Gebet sein.

In dem allem ist ausgesprochen, daß die Psalmen zwar auch Gebete für den Einzelnen sind, aber vorrangig Gebete des Volkes Gottes, der Kirche. Viele Schwierigkeiten im Verständnis der Psalmen rühren daher, daß dieser hermeneutisch so wichtige Gesichtspunkt außer acht gelassen wird.

Wenn Bonhoeffer dem Leser bzw. Beter zu einem Überblick über die verwirrende Vielfalt dieser Gebete verhelfen will, benutzt er bezeichnenderweise nicht das übliche Schema der Gattungen: Lob und Dank, Klage, Unschuldsbeteuerungen, Königslieder etc. Hilfreicher erscheint ihm, daß sich die Inhalte der Geschichte Gottes

mit seinem Volk und des betenden Antwortens einprägen: die Schöpfung, das Gesetz, die Heilsgeschichte, der Messias, die Kirche, das Leben, das Leiden, die Schuld, die Feinde, das Ende.
Das wichtigste hermeneutische Prinzip ist indes das christologische. Bonhoeffer versteht die Psalmen samt und sonders und vor allen Dingen als Gebet im Munde Jesu Christi. Darin liege auch ihre ganze Verheißung. All unser Beten lebe ausschließlich von diesem Eingefügtsein in das Gebet Christi. Bonhoeffer befindet sich mit dieser Deutung in der guten Gesellschaft altchristlicher und reformatorischer Theologie. Und es ist auch nicht zu bestreiten, wie eindrücklich die spezifisch Bonhoeffer'sche Ausformung dieses Prinzips ist. Den ganzen Reichtum und Vielgestaltigkeit des Menschseins, menschlichen Sich-Äußerns, wie er uns in den Psalmen begegnet, nimmt er in Anspruch für das wahre und ganze Menschsein Jesu. Und umgekehrt nimmt er mit eben dieser Begründung Jesus Christus für alle Menschen in der ganzen Breite ihres Menschseins in Anspruch. Es bedarf keines Wortes, wie weittragend und fruchtbar ein solches Verständnis ist. Und wie dadurch auch dem ganzen Psalter ein starker Zusammenhalt gegeben wird. Allerdings ist nicht zu übersehen, daß es keinem noch so fruchtbaren Auslegungsprinzip gelingen will, allen Äußerungen eines so komplexen Buches gerecht zu werden, ohne ihnen Gewalt anzutun. Aber darüber wurde bereits bei der Besprechung der Predigt über Psalm 58 das Nötige gesagt. Die Spannung zwischen »wissenschaftlicher« Arbeit an biblischen Texten, die Frage nach Abhängigkeiten etwa der messianischen Psalmen und nach ihrem ursprünglichen »Sitz im Leben« auf der einen Seite und ihrer christologischen Beanspruchung auf der anderen ist unauflösbar. Beides hat sein Recht. Das wissenschaftliche Fragen und Zuweisen darf nicht diskreditiert werden;

aber noch viel weniger die Beanspruchung solcher Texte für die Wanderschaft der Gemeinde durch die Zeiten hindurch auf das Ziel hin, das Gott ihr gesetzt hat. Und dieses Ziel trägt den Namen Jesus Christus.

Die Auslegung des 119. Psalms wird unter allen Arbeiten Bonhoeffers immer einen einsamen Rang behalten. Nach Eberhard Bethge soll er selber in der Interpretation gerade dieses Psalms die Krönung eines theologischen Lebens gesehen haben (Biographie, 750). Wie Bethges Vorbemerkung in der Erstveröffentlichung (GS IV, 505) ausweist, hat er die Kandidaten des letzten Kurses in allerlei Vorarbeiten und Überlegungen hineingezogen. Aber *diese* Auslegung ist für niemandes Ohren oder Augen bestimmt. Sie gehört in das für Bonhoeffer so bedeutsame Gebiet des Arcanum. Und zwar in einem radikalisierten Sinn. An den in diesem Arcanum zu bedenkenden Vorgängen ist kein anderer beteiligt. Und es hat, wie wir noch sehen werden, eine erkennbare Außenseite.

Aufmerksam geworden auf Psalm 119 ist Bonhoeffer März 1935 im Horengebet des Klosters Mirfield (England), in dem dieser Psalm siebenmal in der Woche durchgebetet wurde (Biographie, 474 f). Seither hat er ihn nicht mehr losgelassen. Und er sollte ihm bald zum geliebtesten Stück biblischen Betens und Meditierens werden. Gereizt hat ihn dabei gerade das, was es anderen so schwer macht oder sie geradezu abstößt: die ständigen Wiederholungen und das ewige Kreisen um das Gesetz. Bonhoeffer entdeckte hier seine alte Frage nach dem konkreten göttlichen Gebieten. Und er fand schnell heraus, daß es sich im Grunde überhaupt nicht um Wiederholungen handelt, sondern um stets neues Fragen nach dem Gebot unter veränderten Konstellationen und nach voraufgegangenen neuen Erkenntnissen und Erfahrungen. So also sieht ein Leben aus, wenn es von Gottes Gebot getroffen, beglückt, niedergebeugt, gedemütigt, wiederaufgerichtet und in dem allem mit großem Reichtum beschenkt wird: eingespannt in die beiden »Selbsterfahrungen« (aber total anders gemeint als im heutigen Sprachgebrauch): »Ich bin wie ein verirrtes und verlorenes Schaf; suche deinen Knecht« (V. 176) und: »Ich freue mich über dein Wort wie einer, der große Beute macht« (V. 162). Wenn irgendwo, konnte er hier Gewißheit gewinnen über das konkrete Gebot: nicht in einem System ein-für-allemal feststehender Lehrsätze und Grundsatzerklärungen, sondern in der stets neuen Begegnung mit dem befreienden und gebietenden Gott, gewonnen im treuen, geduldigen, beständigen Bewegen seines Wortes im eigenen Herzen.

Unter der Hand wird für Bonhoeffer das Meditieren über Psalm 119 zur Innenseite seiner Überlegungen zur Ethik. Auch zeitlich laufen diese Arbeiten parallel. Gerade in diesen Tagen war die Entscheidung, sich persönlich nicht herauszuhalten aus dem Kampf gegen den Abgrund, gefallen. Und plötzlich hört man es mit anderen Ohren, wenn er sagt, man dürfe (und brauche) hinter den geschehenen Anfang nicht zurückgehen; wenn er von dem Befreitsein von der Qual der eigenen Anfänge redet und davon, daß alle innere Entzweiung, die aus dem Widerspruch der eigenen Anfänge gegen den Anfang Gottes kommt, überwunden sei. Sein eigenes mögliches Schicksal auf diesem von Gottes Anfang bestimmten Weg bedenkend, hört er hier aus diesem Psalm heraus: »Sollte aber Gott einem der Seinen wirklich den Kelch des Leidens um Christi willen bis zum bitteren Ende in Kreuz und Tod zu trinken geben, so hat er gewiß ihr Herz vorher so bereitet, daß gerade sie es sind, die es mit starkem Glauben in ganz neuer und vollmächtiger Weise bezeugen: ›Wohl denen, die im Gesetz des Herrn wandeln.‹« Und über die Welt, in die das Gebot Gottes verantwortlich handelnd hineinführt, hört er: »Stolz, Übermut und Unrecht gehen an sich selber zugrunde, aber Demut und Gottesfurcht, Zucht und Ordnung, Recht und Wahrheit haben Bestand.« Zu Vers 6 kann er sagen: »Niemals werde ich mich schämen müssen, auf Gottes Gebot geachtet zu haben. Niemals wird mein Leben mehr ohne einen Fürsprecher sein. Ob das Urteil der Welt gegen mich spricht, Gottes Urteil spricht für mich. Auf Gottes Gebote schaue ich, wenn ich meine Entscheidungen nicht von anderen Menschen bestimmen lasse, sondern wenn ich immer neu, auch gegen meine frommen Gedanken und Erfahrungen, danach frage, was Gott mir befiehlt.« Diese konkreten Befehle Gottes bleiben dabei immer christologisch begründet. »Wir müssen zurück zu den Heilstaten Gottes, um vorwärts gehen zu können«. ... »Erinnerung wird zur Kraft der Gegenwart.« ... »Will ich Gottes Befehle erkennen, so darf ich nicht auf mich und meine Lage, sondern ich muß allein auf Gottes Pfade schauen. Was Gott für mich tat, als er an seinem Volk, als er in Jesus Christus handelte, was Menschwerdung, Kreuz und Auferstehung Jesu Christi als Tat Gottes für mich bedeuten, das allein soll meinen Weg bestimmen« (zu Vers 15). Und wie das Selbstverständnis und das Weltverständnis aussehen, wenn ein Leben ganz bestimmt und getragen ist von Gottes lebendigem Gebieten, ist wohl selten schöner beschrieben worden als in Bonhoeffers Ausführungen zu Vers 19: »Ich bin ein Gast auf Erden. Verbirg deine Gebote nicht vor mir.« Dabei erreicht die Sprache eine Klarheit und Schlichtheit, wie sie nur aus einem sehr langen, geduldigen Nachdenken hervorgehen kann.

Bei der Auslegung von Vers 21 bricht Bonhoeffer mitten im Satz ab. Er hat die Arbeit nie wieder aufgenommen. Für das Abbrechen gibt es viele Erklärungen, aber kaum eine für das Nicht-wieder-Aufnehmen. Fehlende Zeit reicht für diesen Gegenstand nicht aus. Sollte die Parallelität zur Ethik so stark geworden sein, daß sie ganz in diese Arbeit aufging? Oder könnte es nicht auch sein, daß das Zusammenlaufen der Linien aus dem Arcanum und der Vorbereitungen zum Handeln nicht mehr in einem Erkenntnisvorgang darstellbar ist? Das kann möglicherweise nur im Leben selber geschehen.

## VII. Auslegungen aus der Tegeler Zelle (1943–1944)

Mit der Verhaftung am 5. April 1943 sollte Bonhoeffers Stimme endgültig zum Schweigen gebracht werden. Versucht wurde es auch schon mit dem Predigt- und Veröffentlichungsverbot. Mit welchem Erfolg, sahen wir soeben. Aber jetzt müßte es doch eigentlich gelungen sein.

Zu Pfingsten 1943 schreibt er den Eltern: »Es ist wieder völlige Stille im Haus, nur die Schritte der in ihren Zellen auf- und abgehenden Gefangenen hört man, und wie viel trostlose und unpfingstliche Gedanken mögen da mit herumgetragen werden. Wenn ich Gefängnispfarrer wäre, dann würde ich an solchen Tagen von frühmorgens bis abends durch die Zellen gehen; da würde sich manches ereignen« (WEN, 67). Nun, er ist weder Gefängnispfarrer noch kann er durch die Zellen gehen. Aber ereignen sollte sich trotzdem manches.

Zunächst dies: Da ist einer unter die Gefangenen geraten, der ein waches Ohr, einen klaren Kopf und vor allem eine große Fähigkeit zur Teilnahme am Leiden anderer hat. Aus dem Gedicht »Nächtliche Stimmen in Tegel«: »Stumm ist ihr Chor,/ weit geöffnet mein Ohr:/ ›Wir

Alten, wir Jungen,/ wir Söhne aller Zungen,/ wir Starken, wir Schwachen,/ wir Schläfer, wir Wachen,/ wir Armen, wir Reichen,/ im Unglück Gleichen,/ wir Guten, wir Bösen,/ was je wir gewesen,/ wir Männer vieler Narben,/ wir Zeugen derer, die starben,/ wir Trotzigen und wir Verzagten,/ wir Unschuldigen und wir schwer Verklagten,/ von langem Alleinsein tief Geplagten,/ Bruder, wir suchen, wir rufen dich!/ Bruder, hörst du mich?« (WEN, 384). Dieser Bruder hat das Hören gelernt. Er steht zur Verfügung. Zu Psalm 119 hatte er geschrieben: »Niemals werde ich ohne Anwalt sein.« Eben deswegen wird er nun selber zum Anwalt. Es sei besser, mit Gott über den Bruder zu reden als mit dem Bruder über Gott, äußerte er einmal im »Gemeinsamen Leben«. Unvermutet hatte er neue Brüder gewonnen, wahrscheinlich noch viel unerwarteter die Gefangenen in ihm einen Bruder, viele vielleicht zum ersten Mal in ihrem Leben. Fürbitte wird für Bonhoeffer in Tegel eine neue Dimension und gewiß eine neue Dringlichkeit gewonnen haben. Und eines Tages wird er den Gefangenen das Ergebnis lange geübter Fürbitte in die Hand geben.

Diese Gebete! Kein Wort zu viel, aber auch keines zu wenig. Voller Konzentration und Zucht, aber voller Barmherzigkeit. Keine Auslieferung an Gefühle, die doch nur täuschen können, aber voller Innigkeit. Welch ein Angebot an Begleitung, vor allem aber welch ein Aufweis von Ziel und Zuflucht. An diesen Gebeten kann auch der Ungeübte Mut und Freude zum eigenen Beten gewinnen. Und auch der Kritische, der scheu geworden ist gegen Angebote der Religion. Man darf diese kleine Sammlung, was Sprache und Geist angeht, gewiß in die Nähe von Luthers Morgen- und Abendsegen stellen.

Die Präsenz dieses Mannes wird als tröstlich empfunden von den Mitgefangenen. Es geht etwas Aufrichtendes von ihm aus. Das braucht nicht ausgesprochen zu werden. Es zeigt sich deutlich genug daran, daß man seine Nähe sucht, wo man nur kann (»es ist so nett, sich mit Ihnen zu unterhalten«). Auch in dem Urteil, das sich über ihn bildet: »Sie sagen mir oft,/ ich spräche mit meinen Bewachern/ frei und freundlich und klar,/ als hätte ich zu gebieten.« Gibt es eine größere Genugtuung für Mitgefangene als solch ein Erlebnis? Oder: »Sie sagen mir auch,/ ich trüge die Tage des Unglücks/ gleichmütig, lächelnd und stolz,/ wie einer, der Siegen gewohnt ist« (WEN, 381). Liegt in solcher Anerkennung nicht auch ein klein wenig Freude, an solchen Siegen mindestens von ferne teilnehmen zu können?

Im Laufe der Zeit sollte es dann auch nicht an direkten Adressaten einer direkten Anrede fehlen. Bonhoeffer fand sie im kleinsten Kreis des Freundes und der nächsten Angehörigen. Sie konnte nur durch schriftliche Vermittlung geschehen. Aber sie war intensiv und sollte später große Wirkung ausüben. Gelegenheit dazu boten Eberhard und Renate Bethges Trauung im Mai 1943 und ein Jahr danach die Taufe ihres Sohnes, dessen Patenonkel Dietrich Bonhoeffer werden sollte. In den Tagen der Taufe legte er in der Freude des Wiedersehens mit den ihm liebsten Menschen, im Teilnehmen an ihrem Glück, aber auch in der ganzen Sorge um die bevorstehenden Ereignisse, die politischen, die militärischen und die in sie hineinverflochtenen persönlichen Geschicke die Losungen und Lehrtexte mehrerer Tage aus, gleichsam als Vademecum. Wie reich und tröstlich biblische Worte auch in solch sehr persönlicher Bezogenheit sein und wie sie dabei ganz sachlich bleiben können, dafür geben diese Auslegungen ein gutes Beispiel.

Bonhoeffer fand sich hier also plötzlich als »Familienpfarrer« vor. Wenn er in seinen frühen Jahren im Geschwister- und Verwandtenkreis um eine Taufe gebeten wurde, sagte er, wenn überhaupt, nur ungern zu. Er befürchtete

Verlust oder mindestens Einschränkung der Objektivität des Wortes. Das könne leicht zu Verharmlosungen des ganzen Ernstes einer Taufe führen. Vielleicht fehlte ihm auch ganz einfach die Unbefangenheit zur Verkündigung in einem so intimen Kreis, wo jeder auf's genaueste den anderen kennt. Und wahrscheinlich stand hinter solchen Bedenken auch irgend eine Konzeption vom Verhältnis Kirche und Welt, die in die Nähe des Denkens in zwei Räumen gehört. Familie zählte dabei selbstverständlich zur Welt. Nein, als Familienpfarrer wollte er sich damals keinesfalls verstanden wissen. Dabei kam es den beiden Taufansprachen von Mai und Oktober 1932 durchaus zugute, daß sie einen weiteren Weg gehen und einen gewissen Abstand überbrücken mußten. Das ist nun einmal die Situation des Predigens in den weitaus meisten Fällen. Die innere Anstrengung, die dazu gewiß nötig ist, kann recht positiv zu Buche schlagen, wie die beiden Beispiele nahe legen. Eine Ausnahme in Bonhoeffers Wertung von Casualien innerhalb der Familie stellte die Beerdigung seiner Großmutter im Januar 1936 dar. Hier waren die Voraussetzungen anders. Hier galt es, einer herausragenden Persönlichkeit ihr Recht widerfahren zu lassen; jemandem, der an allem Erleben innerhalb der Familie aufs intensivste Anteil genommen hatte, zu Dietrichs Freude auch an seinem Anteil Arbeit und Kampf innerhalb der Kirche. Hier gelang ihm ein Nachruf von beeindruckend schlichter Größe, ähnlich wie bei seinem Wort am Grabe Harnacks, nur ganz gesättigt von gemeinsamem Erleben und persönlicher Nähe.

Jetzt, 1943/44 gab es bei Casualien innerhalb der Familie nicht mehr die geringsten Hemmungen. Nicht nur, daß er durch den Gang der Ereignisse und die Art seiner Arbeit sein Leben viel mehr als früher in die Familie verlagert sah; ihm war die Trennung der Bereiche von Kirche und Welt immer obsoleter geworden. Und das nicht aus von außen kommenden Gesichtspunkten, sondern weil er Gottes Handeln in Menschwerdung, Kreuz und Auferstehung Jesu Christi immer mehr als der ganzen Welt zugewandt verstehen lernte. Es erscheint als besonders schöne Frucht dieser neu gewonnenen Erknenntnis, daß die letzte Etappe auf dem Weg seiner Verkündigung sich in dem engsten Kreis der Familie innerhalb des Tegeler Gefängnisses mit dem Hintergrund all seiner Abgründigkeiten zu vollziehen hat.

Zur »Traupredigt«: Gehalten wurde die Trauung durch Gerhard Ebeling. Aber Bonhoeffer hat sie dadurch begleitet, daß er seine Gedanken zu diesem Ereignis niederschrieb. Es ist anzunehmen, daß später, nach der Veröffentlichung von »Widerstand und Ergebung« Bonhoeffers Predigt großen Einfluß gewonnen hat. Auf einer Studentenpfarrerkonferenz bald nach Bekanntwerden von »Widerstand und Ergebung« wurde von vielen Teilnehmern gerade die Traupredigt als eine Art Befreiung aus allerlei Verlegenheiten, was bei einer Trauung eigentlich zu sagen sei, begrüßt. Sie dürfte in der Folgezeit häufig Modell gestanden haben beim Entstehen von Trauansprachen. Dabei wußte sich Bonhoeffer noch ganz dem traditionellen Rollenverständnis innerhalb der Ehe verpflichtet. Aber was besagt das schon angesichts all dessen, was in dieser Predigt zu lesen ist über des Menschen Möglichkeiten in der Gestaltung seines Lebens, über die unbefangen-positive Wertung des Verlangens nach Glück, über das »weltliche« Verständnis der Ehe, die keiner klerikalen Verklärung – und Bevormundung! – bedarf, über die Polarität der beiden Elemente Liebe und Ehe, die sich gegenseitig fordern und fördern, über die Wohltat, die darin liegt, daß Gott uns innerhalb der von ihm selber geschützten und mit seinen Segnungen beschenkten Ordnung leben läßt; wie der Mensch durch ein Leben außerhalb solcher Ordnung zu sehr belastet wäre, über sein

Vermögen hinaus; wie man in dieser Ordnung frei werden kann von allerlei Angst, auch von der, einander zu verlieren. Auch bei einer »falschen« Rollenzuteilung fehlt es an nichts, wenn Ehrerbietung und Liebe das Leben bestimmen und wenn das Recht des anderen immer mehr geliebt und gesucht wird als das eigene. Und umgekehrt ist bei einer »richtigen«, partnerschaftlichen Platzzuweisung nichts gewonnen, wenn es an solcher Ehrerbietung und Liebe fehlt. »Was ein Haus bedeuten kann, ist heute bei den meisten in Vergessenheit geraten, uns anderen aber ist es gerade in unserer Zeit besonders klar geworden. Es ist mitten in der Welt ein Reich für sich, eine Burg im Sturm der Zeit, eine Zuflucht, ja ein Heiligtum. Es steht nicht auf dem schwankenden Boden der wechselnden Ereignisse des äußeren und öffentlichen Lebens. ... Es ist eine Gründung Gottes in der Welt, der Ort, an dem – was auch in der Welt vorgehen mag – Friede, Stille, Freude, Liebe, Reinheit, Zucht, Ehrfurcht, Gehorsam, Überlieferung und in dem allem – Glück wohnen soll.« Solch ein Haus ist schwerlich zu haben, ohne daß einer der Partner innerhalb des Hauses seine spezifische Verantwortung erkennt und wahrnimmt. Man muß wissen, welch ein Preis für die Auswanderung der Frau aus dem Haus zu zahlen ist, sie sei mit noch so gewichtigen und emphatisch vorgetragenen Argumenten begründet, denen der Gleichberechtigung, der Selbstverwirklichung, und was meist dahinter steht, der Mehrung des Besitzstandes. Beginnt man heute nicht bereits zu ahnen, welch einen Verlust an Kultur des Lebens man sich eingehandelt hat? Ehe der große Abbau erst in den Vorstellungen und dann in der Praxis begann, hat Bonhoeffer in dieser Traupredigt noch einmal die Wirklichkeit einer von den »traditionellen« Voraussetzungen aus gestalteten Ehe vor Augen gestellt. Es muß erst noch einer kommen, der unter den veränderten Verhältnissen mit den heute gültigen Wert-

maßstäben ein Leitbild der Ehe in ähnlich überzeugender Weise zu zeichnen vermag.
Die »Gedanken zum Tauftag« gehen über ihren unmittelbaren Anlaß weit hinaus. Sie werden zu einer Analyse der Gegenwart an einigen ihrer wichtigsten Nahtstellen und greifen, gedeckt durch die Grundwirklichkeit, die Treue Gottes zu seiner Welt in Christus, behutsam in die zu gestaltende Zukunft hinein, besonders was Sein und Dienst der Kirche betrifft. Bonhoeffer beginnt mit der Einordnung des Täuflings in die Generationenfolge der beiden elterlichen Familien, in ihre Umwelt und in ihr spezifisches Lebensverständnis, väterlicherseits das dörfliche Pfarrhaus, von Seiten der Mutter die großbürgerliche Familie. Die bloße Erinnerung daran, nach beiden Seiten hin, führt zu einem dankbaren Staunen. Das also ist die Welt, in die dieses Kind hineinwachsen wird, von diesem Geist wird es umgeben und geleitet sein: Einfachheit und Gesundheit des Lebens, des inneren noch mehr als des äußeren; Wille zur Verantwortung und hohes Bewußtsein, einen guten Dienst tun zu können; das alles bewährt in einer langen Tradition, die gerade bei der Kurzatmigkeit gegenwärtiger Geschichte und Lebensauffassung sehr hoch bewertet wird. Aber sich daran erinnern, heißt gleichzeitig, sich bewußt werden, daß die Welt dieser beiden Lebenskreise weithin der Vergangenheit angehört, in Trümmer gegangen nicht ohne eigene Mitschuld. Diese Feststellung bewahrt vor allem Lamentieren. Die Mitschuld derer, die eigentlich zu führen berufen waren, definiert Bonhoeffer als krasses Mißverhältnis zwischen Denken und Tun. Denken sei weithin zum Luxus der Zuschauenden beim rasenden Ablauf der Geschichte geworden. »Wir haben zu stark in Gedanken gelebt und gemeint, es sei möglich, jede Tat vorher durch das Bedenken der Möglichkeit so zu sichern, daß sie dann ganz von selbst geschieht. Etwas zu spät haben wir

gelernt, daß nicht der Gedanke, sondern die Verantwortungsbereitschaft der Ursprung der Tat sei.« »Denken und Handeln wird für euch in ein neues Verhältnis treten. Ihr werdet nur denken, was ihr handelnd zu verantworten habt.« Man brauche vor allem einen nüchternen Blick für die die Geschichte bestimmenden Mächte. Keinesfalls seien das Vernunft und Gerechtigkeit, wie eine versagende Gesellschaftsschicht das dauernd vorausgesetzt habe. Den wirklichen Gegner gelte es ins Visier zu bekommen, um in Lebens- und Weltgestaltung etwas Sinnvolles tun zu können. Aus dem Schmelztiegel des Krieges und seiner Folgen müsse eine neue Elite hervorgehen, quer durch alle Schichten hindurch; nicht mehr bestimmt durch Privilegien, sondern durch Qualitätsgefühl für die Werte des Menschlichen, Gerechtigkeit, Leistung, Mut. Die bisher führende bürgerliche Gesellschaftsschicht könne nicht durch Rückzug in verbitterten Stolz, sondern nur durch selbstlose Teilnahme an Leiden und Hoffnungen der Mitmenschen sich als lebensstark erweisen.

»Bewußte Beugung unter das göttliche Gericht« und »selbstlose Teilnahme am Ganzen und an den Leiden der Mitmenschen« sind für Bonhoeffer vor allem Stichworte für das künftige Sein der Kirche. Alle Worte, auch die von Versöhnung und Erlösung, hätten ihre Kraft verloren, die nur wiedergewonnen werden könne in einer langen, geduldig bejahten Zeit, in der das Christsein nur bestehen könne im Beten und im Tun des Gerechten. Bonhoeffer sieht sich hier an eine äußerste Grenze in Verständnis und Wertung der Predigt gedrängt. Nicht, daß er das Zutrauen zu ihr eingebüßt, preisgegeben hätte. Aber wie nie zuvor weiß er um die Voraussetzungen verheißungsvoller, wirksamer Verkündigung. Bereits in der Finkenwalder Homiletik sprach er über die Existenzform der Kirche im Blick auf ihre Predigt. Sie könne nur die der

Nachfolge sein. Die kritische und sprengende Kraft dieser Erkenntnis sollte erst nach der tiefen Schuldverstrickung von Kirche und Christenheit in jenen Jahren offenkundig werden. Nur wenn die Christenheit diesen Weg selbstlosen Dienens gehe, werde es ihr eines Tages wieder gegeben sein, »das Wort Gottes so auszusprechen, daß sich die Welt darunter verändert und erneuert. Es wird eine neue Sprache sein, vielleicht ganz unreligiös, aber befreiend und erlösend, wie die Sprache Jesu«.

»Gedanken zum Tauftag« hat Bonhoeffer das ganze genannt; nicht »Taufpredigt«, noch nicht einmal »Gedanke zur Taufe«. Und doch war der Tauftag nicht einfach die Gelegenheit zu sagen, woran ihm in diesen Wochen so unendlich viel lag. Zu sehr hat er all diese Gedanken angebunden an das Ereignis der Taufe; an den Beginn des Handelns Gottes mit einem Menschen, mit seinen Menschenkindern überhaupt. Darum wurde wohl auch die Erinnerung an dieses Handeln Gottes in voraufgegangenen Zeiten, an vorangegangenen Generationen beschworen. Im Hintergrund stand immer das Wissen um die Geduld Gottes und um seine Kontinuität im Handeln an und mit der Welt. Darum wurde auch immer wieder zur Geduld eingeladen und zu einem Rechnen mit langen Fristen; zu einer Hoffnung auf neue Generationen. »Aus dem Munde der Kinder und Säuglinge hast du dir eine Macht zugerichtet um deiner Feinde willen« (Ps. 8, 3); und man darf im Sinne Bonhoeffers gewiß hinzufügen, »um deiner treulos, vergeßlich und stumm gewordenen gegenwärtigen Kirche willen«. »Es wird Menschen geben, die beten und das Gerechte tun und auf Gottes Zeit warten.« Und das sollte kein Taufwort sein?

Für die Auslegung der »ersten Tafel der zehn Worte« von Juni/Juli 1944 kennen wir weder Anlaß noch Zweck. Als einfachste Erklärung bleibt, daß während der ganzen Haftzeit geistige Arbeit für Bonhoeffer eine Art Selbstschutz und ein Stück Selbstbehauptung war, Schreiben noch mehr als Lesen. Diesem inneren Drang verdanken wir neben so viel unschätzbaren Kostbarkeiten auch diese Interpretation. Das Nachdenken über Gottes Gebot hatte ihn ja ohnehin wie kaum etwas anderes in Anspruch genommen. Am 27. 6. 1944 schreibt er an Eberhard Bethge: »Ich schreibe gegenwärtig die Auslegung der ersten drei Gebote. Dabei fällt mir das erste besonders schwer. Die übliche Auslegung des Götzendienstes auf ›Reichtum, Wollust und Ehre‹ scheint mir gar nicht biblisch. Das ist eine Moralisierung. Götzen werden angebetet, und Götzendienst setzt voraus, daß Menschen überhaupt noch etwas anbeten. Wir beten aber gar nichts mehr an, nicht einmal Götzen. Darin sind wir wirklich Nihilisten« (WEN, 368). Die Auslegungen bieten eine Fülle von Bezugnahmen auf die großen Themen seines Denkens in den letzten Jahren. Manche sind nach Inhalt und Form so anziehend, daß man gern bei ihnen verweilen möchte. So wenn er sich der Gemeinsamkeit mit anderen Menschen und Kulturen zu allen Zeiten freut, die bei ihrem Nachdenken über die Grundlagen des Lebens ganz dicht bei den zehn Geboten stehen, selbst wenn sie mehr der Gedanke an ihre Selbsterhaltung in diese Nachbarschaft gebracht hat als der an Gottes Willen und Ehre. Aber Gottes Ehre besteht ja nun einmal in der Erhaltung der von ihm so geliebten Welt. Oder wenn er im ersten Gebot die zu negierenden Götter als Kraftentfaltung, Macht und Erfolg beschreibt. Oder wenn er zum zweiten Gebot den Mißbrauch des Namens Gottes – auch – darin sieht, daß man ihn zum Lückenbüßer für unsere mancherlei Verlegenheiten macht. Oder zum dritten: »Der Dekalog enthält kein Gebot zu arbeiten, aber ein Gebot, von der Arbeit zu ruhen. Das ist die Umkehrung von dem, was wir zu denken gewohnt sind. Die Arbeit wird ... als etwas Selbstverständliches vorausgesetzt, aber Gott weiß, daß das Werk, das der Mensch tut, über ihn solche Gewalt gewinnt, daß er von ihm nicht mehr lassen kann, daß er sich von seinem Werk alles verspricht und darüber Gott vergißt.«

Besonders intensiv erscheint die Einladung, bei dem folgenden Satz zum ersten Gebot zu verweilen: »Neben ihm (Gott) hat nichts Platz, unter ihm die ganze Schöpfung.« Nicht nur daß hier in komprimiertester Form alles das enthalten ist, was Bonhoeffer in der Ethik ausführlich über das Nebeneinander von Universalität und Exklusivität des Christusanspruches sagt (s. Ethik, 61 ff). Dieser Satz hat noch ganz andere Hintergründe. In den gleichen Tagen, in denen er diese Auslegung schrieb, las er fasziniert F. W. Ottos: »Die Götter Griechenlands«. An Eberhard Bethge am 21. 6. 1944: »Ich lese z. Zt. das ganz ausgezeichnete Buch ... über ›die Götter Griechenlands‹, über diese ›Glaubenswelt, die dem Reichtum und der Tiefe des Daseins, nicht seinen Sorgen und Sehnsüchten entstiegen ist‹, wie es am Schluß heißt. Verstehst Du, daß diese Formulierung und die entsprechende Darstellung für mich etwas sehr Reizvolles hat und daß ich – horribile dictu! – an den so dargestellten Göttern weniger Anstoß nehme als an bestimmten Formen des Christentums? Ja, daß ich fast glaube, diese Götter für Christus in Anspruch nehmen zu können« (WEN, 365)? »Neben ihm hat nichts Platz, unter ihm die ganze Schöpfung«, auch das Fragen und Suchen nach Ihm.

Den Abschluß der Bonhoeffer'schen Schriftauslegungen bilden die beiden Gedichte »Der Tod des Mose« und »Jona«. »Gedicht« muß man hier wohl ganz wörtlich im Sinne von »verdichten« nehmen. Beide entstanden nach dem Scheitern des Attentates vom 20. Juli 1944 und vor allem nach dem Zossener Aktenfund, der Bonhoeffers ganze Teilnahme an den Umsturzversuchen offen legte. Von jetzt ab mußte er mit seinem unmittelbar bevorste-

henden Ende rechnen. Die Gedichte haben keinen Adressaten. Sie reflektieren in biblischen Bildern den eigenen Weg, die eigenen Entscheidungen, die eigenen Motive und dann vor allem das Ende dieses Weges. Weil er stellvertretend gegangen wurde für viele, für die Kirche, für das Volk, sollte er bedeutsam werden für das Ganze.
Die Gestalt des Abschied nehmenden Mose hat Bonhoeffer seit eh und je geliebt. In Havanna nahm er sie 1930 zum Text seiner vorweihnachtlichen Predigt. Tertium comparationis war ihm das Sich-Vorfinden an der Grenze zur Erfüllung von Verheißungen; im Rücken allerlei Enttäuschungen, vor sich das »gelobte Land«; zwischen beidem der Tod. Beidemal steht die Frage im Raum, ob das Sterben das Ende aller Hoffnungen sei oder ihre Erfüllung. Die Übertragung der Situation des Mose auf die Weihnachten entgegengehende Gemeinde wollte damals nicht so recht gelingen; konnte es auch nicht, denn zu inkommensurabel sind die zueinander in Beziehung zu bringenden Situationen. Dort die Ausnahmegestalt des Mose, hier der auf die Erfüllung der Weihnacht wartende Christ. Dort das ganz reale Sterben nach einem langen Leben in Kampf und Leiden um die Erfüllung, hier ein »geistliches« Sterben, ohne daß genau gesagt wird, wie es zu geschehen hat und worin es besteht. Die Havanna-Predigt läßt den Leser etwas ratlos zurück.
Aber jetzt ist es völlig anders. Es hat sich eine Gleichgestaltung vollzogen an zwei Männern, die durch Jahrtausende getrennt sind. In beider Leben ist die Verheißung machtvoll eingebrochen und hat sie zu Werkzeugen der Liebe Gottes zu seinem Volk gemacht. Beider Weg führt aufeinander zu durch viele Kämpfe und Leiden hindurch, deren geheime Mitte der Wille zur Stellvertretung, zur Übernahme fremder Schuld ist. In dem zu erwartenden Ende erkennen sie beide den entscheidenden Schritt aus dem Warten zur Erfüllung, aus der Gefangenschaft in die

Freiheit. Im Abschied nehmenden Mose erkennt Bonhoeffer seine endgültige Identität. »Wunderbar hast du an mir gehandelt,/ Bitterkeit in Süße mir verwandelt./ ... Sinkend, Gott, in deine Ewigkeiten/ seh mein Volk ich in die Freiheit schreiten./ Der die Sünde straft und gern vergibt,/ Gott, ich habe dieses Volk geliebt./ Daß ich seine Schmach und Lasten trug/ und sein Heil geschaut, das ist genug.«

Im Jona-Gedicht stellt Bonhoeffer sich dem extremsten Aspekt in der Konfrontation mit dem Tod. Die Antwort ist auch hier möglicherweise mehrschichtig. In den Wochen zuvor hatte Bonhoeffer sorgfältig eine Flucht aus dem Gefängnis vorbereitet, mit Hilfe eines der ihn bewachenden Soldaten. Da erfolgte die Verhaftung seines Bruders Klaus und des Schwagers Rüdiger Schleicher. Er sagt sich, daß er durch eine Flucht in diesem Augenblick das Leben dieser beiden, auch das der Eltern, der Braut und des Freundes zusätzlich belasten und gefährden würde. So bietet er hier im Jona-Gedicht sein Leben für das anderer an. Aber dann hat es auch noch einen tieferen Hintergrund. »Sie schrieen vor dem Tod und ihre Leiber krallten/ sich an den nassen, sturmgepeitschten Tauen/ und ihre Blicke schauten voller Grauen/ das Meer im Aufruhr jäh entfesselter Gewalten.« Wohin anders kann Bonhoeffer hier blicken als auf die Situation des Krieges und auf den inneren, chaotischen Zustand seines Volkes, mit all der Angst, der Flucht in Illusionen und vor allem auch in Schuldzuweisungen? »Tut mich von euch«! sagt er in diesem Augenblick und bringt damit zur Vollendung, was lange schon ein starkes Motiv in seinem Denken, Predigen, Handeln gewesen ist, sich an der Suche nach Schuldigen nur so zu beteiligen, daß er sich selber gestellt findet. So verstand er immer schon Buße, Umkehr, Nachfolge.

Einen Augenblick sah es dann so aus, als sollte die andere

Möglichkeit doch noch wirklich werden: »Doch willst du uns noch einmal Freude schenken/ an dieser Welt und ihrer Sonne Glanz,/ dann wolln wir des Vergangenen gedenken,/ und dann gehört dir unser Leben ganz.« Als in den ersten Tagen des April 1945 beim Heranrücken der amerikanischen Truppen die politischen Gefangenen aus dem Konzentrationslager Buchenwald nach Süden verfrachtet wurden, geriet Bonhoeffer versehentlich in einen Transport, der für die Freilassung bestimmt war. So kam er in das Städtchen Schönberg im Bayrischen Wald, freute sich in den paar leuchtenden Frühlingstagen ganz wörtlich mit den anderen an diesem Stückchen »Welt und ihrer Sonne Glanz«. Am Sonntag nach Ostern (8. April) baten ihn die Mitgefangenen, ihnen einen Gottesdienst zu halten. Bonhoeffer zögerte. Er wußte, daß sich unter den Mitgefangenen eine Reihe Agnostiker und Atheisten befanden. Und er wollte niemanden veranlassen, etwas mitzumachen, was er nicht innerlich bejahte. Aber die Mitgefangenen bestanden darauf. Als er dann auch noch im zweiten Gefangenenraum den Gottesdienst wiederholen sollte, erschien ein Kommando, um ihn nach Flossenbürg zu bringen. Gerade noch rechtzeitig hatte die Mordmaschinerie ihren Irrtum korrigieren können. Text der Predigt waren die Tageslosungen: »Durch seine Wunden sind wir geheilt« (Jes. 53,5) und »Gelobt sei Gott, der Vater unseres Herrn Jesus Christus, der uns nach seiner großen Barmherzigkeit wiedergeboren hat zu einer lebendigen Hoffnung durch die Auferstehung Jesu Christi von den Toten« (1. Petr. 3,1). Niemand hat berichten können, was Bonhoeffer hier im einzelnen gesagt hat. Aber wovon anders wird schon die Rede gewesen sein als von dem durch die Stellvertretung Christi zu gewinnenden Leben; von der in seiner Nachfolge zu lernenden und selbst zu übenden Übernahme fremder Schuld, und davon, wie so gewonnenes Leben zum Träger vieler und großer Hoffnungen für viele, auch für den Neuanfang in einer zerstörten Welt werden möchte? Bonhoeffer pflegte seine Predigten sorgfältig vorzubereiten. Die letzte in Schönberg bildete gewiß eine der wenigen Ausnahmen. Aber vielleicht war sein ganzes Leben eine einzige Vorbereitung gerade auf diese Predigt. Wann und wo sonst sind Verkündigen und Leben eine solche Einheit eingegangen?

# I. AUS DER STUDENTENZEIT

## 1925–1927

# Demütigung und Erhöhung des Menschen

## 18. nach Trinitatis, 18. 10. 1925[1]

*Lukas 17,7–10: Welcher ist unter euch, der einen Knecht hat, der ihm pflügt oder das Vieh weidet, wenn er heimkommt vom Felde, daß er ihm sage: Gehe alsbald hin und setze dich zu Tische? Ist's nicht also, daß er zu ihm sagt: Richte zu, was ich zu Abend esse, schürze dich und diene mir, bis ich esse und trinke; darnach sollst du auch essen und trinken? Danket er auch dem Knechte, daß er getan hat, was ihm befohlen war? Ich meine es nicht. Also auch ihr; wenn ihr alles getan habt, was euch befohlen ist, so sprechet: Wir sind unnütze Knechte; wir haben getan, was wir zu tun schuldig waren.*

Christentum bedeutet Entscheidung, Wendung, Absage, ja, Feindschaft dem vergangenen alten Menschen gegenüber. Das vergessen, hieße die Kraft, in der das Reich Gottes steht, vergessen. Christus schlägt den vergangenen Menschen in Trümmer ganz und gar, er trifft und durchschneidet mit seinem Schwert, das er bringen will, den innersten Lebensnerv. Und gerade da schmerzt der Hieb am meisten, wo er die scheinbar edelsten Gesinnungen einer vollkommenen Sittlichkeit traf. Aber wir fragen: Was ist es denn um diesen alten, vergangenen Menschen, von dem da geredet wird? Ist es der Mensch in seiner natürlichen Körperlichkeit gegenüber dem Menschen der Geistigkeit? Ist es der Sünder gegenüber dem Gerechten? Ist es [der] Unsittliche gegenüber dem Sittlichen, der Gesetzlose gegenüber dem Gesetzestreuen? Das heißt, ist es der, der nichts getan hat gegenüber dem, der alles getan hat?

1. Predigt in Vertretung von Pf. Koller in der Stahnsdorfer Kirche.

Wohl gar zu gern möchten wir diese Fragen leichtfertig und bequem bejahen. Und doch – wenn wir es tun, so ist Christus umsonst in die Welt gekommen, umsonst am Kreuz gestorben, umsonst auferstanden! Vor diesem Abgrund stehen wir mit unserer Frage. Ein voreiliges, selbstsicheres und allzu gemütlich von Gott denkendes Pharisäertum hat sein bestimmtes »Ja« zu diesen Fragen gesprochen und spricht es noch heute. Richten wir nur, so meint es, unser Leben nach den Maßstäben des Sittlich-Geistigen gegenüber dem Natürlich-Sinnlichen ein, so können wir über jeden Tag und Abschnitt unseres Lebens Buch führen und schließlich, traten wir einmal fehl, nun so ist doch dieser Fehltritt wahrhaftig reichlich aufgehoben durch die große Zahl vortrefflicher Leistungen, die wir aufzuweisen haben. Und so treten wir am Ende unseres Lebens mit gemachter Abrechnung vor Gott hin und fordern nur noch die doch ganz selbstverständliche Bestätigung.

So sprach man vor 2000 Jahren und nicht anders spricht man heute, wenn auch etwas gewitzigt verhohlener als damals. Aus dieser pharisäischen Selbstsicherheit aufzurütteln, dazu kam Christus, und an diesem anspruchsvollen Vortrefflichkeitsdünkel findet unser Wort seinen Gegenstand. Einen großen, bösen Fehler haben diese klugen Leute gemacht. Sie vergaßen, daß Gott Gott ist und der Mensch Mensch bleibt[2]; daß Gott vom Menschen zu fordern hat und nicht der Mensch von Gott; daß Gott mit dem Menschen abrechnet und nicht der Mensch mit Gott; und daß nicht der Mensch nimmt, sondern Gott gibt.

Eine andere Antwort erhalten wir hier auf unsere Frage nach dem vergangenen Menschen. Er ist nicht der körperlich-natürliche gegenüber dem geistig-sittlichen, nein,

2. Vgl. Karl Barth, Der Römerbrief, ²1922, 130 u. ö.

der ganze Mensch als Körper *und* Geist ist vergangener Mensch, und gegen den ganzen Menschen richtet sich also das Herrenwort. Wahrhaftig, es kann einer Almosen über Almosen geben, er kann jeden Sonntag zur Kirche gehen, mag jeden Tag daheim seine Bibel lesen – herrlich und schön. Aber in dem Augenblick, in dem er glaubt, dadurch auf Gott einen Anspruch zu haben, greift er mit unheiligen Händen an Gottes Allmacht und Heiligkeit und lästert Gott den Herrn. Der Mensch, der vor Gott steht, ist und bleibt Sünder, und habe er alles getan! »Wir sind allzumal Sünder und mangeln des Ruhmes, den wir bei Gott haben sollten.« [Röm. 3, 23] »Wenn ihr alles getan habt, was euch befohlen ist, so sprecht: Wir sind unnütze Knechte, wir haben getan, was wir zu tun schuldig waren.«

Jesus sagt: »Wenn ihr alles getan habt, was euch befohlen ist«. Und unsere Frage ist: Ja, was ist denn befohlen und können wir denn alles tun? Befohlen ist das Gesetz, das sich mit unerbittlicher Strenge an uns richtet. Es sind die sittlichen Forderungen, die sich auf unser ganzes Leben erstrecken und von denen es Jesus durchaus für möglich zu halten scheint, daß sie erfüllbar seien. Gehe es auch durch Mühe, Arbeit, Entsagung, Opfer und Hingabe, sie müssen erfüllt werden. Und ist das mühevolle Werk getan, so sprechet: »Wir sind unnütze Knechte; wir haben getan, was wir zu tun schuldig waren.« Eine erschrekkende Wendung! Ein Abgrund tut sich auf, in den wir mit offenen Augen hineinspringen sollen von mühsam erklommener Höhe. Es hatte nicht viel gefehlt, so hatten wir im Anstieg und im Flug den Himmel erobert. Schon hatte der Turm zu Babel die Wolken berührt, da – ein jäher Schlag – und wir liegen im Abgrund, in Finsternis und Dunkel, in Schmutz und Sünde. Der Gerechte, der alles getan hat – ein unnützer Knecht! Der sich Gott so nahe Dünkende – in elendester Gottesferne. Wir stehen

an den Grenzen der Menschheit, und jenseits dieser unüberschreitbaren Grenze, in unendlichem Abstand, thront Gott, dem Diesseits die Grenze seines Mensch- und das heißt Knechtseins weisend.
Wenn der Mensch Knecht ist, so bedeutet das einmal, daß Gott der Herr ist, allmächtig, allgewaltig, hoch erhaben und als solcher anzuerkennen und zu glauben, nicht [aber] zu verstehen und zu begründen! Es bedeutet zum anderen, daß der Mensch keinen eigenen Willen, kein eigenes Leben mehr hat, sondern [daß] alles, was er hat, Gott gehört: sein Besitz, sein Leben, sein Wille, sein Ruhm und seine Ehre. So ist er sein ganzes Leben, seine Mühe, Arbeit und Entsagung in allen Dingen Gott schuldig und – was er auch tun mag – nur für den Herrn kann er es tun. Ruhm und Ehre gehören nicht ihm, sondern dem Herrn!
Aber Jesus sagt: »Wenn ihr alles getan habt, was euch befohlen ist, so sprechet: Wir sind *unnütze* Knechte!« Also – noch einen kräftigen Schritt weiter hinunter in den Abgrund! Wir sind nicht nur Knechte, nein *unnütze* Knechte! Unsere pharisäische Natur bäumt sich auf mit aller ihrer Vortrefflichkeit. Die Forderung übersteigt das mögliche Maß der Erniedrigung. Aber gerade diesen letzten Schritt müssen wir noch tun mit klaren Sinnen! Denn ist es nicht wahr, wir bleiben nun einmal Sünder, »auch in dem besten Leben«? Wir bleiben unzulänglich und wollen letztlich gar nicht, was Gott will, sondern was wir wollen. Wir lieben unser Heil mehr als Gottes Ehre, lieben also uns mehr als Gott. Und sollen doch Gott über alle Dinge lieben! Wir wollen durch unseren guten Lebenswandel einen Anspruch an Gott bekommen, wollen das erste Wort reden und nicht warten, bis Gott spricht. Wir wollen mit ihm um unsere Seligkeit handeln und seinem Spruch zuvorkommen. Wir wollen in Gottes geheime Ratschlüsse eindringen und wissen doch, daß

»ein Knecht nicht wissen soll seines Herrn Heimlichkeiten«. Wir ergeben uns nicht in dem »Kampf« von vornherein auf Gnade und Ungnade, sondern spielen uns als Streiter auf, die wir doch nie sein können. Wir können uns nicht mit dem Gedanken abfinden, daß, wenn es Gottes Wille ist, wir auch unsere Unberufenheit und Verdammung als vollauf gerecht gern und freudig anerkennen sollen, wie es Luther immer wieder gefordert hat. Das heißt, wir wollen Ruhe, Selbstzufriedenheit und nicht die heilsame göttliche Unruhe, die vom Herrn gewirkt ist. Mithin wir sind im höchsten Maße selbstsüchtig und wahrlich *unnütze* Knechte. Also dies Wort vorweg allen anderen Worten, die wir an Gott richten: Herr, »wir sind unnütze Knechte«! Ohne diese Einsicht in die höchst ernst zu nehmende Lage, in der wir Menschen uns Gott gegenüber befinden, gibt es kein Reden zu Gott. Sind wir hier über uns [selbst] im Klaren, so werden wir uns hüten, mit Ansprüchen vor Gott zu kommen. Eine gewaltige Wendung tritt mit diesem Wort in unser Leben. Wir erkennen, daß auch das Beste, was wir vermögen, vor Gott knechtisch, sündig, wertlos bleibt, und wir bekennen, daß wir unnütz sind; und daß unser Verhältnis zu Gott eines ist, in dem er allein der Fordernde, Sprechende, Gebende ist, wir die Ausführenden, Hörenden, Nehmenden. Wir müssen darum wissen, daß all »unser Tun umsonst ist, auch in dem besten Leben«. Eine versucherische Frage erhebt sich: Sollten wir nicht vielleicht dann gleich von vornherein alles Mühen und Arbeiten am Reiche Gottes lassen, wenn es letztlich doch sündig bleibt? »Da sei Gott vor«, antwortete der Apostel, als er sich diese Frage stellte. Nein, zur Ehre Gottes kämpfen, arbeiten und doch sich darüber klar sein, daß das Letzte nur Gott tun kann, das heißt Christsein. Daran zu deuteln ist Lästerung. Denn Gott hat es so gewollt. Denn wir arbeiten und kämpfen ja nicht für unsere Seligkeit und

Vollkommenheit, sondern für Gottes Ehre aus Dankbarkeit.

Ist nun aber unsere Predigt ganz beendet mit der Erkenntnis unserer Unwürdigkeit und Sündhaftigkeit? Ja, sie ist beendet. Aber nie vergessen dürfen wir das andere: Eine große Verheißung liegt in dem Wort vom »unnützen Knecht«. Denn diese Erniedrigung kann nicht Werk des Menschen sein, sonst würde er ja doch noch durch sein eigenes Werk einen Anspruch an Gott bekommen. Nein, hier tritt Gott selbst ein und hilft. Hier befinden wir uns noch einmal an gefahrvollster Stelle. Wehe uns, wenn wir eine eitle, künstliche Selbstverkleinerung und Knechtsseligkeit mit gottgewirkter Buße und Reue verwechseln. Nicht aus eigener Kraft können wir unser Tun so voll und ganz entwerten, wie es vor Gottes Angesicht geschehen muß. Dazu kann nur Gottes Gnade selbst uns helfen. Diese heilige Selbsterkenntnis ist vom Geist gewirkt. Wäre sie vom Menschen, so würde sie zur Verzweiflung führen. Nun sie aber von Gott ist, führt sie zum Gebet um einen gnädigen Gott. Nicht [zu] dem des Pharisäers, sondern des Zöllners, der damals im Tempel sprach: Gott, sei mir Sünder gnädig.

Unser Gedankenkreis hat sich geschlossen. Gott will nicht den sich als Gerechten, Sittlichen fühlenden Pharisäer, sondern er will den reuigen Sünder, der die heilige Selbsterkenntnis gewann und nicht forderte, sondern betete. Es hat nun einmal Gott gefallen, daß er nicht anders als im Gebet des Knechtes und Sünders um Sündenvergebung angerufen sein will in gottgewirkter Reue und Buße. Und zu diesem Sünder spricht Gott das: »Ei, du frommer und getreuer Knecht.« Gott selbst tritt für den Menschen ein. Gott selbst kommt zum Menschen, damit der Mensch im Gebet zu Gott kommen möge. »Mit Sorgen und mit Grämen/ und mit selbsteigner Pein,/ läßt Gott sich gar nichts nehmen./ Es muß erbeten sein.«

# Bauen mit Verheißung

## Seminarpredigt, 20. 5. 1926[1]

*Psalm 127, 1: Wo der Herr nicht das Haus baut, so arbeiten umsonst, die daran bauen. Wo der Herr nicht die Stadt behütet, so wacht der Wächter umsonst.*

Wir leben heute in einer Zeit, in der wir mehr denn je von Aufbau, Neubau sprechen und sprechen müssen. Wir reden davon, wie unsere Wirtschaft wieder emporkommen müsse und welche Handelsverträge heute oder morgen uns am schnellsten zu diesem Ziele führen. Wir denken über die beste Regelung der Arbeitslöhne nach und wie man Arbeitsnehmer und Arbeitsgeber für die *eine* große Sache interessieren könne. Wie fangen wir es nur an, so fragen wir, wieder ein reiches, sorgenfreies, glückliches, angesehenes Volk zu werden? Wir arbeiten heute, wie vielleicht nie gearbeitet worden ist, um recht bald zum Ziel zu kommen. Wir wollen alle wirklich unser Bestes dransetzen, einen Stein zum Bau selbst beizutragen.

Weiß Gott, es gibt auch andere. Laßt uns Gott für sie um Einsicht bitten! Aber wir reden hier nur von denen, die es wirklich ernst meinen mit dem Wort »Aufbau«; die wirklich ihr Leben dransetzen und ihre Arbeitskraft. Und wahrhaftig, es gibt deren viele, sehr viele. Und weh uns, gehörten wir nicht zu ihnen!

Mit der Frage nach der Wirtschaft hängt nun die andere, so brennende, die soziale Frage ganz eng zusammen. Wie

1. Von Prof. Mahling am 20. 5. 1926 mit dem Vermerk versehen: »Die vorliegende Predigt kann vor der Gemeinde gehalten werden.«

viel ist hier schon gesagt, wie viel auch schon getan worden! Und wir danken den Männern und Frauen, die sich hier einsetzten und fruchtbare Arbeit taten. Und jeder von uns will ja auch zu den Männern und Frauen gehören, die an der Liebe zum Bruder mit Ernst arbeiten. Weh über unser Christentum, täten wir es nicht! Das Volk soll reich, gesund, stark werden. Dafür sitzen von Morgen bis Abend die Männer der Wisssenschaft an ihren Tischen, in ihren Instituten, an ihren Apparaten. Die Wissenschaft, die Technik, sie alle arbeiten am Bau der kommenden Jahre. Nehmt irgendeine Zeitung zur Hand, in Worten oder doch zwischen den Zeilen steht es zu lesen, ja ruft es oft eindringlich laut, das eine Wort: Aufbau, Aufbau.

So weit wir uns unter die wirklich ernsthaften Menschen zählen, wollen wir nicht zuerst oder allein ein reiches, angesehenes Volk werden, sondern eins, das an Leib und Seele gesund ist. Wir schaffen der Großstadtjugend Gelegenheit zum Wandern, zum Turnen und Spielen und freuen uns daran, daß sie in die Natur hinauszieht, statt daß sie in schmutzigen und zweifelhaften Orten der Großstadt ihre Freuden sucht. Wir sprechen dann viel von sittlichem Neubau, ohne den nichts werden kann; und wissen, daß ein solcher Bau bestimmt nichts wird, wenn nicht jeder an seiner eigenen Person anfängt mit dem Bauen. Viele Männer und Frauen sehen ihren Beruf darin, der sittlichen Ertüchtigung der Jugend sich hinzugeben und sie arbeiten sich daran ihre Kräfte ab und klagen nie, sondern sind stolz auf ihren Beruf. Wohl uns, daß wir solche Männer und Frauen haben! Und wollen wir nicht alle auch zu einem kleinen Teil, so weit wir eben können, zu ihnen gehören? Weh uns, wollten wir's nicht! Wahrhaftig; umsonst nennten wir uns Christen, die wir es nur am Sonntag von 9–10 Uhr sein wollen!

Und nicht zuletzt: Männer aus dem ganzen Volk, aus Kirche und Schule, sehen das ganze Unglück unserer Zeit

in dem Fehlen der religiösen Erziehung. Und sie klagen Schule und Kirche, weiß Gott nur allzu sehr mit Recht, an, ihren Pflichten allzu gemächlich und gelinde nachgekommen zu sein. Mit erneuter Kraft geht man nun ans Werk, schon die Kinder etwas von dem großen, heiligen Gott und seinen Geboten wissen zu lassen. Die Schule ist an der Arbeit, die Kirche arbeitet an einer Neugestaltung und Neubelebung ihres Gottesdienstes, ihrer Seelsorge. Wohl uns, daß wir Männer und Frauen haben, die hier ihren Beruf gefunden haben! Und weh uns, wenn wir nicht alle in unserem Beruf einen Teil von dem ihren sehen!
Viele Kräfte sind an der Arbeit, guter und starker Wille ist am Werk. Alles, alles arbeitet an der Aufrichtung eines zusammengebrochenen Baues und jeder trägt einen Stein herzu und setzt sich so ein Denkmal für die Geschichte: der Arbeiter, der Bauer, der Professor, der Schulmann, der Industrielle, der Pfarrer, alle sind sie am selben Bau beschäftigt. Nun ist aber jeder Bau vielen Angriffen ausgesetzt. Wie ein schweres Ungewitter, ein Erdbeben, ein mächtiger kriegerischer Überfall über Nacht eine ganze Stadt vernichten kann, so sind dauernd Mächte am Werk, die das umstürzen wollen, was andere mit Mühe gebaut haben. Sie drohen über Nacht zu nichts zu machen, was in Jahrzehnten entstand. Es sind die Mächte der Zerstörung, die mit jedem Werk gleichsam mitwachsen und es dauernd bedrohen, die gleichsam in jeden Bau mit hineingebaut werden. Also Aufbau und Zerstörung, das ist der dauernde Kampf, die große Not, in der sich menschliches Wollen befindet.
Nun hören wir noch einmal das Wort des Psalms: »Wo der Herr nicht das Haus baut ...« Wer diese Worte recht hört, der sieht, daß in ihnen das Gericht ergeht über alle Zeiten des Aufbauens wie über alle Zeiten des gesicherten Besitzes. Da, wo Menschenhände bauen und nicht der Herr baut, da ist es umsonst. Die zwei Dinge wollen wir

uns recht eindringlich machen: »Wo *der Herr* nicht baut« und: »da ist es wirklich *umsonst.*« Ja, aber was heißt es denn nur, daß Gott bauen soll? Ist auf Erden schon je ein Bau, ein Haus, eine Stadt vom Himmel gefallen, die nicht von Menschen gebaut worden wäre? Will uns etwa unser Wort dazu auffordern, zu warten, bis ein solches Wunder geschieht? Wenn all unser Bauen umsonst, wirklich umsonst, das heißt gar nichts wert ist, warum fangen wir dann erst wieder an, das Eingestürzte wieder aufzubauen und warten nicht, bis Gott baut? Warum arbeiten wir dann noch an der Kirche, sie wieder dahin zu stellen, wo sie hingehört? Warum kämpfen wir für sittliche und religiöse Erziehung der Kinder, wenn doch all *unser* Tun umsonst ist? So werden vielleicht jetzt viele fragen, die es mit dem »Umsonst« sehr ernst meinen. Doch eine andere Stimme erhebt sich und will trösten: Gewiß ist unser Tun umsonst, wenn wir nur tun, was *wir* wollen. Hier können wir nichts erhoffen. Aber wenn wir uns recht bemühen, das zu tun, was Gott will und nicht, was wir wollen, so ist das doch ebenso, als wenn der Herr selbst baut. Denn wie soll denn der Herr anders bauen als durch uns? Also: Nur wenn wir nicht im Sinne des Herrn mit unserem besten Willen bauen, dann ist's umsonst! Gewiß, die Leute, die so reden, haben in einem sehr recht. Weh uns, wenn wir nicht mit vollen Kräften und gutem Willen ans Werk gehen! Aber wollen wir wirklich mit ihnen sagen, es sei dasselbe, wenn wir mit unserem durchaus rechten Bemühen bauen, als wenn der Herr baut? Muß es nicht mit diesem Bauen des Herrn noch irgendeine andere Bewandtnis haben als mit unserem frommen und guten Willen? Keiner von uns wird doch bezweifeln, daß viele mit wirklich bestem Willen an sich und dem ganzen arbeiten. Wollen wir aber deshalb schon sagen, daß hier Gott am Werke sei? Wo es doch nur Menschen [sind]? Wollen wir wirklich den Anspruch erheben, mit unserem guten

Willen Gottes Tat zu erübrigen? Sind wir denn so blind, daß wir nicht sehen, daß *all* unser Tun *immer* das Zeichen der Vergänglichkeit tragen wird und mit ihm das Zeichen der Sündhaftigkeit? Sehen wir wirklich nicht mehr, daß wir in der Welt sind und bleiben mit *allen unseren* Gedanken, auch mit den allerfrömmsten? Daß wir nicht Gottes Willen tun können, wenn nicht Gott es will? Daß wir nicht zu Gottes Willen Ja sagen können, wenn nicht Gott vorher zu uns Ja gesagt hat? Ja, so ist es: Wir sehen die Gefahr gar nicht, immer von neuem einen Turm zu Babel zu errichten, von dem wir sagen, daß wir auf ihm von selbst zum Himmel gelangen; daß wir nun die Tat Gottes gar nicht mehr brauchen, sondern sie durch unseren eigenen Willen ersetzen. Wir glauben wirklich, mit dem Wort von der religiösen und sittlichen Erneuerung genug und alles getan zu haben. Und denken gar nicht daran, daß noch ein anderer dazu sagen muß: »Es ist sehr gut« als wir selbst. Wir wollen's nur sagen: Wir alle wollen viel lieber ein reiches, glückliches Volk und ein glücklicher guter Mensch sein als einen gnädigen Gott haben. Ach, es wird [dies] keiner von sich zugeben oder auch nur von sich selbst glauben. Aber prüfen wir uns nur einmal selbst ganz ernsthaft. Wer müßte da nicht vor sich erschrecken?! Ein zweifelhaftes Lob für den, der nichts zum Erschrekken hat! Familie, Volk, Staat, Kirche, Verein und nicht zuletzt die Bildung unserer eigenen »Persönlichkeit«, das sind die Götzen, um die wir tanzen! Wer denkt da noch an den, der dem allen erst Sinn gibt, der Gericht und Gnade über dies alles spricht? Wer denkt noch, daß unser Gott ein Gott ist, der Völker zerschmeißt wie Töpfergeschirr? Und daß es an ihm liegt, ob unser Bau umsonst ist oder nicht? Daß es nicht an jemandes Wollen oder Laufen, sondern allein an Gottes Erbarmen liegt, ob er Licht der Ewigkeit, Licht göttlicher Gnade in aller seiner Sünde empfängt?

Und warum haben wir das alle vergessen? Weil der gnädige Gott regnen läßt über Gerechte und Ungerechte; weil auch ein Bau, den er nicht gebaut hat, Dauer haben kann in der Zeit, und weil er einen Bau, den er gebaut, vielleicht nur kurze Zeit währen läßt. Wir Menschen meinen mit dem »umsonst« die Welt. Gott meint die Ewigkeit. Wahrhaftig, jener Psalmensänger wußte es so gut wie wir, daß auch die Gottlosen Häuser und Städte bauen, die Bestand in dieser Welt haben, die für diese Welt nicht umsonst gebaut sind. Und daß die Stadt der Erwählten Gottes oft genug gar bald dahin mußte. Und doch sprach er: »Wo der Herr nicht das Haus baut, da arbeiten *umsonst* . . .« Umsonst nicht für diese Welt. Der Turm von Babel wurde höher als alle anderen Türme. Umsonst nicht für die wirtschaftliche und »sittliche« Gesundung eines Volkes, umsonst nicht für den rasenden Konkurrenzkampf des Weltmarktes. Umsonst aber für die Ewigkeit, umsonst! Denn auf sie fällt nicht das Licht der Herrlichkeit Gottes, umsonst! Denn Gottes Gnade ist fern von ihr, umsonst! Denn Gottes Liebe hat ihre Schäden nicht zugedeckt! Weiter spricht der Psalmist: »Wo der Herr nicht die Stadt behütet . . .« Umsonst vielleicht nicht für diese Welt, umsonst nicht vor den Augen der Menschen, umsonst aber für die Ewigkeit, umsonst vor Gottes Auge, umsonst! Denn ihr Bestand steht unter dem Gericht Gottes, umsonst! Denn ihr Bestand in der Zeit ist ihr Tod in der Ewigkeit.

Wie von selbst tritt an uns die Versuchung heran: So laßt uns doch die Hände in den Schoß legen, beten und auf Gottes Eingriff warten. Aber täuschen wir uns nicht. Gott läßt keine Stadt vom Himmel fallen und Gottes heilige Gebote harren der Erfüllung. Wir müssen arbeiten mit unseren befleckten Händen. Wir müssen schaffen, auch wenn nur Gott für die Ewigkeit schafft. Wir müssen bauen an uns selbst, an Familie, Volk und Kirche. Und doch wissen, daß alles umsonst ist, wenn nur *wir* bauen. Das heißt aber, wir müssen arbeiten mit dem Blick nach oben, mit dem Gebet, daß Gott die Sündhaftigkeit unseres Werkes nicht ansehe. Verstehen wir nun, was der Psalm meint, daß der Herr bauen muß und nicht wir? Gewiß, der Herr kann auch für die Zeit bauen, wenn er will. Wir denken an die Worte des weisen Gamaliel über die ersten Christen: »Ist das Werk aus den Menschen, so wird's untergehen; ist's aber aus Gott, so könnt ihr's nicht dämpfen« [Apg. 5, 38 f].

Aber immer baut der Herr auch für die Ewigkeit, auch wenn er nicht für die Zeit baut. Gott baut, indem er uns Gnade gibt; indem er Ja zu uns und zu unserem Tun sagt, zu unserer Arbeit an uns selbst, zu unserem Bemühen, Wirtschaft, Gesundheit, Sittlichkeit und Religion in die Höhe zu bringen; indem er Gnade leuchten lassen will auch über die Sünde der Großstädte, Vergebung über den Konkurrenzkampf der Gewaltigen dieser Welt. Der Herr behütet, indem er durch das Hin und Her der Zeiten hindurch das, was ihm gefällt, für die Ewigkeit bewahrt. Nur wo Gott unsere Person und ihr Tun ansehen will, da bauen wir nicht umsonst. Nur wo Gott auf uns und unser Werk Licht der Ewigkeit fallen läßt, da wacht der Wächter nicht umsonst. Gott baut, indem er aus dem alten Menschen den neuen Menschen schafft, den Menschen für sein ewiges Reich. Wo aber Gott zu uns in unserer Sünde Ja sagt, da sind wir schon gerecht und blieben wir gleich in allem sündig. Denn Gott sieht nicht das Zeitliche, sondern das Vollendete. So ist auch auf unser sündiges Tun Licht zur Vollendung hin gefallen. Gottes Bau für die Ewigkeit ist Vergebung, übermächtige göttliche Liebe. So lange wir auf dieser Erde sind, bleiben wir und bleibt unser Werk voll Sünde, ist es vergänglich, wie alles andere auch. Aber Gott hat es gesehen, Gott hat es gebaut, Gott hat vergeben.

So lange *wir* handeln, werden wir Gottes Reich nicht bauen. Aber so wahr Gott uns und unser Werk angesehen und sich über die Gottlosigkeit erbarmt hat, so wahr wird er dereinst selbst sein Haus, das ewige Reich, bauen, wo der Geist alles ist. Gott der Vater wird seine Herrschaft offenbaren. Uns, die wir durch Jesus Christus, seinen Sohn, Zugang zu ihm und Vergebung aller Sünden bekamen. Und der Heilige Geist wird in uns sein. Und Gott wird sein alles in allem. Dein Reich komme! Maranatha, ja komm, Herr Jesu!

## Durch Gehorsam frei!

### Seminarpredigt zum 17. 7. 1926[1]

*Jakobus 1, 21–25: Darum so leget ab alle Unsauberkeit und alle Bosheit und nehmet das Wort an mit Sanftmut, das in euch gepflanzt ist, welches kann eure Seelen selig machen. Seid aber Täter des Wortes und nicht Hörer allein, wodurch ihr euch selbst betrüget. Denn so jemand ist ein Hörer des Wortes und nicht ein Täter, der ist gleich einem Mann, der sein leiblich Angesicht im Spiegel beschaut. Denn nachdem er sich beschaut hat, geht er davon und vergißt von Stund an, wie er gestaltet war. Wer aber durchschaut in das vollkommene Gesetz der Freiheit und darin beharrt und ist nicht ein vergeßlicher Hörer, sondern ein Täter, der wird selig sein in seiner Tat.*

1. Von D. B. mit der Überschrift versehen: »bestimmt für einen Jugendgottesdienst unter der gebildeten oder doch irgendwie geistig angeregten (Jugendbewegung etc.) Jugend von 16–20 Jahren.«

Es ist keine klassische Zeit der Weltgeschichte, in der wir leben, aber es ist noch viel weniger eine Zeit, über die man [in einem] späteren Jahrhundert zur Tagesordnung übergehen können wird. Eine Zeit, die den Tod so nah und so furchtbar sah, die Krieg, Not, Hunger, Teuerung so an sich erfuhr wie unsere, hat zu viel Narben, um ein klassisches Aussehen, erst recht aber um ein gleichgültiges Antlitz zu haben. Die Not hat ihr allzu deutlich ihre Furchen auf die Stirn gedrückt. Wo schaust du aber das Antlitz, das eine Zeit trägt, am unverkennbarsten? Du schaust es an der Jugend! Eine Jugend, die den Tod und den Hunger und einen verlorenen Krieg sah, trägt andere Züge als die Jugend des Schäferidylls und des Krieg*spielens*«. Warum sollen wir's nicht ruhig sagen? Wir wissen ja alle darum. Gott bewahre uns, uns darauf etwas zugute zu tun. Wahrhaftig, wir wären kindischer als je eine Jugend war!
Ja, die Jugend heute trägt andere Züge. Aber sind es wirklich nur die Züge der Not? Gottlob nein! Aber es sind immer die Züge unerbittlichen Ernstes, aber nicht eines Ernstes, der resignierte, sondern eines Ernstes, der sucht, der weiß, daß er suchen muß, wenn nicht alles vorbei sein soll.
Ich weiß, wir alle wollen uns nicht füttern lassen von unseren Eltern, wir wollen uns unsere Nahrung selbst suchen. Wir wollen nicht nur die Luft des elterlichen Hauses atmen. Wir wollen uns einen Ort suchen, wo der Wind freier bläst. Wir wollen, wir suchen, wir hoffen, wir ersehnen, wir kämpfen – immer wir, wir! Immer voller Tatendrang! Mitten in diesem Treiben und Drängen regt sich die Frage nach Gott mit furchtbarem Ernst, die Frage nach der Wirklichkeit des Heiligen. Mitten in der Zeit der sogenannten Autoritätslosigkeit redet man wieder von einer Autorität, die wert ist, eine solche zu heißen. Mitten in den Tagen der Sitten- und Zuchtlosigkeit hört man das

Wort vom Gericht und von der Gnade laut rufen.[2] Man fragt, man versucht, man philosophiert, man erschleicht sich Wege zum Verkehr mit einer anderen Welt, aber man schläft nicht, man ist wirklich wach, freilich nicht nüchtern. Unter dem Stimmengewirr hören wir eine Stimme, der wir heute einmal lauschen wollen. Sie schreit nicht auf dem Markt, sie ist nicht sensationell, aber sie ist wach und sie ist nüchtern. »So leget ab alle Unsauberkeit ... nehmt das Wort an mit Sanftmut, das in euch gepflanzt ist, welches kann eure Seelen selig machen.«

»Ein Weg unter vielen«, wollen wir vielleicht sagen, »noch dazu ein höchst altmodischer und nicht recht klarer«. Ja, ein Weg und doch der einzige. Denn es ist keiner der menschlichen Wege, die nun einmal keine Wege sind. Es ist der Weg von Gott zum Menschen. Hört doch recht hin! Das Wort, das es zu ergreifen gilt, ist doch *Gottes* Wort. »Ja, aber wie sollen wir Menschen denn Gottes erhabenes Wort fassen? Ist es *Gottes* Wort, so ist es viel zu groß und zu gewaltig für den Menschen«! Ja gewiß, es ist Gottes Wort. Aber Gott hat es uns *ja schon längst eingepflanzt.* Wir haben's vielleicht nur noch nicht gemerkt. Mitten in all unserer Schmutzigkeit hat Gott sein heiliges Wort gepflanzt, ganz leise, vielen ganz unsichtbar wohnt's da drinnen. Gott ist ja schon bei uns, ja Gott ist ja schon *in* uns. Glaubt's doch nur, nehmt's doch nur an! In unseren argen Herzen hat Gott seine Wohnung aufgeschlagen, da hat Gott sein Wort hineingesenkt, das Wort, das eure Seelen kann selig machen! In der Taufe hat er's euch versprochen. Und Gott ist getreu. Vielleicht haben wir es schon manchmal gespürt in Anklage oder Gnadenverheißung und haben uns nicht drum gekümmert. Wir haben's hochmütig und eingebildet davon gestoßen und

2. Vgl. Karl Barth, Das Problem der Ethik in der Gegenwart, in: Das Wort Gottes und die Theologie, 1924, 125 ff.

haben große Worte in den Mund genommen, etwas von Philosophie und Nietzsche und vom »Größersein als seine Sünde« gemurmelt und unsere weisen Köpfe furchtbar hoch getragen. Ach, wißt ihr, wenn's nicht so traurig wäre, dann wäre es zum Lachen. Und ich kann's mir nicht anders denken, als daß unser himmlischer Vater auch das Lächeln kennt über den menschlichen Hochmut, o weh, sonst wär's schlimm!

Nehmt das Wort an mit Sanftmut, das in euch gepflanzt ist. Glaubt's nur, daß Gottes Wort schon da ist, euch richtet und begnadigt. Und seid demütig, indem ihr euch ihm unterordnet. Nehmt es ernst, wenn's im Gewissen ruft: »Du hast dich versündigt.« Und dann glaubt's doch, daß Gott bei euch wohnen will und immer schon wohnt. Nehmt's ernst, denn es ist Gottes Wort. Hier geht es um Gottes Treue. Und da sagt man »Ja« oder »Nein«; »ich glaube« oder »ich glaube *nicht*«. Hier nimmt man an mit Sanftmut im Vertrauen auf *Gottes* Wort und Weg, oder man verweigert mit Hochmut im Vertrauen auf eigene Wege. Das einfache Ja-Sagen, das gehorsame Hinhören, das ist Glaube, Hören und Annehmen des Wortes, wie es Jakobus meint.

Was heißt es aber, daß Gott spricht und daß wir es *hören*? Wenn Gott, der die absolute Heiligkeit, das absolute Soll ist, spricht, so ist sein Wort immer der Anspruch, dem absoluten Soll zu genügen. Es ist Forderung der Heiligkeit: Ihr sollt heilig sein, wie ich auch heilig bin. Und mit dieser Forderung trifft er uns im Gewissen. Er erschüttert uns. Er macht uns zittern vor seiner Heiligkeit. Was soll es da, wenn wir vom Hören dieses Wortes reden? Ja, gewiß, wir hören es, wir glauben ihm ganz und gar. Wir wissen, mit wem wir es zu tun haben. Und doch, ist das genug? Auch die Teufel glauben – und zittern. Wenn Gott von mir etwas verlangt, soll ich da wirklich nur sagen: »Ich habe es gehört« und damit genug? Nein, das geht ja gar nicht. Wenn ich weiß, daß *Gott* es gesagt hat, dann gibt es nur eine Antwort: Gehorsam. *Beuget* euch unter die allmächtige Hand Gottes. Ein Glaube, der hört, aber nicht gehorcht, ist ganz gewiß kein Glaube!

Ja, wirklich Gehorsam! Wir können uns da nichts abschwatzen lassen. Gehorsam – ein Wort, das wir heute nicht sehr gern hören, dessen Sinn wir nicht mehr recht verstehen wollen; ein Wort, das wir seit Nietzsche mit Verachtung aus der Moral und erst recht aus der Religion hinausstoßen. Moral ist freie Selbstbestimmung der Person. Was soll da der Gehorsam? Religion ist irgendwie gefühlsmäßige Verschmelzung mit der Gottheit, vielleicht ihre theoretische Erkenntnis. Aber was soll der Gehorsam, wo ich selbst zum Gott werde? So denken viele aus unserem Kreis. Der Sklave gehorcht, der selbst denkende Mann ist frei. Aber ich will euch etwas anderes sagen: Religion ist Unterwerfung vor der deutlich erkannten Autorität, schlechthinnige Unterwerfung. Moral ist der Versuch, dieser Autorität zu gehorchen; ist die Demonstration, die wir der Autorität zu Ehren in unserer Welt machen. Denkt doch nach, Gehorsam ist immer dort, wo Autorität ist. Nun ist es aber einfach undenkbar, daß ein ernsthafter Mensch in nichts eine Autorität verwirklicht sieht! Und sei es schließlich sein Verstand, der alle Autoritäten absetzte! Ihm muß er wemigstens als Autorität gehorsam sein.

Aber nun sind alle für uns denkbaren Autoritäten ja nur schwache [im Manuskript: leichte] Abbilder, Schatten der einen Autorität, die wirklich verdient, so zu heißen, ohne die es auch keine irdische Autorität gäbe. Grund und Sinn aller Autoritäten dieser Erde, die wir, erkennen wir sie nicht von jener einen als bedingt, zu unseren Götzen machen, Staat, Kirche, Ratio und Genie: ist sie für uns wo anders anschaubar als dort, wo sie sich selbst uns offenbarte [im Manuskript: ist sie für uns nicht anschaubar, als

dort, wo sie selbst sich uns offenbarte] in ihrer unbedingten Überweltlichkeit? Gott offenbart sich in seinem heiligen Wort. Der Weg von Gott zum Menschen ist Jesus Christus. Alle menschlichen Wegtafeln, welche Aufschriften sie auch tragen: »zu Gott«, »zum Mysterium«, »zur Geisterwelt«, »zur Seele«, »zum Übermenschen«, erhalten durch jenen Weg von Gott her ein deutliches Fragezeichen[3]. »Nehmt das Wort an mit Sanftmut, das in euch gepflanzt ist. Seid aber Täter des Wortes und nicht Hörer allein, wodurch ihr euch selbst betrügt.« Also: Die Autorität Gottes verlangt Gehorsam. Sein Wort tritt mit diesem Anspruch an uns heran. Das haben wir nun eingesehen. Sollen wir uns dessen schämen?
Kommt's denn gar nicht darauf an, in wessen Gehorsam wir stehen? Gibt es denn nicht einen berechtigten [im Manuskript: rechten] Stolz, im Gehorsam eines Gewaltigen zu sein? Aber gleichviel, ob bequem, ob nicht, wir sind doch nicht zum Spaß auf der Welt. Nehmt es doch nur einen Augenblick für wahr und wirklich, daß es einen Gott, einen heiligen Anspruch und einen heiligen Weg von Gott zum Menschen gibt, Jesus Christus, und dann versucht noch einmal, den Mund aufzutun und vom Übermenschen und vom »größer als seine Sünde sein« zu reden oder seichtes Epikuräertum zu predigen, ich sage euch, das Wort bleibt euch bei *dem* Gedanken im aufgerissenen Munde stecken. Und nur ein Wort bleibt: Auf zum Dienst, zum Gehorsam! Wir alle kennen Menschen, die meinen das nicht. Sie kommen oft zur Kirche, Gottes Wort zu »hören«, wie sie sagen. Die lassen sich auch, wie mir neulich jemand sagte, ganz gern ein bißchen in der Predigt auszanken. Die haben ihre Freude an den »wundervollen« Paradoxien des Evangeliums. Die haben einen gewissen Stolz, sich selbst gegenüber wenigstens einmal

3. Mit Anklängen an Karl Barth, Der Römerbrief, aaO.

wieder ehrlich gewesen zu sein [im Manuskript: sich wenigstens einmal wieder ehrlich gegenüber gewesen zu sein] und manche Schlechtigkeit an sich entdeckt zu haben; und denken, mit dem »Erkenne dich selbst« genug getan zu haben. Dann gehen sie nach Hause und haben für eine Weile genug davon. Und sie sind nicht anders als jemand, der sich im Spiegel einen Augenblick betrachtet und sieht, daß vieles nicht so ist, wie es sein sollte. Aber kaum hat er sich weggewandt, so ist ihm das Bild entfallen und alle Unordnung bleibt. Flüchtig wie der Blick ist bei jenem der Wille zum Ernstnehmen. Und diese Menschen betrügen sich ja selbst. Sie machen sich vor, mit dem bloßen Hinhören schon genug getan zu haben. Und daran, daß sie das [selber] glauben, sehen wir schon, daß sie nicht einmal richtig gehört haben. Denn wie kann einer, der Gott hat sprechen hören, glauben, mit dem Hören sei's genug? Gottes Wort drängt zur Tat im Gehorsam. Es ist ein lebendiges und mächtig schaffendes Ding, das man in sich aufnimmt, wie wenn es gar nichts wäre. Als Gottes Wort Fleisch ward, da »schauten wir seine Herrlichkeit«. Gewiß, wir schauten und hörten. Aber als Gottes Wort Fleisch [ward], da ward Gottes heiliger Anspruch Fleisch und wir mußten gehorchen!

»Seid *Täter* des Wortes!« Wer [das] nicht ist, gleich[t] dem Mann [im Manuskript: Wer nicht ist gleich dem Mann . . .] der sein Haus auf Sand baute, und bald war es vom Winde abgerissen. Seid *Täter* des Wortes! Eigentlich brauchte man es gar nicht zu sagen, so selbstverständlich ist's für den, der wirklich *Gott* gehört hat; [genauso selbstverständlich], wie daß der gute Baum gute Früchte bringt. Seid Täter des *Wortes!* [im Manuskript: Also keine selbsterfundenen Gesetze und Moralen, die euch noch so bedeutend scheinen, Täter des *Wortes*!] Steht in Gottes Gehorsam und sonst in niemandes. Wenn ihr aber im Gehorsam an Gott gebunden seid, so seid ihr recht frei

geworden. Frei allem gegenüber, wovon man frei sein soll; frei von Menschen und Mächten, denn ihr seid gebunden in Gott – frei von Gott aber heißt gott-los [sein]! Denkt daran! Sind wir im Gehorsam Gottes, so haben wir ein Gesetz der Freiheit; ein Gesetz, das uns frei macht von allem, was uns Zwang ist; ein Gesetz, das wir selbst aus freiem Gehorsam erfüllen. Aber noch einmal: Wie kommen wir zu diesem Gehorsam? Ist er uns etwa angeboren? O nein, das gewiß nicht. Fliehen möchten wir zuerst, wenn uns Gott ruft, wie Adam uns verstecken. Es wird uns angst und bang bei dem Gedanken, wir sollen's mit Gott zu tun kriegen.« Schrecklich ist es, in die Hände des lebendigen Gottes zu fallen.« [Hebr. 10, 31] Nein, von uns kommt dieser Gehorsam sicher nicht. Aber indem wir das Wort Gottes recht hören, werden wir gehorsam. Das Wort vom Anspruch und vom Geschenk Gottes, von der heiligen Liebe, dies Wort lockt in uns den Willen [zum Gehorsam] hervor. Gott *hat* geliebt – sollten wir hassen? Gott ist schon da – sollen wir ihn abweisen? Das Wort ist eingepflanzt – sollen wir's nicht annehmen und Täter des Wortes werden?
Auf Worte und Gedanken sind wir gestoßen, die uns allen höchst unangenehm und unbequem sind: Autorität, Gehorsam, Gesetz. Und da wollen wir noch von Freiheit reden? Ja. Freiheit ist immer da, wo der Wille Ja sagt zu Gott, aber wirklich zu *Gott*, nicht zu einem Götzen. Dadurch wird der Mensch unfrei, denn er bindet sich an Irdisches. Aber bindet er sich wirklich an Gott, so wird er recht frei vom Irdischen, durch Gehorsam – frei! Beharrt er im Gehorsam, so wird er selig sein in seinem Tun. Gott wird bei ihm sein und er wird die Gewißheit seiner Gottgebundenheit haben inn allem, was er tut. Aber unser Brief sagt kein [Wort] davon, daß alles, was ein Christ tut, nun rein und vortrefflich sein wird. Eine Warnung ist nötig. Kein Heiligkeitsdusel! Unser Tun bleibt sündig,

bleibt bloße Demonstration und Hinweis. Tägliche Buße ist unsere Arbeit, gerade weil wir im Gehorsam Gottes stehen. Buße ist das erste und letzte dessen, der Täter des Wortes geworden ist.« Tut Buße, *denn* das Himmelreich ist nahe [herbei] gekommen!« Der von Gott Angerufene, in seinen Gehorsam Gezwungene, gerade er weiß, was tägliche Buße ist. Nimm mein gehorsames Tun als mein Opfer hin, als sonst gar nichts. Herr, wir sind unnütze Knechte, wir haben getan, was wir zu tun schuldig waren. Aber weil das Tun gehorsames Tun ist, spricht Gott nicht Gericht, sondern Gnade.

Nun wissen wir, daß das Wort »seid Täter« nicht heißt: Verschafft euch Lorbeeren, auf denen ihr bei Gott ruhen könnt. Sondern: Zeigt, daß euer Glaube zu Gott wirklich ein Glaube zu *Gott* ist, daß er Unterwerfung unter seine Autorität [im Manuskript: die Autorität] ist; zeigt, daß ihr gehorsam seid; schafft, aber nicht zu eurer, sondern zu Gottes Ehre! »Schaffet, daß ihr selig werdet, mit Furcht und Zittern.« [Phil. 2,12] Gottes Anspruch und Liebe ist euch zuvorgekommen. Nehmt sein Wort an, hört's und tut's!

Wollen wir wirklich noch fragen, was es zu tun gibt? Müssen wir wirklich noch reden vom Ablegen von Unsauberkeit und Schlechtigkeit? Von der Liebe, die sich selbst vergißt? Von der Demut, die sich selbst nicht sieht? Sollen wir dem Baum vorschreiben, welche Frucht er tragen soll, dem Weizenkorn, welche Ähre, der Lilie, welche Blüte? Tu, was dir vor die Hand kommt. Adam, wo bist du? Adam, versteck dich nicht! Der Herr sieht auch hinter die Schanzen. Tritt heraus, Mensch, aus dem Unterstand! Dorthin, wo freie Luft weht, wo die Kugeln pfeifen. Dort, Bruder, bist du rückenfrei. Dort heißt's: entscheide dich, handle! Glaube und sei gehorsam!

# Gekommen, der Menschen Leben zu erhalten

## Predigt zum 1. theologischen Examen, Ende 1927

*Lukas, 9, 51–56: Es begab sich aber, da die Zeit erfüllet war, daß er sollte von hinnen genommen werden, wendete er sein Angesicht, stracks gen Jerusalem zu wandern. Und er sandte Boten vor sich hin; die gingen hin und kamen in einen Markt der Samariter, daß sie ihm Herberge bestellten. Und sie nahmen ihn nicht an, darum daß er sein Angesicht gewendet hatte, zu wandeln gen Jerusalem. Da aber das seine Jünger Jakobus und Johannes sahen, sprachen sie: Herr, willst du, so wollen wir sagen, daß Feuer vom Himmel falle und verzehre sie, wie Elia tat. Jesus aber wandte sich und bedrohte sie und sprach: Wisset ihr nicht, welches Geistes Kinder ihr seid? Des Menschen Sohn ist nicht gekommen, der Menschen Seelen zu verderben, sondern zu erhalten.*

Unsere Geschichte führt uns in den Zeitpunkt des Lebens Jesu hinein, als er sich zum Sterben rüstet, als er seinen letzten Weg nach Jerusalem geht. »Er wendete sein Angesicht stracks gen Jerusalem.« Er weiß um das Schicksal, das ihn am Ende des Weges erwartet. Er weiß, daß nun alles zur Entscheidung drängt und seine Jünger, die mit ihm sind, wissen es auch. Aber sie haben es noch nicht verstanden, daß der Weg Jesu der Weg göttlicher Liebe ist und nicht der Weg des letzten Gerichts. Es wird Abend. Wieder ist man um einen Tag dem letzten Kampf näher gerückt. Hastig arbeiten die Gedanken der Wanderer an den kommenden Ereignissen. Müde von der Reise sucht die kleine Schar nächtliche Unterkunft. Boten schickt Jesus voraus in den nächsten Flecken. Der gehörte den

Samaritanern. Zwischen diesen und den Juden aber herrschte Jahrhunderte alte Feindschaft. Jeglicher Verkehr war abgebrochen. Seit langem schon ging der Weg der frommen Pilger aus Galiläa nach Jerusalem am östlichen Jordanufer auf einem Umweg an Samaria vorbei. Jesus auf dem Weg zum Kreuze, dem Wege der barmherzigen Liebe zieht auf der Straße durch Samaria stracks nach Jerusalem. Wir können es nur erschließen, der Text selbst sagt es nicht, warum Jesus gerade diesen Weg wählt. Aber er mag mit seinen Jüngern oft von dem gesprochen haben, was nun dicht bevorstand. Er mag versucht haben, es ihnen verständlich zu machen, daß sein Weg ein Weg der göttlichen Liebe unter den Menschen ist und daß dieser Liebe der Jude ebenso bedarf wie der Samaritaner, und daß er diese Liebe den Samaritanern zuwenden will wie den Juden. Und zur Bekundung dieser Gesinnung mag er seinen Weg gerade durch Samaria genommen haben. Schwere Überwindung hat dieser Schritt gewiß die Jünger gekostet. Tiefer innerster Abscheu mag die kleine Schar der Mitziehenden bewegt haben, als sie beim Sinken der Sonne samaritanischen Boden betrat. Aber die Jünger hatten sich überwunden. Sie wollten es nun zeigen, daß sie an Jesu Geist Anteil hatten, indem sie mitzogen. Zeigen wollten sie gerade den Samaritanern, daß sie über diese Streitfragen äußerlicher Art hinaus waren. Sie wollten mit ihrem Heiland durch Samaria ziehen. Ja, sie hatten sich wirklich überwunden. Als Menschen kamen sie zu Menschen. So war es des Meisters Geist.

Nun war die Nacht hereingebrochen. Man brauchte Unterkunft. Und Jesus hatte einige Jünger vorausgeschickt, die um Herberge bitten sollten für eine müde Schar von Juden, die auf der Pilgerschaft nach Jerusalem ist. Uraltes Recht des Fremdlings war es, auch im feindlichen Lande um Herberge zu bitten. Vor dem Flecken wartete die Schar um Jesus auf den Bescheid der Boten. Da kommen sie zurück. Ihre Bewegungen, ihr Gang, ihr Gesicht, ihre Augen sprühen Erregung und Zorn. »Sie haben den Meister nicht aufgenommen, haben ihm die Herberge verweigert.« Höchste Erregung ergreift die Schar. Zornige Rufe dringen an Jesu Ohr. Er aber bleibt unerschüttert ruhig. Immer heftiger wird der Zorn. »Warum wiesen sie ihn ab? Was sagten sie?« »Ein Pilger auf dem Wege nach Jerusalem findet in Samarien keine Herberge.« Da dringen durch die Schar die beiden Brüder Johannes und Jakobus auf Jesus ein. Ihr Auge flammt in eifernder Liebe zu ihrem Herrn, in eiferndem Zorn gegen die, die ihn abwiesen. »Herr, willst du, so wollen wir sagen, daß Feuer vom Himmel falle und sie verzehre.« Nun wendet sich Jesus um zu der Stimme, die hinter seinem Rücken zu ihm sprach. Und mit heiligem Ernst bedroht er die Sprecher: »Wisset ihr nicht, welches Geistes Kinder ihr seid? Des Menschen Sohn ist nicht gekommen, der Menschen Seelen zu verderben, sondern zu erhalten.« Und sie zogen an einen anderen Ort.

Ein kleines Ereignis nur, das sich in wenigen Minuten abspielte – eine gewaltige Predigt an unsere eigene Zeit von Jüngerzorn und Heilandssinn, vom Kommen Jesu Christi und seiner Aufnahme. Von Samaritanern, von zornigen Jüngern und von Jesu hartem Wort über die letzteren; [und] von seinem Trostwort über die ersteren ist die Rede. Was hat das mit uns zu schaffen?

Wir wollen einmal solange in den Text hinein sehen, bis die Mauern der Jahrhunderte, die uns von ihm trennen, fallen und wir der Geschichte auf den ewigen Kern sehen. Dazu fragen wir zunächst, was für Leute denn eigentlich diese Samaritaner sind. Allem bisherigen nach müssen wir sie doch für ganz rohe und harte Leute halten, so daß wir den Zorn der Jünger recht gut verstehen und nachempfinden können. Wer vor Jesus die Tür zuschlägt, sollte den nicht himmlisches Feuer verzehren? Aber Vorsicht ist geboten, Achtgeben auf den Text! Wir erfahren von unserem Text nicht nur, daß die Samaritaner Jesus nicht aufnehmen, sondern auch warum sie es nicht tun, nämlich »weil er sein Angesicht gewendet hatte, zu wandeln gen Jerusalem«. Was heißt das? Ihre Abweisung trifft offenbar Jesus nicht im besonderen, sondern alle pilgernden Juden und so auch ihn. Wir erfahren nichts davon, daß die Samaritaner von Jesu Person wußten, geschweige denn von seiner eigentlichen Bedeutung; nichts auch davon, daß sie ihm persönlich feindlich gesinnt waren. Jesus wird verworfen, abgewiesen – warum? Weil er Jude ist als Glied seines Volkes. Die Samaritaner als Volk nehmen Stellung gegen die Juden als Volk. Sie sehen allein auf die äußere Erscheinung, auf die unscheinbare Hülle, in der der ewige Gott sich verbirgt vor den Augen derer, die sehen und nicht glauben wollen. Sie sehen in Jesus den Juden, sie sehen das Kirchenvolk und schließen auf den Meister. Das heißt aber eben, sie sehen Jesus im Grunde gar nicht und sie verwerfen ihn dennoch, vielleicht aber auch darum. Solche Leute also sind die Samaritaner. Und nun die Jünger. Mit größten Hoffnungen und voll frommer Gedanken waren sie ihrem Herrn auf dem Weg durch Samarien gefolgt und nun erfuhren sie solch harte Absage. Ach, es kam ja gar nicht auf sie an. Aber ihr Herr, ihr Meister, er war ja abgewiesen worden. Ihm hatte man die Tür gewiesen und das traf tief in das brennende Jüngerherz hinein. Nun gut, wenn ihr nicht wollt, so geht zur Hölle. Vertilgt vom Erdboden sei, wer Jesus die Aufnahme verweigert. Ewigen göttlichen Zorn hat er verdient [im Manuskript: verwirkt].

Nun aber Jesus. Mit einem Nu wird es uns klar, daß er zwar nicht über die Samaritaner, aber über seine Jünger in Zorn ausbricht. Sie, die doch eben hörten, warum die Samaritaner Jesus nicht aufnahmen, sie sind verblendet und hartherzig genug, dort auf ewig zu verurteilen, wo noch größte Unkenntnis der Sachlage, wo Blindheit herrscht. Sahen sie nicht, daß sie damit auf einen Schlag nicht nur ein Samaritanerdorf, sondern Jesu ganzes Werk, ja die ganze Welt dem ewigen Feuer übergaben? Hatten sie so wenig davon verstanden, daß Jesu letzter Weg nach Jerusalem ein Weg der Geduld und der Liebe war? Sollte Jesus so von seinem nächsten Kreis mißverstanden aus der Welt gehen? Sollte das sein Vermächtnis sein? Ach, die Jünger verzehrte ja die Liebe und der Eifer für ihren Herrn. Sie wollten ja nur des Herrn Ehre wahren, koste es, was es wolle. Das blieb Jesus gewiß nicht verborgen. Aber er kannte hier keine Weichheit. Jesus liebhaben heißt, ihm gehorsam sein, in seinem Geiste wandeln, nicht vergessen, daß man seines Geistes Kind sein soll. »Das ist die Liebe zu Gott, daß wir seine Gebote halten« [1. Joh. 5,3]. Keine übergroße Begeisterung! Kein Gefühlsüberschwang! Sondern achtgeben auf's Wort, Gehorsam! Nicht auf Jesu leibliches Leben sehen und es lieben, sondern auf sein Gebot achten, das ist die rechte Ehre, die Jesus zukommt. Nicht Menschenleben opfern, sondern Menschenleben gewinnen, das gereicht unserem Herrn Jesus zur Ehre. Nun begreifen wir das harte Wort: »Und er bedrohte sie und sprach: Wisset ihr nicht, welches Geistes Kinder ihr seid?« Freilich, von welchem Geist hier Jesus spricht, das wird uns erst in dem Wort klar, das Jesus als Zusammenfassung seines gesamten Wirkens unter den Menschen dem Zornesausbruch der Jünger gegenüberstellt: »Des Menschen Sohn ist nicht gekommen, der Menschen Seelen zu verderben, sondern zu erhalten.« Jesus spricht zu den Jüngern von dem Leben erhaltenden Geist, vom Geist des Rettens und der Geduld, der nie ermattenden, verstehen wollenden, werbenden Liebe. Weh denen, die diesem Geiste zuwider handeln! Geduld aber für die, denen Jesu Arbeit gilt!

Nun ist das Bild in allen seinen Einzelheiten klar und durchsichtig geworden. Es ist auch die Mauer der Jahrhunderte gefallen, die uns von der Geschichte trennte. Wir stehen Auge in Auge Jesus gegenüber. Wir sehen die Samaritaner, hören die Jünger und nun – erschrecken wir nicht vor diesem Bild? Werden wir nicht wach? Bleiben unsere Ohren taub? Erkennen wir nicht in diesem Bild unsere eigene Zeit? Können wir uns nicht alle selbst recht gut den Platz anweisen, auf dem wir in diesem Bild zu stehen kommen?
Auch heute ist ein solcher Tag, wo Jesus kommen will, ganz ebenso wie damals. Sollte es nicht auch heute noch, wie damals, Samaritaner und eifernde Jünger geben? Sollten es damals die letzten ihres Stammes und ihres Geistes gewesen sein? Ist nicht vielleicht noch heute das Kommen Jesu dem Kommen in das Samaritanerdorf sehr, sehr ähnlich? Sonntag für Sonntag verkündigen uns in der Winterzeit die Glocken Weihnachtsbotschaft. Leise und zart singen sie vom Stall in Bethlehem, machtvoll und stark rufen sie das Wort vom Kommen der Liebe hinein in unsere Großstädte. Wen von uns hätte es nicht schon sonderbar angemutet, wenn er an einem Abend, zur Zeit des Glockenläutens etwa, an der Kaiser-Wilhelm-Gedächtnis-Kirche vorbeiging, wo das Getöse der Autos und der Straßenbahnen, phantastische Lichtreklame, das Treiben der Menschenmassen zu den zahllosen Vergnügungsstätten ihn kaum zur Besinnung kommen ließ? Wie unendlich verloren klingt das Rufen der Glocken in dieser Umgebung, wie unendlich verloren, wie fremd und einsam nimmt sich hier das Haus mit den hohen Türmen aus! Schrecken und oft bitterer Schmerz erfaßt uns bei solchem Anblick. Gibt es für den Lärm der Großstadt auch so etwas wie eine Weihnachtsbotschaft? Eine Botschaft vom Kommen des Herrn Jesus?
Vielleicht packt uns die Lust, hinzutreten und zu rufen

aus Leibeskräften, zu schreien in den wahnsinnigen Lärm: Menschen, hört ihr denn gar nichts? Aber wer hört's? Und wenn es einer hört, so wird er lächelnd vorübergehen: »Auch eine Kuriosität der Großstadt!« Geblendet laufen sie vorbei an der Botschaft vom Kommen des ewigen Gottes zu den Menschen durch Jesus Christus. Einer von vielen, so sagen sie von ihm, werfen vielleicht einen Blick auf die Leute, die zur Kirche gehen, aufs Kirchenvolk und glauben Bescheid zu wissen und gehen vorüber. Die Botschaft vom Kommen Jesu ist ins Samaritanerdorf gedrungen.

Wir möchten auffahren in Zorn und Schmerz, möchten für unseren verschmähten, mißachteten Herrn eintreten, möchten vielleicht das furchtbare Wehe über unsere Großstädte rufen, möchten vielleicht himmlisches Feuer dies Babylon verzehren lassen. Keinem von uns ist wohl dieser wilde, leidenschaftlich aufwallende Schmerz, diese grenzenlose Empörung fremd. Wollen sie nicht hören – nun gut, möge das Gericht von Sodom und Gomorrha über sie ergehen. Wir verstehen ja die Jünger so gut. Vielleicht sind wir gar selbst tätig gewesen, haben gearbeitet an den Menschen, haben ihnen von Jesus erzählt, sind mit den größten Hoffnungen an unser Werk gegangen, Jesus zu zeigen, wie er ist und was er bringt und will. Und das Ende war – ein rundes Nein, ein überlegenes Lächeln.

Denken wir an das stille, fromme Wirken der Mission, nicht nur da draußen in weiter Ferne, sondern auch hier in den Städten. Denken wir an die seelsorgerliche Arbeit der Großstadtpfarrer, die sich mit Freuden jeder Geringschätzung aussetzen, wenn nur die heilige Sache, ihr Herr, nicht angetastet wird – und der Erfolg des ganzen ist kalte Ablehnung. Ach, auf uns soll es ja nicht ankommen. Mögen sie lachen und spotten, so viel sie wollen. Aber wie schmerzt es, wenn wir sehen, wie man unseren Herrn unsereinem gleichstellt, ihn mit uns verspottet und in den Schmutz zieht. Wie viel vergebliche Mühe haben wir verschwendet an die, die heute nur noch Worte der Ablehnung und der Geringschätzung für die Sache Jesu Christi übrig haben! Soll das nicht endlich ein Ende haben? – so fragen wir verbittert. Wir brauchen nicht mehr Beispiele. Jeder von uns weiß Bescheid. So lebt in uns der Zorn der Jünger auf, ein Zorn, der uns so gerecht, so heilig erscheint. Verdammen wollen wir und verurteilen, wollen uns abwenden mit dem Wunsche, daß himmlischer Zorn hereinbreche und zerstöre. Ja – wollen wir es wirklich? Urteil sprechen über die, die noch nicht einmal gesehen haben? Über die Unachtsamen, Stumpfsinnigen, Oberflächlichen? Es könnte uns dabei Klarheit aufgehen darüber, daß wir mit solchem Wunsch und Tun beweisen, daß auch wir Jesus nicht aufgenommen haben; von seinem Geiste nichts verspürt haben; daß wir vergessen haben, welches Geistes Kinder wir sind. Mit unserer übermäßigen Liebe zum Herrn haben wir ihn selbst von uns gestoßen, sind wir aus der Gemeinschaft seines Geistes herausgefallen.

Eine ernste Besinnung führt uns auf die Frage: Können wir uns denn wirklich so völlig ohne Verständnis für das Tun der Samaritaner fühlen, daß wir so hartes Urteil sprechen wollen? Sind die Samaritaner wirklich nur da draußen außerhalb der Kirchenmauern? Ein einziger offener Blick auf uns selbst und auf unsere Kirchengemeinschaft belehrt uns, daß die Dinge ganz anders liegen, als wir vielleicht glauben möchten. Daß auch für uns das Spiel verloren wäre, daß es aus wäre mit der Sache Jesu Christi, wenn Johannes und Jakobus ihres Amtes walteten. Nicht nur in der Welt da draußen, nein, hier ganz nahe unter uns lernen wir ein solches Samaritanerdorf kennen. Es ist furchtbar zu denken und zu sagen: Die ganze Geschichte, von der wir hörten, spielt nicht nur vor 2000 Jahren im fernen Osten, sie spielt nicht nur heute da draußen im

Lärm der Weltstädte, sie spielt immer wieder auch in unserem Kreise. Unter uns wird sie lebendig, zum millionsten Male in der Weltgeschichte. Was heißt das? Was soll das?

Jesus Christus sucht Herberge. Er sucht Einlaß in unserem Geist, in unserem Herzen. Verstehen wir recht, was das heißt? Jesus Christus ist ein herrschsüchtiger, eigenwilliger Gast. Er will unser Herz ganz allein haben. Er verträgt keinen neben sich und mag er ihm auch nur ein klein wenig an seinem Besitz streitig machen. Jesus Christus ist ein unbequemer, selbstherrlicher Gast. Wer ihn zum Gast nehmen will, dem wird er zum Herrscher, dem er dienen muß. Verstehen wir recht, wem wir Herberge geben, wenn wir Jesus Christus aufnehmen? Wollen wir es wagen mit diesem seltsamen Gast? O ja, wir wollen es ja wohl alle, so sagen und meinen wir jedenfalls. Und darin sind wir von den Samaritanern verschieden. Aber besinnen wir uns lieber vor allzu eiligen Worten recht, was hier »wollen« heißt! Hier gibt es kein halb und halb, sondern nur ja oder nein. Gott ganz wollen oder Gott gar nicht wollen, darum geht es. Denn wer Gott halb will, will nicht *Gott.* Gott ganz wollen aber heißt, ihn schon haben. Wollen wir es wagen zu sagen, wir wollten wirklich ganz, mit unserer ganzen Seele, wir wollten wirklich Jesus zu Gaste haben?

Sollte es sich aber herausstellen, daß viele von uns ein solches Wort lieber nicht wagen wollen, so findet sich vielleicht noch ein anderer Weg zu unserer Rechtfertigung. Wir könnten sagen: Wir wissen doch von Jesus Christus, sind getauft und konfirmiert. Wir haben doch genug von ihm gehört, in jeder Predigt, an jedem Sonntag. Wir sind doch nicht blind wie die Samariter. Ich bitte euch, werdet nicht ärgerlich, wenn ich nochmals frage: Wissen wir wirklich von Jesus *Christus?* Hören wir wirklich jeden Sonntag Jesus Christus bei uns anklopfen? Und sollten wir diese Frage ernstlich bejahen können für manche Augenblicke und Stunden unseres Lebens, so werden wir doch zurückhaltend, sie für unser ganzes Leben zu bejahen. Ich glaube, wir dürfen es sagen: Jedem von uns entschwindet in seinem Leben nicht nur einmal, nein Tag für Tag immer wieder Jesus Christus. Wir sehen und hören ihn entweder gar nicht mehr oder wir sehen ihn noch eben. Aber verloren ging uns der Blick dafür, daß hier einer anklopft, an dessen Aufnahme oder Verstoßung alles hängt. Wir überhören die absolute Dringlichkeit seines Rufes, auch wenn wir den Ruf eben noch hören, und bekunden uns eben damit als blind, als die Samaritaner aus unserer Geschichte. Denken wir nun zurück an den Zorn der Jünger, denken wir an unsere eigene Verbitterung, Empörung, an unseren Zorn, der denjenigen vernichten wollte, von dem wir Ablehnung erfuhren – ein Zorn, der uns so gerecht, so selbstverständlich, ja so heilig erschien – und sehen wir sodann auf uns selbst! Mit Recht schrecken wir zusammen bei diesem Gedanken. Wahrhaftig, wir haben nicht den geringsten Grund, dort Gericht und Tod zu verkünden, wo Unwissenheit, Blindheit herrscht. Wir, die wir zu wissen meinen und doch nicht danach tun – sie, die kaum wissen und auch nicht tun.

Sollte uns nun das alles klar geworden und zu Herzen gegangen sein, so bitte ich im Namen unseres Herrn Jesus Christus: Laßt euch nicht erschrecken von Leuten wie Johannes und Jakobus, sondern seht hin auf das Wort Jesu, mit dem er diese Leute bedroht und auf das Schluß- und Trostwort unserer Geschichte: »Des Menschen Sohn ist nicht gekommen, der Menschen Seelen zu verderben, sondern zu erhalten«. Nur von dem, der uns seine Gastfreundschaft so schwer macht, kommt der Trost. Er will nicht verderben, sondern erhalten. Er will in dauernder Liebe für uns werben, will unsere Augen sehend machen. Er will unser Leben, das heißt unsere Gemeinschaft mit

Gott und mit ihm. Und wenn wir den Weg zu ihm nicht finden, er wird ihn zu uns finden. Er wird Wohnung bei uns machen. Er wird unser Herz zu seinem Tempel machen. Er selbst wird tun, was wir zu tun zu schwach sind. Er hat's versprochen. Er wird's auch tun.
Haben wir das begriffen und zu Herzen genommen, dann ist's vorbei mit dem Jüngerzorn. Er ist endgültig überwunden und zerbrochen an der Erkenntnis unserer eigenen Unzulänglichkeit. Das heißt daran, daß wir der Liebe und der Geduld Jesu Christi ebenso bedürfen wie alle anderen auch. Nur an der Liebe Jesu haben wir Halt. An ihrer Übermacht zerschmilzt der Zorn. Der Geist, von dem Jesus spricht, ist die Liebe, von der allein wir leben und die nun auch in uns leben soll. Und indem wir so an unserer eigenen Kraft zweifelhaft werden, setzen wir unsere ganze Zuversicht auf die ewige Kraft und Liebe Gottes und unseres Herrn Jesus Christus.
Damit aber wächst uns eine gewaltige Aufgabe zu, freilich auch die Kraft, sie zu erfüllen: Unser Denken und Tun [aus]zurichten an dem Wort Jesu: »Des Menschen Sohn ist nicht gekommen, der Menschen Seelen zu verderben, sondern zu erhalten.« Das gilt für unsere Stellung zu denen da draußen und zu denen hier drinnen. Denken sollen wir daran, daß wir des Geistes der Liebe Kinder sind. Mit werbender Liebe die Seelen erhalten und zuallererst Jesus zeigen, wie er der Träger ewiger göttlicher Liebe ist, daß wir nicht unwissend und blind bleiben wie jene Samaritaner, sondern sehend werden. Jesus Christus zeigen nicht als religiöses Genie, als Ethiker, als Philosophen, sondern als den Herrn über Tod und Leben, als das Fleisch gewordene Wort Gottes, das Anspruch und Verheißung zugleich ist, das ist Tat christlicher Liebe, die wir jedem schuldig sind. Laßt uns das nicht vergessen.
Seht an das Leben unserer Tage, außerhalb und in der Kirche! Wahrhaftig, es schiene menschlich gedacht

Grund genug, daß Gott nun endlich Gericht ergehen ließe. Aber wir haben es gehört: Gott will erhalten – sollen wir dann zerstören? Gott will Geduld haben – sollen wir ungeduldig werden? Gott will Leben schenken – sollen wir töten? Nein, mit den Augen der werbenden und geduldigen Liebe Jesu Christi laßt uns unsere Zeit ansehen, die Not da draußen in der Welt und die Not hier drinnen in der Kirche, die Not der Blindheit und Taubheit hier und dort. Wir alle haben ein Stück von dem Samaritergeist und ein Stück von dem Jüngerzorn in uns. Wir alle aber leben von der Liebe Jesu Christi und seines Vaters. Gott gebe, daß wir Jüngerzorn und Samaritergeist hinter uns werfen und nur noch den Heilandsgeist in uns tragen; daß wir Jesus aufnehmen und unser Zorn überwunden werde durch Jesu Geist, daß auch wir den Brüdern durch die Liebe ein Christus werden können.
Der Herr öffne uns die Augen, daß wir sehen. Der Herr öffne uns die Ohren, daß wir hören. Der Herr öffne uns die Herzen, daß er eine Wohnstatt finde. Christus spricht: »Siehe, ich stehe vor der Tür und klopfe an.« Wir aber wollen rufen: »Amen, ja komm, Herr Jesu.«

# II. VIKARIAT IN BARCELONA

## März 1928 – Februar 1929

## Gedanken über Verschiedenes

Es haben sich einmal zwei auf einer Landstraße getroffen. Sie kannten sich nicht. Der eine war den Weg schon einmal gegangen, vor nicht allzu langer Zeit. Der andere wußte nicht, wo der Weg hinausführt. Wortlos verstanden sie sich. Was brauchte es denn auch der Worte? Was war denn auch natürlicher, als daß sie miteinander gingen? Der eine, der nach dem Weg zu fragen schien und der andere, der ihn so gern noch einmal ging. Sie gingen zusammen – wie lange? Nur so lange, bis den einen der Weg von der Seite des anderen führte? Oder vielleicht noch lange, lange, vielleicht ohne daß sie es wissen? Unterwegs fragt der eine: Wohin geht unsere Wanderschaft? Der andere: Ein Tag der sagt's dem andern ...

### Von der Freude

Du hast eine glückliche Anlage in dir; ich meine, daß du dich freuen kannst. Freu dich, so viel du kannst. Freude macht stark, denn sie kommt als eine Hand voll Licht aus der Ewigkeit in den Menschen hinein. Sich recht freuen heißt, in allem Gott sehen und seine Liebe, überall; wo es heiter und freundlich aussieht, aber auch dort, wo es einmal nicht so geht, wie du es wohl wünschtest. Und das ist nicht ganz leicht. Freu dich, so viel du kannst.

»Vom Ernst«
»Vom Wachsen«
»Von der Reinheit«
»Vom Bösen«
»harte Stunden«
»Vom Alleinsein«
»Vom Beten«

## Rein bleiben und reif werden

Du hast gewiß schon einen Bergkristall gesehen, oder einen klaren Gebirgssee, durch dessen Wasser man bis auf den Grund sehen kann.
Das nennen wir rein, weil das Licht durch den Kristall, durch das Wasser hindurchdringen und leuchten kann.
Einen Menschen nennen wir rein, wenn durch sein ganzes Wesen das Licht Gottes dringt und leuchtet.
Glaubst du es mir, daß es schön ist, rein zu sein? Aber weißt du auch schon, daß es schwer ist, rein zu sein? Rein bleiben und reif werden ... Das verstehst du schon jetzt und du wirst es immer tiefer und mehr verstehen. Du weißt gut, daß das Leben uns immer wieder beschmutzen möchte, daß es uns gemein machen möchte und daß ihm das auch immer einmal wieder gelingt. Du weißt, daß es schlechte Kameraden gibt, die heilige und ernste Dinge in den Schmutz ziehen, die uns in ihrer Gesellschaft haben möchten. Sie sind in Gefahr, das kostbarste Gut des Menschen zu verlieren, die Reinheit. Rein sein heißt klar sein, aufrichtig sein, heißt seine Gedanken und Worte in Zucht nehmen, daß sie einem nicht davonlaufen. Auch hängt die Reinheit des Körpers mit der Reinheit des Herzens eng zusammen. An der Reinheit muß man Freude haben; ja man muß eine Leidenschaft für das Reine in sich haben, damit man sich nicht in den Schlamm hineinziehen läßt. Rein bleiben heißt ein Kind bleiben, auch wenn du ein Mann wirst. Lieber Junge, auch in dir steckt die Sehnsucht nach Reinheit. Jesus sagt: Selig sind, ...

## Arbeit

Du meinst, die Arbeit sei eine unangenehme Abwechslung des Spielens. Aber du wirst groß und mußt verstehen lernen, daß wir nicht für einen anderen, sondern für uns selbst arbeiten. Die Arbeit ist der Weg, durch den der

Mensch etwas aus sich macht. Jede Arbeit soll im Grunde Arbeit an dir selbst sein. Weißt du, daß es in den Gefängnissen die furchtbarste Strafe ist, wenn den Gefangenen die Arbeit entzogen wird? Die Arbeit bringt dich über harte Stunden hinweg. Sie tröstet dich und macht dich ruhig. Die Arbeit ist das Letzte, an das sich ein versinkender Mensch klammern kann. Weh dem, der nicht arbeiten gelernt hat; danke es denen, die es dich lehrten.

[Wahr sein]

Hart sein gegen sich selbst, *weich sein gegen die anderen*; denke an Jesus. Die Wahrheit ist von Gott. Gott liebt die Wahrheit. Sprichst du die Unwahrheit, so bist du gegen Gott. Sei klar und wahr. Der Kampf gegen die Unwahrheit ist schwer, die meisten erliegen in ihm. Sei besser als die meisten und trage den Sieg davon!
Du kennst das Bild von dem Ritter mit dem trotzigen Gesicht, der wohl gewappnet durch dunkles Tal zwischen Tod und Teufel hindurch reitet einer hellen Sonnenburg zu. Gleiche diesem Ritter, der zum Leben und zur Reinheit will, der den Kampf aufnimmt gegen die Mächte, die im Finstern wirken, dessen Waffen ...

[Vom Wachsen]

Wer ein ganzer Mann werden will, muß ein ganzes Kind, ein ganzer Junge gewesen sein. Sei alles, was du bist, ganz; tu alles, was du tust, ganz. Ein Junge sein heißt ein junger Bildhauer sein, der das Bild seines inneren Menschen, seines Herzens zu formen beginnt, der den rohen Stein behaut und ihm die Gestalt gibt, die ihm vor Augen steht; der sich selbst bildet. Vor jedem steht ein Bild. Nimm den Meißel und schlag zu, auch wenn es weh tut.
Ein Junge sein heißt ein junger Schmied sein, der mit ganzer Kraft glühendes Eisen schmiedet. Noch ist dein Herz bildsam und weich und glühend. Sei ein starker Junge

gegen dich selbst. Schmiede das Eisen, so lange es glüht. Versäume die Stunde nicht. Vielleicht ist es schon morgen zu spät.

### [Freundschaft]

Du brauchst einen Freund. Suche ihn dir unter deinesgleichen. Willst du einen Freund haben und willst du selbst ein guter Freund sein, so mußt du opfern können, opfern von deinem Eigenwillen, opfern von deinen Wünschen; so mußt du vergeben können, vergeben, wenn der Freund dir Hartes antut, wenn er dich kränkt; so mußt du lieb haben können den Freund, wie er ist, mit allen seinen Schwächen, ihn tragen und stützen durch deine Liebe; so mußt du treu sein können, gegenüber dem Gerede der Schwatzlustigen, der Neidischen, der Gehässigen, treu dem Freund, es komme, was da will. Willst du einen Freund haben, so mußt du für ihn beten können, sein Leben mit dem deinen vor Gottes Augen stellen und Gott um seine Hilfe für eure Freundschaft bitten, denn der Freund braucht das. Nur wenn deine Freundschaft in Gott ihren Grund hat, nenne sie »Freundschaft«.
Deinem Freund mußt du vertrauen können; ihm mußt du dich ganz anvertrauen können, in glücklichen und harten Stunden. Er wird an deinem Glück und an deinem Schmerz teilnehmen; er wird sich mit dir freuen und wird dir die Last tragen helfen, die dir zu schwer ist. Einer lebt das Leben des anderen mit, aber ihr beide sollt euer Leben in Gott leben; dann *seid ihr* Freunde.
Sieh den Menschen in die Augen. Dann wirst du wissen, wie sie es meinen. Merke darauf, wie die Menschen lachen. Höre, wie die Menschen von ihren Eltern reden. Höre, wie sie von Gott reden.

### Vom Alleinsein

Schaffe dir jeden Tag einige Minuten des Alleinseins. Und

denke über den kommenden oder den vergangenen Tag nach, über die Menschen, die dir begegneten. Denke auch über dich selbst nach und [über] das, was dir fehlt. Aber vergrübele dich nie in dich selbst hinein, sondern laß an den einsamen Stunden den teilnehmen, der auch deine Geheimnisse kennt. Jeder von uns hat Dinge, die er nie über seine Lippen bringt, die er verbirgt wie einen geliebten Schatz in seiner Einsamkeit. Nur Gott kennt sie; so zieh Gott in deine Einsamkeit hinein.

Vom Gebet

Die Kraft des Menschen ist das Gebet. Gewöhne dich schon als Junge daran. Beten ist Atem holen aus Gott; beten heißt sein Leben Gott hingeben und weihen; beten heißt sich Gott anvertrauen. Legst du dich abends schlafen, so falte die Hände und laß es still werden in dir und rufe Gott an, er möge zu dir kommen. Und dann sage ihm, wie du den Tag verbrachtest, ob er geheiligt war oder ob er dich befleckt hat; ob du ihn in Liebe oder in Zorn, in Frieden oder in Haß, im Guten oder im Bösen, in Reinheit oder im Schmutz verbracht hast. Und dann bitte für deine Seele, daß Gott sie heilig und rein mache. Schäme dich dann des Bösen und freue dich des Guten. Dann aber nenne vor Gottes Augen die Namen derer, die dich lieb haben. Danke Gott, daß er dir deine Mutter und deinen Vater gab; daß er dir Freunde gibt, die dich lieb haben und bitte Gott, daß er bei ihnen allen bleibe.
Und hast du einmal etwas, das du keinem Menschen anvertrauen möchtest, dann wisse, daß Gott doch alles sieht und weiß, und geh zu ihm und schütte ihm des Nachts, wenn alles still wird und schläft, dein unruhiges Herz aus. Und er wird dir seine Ruhe geben. Lieber Junge, wir haben manchmal vom Beten geredet. Vergiß es nicht und laß dich nicht irre darin machen. Durch's Beten wirst du stark, wirst du ein Mann.

--------

Die Tränen gehören zum Erhabensten, was der Mensch hat. Darum vergeude sie nicht.

--------

Der Anfang, das Ende ... Ehrfurcht

## Rechtfertigung und Religion

Okuli, 11. März 1928

*Römer 11, 6: Ist's aber aus Gnaden, so ist's nicht aus Verdienst der Werke; sonst würde Gnade nicht Gnade sein.*

Paulus redet natürlich – was Wichtiges gibt es denn für ihn seit dem Kreuz Christi anderes auf der Welt, von dem es sich zu reden verlohnte? – er redet von dem Willen Gottes, uns das Heil zu schenken, das heißt von der Rechtfertigung. »Ist's aber aus Gnaden, so ist's nicht aus Verdienst der Werke; sonst würde Gnade nicht Gnade sein.« Ein unscheinbarer Text, den man leicht überliest. Und vielleicht wundert sich mancher, warum ich mir heute, wo ich zum ersten Mal hier auf der Kanzel stehe, ein solches Wort herausgesucht habe. Was geht uns die Rede von der Rechtfertigung aus Gnaden allein noch an? Es gibt doch wichtigere und ernstere Anliegen, über die es zu reden gäbe. So hört man heute in aller Welt die Leute reden. Haben sie wirklich recht damit? Sollten wir über das, was Paulus und der ersten Christenheit ernst und wichtig war, durch die 2000 Jahre, die uns von damals trennen, hinaus gekommen sein? Ganz gewiß nicht. Es liegt nämlich genau umgekehrt. Hinabgesunken sind wir, tief hinabgesunken von der Höhe der Gedanken, die die erste Christenheit bewegten. Und unser erstes Ziel sollte zunächst einmal sein, das ganz ernst [zu] nehmen, todernst, was dem Paulus ernst war. Und wir werden dabei sehen, daß, wenn es überhaupt auf dieser Erde etwas gibt, das nicht letzten Endes gleichgültig, ja komisch ist, auch wenn es sich noch so ernst gebärdet, daß es dann die Tatsache der Rechtfertigung ist. Und daß diese es ganz gewiß [ist], so wahr an ihr Gottes Ehre und Herrlichkeit, Gottes Ernst und Güte offenbar wird. An ihr tut sich uns der Blick auf für die ganze Welt, für das, was in ihr eitel und was ernst ist. An ihr verstehen wir uns selbst und verstehen wir – was heißt hier verstehen? – unseren Gott.

Zwei gewaltige Linien zeichnet uns unser Text vor, zwei Möglichkeiten, die zueinander gehören und doch widereinander sind, die einzigen Möglichkeiten, die bestehen, wenn man Gott und Mensch zusammen denken will. Verdienst heißt die eine – Gnade heißt die andere. Mit anderen Worten: Die eine Linie führt vom Menschen zu Gott hinauf, die andere führt von Gott zum Menschen hinab. Und beide schließen einander aus – und gehören doch zusammen. Das ist das Wunder des christlichen Glaubens, das wir ergründen wollen.

Reden wir zuerst von der ersten Möglichkeit, die Paulus Verdienst nennt, die wir den Weg des Menschen zu Gott nennen wollen. Der große Kirchenvater Augustin hat seine Bekenntnisse mit dem Wort begonnen: »Du hast uns zu dir hin geschaffen. Und *unruhig* ist unser Herz in uns, bis es Ruhe findet in dir.« »Unruhig«: Damit ist das Wort gefallen, auf das es ankommt. Unruhe – das ist das Kennzeichen, das den Menschen vom Tier unterscheidet. Unruhe – das ist die Kraft, die Geschichte und Kultur schafft. Unruhe – das ist die Wurzel alles Geistes, der zur Sittlichkeit sich erhebt. Unruhe – das ist – ja, sagen wir es nur – der tiefste Sinn und die bluthafte Macht in aller Religion. Unruhe – nicht im Menschlich-Vergänglichen, da gibt es nur Nervosität und Ungeduld, nein Unruhe in der Richtung aufs Ewige. Für Unruhe können wir auch sagen Grauen, Angst, Sehnsucht, Liebe.

Es ist in der Seele des Menschen, so wahr er nur Mensch ist, ein Ding, das sie unruhig macht, das sie hinweist auf das Unendliche, Ewige. Dieser Gedanke, daß es ein Ewiges, Unendliches gibt, macht der Seele in ihrer Vergänglichkeit Angst. Sie will hinaus über sich selbst, hin zum Unvergänglichen. Sie will selbst unvergänglich sein und weiß doch nicht, wie sie's anfangen soll. Sie will das Ewige in sich hineinziehen. Sie will Macht über das Ewige bekommen, damit sie die Angst und die Unruhe los werde. Sie will selbst den Weg zum Ewigen gehen, es in ihre [im Manuskript: seine] Gewalt bringen. Aus dieser Unruhe der Seele wuchsen die gewaltigen Werke der Philosophie und der Kunst, die Systeme eines Plato und Hegel, der Adam eines Michelangelo, die Quartette [und] Symphonien Beethovens, die Dome der Gotik, die Bilder Rembrandts oder der Faust und der Prometheus Goethes hervor. Alle wurden sie überwältigt von dem Gedanken eines Ewig-Unvergänglichen. Und sie machten der Angst und Unruhe ihres Herzens Luft, indem sie malten, bauten, bildhauerten und dichteten. Vielleicht, daß sie sich so des Unendlichen bemächtigen könnten. Nicht anders steht's mit großen Predigern der Sittlichkeit, einem Plato, einem Kant und den Männern, die vielleicht an der Spitze der Menschheit stehen, was Strenge der Sittlichkeit anlangt, den Pharisäern [im Manuskript: die Pharisäer]. Auf ewige Weise wußten sie sich in ihrem Herzen angesprochen. Und indem sie ihrem Geist die Richtung auf die Sittlichkeit hin gaben, traten sie selbst in Beziehung zum Ewigen, hatten sie selbst den Weg zum Ewigen gefunden, ja sich selbst ewig gemacht.

Zugleich der grandioseste und zarteste aller Versuche der Menschen, zum Ewigen zu gelangen aus der Angst und Unruhe ihres Herzens, ist die Religion. Das Ewig-Rätselhafte, Beunruhigende wird gesucht und gefunden und in dauernde Beziehung, in heimlichsten Verkehr zur Seele gesetzt, bis die Seele selbst ewig geworden ist. Hier erreicht menschliche Geistigkeit, wie sie aus der Unruhe entspringt, ihre feinste Blüte. Hier, wenn irgendwo, muß der Weg zum Ewigen gefunden sein. Hier, wo der Mensch sich schlechthin dem Ewigen unterwirft, hier muß doch der Weg zum Ewigen gefunden, *verdient* sein. Aus dem Dunkel, aus der Angst, der Rätselhaftigkeit, der Vergänglichkeit des Zeitlichen hat der Mensch den Weg gefunden zum Licht, zur Freude, zur Ewigkeit. Stolz kann das Menschengeschlecht auf diese Blüte seines Geistes weisen – wenn nicht eines wäre, nämlich, daß Gott Gott ist und daß Gnade Gnade ist[1]. Von hier aus kommt die große Störung unserer Illusionen und unserer Kulturseligkeit; die große Störung, die Gott selbst verursacht und die der alte Mythos vom Turmbau zu Babel veranschaulicht. »Ist's aber aus Gnade, so ist's nicht aus Verdienst der Werke; sonst würde Gnade nicht Gnade sein.« Unser Weg zum Ewigen hin wird unterbrochen. Wir stürzen hinab in die Tiefe, aus der wir kamen, mit unserer Philosophie und Kunst, unserer Sittlichkeit und Religion.

Denn ein andrer Weg tut sich auf, der Weg Gottes zum Menschen, der Weg der Offenbarung und der Gnade, der Weg des Christus, der Weg der Rechtfertigung aus Gnaden allein. »Meine Wege sind nicht eure Wege« [Jes. 55, 8], so heißt es jetzt. Nicht wir gehen zu Gott, sondern Gott geht zu uns. Nicht Religion macht uns gut vor Gott, sondern Gott allein macht uns gut. Seine Tat ist's, auf die

1. Vgl. S. 97.

es ankommt, vor der all unser Anspruch versinkt. Unter dem göttlichen Gericht stehen Kultur wie Religion. ⟨Damit aber sind wir unserer Waffen beraubt. Wir stehen bloß da vor Gottes Auge. Finster ist's um uns. Und nur einen leuchtenden Flecken gibt's: das ist der Berg von Golgatha mit dem sterbenden Herrn, auf den das Licht des Himmels fällt.⟩ Die Motive unserer Sittlichkeit und unserer Religion sind entlarvt. Wir wollten Herren sein des Ewigen und nun sind wir seine Sklaven. Nur eine Rettung bleibt: Der Weg Gottes, das heißt der Gnade. Wenn aber Gnade, dann kein Verdienst; sonst ist Gnade nicht Gnade. Das heißt aber, der Weg zu Gott ist ein- für allemal hoffnungslos, wo nicht Gott zu uns kommt. Das heißt, auch unsere Religion ist nichts, wenn nicht Gott Ja dazu sagt. Nicht Religion, sondern Offenbarung, Gnade, Liebe; nicht Weg zu Gott, sondern Weg Gottes zum Menschen, das ist die Summe des Christentums.

Hier liegt die große Enttäuschung und die noch viel größere Hoffnung. Unser Verdienst, unser Stolz, unsere Ehre, damit ist's freilich aus. Aber Gottes Gnade, Gottes Ruhm, Gottes Ehre, das beginnt jetzt. Nicht unsere Religion – auch nicht die christliche! – sondern Gottes Gnade, das ist die Botschaft unseres Textes und des ganzen Christentums. Nicht unsere ausgereckte Bettlerhand, sondern das, womit Gott sie füllt, darauf kommt's an. Und das heißt eben überhaupt, zunächst nicht wir und unser Tun, sondern zunächst Gott und Gottes Tun. Unser Tun nur, soweit es Raum schafft für Gottes Tun, so weit es Gottes Gnade Gnade sein läßt. Nicht auf uns steht unsere Hoffnung, sondern auf Gott. Wo aber gäbe es einen Ort, wo sie fester stünde als auf Gott?

Es drängt sich uns die Frage auf: Ist's nun aus mit unserer Religion und mit unserer Moral, wenn all das doch nicht zu Gott führt, wenn Gottes Wege andere Wege sind als die unseren? Gewiß nicht! Denn wir sind dem Gott, der uns Gnade gibt, zu Dienst berufen. Unser religiöses und sittliches Leben, das nun so unter das Gericht Gottes gestellt ist, das als menschlich-allzumenschliches durchsichtig wurde, es ist unser Versuch, Gott ein Opfer zu bringen. Es bleibt aber ein Versuch und nicht mehr. Wer mehr daraus machen will, der unternimmt von neuem den Weg zu Gott, den Turmbau zu Babel. Religion und Sittlichkeit sind die schwerste Gefahr für die Erkenntnis der göttlichen Gnade. Denn sie tragen den Keim in sich, selbst den Weg zu Gott finden zu wollen, sich zum Herrn über ihn zu machen, und sind doch Menschenwerk und dem Gericht der Ewigkeit unterworfen. Und doch bleiben sie nötig, so lange es Gnade gibt, als schwacher Versuch, als Darstellung, als Opfer, zu dem Gott Ja und Nein sagen kann nach seinem Wohlgefallen. Daß wir es mit unserer Sittlichkeit nicht erreichen, das haben wir allmählich verstehen gelernt. Daß aber auch die Religion, wie Luther sagt, zum Fleisch des Menschen gehört, das sagt uns unser Text, wenn wir ihn recht verstehen, sehr eindringlich. Weh uns, wenn wir's nicht verstehen wollen! »Wandle vor mir und sei fromm« [1. Mose 17, 1], das ist die radikale, unaufhebbare Forderung Gottes an uns. Und: »Wenn ihr [im Manuskript: du] alles getan habt, so gehet hin und sprecht: Herr, wir sind unnütze Knechte. Wir haben getan, was wir zu tun schuldig waren« [frei nach Luk. 17, 10]. Das Wort Jesu setzt all unserem Tun auf ewig die Grenze, reiht es ein in die Welt der Vergänglichkeit, die dem Gericht Gottes untersteht.

Man hat in den vergangenen Jahren viel darüber gestritten, warum gerade das Christentum den Sieg über die Welt davontrug und nicht eine der vielen anderen Religionen, die ihm Konkurrenz machten, und man hat manche Antwort[en] darauf gegeben. Im Grunde gibt es nur eine einzige Antwort, die die Sache trifft: der Gottesgedanke des Christentums ist schlechthin anders bestimmt als der sämtlicher anderer Religionen. Inwiefern? Wo wir auch hinsehen, haben die Religionen den Menschen einen Weg gewiesen, der sie zu Gott führt, einen Weg der Heiligkeit, Gerechtigkeit, Wahrheit. Allein das Christentum hat die Unmöglichkeit dieses Unternehmens offenbart. Der Mensch bleibt auch in seiner geistigsten Geistigkeit – in der Religion – Mensch, das heißt Sünder. Seine Religion ist ein Stück seiner Fleischlichkeit, das heißt seiner Begehrlichkeit nach Glück, nach Seligkeit, nach Lust, das heißt nach seinem eigenen Ich. Der Mensch, wie er ist, steht als ganzer unter dem Gericht Gottes. Nur eines bleibt: Gott kommt zum Menschen und schenkt Gnade. Der Weg aus der Ewigkeit in die Zeit, das heißt der Weg Jesu Christi, das ist die paradoxe Botschaft, die wirkungskräftig durch die alte Welt zog, die skeptisch geworden war gegen das, was vom Menschen kam. Nicht Religion, sondern Offenbarung und Gnade. Das war das erlösende Wort. Und ihm hat sich die Welt erschlossen.

Wir stehen vor Karfreitag [und] Ostern, den Tagen der übermächtigen Taten Gottes in der Geschichte; der Taten, in denen Gericht und Gnade Gottes aller Welt sichtbar wurden. Gericht in jenen Stunden, in denen Jesus Christus, der Herr, am Kreuz hing. Gnade in jener Stunde, als der Tod verschlungen wurde in den Sieg. Nicht die Menschen haben hier etwas getan. Nein, Gott allein hat's getan. Er ist den Weg zu den Menschen gegangen in unendlicher Liebe. Er hat gerichtet, was menschlich ist. Und er hat Gnade geschenkt jenseits von Verdienst.

Als der alte Luther gestorben war, fand man auf seinem Schreibtisch einen Zettel, auf den er noch in den letzten Stunden die Worte geschrieben hatte: »Wir sind Bettler im Geist.« Und dabei bleibt's, so lange es Menschen gibt. Der aber König ist im Geist, der Herr alles Lebens und aller Gnade, er lehre uns erkennen, daß unsere Hoffnung und unser Leben steht und fällt mit der Gnade Gottes. Sein ist die Tat. Sein ist der Weg. Sein ist die Gnade. Sein ist der Geist. Sein ist unser Dienst und unser Leben. Sein die Ehre über alle Kreatur.

## Auferstehung statt Unsterblichkeit

Ostersonntag, 8. April 1928

*1. Korinther 15,17: Ist Christus aber nicht auferstanden, so ist euer Glaube eitel, so seid ihr noch in euren Sünden.*

Ein gefährlicher Ostertext! Denn wenn wir ihn uns genau ansehen, von ihm beeindrucken lassen, so könnte es sein, daß er uns um unsere ganze Osterfreude bringt. Und so scheint es, als schicke es sich nicht, an Ostern von so ernsten, so gefährlichen Dingen zu reden. Und doch – es gibt unter den christlichen Festen nicht eines, das uns nicht, wenn wir es ganz ernst nehmen, bedrohlich ansieht, daß es uns angst und weh wird im Herzen. Unsere ganze Existenz und unser gesamtes geistiges Sein wird angegriffen und vor Gericht gezogen, vor die Entscheidung gestellt, von der Weihnachtsbotschaft nicht anders [als] von der Ostergeschichte (im Manuskript: wie). Nur dann aber, wenn wir den Angriff immer von neuem aufs tiefste auf uns wirken lassen, können wir seiner Herr werden und etwas von der eigentlichen Osterfreude, die alles andere ist als Sentimentalität, verspüren.
Ist Christus nicht auferstanden, dann ist unser Glaube

eitel. Das heißt weiter, dann leben wir noch in Schuld gegen Gott. Das heißt zuletzt, wir sind die elendesten Menschen auf der Erde. Mit anderen Worten: Ist Christus nicht auferstanden, dann ist der Stützpunkt, der unser Leben trägt, hinweggezogen und alles bricht zusammen. Unser Leben verfällt der Sinnlosigkeit. Alles Reden von göttlichen Dingen ist illusorisch, alle Hoffnung Luftgespinst. An Ostern hängt unser Leben, sagt uns Paulus. Was haben wir dazu zu sagen?

Jedem von uns ist Ostern, seit er ein Kind ist, mit der Freude über den kommenden Frühling, mit all dem Glück, das uns die warme Sonne ins Herz legt, ein Fest geworden, das ihm an's Herz gewachsen ist, an dem er hängt mit mancherlei freundlichen Erinnerungen, von denen er sich nicht trennen möchte. Wer von uns möchte auch nur um einen Frühling seines Lebens ärmer sein? Aber sagen, daß an diesem Osterfest sein ganzes Leben hängt, daß seine Existenz bedroht ist, wenn es Ostern nicht gäbe, wer unter uns möchte oder könnte das? Paulus aber hat das gesagt. Und da er sich diese Frage ein wenig gründlicher überlegt hat, als wir zu tun pflegen, dürfen wir annehmen, daß hinter einem solchen Satz auch ein gewisser Sinn steht, dem nachzudenken es sich vielleicht verlohnt. »Ist Christus nicht auferstanden, so ist euer Glaube eitel.«

Es wird demnach offenbar alles darauf ankommen, daß wir recht verstehen, was Paulus mit dem Wort »auferstanden« meint. Was heißt Auferstehung und was kann sie für uns bedeuten? Das sind die alten Osterfragen, um deren Beantwortung zu ringen wir nun einmal nicht herum kommen, ohne eine Gedankenlosigkeit zu begehen. Es ist die überwältigende Tatsache des immer sich erneuernden Frühlings gewesen, die die Menschheit in aller Welt etwas ahnen ließ von einem Urkampf zwischen Finsternis und Licht, in dem nach hartem Ringen das Licht den Sieg davonträgt. Aus dem dunklen Winter ist es Frühling geworden. Jedes Jahr erneuert sich das ungeheure Schauspiel der Natur und weckt in der Menschheit eine Ahnung von einer Auferstehungshoffnung. Alles Dunkel muß endlich hell werden. Das ist ein Gesetz der Natur. Ja, das Dunkel ist ja gar nicht eigentlich ein Wesen für sich. Es besteht ja nur darin, daß das Licht nicht da ist. Ein Strahl der Sonne vernichtet es. Und die Sonne kommt, kommt ganz gewiß, und mit ihr die Auferstehung der Natur. Im Tode der Natur liegen schon die Keime des Lebens. Der Tod ist ja gar nicht eigentlich Tod, sondern eine Epoche des Lebens, das keimhaft weiter besteht in den scheinbar erstarrten Körpern. Das Leben und das Licht muß siegen. Und Tod und Dunkel sind nur dessen Erscheinungsformen. Solche Gedanken sind Gemeingut und Urgut der Menschheit bis in ihr primitivstes geistiges Leben hinein. Und solche Gedanken sind es, auf die sich unser modernisierter Osterglaube zurückzieht und dabei ja nicht einmal sieht, daß das Christentum über Ostern ganz andere Dinge zu sagen hat.

Nicht um einen Kampf von Dunkel und Licht, der schließlich doch dem Licht den Sieg bringen muß, weil das Dunkel ja eigentlich ein Nichts ist, weil der Tod ja schon Leben ist; nicht um einen Kampf von Winter und Frühling, von Eis und Sonne handelt es sich Ostern, sondern um den Kampf der schuldigen Menschheit gegen die göttliche Liebe; besser der göttlichen Liebe gegen die schuldige Menschheit; einen Kampf, in dem Gott zu unterliegen scheint am Karfreitag und in dem er gerade, indem er unterliegt, siegt – an Ostern. Siegt Gott? Oder siegt Prometheus? Das ist die Frage, die an Ostern durch eine Machttat Gottes beantwortet wird. Der Karfreitag ist nicht das Dunkel, das dem Licht unbedingt weichen muß. Er ist nicht der Winterschlaf, der die Keime des Lebens in sich verbirgt und nährt. Es ist der Tag, an dem der

Mensch gewordene Gott, die Person gewordene Liebe umgebracht wird von den Menschen, die zu Göttern werden wollen; an dem der Heilige Gottes ⟨d. h. Gott selbst⟩ stirbt, wirklich stirbt – aus eigenem Willen und doch aus Schuld der Menschen –, ohne daß ein Keim des Lebens in ihm bliebe, so daß sein Tod dem Schlaf gliche. Der Karfreitag ist nicht wie der Winter ein Übergangsstadium. Nein, er ist wirklich Ende, Ende der schuldigen Menschheit und letztes Gericht, das sie sich selbst gesprochen hat. Und hier kann nur eines helfen, die Machttat Gottes aus seiner Ewigkeit heraus unter der Menschheit. Nicht ein immanentes, das heißt innerweltliches, sondern ein transzendentes, das heißt überweltliches Geschehen ist Ostern, ein Eingriff Gottes aus der Ewigkeit, kraft dessen er sich zu seinem Heiligen bekennt, ihn vom Tode auferweckt. Nicht von Unsterblichkeit ist Ostern die Rede, sondern von Auferstehung, Auferstehung vom Tode, der wirklich ein Tod ist mit allen Schrecken und Furchtbarkeiten, ein Tod des Körpers und der Seele, des ganzen Menschen, kraft Gottes Machttat. Das ist Osterbotschaft. Nicht von göttlichen Keimen im Menschen, die wie in der Natur immer wieder Auferstehung feiern, sondern von der Schuld der Menschen und vom Tod, aber auch von der Liebe Gottes und dem Tod des Todes ist Ostern die Rede, von der ewigen Machttat Gottes, nicht von immanenten Gesetzen der Natur.

Hätte die Geschichte Gottes unter den Menschen ihr Ende gefunden am Karfreitag, dann wäre das letzte Wort über die Menschheit: Schuld, Empörung, Entfesselung aller menschlich-titanischen Gewalten, Erstürmung des Himmels durch die Menschen, Gottlosigkeit, Gottverlassenheit, damit aber letzten Endes Sinnlosigkeit und Verzweiflung. Dann ist euer Glaube eitel. Dann seid ihr noch in eurer Schuld. Dann sind wir die elendesten unter allen Menschen. Das heißt, das letzte Wort ist der Mensch.

Am Kreuz Christi wird nicht nur unser sittliches und religiöses Leben zuschanden, indem es seiner Schuldhaftigkeit überführt wird, es wird auch unsere gesamte Kultur gerichtet. Wäre es mit dem Kreuz zuende gewesen, so wäre es aus mit der Wissenschaft und mit der Kunst. All unser kulturelles Handeln ist Streben auf ein Letztes, auf einen Sinn, auf einen Logos, auf Gott. Was soll ein Suchen nach Wahrheit, wenn es Wahrheit nicht gibt, wenn nicht Gott, sondern der Mensch letzter Maßstab für wahr und falsch ist? Man zerschneidet unserer Kunst den Lebensnerv, wenn man ihr die Richtung auf ein Letztes, auf ein Sinnhaftes, Göttliches nehmen will. Ist Gott tot, nun, so sind wir die elendesten Menschen. Das verstehen wir jetzt mit dem Apostel.
Eine seltsame Geschichte aus dem Altertum erzählt uns, wie ein kleines Schiff von griechischen Seeleuten an der Küste Süditaliens vorüber gefahren sei und wie man da plötzlich eine gewaltige klagende Stimme den Namen des Steuermanns rufen gehört habe. Als dieser antwortete, hörte man eben dieselbe Stimme rufen: Der große Pan ist tot, der große Pan ist tot[1]. Da habe sich auf dem Schiff eine große Angst und Verwirrung verbreitet und überall, wo die Botschaft hindrang, sah man die Menschen bestürzt und entsetzt davon flüchten. Die Geschichte ist rätselhaft und vielfach gedeutet. Eins scheint mir gewiß: Es ist ein heidnisches Widerspiel der Karfreitagsbotschaft: Gott ist tot, die Welt ist gottlos, gottverlassen. Und die Bestürzung und Verwirrung der Menschen ist Ausdruck für die erschrocken-entsetzte Frage: Was wird nun? Die Welt scheint zusammensinken zu müssen, in Sinnlosigkeit vergehen zu müssen, wenn Gott tot ist. Die antike Welt hat auf die große Klage »Der große Pan ist tot« keine Antwort gewußt. Die Antwort hat die christ-

1. Siehe auch das Rom-Tagebuch von 1924 in GS VI, 61.

liche Osterbotschaft gegeben. Der Sinn der Osterbotschaft ist: Gott ist des Todes Tod, Gott lebt und so lebt auch Christus. Der Tod hat ihn nicht halten können gegen die Übermacht Gottes. Gott hat ein Machtwort gesprochen über den Tod, hat ihn vernichtet, hat Jesus Christus auferweckt.

Was heißt das? Wie läßt sich das verstehen? Eine Fülle von Fragen wird bei uns wach. Was ist's mit der leiblichen Auferstehung? Was mit dem leeren Grabe? Was mit den Erscheinungen? Eine Fülle von Fragen – der Neugierde, der Lust an abergläubischen Dingen, der Geheimniskrämerei, an denen wir kein Vergnügen haben können; Fragen, die vom Hundertsten ins Tausendste gehen und nimmersatt sind. Gewiß wird das Grab leer gewesen sein. Wichtig aber ist nur eines: Gott hat sich zu Christus bekannt und hat ihn berührt mit seinem ewigen Leben. Nun lebt Christus. Lebt, weil Gott lebt. Und weil Gottes Liebe lebt. Das genügt uns. Über das »wie« können wir grübeln. An dem »daß« wird es nichts ändern.

Lebt aber Gott – nun so lebt die Liebe trotz des Kreuzes. Dann leben wir nicht mehr in der Schuld, dann hat Gott uns ja vergeben. Er hat sich zu Jesus bekannt. Jesus aber hat sich zu uns bekannt. Lebt Jesus, dann bekommt unser Glaube neuen Sinn. Dann sind wir die seligsten aller Menschen. Ein Ja Gottes zur schuldigen Menschheit, ein neuer Sinn für all unser Tun – das ist Ostern. Nicht »der große Pan ist tot«, sondern Gott lebt und mit ihm wir. Das ist Ostern. Nicht Gottverlassenheit, sondern Gottesfülle. Nicht der Mensch und sein titanischer Sieg über die Gottheit, sondern Gott und sein machtvoller Sieg über die Menschheit, über Tod und Schuld und Empörung, das ist Ostern.

Aber es ist noch eins. Ganz zart und heimlich wächst uns am Ostertag eine Hoffnung zu. »Hoffen wir allein in diesem Leben [auf Christum, so sind wir die elendesten unter allen Menschen], sagt Paulus. Ostern ist Gottes Eingriff aus der Ewigkeit, sagten wir. Ostern ist Vorspiel allerletzter, unaussprechlicher Dinge. Dinge, die einst geschehen werden, wenn's der Vollendung entgegen geht. Dinge, von denen wir nur in Bildern und Gleichnissen reden können. Nicht nur heute geht uns Ostern etwas an. Nein, es offenbart uns die ganze Herrlichkeit und Macht Gottes. Gott ist der Herr des Todes, nicht nur Jesu Christi, sondern auch meines und deines Todes. Wie aber Gott in unsagbarer Machtfülle Jesus auferweckt hat, so wird er auch sein heiliges Volk aus dem Tod zum Leben führen. Dahin richtet [sich] heute unser hoffnungsvoller Blick.

## Gott mitten im Leben

Quasimodogeniti, 15. April 1928

*Matthäus 28, 20 b: Siehe, ich bin bei euch alle Tage bis an der Welt Ende.*

Märchen und Legenden aus uralter Zeit erzählen von den Tagen, in denen Gott noch unter den Menschen einherging. Das waren herrliche Zeiten, als man auf der Straße einem Wanderer begegnete, der um Herberge bat, und man zu Haus in diesem einfachen Mann Gott den Herrn selbst erkannte und nun reichlich Belohnung empfing. Das waren schöne Tage, als Gott den Menschen noch so nah war, daß sie mit ihm einhergehen und reden konnten. Ja, das waren Tage, wie sie eben nur das Märchen und die

Legende kennt, die alles, was im Menschen an heimlicher Hoffnung schlummert, erzählt, als ob es schon Wirklichkeit geworden wäre.
Der Anfang unserer Bibel erzählt uns auch davon, wie in jenem Garten, im Paradies, Gott der Herr sich am Abend erging und mit den Menschen lebte und sprach. Es gibt wohl wenig Völker, in denen man nicht von solchen Tagen zu berichten weiß. Glückselig die Menschen, die diese Zeiten erleben durften, wo Gott und Mensch sich nah waren. Wie bald ist es dann anders geworden. Unsere Bibel erzählt uns als den Wendepunkt der Geschichte die Geschichte vom Sündenfall. Die Menschen wurden aus dem Garten, in dem sie mit Gott leben konnten, herausgetrieben. Und nun lebten sie getrennt von Gott in Schuld und Unglück, das sich von Generation zu Generation häufte. Immer tiefer wurde der Riß zwischen Gott und Mensch. Die Menschheit versank in der Nacht. Und so weit Menschen denken können, wissen sie nur von der Zeit der Nacht zu reden, der Zeit, wo Gott nicht mehr unter den Menschen aus- und eingeht. Und mancher sehnsüchtige Blick wendet sich zurück zur Vorzeit des Märchens, zum Paradies, wie nach einer verlorenen Heimat, die man doch selbst nicht mehr gekannt hat. Oder Männer der gewaltigen Hoffnung redeten und reden von kommenden Tagen, in denen Gott wieder unter den Menschen wohnen wolle, wo das Reich Gottes auf Erden errichtet werden würde. Gott und Mensch gehören irgendwie zusammen. Gott wird wiederkommen und bei den Menschen zu Gast sein.
Es hat einen Tag in der Geschichte der Menschheit [gegeben], an dem diese Hoffnung nun radikal zuschanden werden mußte, an dem man sich des ewigen Abstandes des Menschen von Gott bewußt werden mußte. Das war der Tag, an dem die Menschheit gegen den Gott, der unter ihr wohnen wollte, die Hand erhob und Jesus Christus

ans Kreuz schlug – Karfreitag. Es hat aber einen Tag gegeben der göttlichen Antwort auf menschliches Tun, an dem Gott von neuem und für alle Ewigkeit unter den Menschen Wohnung gemacht hat. Es war der Tag, an dem die ausgereckte unheilige [Hand] des Menschen wider alle Hoffnung gefüllt wurde mit göttlicher Gnade, wie Jesus Christus auferstand, Ostern. »Siehe, ich bin bei euch ...« Das ist Osterbotschaft. Nicht der ferne, sondern der nahe Gott, das ist Ostern.

Es geht durch unsere Zeit ein Suchen, ein ängstliches Tasten und Fragen nach göttlichen Dingen. Über unsere Zeit ist die große Einsamkeit gekommen, eine Einsamkeit, die es nur dort gibt, wo Gottverlassenheit herrscht. Mitten in unsere Großstädte, in das größte, wildeste Treiben ungezählter Menschenmassen ist die große Not der Vereinsamung und der Heimatlosigkeit hereingebrochen. Aber die Sehnsucht wächst, daß doch die Zeit wiederkommen möchte, wo Gott unter den Menschen weilt, wo Gott sich finden läßt. Ein Durst nach Berührung mit göttlichen Dingen ist über die Menschen gekommen, der brennend heiß ist uns gestillt sein will. Und es werden zur Zeit viele Arzneien feilgeboten, die diesen Durst radikal zu löschen versprechen und nach denen hunderttausend gierige Hände greifen. Mitten über diesem wilden Treiben und marktschreierischen Anpreisen neuer Mittel und Wege steht das eine Wort Jesu Christi: »Siehe, ich bin bei euch« ... Ihr braucht gar nicht viel zu suchen und zu fragen und geheimnisvollen Spuk zu treiben. Ich *bin* da. Das heißt, Jesus verspricht nicht erst sein Kommen, schreibt nicht Wege vor, wie man zu ihm gelangen könne, sondern sagt ganz einfach: Ich bin da. Ob wir ihn sehen oder nicht, fühlen oder nicht, wollen oder nicht – das ist alles ganz gleich der Tatsache gegenüber, daß Jesus da ist bei uns, daß er einfach überall ist, wo wir sind. Und daß wir dazu nicht das Geringste tun können. Ich bin bei euch alle Tage ... Ja, wenn das alles so ist, wenn Jesus wirklich bei uns ist, dann ist ja auch Gott bei uns, wo wir auch immer sind. Dann sind wir ja nicht mehr verlassen, heimatlos, einsam. Dann ist ja – denken wir es nur aus – die Zeit der Legenden wieder Wirklichkeit geworden. Dann lebt ja Gott mitten unter uns. Und es gilt nur eines, die Augen aufzuhalten, wo wir ihn sehen, wie es für jene Menschen der Legende galt, in dem fremden Wanderer Gott den Herrn zu erkennen. Gott will bei uns sein. Wollen wir Gott zum Lügner machen, indem wir's ihm nicht glauben? Gott ist noch bei den Menschen, trotz des Karfreitags. »Siehe, ich bin bei euch alle Tage ...«

Aber bevor wir allzu sehr in Jubel ausbrechen wollen, eine ernste Besinnung: Was soll es denn eigentlich heißen, daß Jesus oder Gott bei uns ist? Daß Gott in der Welt ist? Wo und wie bekommen wir denn etwas davon zu verspüren? Gott lebt, lebt für die Welt. Die Welt wird Gottes voll, wird verklärt, sinnvoll sub specie aeternitatis – das war die Osterbotschaft. Nun fragen wir aber weiter: Wo spüre ich etwas von dieser Gottesfülle der Welt und meines eigenen Lebens? Und da antworten wir: Auch heute noch geht Gott mit uns ein und aus, können wir mit ihm reden, sind wir mit ihm zusammen; ja gehen mit ihm auf der Straße einher, begegnen ihm im Fremdling auf der Wanderung, im Bettler vor der Tür. Die Welt ist die Welt Gottes. Wo wir hingehen, begegnen wir Gott selbst; ist Jesus Christus, der Auferstandene, bei uns. »Siehe, ich bin bei euch ...«

Ist das nun nicht aber alles auch nur bildliche Redeweise? Was können wir damit meinen, daß Jesus bei uns ist? Ist das nur so ein ungefähres, nicht näher zu bestimmendes Gefühl? O nein, es ist eine ganz klare Sache. Jesus ist bei uns in seinem Wort. Das heißt aber ganz klar und eindeutig in dem, was er will und über uns denkt. Er ist bei uns mit seinem Willen in seinem Wort. Und nur im Umgang

mit diesem Wort Jesu spüren wir seine Nähe. Das Wort aber ist das klarste und deutlichste Ausdrucksmittel, in dem sich geistige Wesen berühren können. Haben wir eines Menschen Wort, so kennen wir seinen Willen und seine ganze Person. Haben wir Jesu Worte, so kennen [wir] seinen Willen und seine ganze Person. Jesu Wort ist immer ein- und dasselbe und ist doch immer wieder verschieden. Es sagt uns: Du stehst unter der Liebe Gottes. Gott ist heilig und ihr sollt auch heilig sein. Gott will euch den Heiligen Geist geben, auf daß ihr heilig seid. Und [er] sagt es auf andere Weise zu jedem in jedem Augenblick. Gottes Wort ist ein anderes zum Kind und ein anderes zum Mann; ein anderes zum Knaben und zum Mädchen; ein anderes zum Mann und zur Frau. Und doch gibt es kein Alter, keinen Augenblick des Lebens, wo uns das Wort Jesu nichts zu sagen hätte. Unser ganzes Leben steht unter seinem Wort, wird geheiligt durch das Wort. Von der Taufe bis zum Grabe begleitet das Wort der Kirche den Menschen, stellt es den Menschen unter die Gewißheit des Wortes: »Siehe, ich bin bei euch.«
Zum Symbol hierfür hat die Kirche die entscheidenden Abschnitte des Lebens unter die kirchliche Verkündigung gestellt. Dem unmündigen Kind schon verkündet das Wort Jesu Gottes allem menschlichen Tun zuvorkommende Gnade. Es spricht [zu] ihm alsdann von der Heiligkeit der Mutterliebe. Zum spielenden Knaben redet es von der Wahrhaftigkeit Gottes, von seinem Ernst und von seiner Güte, vom Dienst im Heere Christi, von Heldentaten und Rittertaten. Zum Jüngling von der Heiligkeit des göttlichen Auftrages und von ewigen Zielen. Es öffnet ihm die Augen für die Herrlichkeit der Welt und läßt seine Sehnsucht hinaus schweifen über [das] Zeitliche hinweg und sagt ihm das Wort von der Reinheit Gottes und des Herzens. Zum jungen Mädchen spricht es von viel Freude und Heiterkeit, aber auch von dem, was es

schuldig [ist] der Tatsache, daß es dereinst eine Frau und Mutter werden soll. Dem reifen Mann redet das Wort vom Ernst der Arbeit, von Schicksal und Schuld, von Verantwortung und Treue und von einem Willen Gottes, daß der Mensch sein Leben selbst in die Hand nehme und forme. Zur reifen Frau, daß Gott die Mutterschaft geheiligt hat. Zum Greis von jener Welt, von der uns der Tod trennt und von den letzten Dingen. Und doch spricht es zum Knaben und zum Greis ein- und dasselbe Wort, nämlich: ›Gott hat dich lieb und ist bei dir, verlaß dich darauf! Und das andere: Gott ist heilig und ihr sollt heilig sein. Das Wort von der unsagbaren Barmherzigkeit Gottes gilt jedem Alter, das von Gottes Ernst und der Güte jedem Augenblick des menschlichen Lebens.

»Siehe, ich bin bei euch . . .« Das gilt, *ob wir wollen oder nicht.* Gibt es denn überhaupt Augenblicke, in denen wir das nicht wollten? In denen uns Gottes Dasein lästig ist? Wir alle wissen, daß es solche Augenblicke gibt. Das sind die Augenblicke des Gerichtes Gottes über uns. Gott ist bei uns – das Wort wird uns nun auf einmal in seiner ganzen Tragweite durchsichtig. Wenn Gott bei uns ist – aber wir nicht bei Gott – was ist denn dann? Denken wir doch noch einmal ganz ernst den Gedanken zuende: Nicht irgendein angesehener Mann der Welt, nicht ein Prophet, nicht ein Fürst der Erde kommt zu uns und ist dauernd bei uns. Sondern der Fürst des Lebens und der ganzen Welt, er ist bei uns mit seinem Gericht und seinem Anspruch an uns. Werden wir dem gerecht werden können? Und ob wir uns gegen ihn auflehnen und wehren wollten, er ist da alle Tage bis an der Welt Ende. Der beseligende Gedanke, daß Gott wieder Wohnung unter den Menschen gemacht hat, daß er dem menschlichen Leben wieder einen Sinn geben will, daß die Welt gotterfüllt ist, dieser Gedanke wird bedrohlich und beängstigend. Denn er ist überaus verantwortungsvoll. Unser

Leben und Tun soll nicht sinnlos sein. Was aber, wenn wir es in Stumpfsinn und Gedankenlosigkeit dahinbringen? Jedes Alter hat seine göttliche Bestimmung. Wie, wenn wir nicht darauf achten? Jeder Augenblick unseres Lebens ist auf Gott bezogen. Wie, wenn wir davon nicht[s] spüren wollten? So legt sich auf einmal eine schwere Last auf uns, wenn wir ganz ernst mit dem Wort machen: »Siehe, ich bin bei euch . . .«

Aber wo Gott aufgibt, da gibt und vergibt er auch. Wo Gottes Gericht ist, da ist seine Gnade. Sollte Gott in die Welt kommen und sein Leben in ihr leben, um sie zu verderben? Nein, von seinem Leben will er dem Leben der Welt geben, so viele es wollen. Er will die Einsamen und alle die, die sein Leben wollen, in sich hineinziehen, in die selige Zweieinsamkeit Gottes. »Ich bin bei euch alle Tage.« Gott lebt. Lebt in der Welt. Lebt für die Welt. Gibt ihr Sinn und Leben. Macht sie uns zur Heimat. Gibt unserem Leben Bezug auf die Ewigkeit und Nähe. Das ist die Gnade, die wir aus unserem Spruch mitnehmen.

Aber noch eins. Es ist ein tiefsinniger Zug des Märchens, von dem wir sprachen, daß es Gott als Mensch unter Menschen wandeln läßt. Auch diese Verheißung der Märchen ist Wirklichkeit geworden. Jesus Christus ist bei uns nicht nur in einsamen Stunden. Sondern Jesus Christus tritt uns gegenüber auf jedem Schritt, den wir tun, in jedem Menschen, dem wir begegnen: »Siehe, ich bin bei euch . . .« Aus jedem Menschen spricht uns Jesus Christus, Gott selbst, an. Der andere Mensch, dieses rätselhafte, undurchdringliche Du, es ist uns Anspruch Gottes. Es ist uns der heilige Gott selbst, der uns begegnet. Im Wanderer auf der Straße, im Bettler am Haus, im Kranken vor der Kirchtür wird ein Anspruch Gottes an uns laut. Nicht weniger aber in jedem Menschen, der uns nah steht, mit dem wir Tag für Tag zusammen sind. »Was ihr einem der Geringsten getan habt, das habt ihr mir getan«

[nach Matth. 25, 40], sagt Jesus. Ich bin dir, du bist mir Anspruch Gottes, Gott selbst. Und mit dieser Erkenntnis bricht uns der Blick durch auf die Fülle göttlichen Lebens in der Welt. Nun bekommt das Leben in der menschlichen Gemeinschaft seinen göttlichen Sinn. Die Gemeinschaft ist selbst eine Offenbarungsform Gottes. Gott ist bei uns, solange es Gemeinschaft gibt. Das ist der tiefste Sinn unserer Gebundenheit ans soziale Leben, daß wir dadurch um so fester an Gott gebunden werden.
»Siehe, ich bin bei euch alle Tage *bis an der Welt Ende.«* Wieder einmal ist von letzten Dingen die Rede. »Ich bin der Erste und der Letzte« [Jes. 41,4 und Offb. 1,11 u. 17]. »Jesus Christus gestern und heute und derselbe in Ewigkeit« [Hebr. 13,8]. Solche Worte hören wir reden. Jesus ist der Herr der Zeiten. Er ist bei den Seinen allezeit, auch wenn's hart hergeht. Und er wird bei uns bleiben. Das ist unser Trost. Soll Trübsal und Angst über uns kommen, Jesus ist bei uns und führt uns hinüber zu Gott in sein ewiges Reich. Jesus Christus ist die Weite unseres Lebens. Jesus Christus ist die Mitte unserer Gemeinschaft. Jesus Christus ist bei uns bis an der Welt Ende. Das danken wir Ostern.

## Mut zur Stille

6. nach Trinitatis, 15. Juli 1928

*Psalm 62, 2: Meine Seele ist stille zu Gott, der mir hilft.*

Vor tausenden von Jahren an fernem Ort weit im Osten ist ein frommer Mann, der in den Stürmen des Lebens stand, in die Kniee gesunken vor seinem Gott in der Einsamkeit und Stille des heiligen jüdischen Tempels. Er hat sie tief eingeschlürft, hat sie getrunken mit seiner tiefsten Seele, diese heilige Stille und hat die Worte sprechen können: »Meine Seele ist stille zu Gott, der mir hilft.«

O, du alter Sänger unseres Psalms, du hast die Seligkeit und die Süßigkeit der Ruhe Gottes auf dieser Erde gespürt. Wie ein Bild freundlichen Träumens bist du uns, so ersehnt und so fern, ach so fern. Wir lieben dein Bild. Aber wir verstehen's nicht mehr, wir wollen's nicht mehr verstehen. Ach, komm uns nahe, ganz nahe in dieser heiligen Stunde uns erzähl uns etwas von der Stille der Seele, von der Stille vor Gott. Drück dein Bild in unser Herz tief hinein und zeig uns etwas von dem, was deine Seligkeit war. Denn wir wissen es, du hast uns viel zu sagen.

»Meine Seele ist stille zu Gott.« Wie ein Lied aus alten Zeiten, wie ein mittelalterliches Bild, auf Goldgrund gemalt, wie Erinnerung an Kindertage klingt zu uns hinüber ins 20. Jahrhundert das wunderliche, uns so fremd gewordene Wort von der Seele. Gibt's denn auch für unsere Tage noch so etwas wie Seele, in der Zeit der Maschinen, des Wirtschaftskampfes, der Herrschaft der Mode und des Sports? Ist's nicht nur eine liebe Kindererinnerung, wie so manches andere? Es klingt halt so wunderlich und absonderlich zu dem Gewirr und Geschrei der Stimmen, die sich anpreisen, das Wörtchen Seele. Es hat so eine leise, stille Sprache, daß wir's kaum mehr hören über dem Toben und Tosen in unserem Inneren. Aber es hat eine Sprache voll größter Verantwortung und tiefsten Ernstes: Du, Mensch, hast eine Seele; schau, daß du sie nicht verlierst; daß du nicht eines Tages vom Taumel des Lebens – des Berufslebens und des Privatlebens – erwachst und sehen mußt, daß du innerlich hohl geworden bist, ein Spielball der Ereignisse, ein Blatt, vom

Winde hin- und hergetrieben und verweht; daß du ohne Seele bist! Mensch, hab acht auf deine Seele!
Was sollen wir sagen von jener Seele? Sie ist das Leben, das Gott uns gegeben hat. Sie ist das, was Gott an uns geliebt hat, was er aus seiner Ewigkeit heraus angerührt hat. Sie ist die Liebe in uns und die Sehnsucht und die heilige Unruhe und die Verantwortung und die Fröhlichkeit und der Schmerz. Sie ist göttlicher Odem, gehaucht in vergängliches Wesen. Mensch, du hast eine Seele. Das ist kein Wort süßer Kindererinnerung, kein Traum, sondern treue [?] Wirklichkeit; und damit zugleich schwere, ernste Verantwortung, die uns auferlegt ist und für die wir dereinst in der Ewigkeit einstehen [oder: eintreten] müssen.
Nun ist es aber vielleicht bei dem einen oder anderen so, daß er wohl weiß, daß er eine Seele hat. Aber ach – was ist im Laufe der Jahre daraus geworden! Ein unruhiges, zerfahrenes, geplagtes, verzagtes Ding, hin- und hergeschüttelt von den Ereignissen des Tages, das nicht aus noch ein weiß. Dem tritt nun gegenüber das Wort: »Meine Seele ist *stille* zu Gott.« Denn die Stille der Seele, das ist es, wovon wir heute hauptsächlich reden wollen. ⟨Angst und Trägheit, das sind die beiden Mächte im menschlichen Seelenleben, die den heutigen Menschen nicht zu jener Stille gelangen lassen.⟩ Wir können es wohl sagen: Nicht viele gibt es, die überhaupt noch eine Ahnung haben, was Stille der Seele bedeutet. Gezählt [muß wohl heißen: zu zählen] aber sind die, die etwas wissen von der Stille der Seele zu Gott. Eingespannt in des Tages Arbeit reißt einen, kaum daß man ruhig Atem schöpfen kann, die Gesellschaft – das sogenannte Vergnügen – in ihre Arme und saugt noch die Kraft des Gemütes weg, die die Arbeit übrig ließ. Was Wunder, wenn man, allein gelassen, nur noch seiner körperlichen Kräftigung leben kann! Und doch lechzt unser ganzes Wesen nach Einsamkeit, nach Stille. Denn schließ-

lich haben wir es doch alle irgendwann einmal gekostet, was Stille ist und haben die Frucht solcher Stunden nicht vergessen. Nun heißt's aber heute nicht nur still werden irgendwie über einem Buch oder einem Lied, sondern still werden vor Gott, durchdringen zur Stille der Seele vor Gott.

Was heißt aber das? Ach, es ist damit etwas so Großes und Heiliges, daß man nur in menschlichen Bildern davon reden kann. Meine Seele ist stille vor Gott. Wie das unmündige Kind an der Mutter Brust gestillt und stille wird und hier die Erfüllung aller seiner Wünsche findet; wie der Knabe still wird im Aufblick zu seinem Helden und Führer; wie das weinende Kind sich sehnt nach der Mutter weicher Hand, die sich ihm auf die Stirn legt und allen Kummer verscheucht und stillt; wie das Mädchen still wird vor dem Gedanken der einstmaligen Mutterschaft; wie der Mann all seine Leidenschaft und Unruhe gestillt findet im Anblick der geliebten Frau; wie der Freund stille wird vor den Augen des treuen Freundes; wie ein Kranker vor dem Arzt ruhig wird; wie die Alten stille werden vor dem Angesicht des Todes; wie wir alle von Ehrfurcht und Schauer verstummen am Herzen der Natur, unter'm Sternenhimmel – so soll unsere Seele gestillt werden von aller Unruhe und Wildheit und Hast vor dem Auge Gottes. Hier soll sie ihren Durst stillen. Hier soll ihre Lust Seligkeit werden; soll sie die Erfüllung ihrer Sehnsucht finden, soll aus der Hitze des Tages Ruhe finden [im] schützenden Schatten der Hand Gottes; soll sie abwerfen alle Last und Beschwerde und frei und ruhig werden im Anblick Gottes; soll sie verstummen und schweigen in Anbetung und Ehrfurcht. Meine Seele ist stille vor Gott.

Stille werden heißt wirklich: Nichts mehr sagen können; heißt das Gefühl [haben], als ob eine fremde, liebe Hand sich auf unsere Lippen legt und uns bedeutet, zu schweigen. Stille sein heißt, selig sein im Anblick des Ersehnten und Geliebten; heißt sich ganz hingeben; heißt kapitulieren vor der Übermacht des anderen, ganz anderen; heißt einen Augenblick lang gar nicht mehr sich selbst, sondern nur noch den anderen sehen; heißt aber auch warten, nämlich darauf, daß der andere uns etwas zu sagen hat. Stille sein vor Gott heißt, Gott das Recht einräumen, das erste und letzte Wort über uns zu sprechen und das Wort hinzunehmen, sei es wie es sei, für alle Ewigkeit; heißt, nicht sich selbst rechtfertigen wollen, sondern hören wollen, ob Gott etwas zu unserer Rechtfertigung sagen will. Still sein heißt nicht untätig sein, sondern heißt einatmen den Willen Gottes; heißt angespannt horchen und zu gehorchen bereit sein. Die Stunde der Stille ist eine Stunde der schweren Verantwortung, wirklichen Ernstmachens mit Gott und mit uns selbst; aber doch immer eine Stunde der Seligkeit, denn [sie ist] eine Stunde, die in der Ruhe Gottes gelebt wird. »Meine Seele ist stille zu Gott.« Das heißt: Herr, rede du, dein Knecht hört.

»Meine Seele ist stille zu Gott, *der mir hilft.*« Gottes Stunden sind Stunden der Hilfe und des Trostes. Gott hat auf jede Not unserer Seele eine Antwort bereit. Und diese Antwort ist ein- und dieselbe, wem sie auch gegeben wird. Zum Mann, der aus des Alltags Hast und Unruhe sich rettet; zum Kranken, der in seinem Jammer vor Gott kommt; zu dem, der den Tod eines Lieben beweint; und zum Schuldbeladenen; zu Mann und Frau, Greis und Kind spricht Gott sein lockendes: Ich hab dich lieb. Freilich, im Feuer der Liebe Gottes verbrennt all das Unechte und Schlechte im Menschen. Das schmerzt tief. Still werden vor Gott heißt klein werden vor ihm, schafft Schmerzen der Reue, aber über alle Maßen mehr Freude der Liebe und Gnade. »Meine Seele ist stille zu Gott, *der mir hilft.*« Hat unsere Seele erst den Weg zu ihm gefunden, dann hilft er, so gewiß er Gott ist. Still lausche ich auf sein

Wort und trinke es tief in mich hinein, das Wort: Ich hab dich lieb, du Menschenkind, bleib bei mir. Ich bin dein rechter Vater.
Ja, werden manche vielleicht sagen, du erzählst wieder einmal von schönen Dingen. Aber woran liegt es denn, daß nur so wenige dahin kommen? Es muß wohl etwas sein, was eine ganz besondere Kraft oder Gnade voraussetzt?
Zwei ganz einfache Gründe hat das. Zum ersten: Wir haben Angst vor der Stille. Wir sind an Unruhe und Lärm so gewöhnt, daß es uns unheimlich vorkommt in der Stille; daß wir die Stille fliehen; daß wir selbst von Ereignis zu Ereignis jagen, um ja nicht einen Augenblick uns selbst allein gegenüber stehen zu müssen; um uns nicht selbst im Spiegel anschauen zu müssen. Wir langweilen uns mit uns selbst. Und es sind oft die trostlosesten, unfruchtbarsten Stunden, die wir genötigt sind, allein zuzubringen. Wir haben aber nicht nur Angst vor uns selbst, uns selbst zu entdecken und zu entlarven, sondern noch viel mehr haben wir Angst vor Gott, daß er unsere Alleinigkeit [uns in unserem Alleinsein] stört; und [daß] er uns entdeckt und entlarvt; daß er uns mit sich in seine Zweieinsamkeit hineinführt und mit uns schaltet nach seinem Willen. Wir fürchten uns vor solchen unheimlichen einsamen Begegnungen mit Gott und meiden sie darum; meiden schon den Gedanken an Gott, damit er uns nur nicht plötzlich zu nahe kommt. Zu entsetzlich wäre es, Gott auf einmal ins Auge schauen zu müssen, sich vor ihm verantworten zu müssen. Da könnte einem das dauernde Lächeln vergehen. Da könnte einmal etwas ganz ernst genommen [werden], wie wir es sonst gar nicht mehr gewohnt sind. Diese Angst ist ein Kennzeichen unserer ganzen Zeit. Wir leben in der dauernden Befürchtung, plötzlich vom Unendlichen gepackt und gestellt zu werden. Und gehen nur lieber in Gesellschaft in Kino und

Theater, bis wir zu Grabe getragen [werden], als daß wir eine Minute Gott standhielten. Prüfen wir uns doch nur einmal darauf, wer davon nicht etwas an sich hätte. Das ist der eine Grund.

Der andere ist, daß wir zu träge und faul sind in unserem religiösen Leben. Vielleicht haben wir einmal den Anfang gemacht. Aber ach wie bald ist daran alles wieder eingeschlafen. Wir sagen, wir hätten keine Stimmung. Religion aber sei Stimmungssache. Man müsse warten, bis es einen überkäme. Und dann warten wir und warten oft Jahre lang, vielleicht bis zu unserem Lebensende, bis wir wieder einmal Stimmung haben, religiös zu sein. Dahinter verbirgt sich eine große Täuschung. Gut, laßt die Religion Stimmungssache sein, aber Gott ist doch nicht Stimmungssache, ist doch wohl auch da, wenn wir keine Stimmung haben, mit ihm zusammen zu stoßen. Beunruhigt uns denn der Gedanke gar nicht? Wer sich auf seine Stimmungen verlassen will, der verarmt. Wollte der Maler nur malen, wenn er Stimmung hat, so würde er es nicht weit bringen. In der Religion gibt es, wie in der Kunst und Wissenschaft, neben den Zeiten der Hochspannung Zeit der nüchternen Arbeit und Übung. Der Verkehr mit Gott muß geübt werden, sonst finden [wir] nicht den rechten Ton, das rechte Wort, die rechte Sprache, wenn er uns überrascht. Wir müssen die Sprache Gottes lernen, mühsam lernen, müssen arbeiten daran, daß auch wir zu ihm reden können. Auch das Gebet muß geübt werden, in ernster Arbeit. Ein schwerer, verhängnisvoller Irrtum ist es, wenn man Religion mit Gefühlsduselei verwechselt. Religion ist Arbeit. Und vielleicht die schwerste und gewiß die heiligste Arbeit, die ein Mensch tun kann. Es ist jämmerlich, sich zufrieden zu geben mit den Worten: Ich bin nicht religiös veranlagt, – wenn es doch einen Gott gibt, der uns haben will. Es ist Ausrede. Gewiß hat es der [eine] schwerer als der andere. Aber keiner, das können wir glauben, hat es ohne Arbeit erreicht. Und hier liegt der Grund dafür, daß auch die Stille vor Gott der Arbeit und der Übung bedarf. Sie bedarf des täglichen Mutes, sich Gottes Wort auszusetzen und von ihm richten zu lassen, bedarf der täglichen Frische, sich an Gottes Liebe zu freuen.

Damit sind wir aber schon auf die Frage geführt: Was sollen wir denn tun, um zu dieser Stille [vor] Gott durchzudringen? Nun, da kann ich euch nur aus ganz bescheidener Erfahrung ein wenig sagen. Keiner von uns lebt so gehetzt, daß es ihm nicht möglich wäre, auch nur zehn Minuten am Tage, am Morgen oder Abend, es stille werden zu lassen um sich herum; und nur der Ewigkeit sich zu stellen, sie reden zu lassen, sie zu befragen über uns selbst; dabei ganz tief in sich hinein und ganz weit über sich hinaus zu schauen. Sei es, indem er ein paar Verse der Bibel zur Hand nimmt, am besten aber, indem er ganz frei wird und seine Seele den Weg ziehen läßt zum väterlichen Haus, zur Heimat, in der sie Ruhe findet. Und wer das versucht, in ernster Arbeit Tag um Tag, den wird der goldene Überfluß der Früchte solcher Stunden überschütten. Gewiß, aller Anfang ist schwer. Und wer mit solchem Unternehmen beginnt, dem wird die ersten Male ganz sonderbar, ja vielleicht ganz leer zumute sein. Aber es kann nicht lange dauern, da füllt sich die Seele; da fängt sie an aufzuleben und Kraft zu bekommen. Da erfährt sie die ewige Stille, die in der Liebe Gottes ruht. Da schweigen in ihr Nöte und Sorgen, Unruhe und Hast, Lärm und Geschrei, Tränen und Ängste. Sie ist still geworden zu Gott, der ihr hilft. »Meine Seele ist stille zu Gott, der mir hilft.«

Es ist ein Gesetz der Welt, daß es Ruhe und Befriedigung in ihr nicht geben kann. Keine Leidenschaft findet hier ihre volle Stillung. In jeder Befriedigung selbst steckt schon immer der Drang über das Erreichte hinaus. Der

Reiche will reicher werden, der Mächtige mächtiger. Der Grund dafür liegt darin, daß es in der Welt nie etwas ganzes gibt, daß jeder noch so große Erfolg Teilerfolg ist. Soll es also überhaupt irgendwo Ruhe und Stille geben, dann ist [es] nur dort möglich, wo das ganze erreicht [ist], das heißt aber in Gott. Alles menschliche Treiben und Drängen ist letztlich auf Gott hin gerichtet und findet nur bei ihm seine letzte Befriedigung. Nur in Gott gibt es richtige Stille und Ruhe. Das hat der große Kirchenvater Augustin unübertrefflich schön in Worte gebracht: »Herr Gott, zu dir hin hast du alles geschaffen. Und unsere Seele ist unruhig, bis sie Ruhe findet in dir.« Gott schenke uns allen von dieser Ruhe, ziehe uns hinein in seine Stille und Einsamkeit. Und wir werden's ihm danken. Amen.

## Die Kirche

8. nach Trinitatis, 29. Juli 1928

*1. Korinther 12, 27 u. 26: Ihr seid aber der Leib Christi und Glieder, ein jeglicher nach seinem Teil. Und so ein Glied leidet, so leiden alle Glieder mit; und so ein Glied wird herrlich gehalten, so freuen sich alle Glieder mit.*

Es gibt ein Wort, das bei dem Katholiken, der es hört, alle Gefühle der Liebe und der Seligkeit entzündet, das in ihm alle Tiefen des religiösen Empfindens vom Schauer und Schrecken des Gerichtes bis zur Süßigkeit der Gottesnähe aufwühlt, das ihm aber ganz gewiß Heimatgefühle wachruft, Gefühle, wie sie nur ein Kind der Mutter gegenüber in Dankbarkeit, Ehrfurcht und hingegebener Liebe empfindet; Gefühle, wie sie einen überkommen, wenn man nach langer Zeit einmal wieder sein Elternhaus, seine Kinderheimat betritt. Und es gibt ein Wort, das bei den Evangelischen den Klang von etwas unendlich Banalem hat, etwas mehr oder weniger Gleichgültigem und Überflüssigem, das einem das Herz nicht höher schlagen läßt, mit dem sich so oft Gefühle der Langeweile verbinden, das aber zum mindesten unseren religiösen Gefühlen keine Flügel verleiht. Und doch ist unser Schicksal besiegelt, wenn wir nicht diesem Wort einen neuen oder vielmehr den uralten Sinn wieder abzugewinnen vermögen. Weh uns, wenn uns dies Wort – das Wort von der Kirche – nicht in Bälde wieder wichtig, ja ein Anliegen unseres Lebens wird. Ja, »Kirche« heißt dies Wort, dessen Sinn wir vergessen haben und von dessen Herrlichkeit und Größe wir heute etwas schauen wollen.

Wird's uns gelingen, etwas von dem Glanz und dem Schimmer, von der leuchtenden Pracht dessen, was Kirche ist, in der heutigen Stunde zu schauen? Ach, so viel Staub hat sich im Laufe der Jahrhunderte auf dieses Wort gelegt, daß ich es kaum zu hoffen wage. Aber es ist vielleicht die dringendste Aufgabe [im Manuskript: Not] der Gegenwart, daß wir recht verstehen, was Kirche heißt, was Jesus in seinen Abschiedsreden so unendlich am Herzen lag, wovon Paulus [zu] uns so unübertrefflich schön im Epheserbrief gesprochen hat. Wenn ich euch um etwas bitten darf, so lest heute Nachmittag die paar Kapitel des Briefes, nicht nur dazu, daß wir das alles verstehen, sondern daß wir selbst Kirche werden. Was das heißt, davon wollen wir heute reden.

Es hat nichts, gar nichts mit der Kirche als äußerer politischer Macht zu tun, ebenso wenig mit einem Gegensatz zur katholischen Kirche. Nein, Kirche sein und werden heißt etwas ganz anderes, unbeschreiblich viel Höheres und Größeres. Paulus nennt es »Leib Christi sein«. Paulus schreibt an die Gemeinde der Korinther, an Leute, die von allerlei Fragen geplagt werden und Paulus manche Schwierigkeiten entgegensetzen; Leute, die zum Teil die Auferstehung Christi leugnen; Leute, in deren Mitte ein Blutschänder lebt; an eine Gemeinde, in der Sünde wirkt wie heute noch bei uns; in der mangelnder Glaube herrscht. An eine solche Gemeinde schreibt Paulus die Worte: »Ihr *seid* der Leib Christi.« Nicht »ihr sollt sein«! Nein, gerade ihr »seid«. Darauf kommt ihm alles an, daß sie zum Leib Christi gehören, ob sie Sünder sind oder nicht. »Ihr *seid* ...«, so ruft es offenbar auch uns der Text zu. »Ihr seid der Leib Christi.« Ihr braucht nur darauf hinzusehen. Nicht braucht ihr etwas dazu [zu] tun. Gott hat schon alles getan. Er hat uns aus freier Gnade geschenkt, daß wir der Leib Christi seien. Das heißt aber, er hat uns alle zusammengeschweißt zu einem Leben, dessen Kraft, Atem, Blut und Geist Jesus Christus ist. Gott hat uns in sein Volk hineingezogen. Er hat sich eine Gemeinde auf der Erde erwählt, deren Herr Jesus Christus ist und zu der wir gehören, deren Leben wir mitleben, wie das Blatt das Leben des Baumes mitlebt, wie ein Glied unseres Leibes unser Leben mitlebt. Gott hat uns in diese Gemeinde, das heißt aber in seine Kirche aufgenommen. Der Leib Christi, das Volk Gottes auf Erden, die heilige Gemeinde, die Gott sich erwählt hat, das ist die Kirche, von der wir reden wollen. Nicht dieses oder jenes Haus mit dem Glockenturm, nicht diese oder jene Organisation, oder doch jedenfalls nur, soweit sie irdische Herberge und Heimat sind des pilgernden Volkes Gottes, der geheiligten Gemeinde, der heiligen Kirche Jesu Christi, des Leibes Christi, dessen Glieder wir sind. Zur Kirche gehören heißt zur Gemeinde Gottes gehören, die durchaus nicht dasselbe ist wie die Gemeinde unserer Kirche. [Es] heißt, von Gott der Teilhaberschaft an den

Gaben der Ewigkeit gewürdigt zu sein. Heißt, unter dem von ihm erwählten Volk unter der Fahne Christi seine Pilgerschaft durch die Welt antreten. Heißt, aus Christus, das heißt aber aus Gott, aus der Ewigkeit leben. Nun aber nicht allein, sondern ein Leben mit allen denen, die Christus lieb haben. Kirche heißt Gemeinschaft mit dem Volk Gottes in Gott selbst.

Unterschiedliche Völker haben wir kennen gelernt. Manche von uns sind weit durch die Welt gekommen, haben die Völker und ihre verschiedenen Sitten zu sehen bekommen. Da hören wir heute von einem Volk reden, das den wenigsten von uns begegnet sein wird und das doch jedem, auch der nichts von der Welt sah als seine Vaterstadt, begegnet sein könnte. Es heißt »das Volk Gottes«. Das ist keine bloße Redensart dafür, daß man die vielen Einzelnen meint, die Gott suchen und vielleicht auch finden in aller Welt. Nein, es ist ein Volk im echten Sinne des Wortes, dieses Volk Gottes, mit eigenem Gesetz und Recht; ein Volk, das untereinander in heimlicher, geheimnisvoller Beziehung steht und wirkt für- und miteinander ganz im Stillen, unsichtbar und doch gewaltig machtvoll; ein Volk, das wie einstmals [im Manuskript: dereinst] das Volk der Gralsritter den sterblichen, irdischen Blicken unauffindbar [im Manuskript: unerfindlich] war, unsichtbar blieb; ein Volk, das sich Tag um Tag und Nacht um Nacht zusammenfindet und zusammenschließt; ein Volk, das auf der Wanderschaft ist zu seiner Heimat, die in weiter Ferne herrlich schimmert und leuchtet; ein Volk, das im Finstern wandelt, aber das das Licht gesehen hat und den Weg weiß. Ein Volk nicht von Königen und Fürsten, sondern [eins], wo jeder seine Last mit sich schleifen muß, ein Volk von Beladenen und Mühseligen und doch von Gott Begnadeten und Befreiten, ein Volk von Kreuzträgern, aber mit beseligten Augen. Ein Volk, das seinen Herrscher hat, der es in der schwärzesten Nacht sicher zu führen weiß. Ein Volk, wo einer den anderen, der auf dem Weg strauchelt, aufhebt und trägt. Ein Volk – kurz gesagt –, das sich liebt, weil es von Gott geliebt ist. Nicht Deutschland und nicht Frankreich und nicht Amerika, sondern ein Volk, das über die ganze Welt hinweggreift und seine Glieder hier und dort findet und auch unter uns hat und noch sucht! Das ist das Volk Gottes. Das ist die Kirche Christi.

Ein Volk, das sich liebt. – Das ist [das] unerhört Neue, über alle menschliche Erfahrung Hinausgehende. Wer wollte uns erzählen, daß er ein Volk kenne, das sich liebt? Wo nicht ein jeder zuletzt doch das suche, was ihm nützt? Wo nicht letztlich einer dem anderen fremd gegenübersteht? Es ist eine einzig in der Welt stehende Tatsache, daß es ein ganzes Volk gibt, das sich liebt. Und in dieses Volk hat uns Gott eingereiht, so wahr wir Christus liebhaben. Wir leben, ohne es vielleicht zu ahnen, in diesem Volk, werden von ihm getragen und gestützt, leben von seiner Liebe. Wir sind nicht allein auf der Wanderschaft zur Heimat. Nein, neben uns stehen viele, die uns helfen und tragen und stützen und den Weg weisen.

Aber wunderlich wie das Volk selbst, wie die Kirche Gottes, wie der Leib Christi, sind die Mittel seiner Hilfe. Drei alles menschliche Vermögen übersteigende Kräfte sind hier wirksam. Sie sind die Gaben Gottes an jede Gemeinde, an seine Kirche und nur durch sie lebt die Gemeinde. In ihr ist dem Christen, ist uns die größte Macht auf Erden verliehen.

Das erste ist, daß wir uns für die anderen freudigen Herzens opfern können; daß unser Leben ein Leben nur ist, wenn es ein Opfer ist, Gott und den Menschen dargebracht, ein sichtbares oder unsichtbares Opfer, gleichviel. Die Kraft des Opfers ist die Kraft der Gemeinschaft. Und weil im Volk Gottes sich einer für den anderen opfert, darum ist es das mächtigste Volk der Welt.

Das andere ist, geheimnisvoll und wundersam, nur wenigen bekannt, aber die Kraft, ohne die keiner von uns nur einen Funken von Glauben noch hätte: Daß wir für den anderen beten können und daß Millionen Herzen täglich auch für uns, für unseren Glauben und unsere Kraft beten. Denken wir es nur aus, daß die Welt ein Altar ist, auf dem millionenfach Gebete zum Himmel dargebracht werden, daß keine Sekunde vergeht, ohne daß das Volk die Hände erhebt und Gnade erfleht für uns, für jeden von uns. Daß um unser Heil die Herzen der ganzen Gemeinde beben und beten. Und daß vielleicht der eine oder andere aus unserem näheren Freundeskreis Tag für Tag unsere Seele vor Gott trägt und für sie eintritt. Wer wollte bei solchen Gedanken nicht ganz bescheiden und klein werden? Wer weiß, ob nicht der oder jener der Retter seiner Seele ist? Wer weiß, ob [nicht] manch einer für uns die Nächte durchwacht, auf den Knien liegt vor Gott? Und daß es nicht unser Verdienst, sondern Gottes unergründliche Gnade und Liebe zu unserem Nächsten und uns ist, die uns erhält? Wir alle aber dürfen nur [dadurch leben], daß die Gemeinde täglich für uns betet. Tun wir es doch jeden Sonntag im großen Kirchengebet. Und heißt es doch auch im Gebet des Herrn nicht: »mein Vater«, sondern »*unser* Vater« und nicht »meine Schuld«, sondern »*unsere* Schuld«. [Siehe auch] Paulus und Mose [und das] Gebet beider [2. Mose 32, 11–13; 30–33 und Röm. 9, 1–5; 10,1]. Wie ein unsichtbares Netz hält die Fürbitte die Gemeinde auf der ganzen Welt zusammen. Niemand weiß, woher ihm auf einmal die Kraft kommt, die er nicht hatte, um die er nicht einmal gebeten hat. Nur eines soll er wissen, daß er sie nicht zum geringsten [Teil] dem Gebet der Gemeinde verdankt, die für ihn vor Gott steht.

Das dritte aber ist das Höchste, Göttlichste, Wunderbarste und Geheimnisvollste und Heiligste, was es unter Menschen überhaupt gibt: Daß der eine dem anderen –

ich dir und du mir – im Namen Gottes seine Sünden vergibt und abnimmt. Das ist das große Geheimnis der Beichte, der freiwilligen Beichte, die der eine dem anderen macht, dem er vertraut, seiner Mutter, seinem Ehegatten, seinem Freund. Wo dann der andere aus der Vollmacht seines Glaubens heraus einem die drückende Last von der Schulter nimmt, ihm alle Schuld im Namen Gottes vergibt. Das ist das Tiefste und Ernsteste, was es im christlichen Gemeindeleben gibt, daß wir einer dem anderen die Schuld abnehmen können. Und es ist zugleich das Vergessenste unter allem, daß du mir und ich dir ein Christus werden kann und soll. Unsere Gemeinden haben vergessen, was für eine unüberwindliche [Kraft] von der Beichte und Sündenvergebung ausgeht, wo einer dem anderen nicht [nur] in seinen [im Manuskript: unseren] Nöten beisteht, auch nicht nur für Vergebung seiner Sünden betet, sondern den anderen erlöst, versöhnt, indem er an Christi Statt am anderen handelt, indem er dem anderen zum Christus wird.

Das Opfer, die Fürbitte, die Sündenvergebung, das sind die drei wunderbaren Mächte der christlichen Gemeinde, die sich zusammenfassen [lassen] in dem Wort »Liebe«, wie Gott sie uns gezeigt [hat]; oder aber [in dem Wort]: »dem anderen zum Christus werden«. Diese drei Kräfte sind das Blut des Leibes Christi, das alles verbindet. *Ein* Leib, das heißt *ein* Leben. Und so ist es. Alle die Glieder leben *ein* Leben, atmen eine Luft, werden gespeist von derselben Speise, vom Worte Gottes, und getränkt vom selben Trank, vom Blute unseres Herrn Jesus. Wo der eine ist, da ist die ganze Gemeinde. Keiner ist allein. Keiner ist verlassen. Keiner ist heimatlos. Die Gemeinde ist bei ihm in Liebe, das heißt in Opfer, Fürbitte und Sündenvergebung. Keiner ist allein in der Freude. Keiner ist allein im Schmerz. »Wird ein Glied verherrlicht, so freuen sich alle Glieder mit.« Keiner ist allein, wenn er zum

ersten Gang ans Taufbecken getragen wird. Keiner ist allein, wenn er zum erstenmal Gott in seinem Leben erfährt. Keiner ist allein [in] den Kämpfen des Lebens. Keiner, der auf dem Krankenbett verlassen von aller Hilfe schreit. Keiner, der so einsam und heimatlos ohne Familie, ohne Trost alt wird. Keiner, der auf dem Totenbett mit dem Tode ringt. Keiner, der sich nicht fassen kann vor Trauer und Leid – die Gemeinde und der Herr der Gemeinde ist bei ihm, sei er noch so allein, betet für ihn, steht mit ihm vor Gott, faßt ihn unsichtbar an der Hand und tröstet ihn. Macht ihm das Elend zur Heimat, denn [sie] umgibt ihn, umfängt ihn in Liebe.
Darum, ihr Trauernden, Kranken, Verlassenen, Heimatlosen, Sterbenden, ihr seid nicht allein. Ihr seid umgeben von einem Volk, das euch liebt und trägt, wie eine Mutter ein Kind liebt, wie nur die Heimat ihren Sohn ans Herz zieht. Laßt euch tragen und lieben. Aber liebt und tragt selbst mit. »Einer trage des anderen Last, so werdet ihr das Gesetz Christi erfüllen« [Gal. 6,2]. In der Gemeinde aber wirkt der Herr. Wo die Gemeinde [ist], dort ist Christus, da ist Gottes Liebe. Darum hinein in die Gemeinde! Heinein ins Volk Gottes! Die Augen auf! Seht, daß ihr umgeben [seid] von Liebe. Ihr *seid* der Leib Christi. Ihr *seid* die Kirche Gottes. Ihr *seid* seine geheiligte Gemeinde. Schaut hin und wundert euch und dankt.
Es gibt nur eine Hilfe für unsere Zeit, die so kraftlos, so schwächlich, so erbärmlich gering und jämmerlich und dabei so heimatlos ist: Zurück zur Kirche, dorthin, wo einer den anderen in Liebe trägt, wo einer des anderen Leben lebt, wo Gemeinschaft in Gott ist, wo Heimat ist, weil Liebe ist. Unsere Welt soll ein Teil des Volkes Gottes, soll Kirche werden. Das aber ist das Ziel und der Sinn auch aller unserer Gemeinschaften, der Ehe wie der Freundschaft. Erst wo eine Ehe Kirche ist, wo einer dem anderen sich opfert, einer für den anderen bittet, einer

dem anderen die Sünden vergibt, wo zwei ein Leben führen, da hat die Ehe ihren tiefsten Sinn getroffen und erfüllt.

⟨Nun aber noch etwas. Unsere kleine Kirche will sich Sonntag für Sonntag zur Herberge für das Volk Gottes machen. Bedenken wir dies wohl. Und es sei einem jeden nun selbst überlassen, wie er sich dann verhalten zu müssen glaubt. Ein alter Kirchenvater hat die Worte gesprochen: »Der kann Gott nicht zum Vater haben, der die Kirche nicht zur Mutter hat.«[1] Wir wollen das Wort abändern und sagen:⟩ Gott hat uns zu seinen Kindern berufen. Er will unser lieber Vater sein. Gott unser Vater, die Kirche unsere Mutter, die uns trägt und liebt.

Kirche, das ist unser Glaube. »Ich glaube an eine heilige Kirche.« Kirche, das ist der Sinn unserer menschlichen Gemeinschaft. Kirche, das ist unsere Hoffnung für diese und jene Zeit. Mit den Worten eines alten Kirchenvaters gesprochen: Gott unser Vater, die Kirche unsere Mutter, Jesus Christus unser Herr. Das ist unser Glaube. Amen.

1. Cyprian von Karthago (210–258): Habere non potest deum patrem, qui ecclesiam non habet matrem.

# Reines Herzens

10. nach Trinitatis, 12. August 1928

*Matthäus 5, 8: Selig sind, die reines Herzens sind; denn sie werden Gott schauen.*

Wie im alten Israel derjenige, der mit der Bundeslade, der Wohnung Gottes, Jahwes in zu nahe Berührung kam, sein Leben verwirkt hatte, weil von ihr göttliche Kräfte ausgingen, denen kein Mensch standhalten konnte, so muß auch der, der mit unserem heutigen Wort einmal in allzu nahe Berührung kommt, sein Leben an dieses Wort verlieren. Es gehen so wunderliche Kräfte von ihm aus, es hat so einen wundersam stillen Glanz, daß wir unser Auge nicht mehr davon wenden können; wie jener Kaufmann aus dem Gleichnis Jesu sein Auge nicht mehr wenden konnte von der köstlichen Perle, die er gefunden, und sein Alles daran gab, um sie sein Leben lang anschauen zu dürfen. So bringe ich euch heute dies Wort in der Predigt; und weiß wohl, daß es das Beste, was wir ihm gegenüber tun könnten, schweigen ist. Schauen und schweigen, uns von dem Wort treffen und bezwingen lassen, unser Leben an dieses Wort verlieren und uns von ihm emportragen lassen zu ewigen Höhen und Weiten.
Als die Welt von Gott abgefallen war, als die Menschheit sich abgewandt hatte in kreatürlichem Eigenwillen vom Weltwillen; als das Geschöpf wider [den] Schöpfer zu murren begann; als es Nacht wurde im Weltenraum und über unserer Erde; als der kalte, frostige Wind der Lieblosigkeit und des Neides durch die Welt zu blasen begann, daß sie erschauerte – da hat der gütige Gott der Menschheit eines gelassen, als blassen Schatten nur von

dem, was sie besaß: Das ist die *Sehnsucht nach dem Ursprung*, nach der Heimat, nach Gott. Die Augen schmerzen von all dem Jammer und dem Elend, von all dem blendenden Lug und Trug, das sie schauen müssen. Und die fröstelnde Seele reckt sich aus und schreit mit jenem Wort des Psalms: »Wann werde ich dahin kommen, daß ich Gottes Angesicht schaue« [Ps. 42,3]?

*Gott schauen* – das ist die Sehnsucht der Welt, wie die Nacht sich nach dem Tag, wie der Winter sich nach dem Frühling, wie das Böse sich nach dem Guten sehnt. Wir alle kennen die Stunden unseres Lebens, in denen wir überdrüssig wurden an uns selbst; in denen wir uns selbst zum Ekel waren; in denen uns die ganze Jämmerlich- und Schwächlichkeit unserer Lebensführung vor Augen trat. Wir alle kennen auch die Stunden des Fallens, des Versagens angesichts dessen, was wir wollten, die Stunden des Unterliegens und ihre Schmach; die Stunden, wo wir uns selbst verächtlich wurden, wo sich dann all der Jammer und die Scham zusammendrängt in die Worte des Paulus: »Ich elender Mensch, wer wird mich erlösen vom Leibe dieses Todes?« [Röm. 7,24]. Und es ist der Segen solcher Stunden, daß in ihnen die Sehnsucht durchbricht nach dem Angesicht Gottes, nach den goldenen Gassen der ewigen Stadt, nach dem Schauen Gottes. Wer diese Stunden nicht kennt, wer diese Sehnsucht nicht kennt, der wird nicht viel von dem verstehen, was Jesus uns heute zu sagen hat.

Wie nun der einzelne Mensch, so erlebt die ganze Welt Stunden, in denen sie schreit nach dem Angesicht Gottes aus der Gottlosigkeit und Gottverlassenheit. Das ganze alte Judentum ist ein einziger solcher Schrei: Wie komme ich dahin, daß ich Gottes Angesicht schaue? Sokrates und Plato, Kant und [die] deutsche Philosophie, sie alle stimmen ein in den Ruf. Und auch durch unsere Tage hallt wieder die alte Frage: Wie schauen wir Gott? Es ist uns, als ob unser Blick fest geheftet wäre auf die Dinge und das Treiben der Welt, auf das Trübe, Düstere, Graue, Häßliche, als ob wir die Augen nicht mehr aufzuheben vermöchten, dem Blick eine andere Richtung zu geben vermöchten. Und doch ahnen wir in all dem Dunkel, daß es etwas unvergleichlich Schönes um das Licht sein müsse. Aber wer gibt uns Augen zu schauen? Augen, die sich nicht sogleich schließen müssen, wenn ein Strahl des Lichtes auf sie fällt? Wie muß es um uns aussehen, damit wir das Licht, damit wir Gott nicht nur ahnen, uns nach ihm sehnen, sondern daß wir Gott schauen können?

In diese Fragen tritt hinein das Wort Jesu: »Selig sind, die reinen Herzens sind; denn *sie* werden Gott schauen.« Nichts, gar nichts anderes ermächtigt uns, Gott zu schauen, als ein reines Herz, als die Reinheit unseres Wesens. »Wär nicht das Auge sonnenhaft, die Sonne könnt' es nicht erblicken«, hat Goethe gesagt. Das heißt, hätte das Auge nicht etwas von der Art der Sonne, es könnte die Sonne nicht schauen; es bliebe blind und unempfänglich. So sagt unser Wort: Hat eure Seele nicht etwas von der Art des Ewigen, Göttlichen, so kann sie Gott nie schauen. Wie ein tiefer Bergsee die Himmelskuppel widerspiegelt, wie sich im klaren Kristall in voller Reinheit jeder [unleserlich; dem Sinn nach: Gegenstand] abbildet, so wird unser Herz das Bild Gottes aufnehmen und widerspiegeln, wenn es ein reines Herz ist. Reinheit – das ist ein Wort, das für uns alle einen sonderbar schönen, vollen und reifen Klang hat. Es ist ein Wort, bei dem uns das Herz einen Augenblick zu stocken beginnt, bei dem es uns wehmütig durchzuckt – wie ich neulich las, daß ein alter Gelehrter, der nach langen Jahren zum ersten Mal wieder jene Stelle aus der Offenbarung Johannes las, wo von denen geschrieben ist, die in weißen Kleidern vor Gott stehen [Offb. 7, 9–17], erschüttert und überwältigt von dem Gedanken der Reinheit in Tränen ausgebrochen

sei.[1] Klarheit, Reinheit – wir erleben sie im Angesicht der Natur; unterm Sternenhimmel; wenn in göttlicher Schöne die Sonne aus dem Meer taucht und Gold über die Welt gießt; wenn wir erleben, wie die Lilie ihren weißen Kelch dem Tau und der Sonne erschließt. Wir ahnen sie im Kinde in stiller Sehnsucht und wehmütiger Rückschau, wenn es spielt, wenn es schläft, wenn es in der Mutter Arm liegt, wenn unter brennendem Christbaum seine Augen strahlen vom Glanz der Seele und [des] Weihnachtslichtes. Reinheit – wir werden [. . . unleserlich] von ihrer Schönheit ergriffen, wenn wir ein Brautpaar sich am Altar die Hände reichen sehen. Reinheit – sie leuchtet aus den Augen so manches gereiften Menschen, sie gibt dem Antlitz einen so sonderbar verklärten Glanz. [Am Rande steht hier offenbar als Beispiel: Franziskus.] Reinheit – sie überwältigt uns, wenn wir Jesus ins Auge und ins Herz schauen.
Was ist es, was uns an diesem allem so bewegt? Es ist dies, daß uns nur dort, wo wir Reinheit sehen, die Welt transparent, durchsichtig wird für das, was ihr den Sinn und

1. Ob D. B. hier an Hermann Gunkel gedacht hat? In dessen Schreibtisch fand man nach seinem Tod, als eine Art Vermächtnis, das folgende Gedicht:

Die Stunde kommt, die Stunde kommt,
und wie wird's dann dir sein,
wenn die Welt vergeht, das Licht erlischt,
und du bist ganz allein?

Kein Händedruck begleitet dich,
kein liebevoller Ton;
du stehst, bedenk es, Herz, mein Herz
allein vor Gottes Thron!

Das große Auge schaut dich an
und schaut durch Mark und Bein.
Du stehst, bedenk es, Herz, mein Herz
vor Gottes Thron allein!

die Schönheit und das Leben gibt, für Gott; daß die tote Materie des Körperlichen zu leuchten beginnt; daß wir in dem, was rein ist, Gefäße Gottes sehen. Und daß wir Gottes ansichtig werden am Menschlich-Vergänglichen, an unserem Fleisch und Blut, das erschüttert uns, die wir weit davon ab sind, so bis ins tiefste. »Selig sind, die reines Herzens sind.«

Ja, da hebt der Jammer von vorne an. Wir sind ja nicht mehr rein. Wir tragen den Makel und die Befleckung der Sünde an unserer Seele mit uns herum. Wir sind nicht Transparente Gottes. Wir haben das Licht in uns verdunkelt. Wir sind unrein geworden, durch Lüge und Schein und Heuchelei und Leidenschaften. Darum zieht sich in uns etwas so schmerzhaft zusammen, wenn wir hören, wie Jesus uns helfen möchte und sagt: »Selig sind, die reines Herzens sind; denn sie werden Gott schauen.« ⟨Schein – das ist das Motto der Welt; Lauterkeit, Reinheit und Klarheit – das sollte es sein.⟩ In einem Wort läßt sich's zusammenfassen, warum diese Seligpreisung so ins Leere, Hoffnungslose verhallt. Die Welt spielt Maskerade. Das ist die bittere Erkenntnis, die wir dem Wort Jesu gegenüberstellen müssen. Nach seinem Geschmack und nach seinem Ehrgeiz macht sich ein jeder die Maske zurecht, in der er unter den Menschen einhergehen und gekannt sein will. Man schmückt sich mit fremden Federn, malt und schminkt sich, daß nur ja kein Stück des natürlichen Wesens noch sichtbar bleibt. Auch nur nicht zu sehr ins Helle kommen; lieber im Halbdunkel bleiben, wo die Farben so gleißen. Will einer zugreifen und fragen: Wer bist du, der du dich in solcher Maske verbirgst? so zieht man die Maske tiefer ins Gesicht und flieht davon. Die Welt spielt Maskerade und da hinein dringt nun das Wort Jesu: Selig sind ... Das Wort reißt uns die Maske vom Gesicht. Es will Klarheit, Lauterkeit schaffen. Es will den Blick öffnen auf Gott. Wir wissen's doch, der

Blick auf Gott wird verdunkelt Tag um Tag durch die Unklarheit, die Unechtheit, Unursprünglichkeit unseres Wesens, eben durch unsere Maskerade. Aus dieser Not will Jesus uns herausziehen: Werdet einfach, klar, echt, ursprünglich, grad, rein, so wird euer Herz ein Spiegel des väterlichen Herzens Gottes werden. Macht endlich ein Ende mit dem Mummenschanz. Seid aufrichtig gegen euch selbst und erkennt, daß ihr nichts seid als Geschöpfe Gottes, keinen eigenen Ruhm, kein eigenes Recht habt, sondern daß ihr Transparente Gottes sein sollt, rein, um das Bild Gottes in euch aufzufangen. Haltet euch rein von der Welt. Befleckt nicht die weißen Kleider, die Gott euch angelegt hat. *Selig* sind, die *reines* Herzens sind. ⟨Und nun kommt die Verheißung: Denn sie sollen Gott schauen. Freilich wir wissen, es bleibt dabei, daß wir in dieser Welt nicht rein bleiben werden. Wir leben und bleiben in der Befleckung. Aber wir ahnen doch schon hier etwas von dem, was es heißt: Gott schauen.⟩
Es ist die erschütterndste Erkenntnis in jedem Christenleben, daß er sieht, daß er nicht rein bleiben kann, daß er immer von neuem fällt, Tag um Tag; und daß er Nacht um Nacht von neuem zu Gott schreien muß: Herr, ich kann's nicht allein. Mach du mich rein, dann bin ich rein. »Schaffe in mir, Gott, ein reines Herz« [Ps. 51,12]. Ich möchte so gern rein sein. Ich möchte so gern Gott schauen. Und so kommt's, solange wir auf dieser Erde wandern, nicht zur vollen Gewißheit der Verheißung: Denn sie sollen Gott schauen.
Unser Blick weitet sich, hinaus über die Welt des Vergänglichen, über alle Zeiten, über den Sternenhimmel; dorthin, wo ein lieber Vater wohnt, wo das Licht ist, wo die Klarheit und die Wahrheit und die Reinheit ist; wo wir mit neuen Augen in weißen Kleidern vor Gott stehen, ihn schauen sollen in der Stadt mit den Perlentoren und goldenen Gassen, wie das Lied singt [»Wachet auf, ruft

uns die Stimme ...« V. 3]. Gott schauen – das heißt den Vater lieben, ihm ins Auge sehen, wie man einem lieben Menschen ins Auge sehen kann und selig ist. Selig sind, die reines Herzens sind, denn sie werden Gott schauen. Gott schauen, das heißt, sein Licht, seine Klarheit in sich hineintrinken wie lebendiges Wasser; es heißt, die Heimat schauen, nach der wir gewandert sind unser Leben lang; es heißt, sich ans väterliche Herz werfen und wie ein Kind in der Mutter Arm sich ausweinen und ausfreuen. Selig sind, die reines Herzens sind, denn sie werden Gott schauen.

Und doch ist Gott schauen noch mehr. Es heißt, ihn erkennen in seinem eigenen Leben; ihn erkennen in der Welt; ihn sehen und seinen Willen verstehen; und von einer Tiefe zur anderen hinabsteigen in den Geist der Gottheit; es heißt, staunend die Geheimnisse Gottes offenbar werden sehen in kindlichem Schauer. Nur eine Ahnung von all dem haben wir in dieser Welt. Hier bleibt es Stückwerk. Dort werden wir ihn schauen von Angesicht zu Angesicht. Gott schauen heißt, ein Stück der Ewigkeit selbst werden, in Liebe, in Dankbarkeit, in Reinheit, heißt mitjubeln im Chor der Erlösten in den weißen Kleidern: »O, welche Tiefe des Reichtums, beides, der Weisheit und der Erkenntnis Gottes. Von ihm und zu ihm und durch ihn sind alle Dinge« [Röm. 11, 33a u. 36a].

Noch aber hören wir den gleichmäßigen dumpfen Schritt derer, die auf der Wanderschaft sind. Und wir wandern und stimmen in ihren Ruf ein, der immer wieder zum Himmel dringt: Mach mich reines Herzens. Lauter [unsichere Lesart] lockt der Himmel, lockt Jesus selbst uns mit seinem Wort: »Selig sind, die reines Herzens sind, denn sie sollen Gott schauen.«

# Zeit und Tod

12. nach Trinitatis, 26. August 1928

*1. Johannes 2,17: Die Welt vergeht mit ihrer Lust; wer aber den Willen Gottes tut, der bleibt in Ewigkeit.*

Der große Philosoph der alten Griechen, Heraklit der Dunkle, hat seine tiefste Erkenntnis über die Welt in die Worte zusammengefaßt: »Alles ist im Fluß.«[1] Es gibt nichts Beständiges, nichts Festes, nichts Gewisses in der Welt. »Du kannst nicht zweimal in denselben Fluß steigen«, sagte er ein andermal. Das heißt, willst du das Leben fassen, so ist's immer schon vorbei. Es entschlüpft dir aus der Hand. Es zerrinnt wie ein Nichts. Da gibt's kein Aufhalten. Das Leben lebt nicht, sondern stirbt. Leben heißt sterben.

Zur selben Zeit hat im fernen Osten Buddha die Inder den Schein und die Vergänglichkeit der Welt gelehrt. Mit unwiderstehlichen Fangarmen zieht die lockende Welt den Menschen in sich hinein, zieht ihn von Leidenschaft zu Leidenschaft, läßt ihn nicht mehr los. Und doch ist dies alles [... unleserlich] nur eine Täuschung, ein Trugbild; es ist nichts Wirkliches. Es ist Traum, der quält und zerrinnt.

Wenig später hat der Prediger Salomonis die harten Worte gesprochen: Alles ist ganz eitel (Pred. 1,2). Die Welt ist eitel und ihr Treiben ist eitel. Es ist ja immer das alte Lied in der Welt: von der Lust, die vergeht; von der Mühe, die kommt; vom Leben, das man eher Sterben heißen könnte. Alles ist ganz eitel. »Tand, Tand ist das

1. Nach Simplicius, Comm. in Arist. Physicorum Libros IV.

Gebild von Menschenhand.« Das Verhängnis aber, das über der Welt hängt und das sie so eitel macht, heißt Zeit. Zeit, in zweierlei Sinn ein fürchterliches Wort.
Einmal, daß das, was geschah, geschehen bleibt, nie wieder ungeschehen gemacht werden kann. Es ist auch nicht ein kleinstes Stückchen von dem zurückzunehmen, was geschah. Schuld bleibt Schuld. Versäumnis bleibt Versäumnis. Das ist eine Wirklichkeit, die uns alle in unserem Leben die meisten Tränen gekostet hat und noch kosten wird. Geschehen bleibt für alle Zeit geschehen.
Das andere Fürchterliche aber ist, daß es keinen Augenblick des Stillstehens gibt, daß alles weitergeht in ewigem Wechsel, und zwar zu einem bestimmten Ziel hin, zum Tode. »Und es weinen die Götter, es weinen die Göttinnen alle, daß das Schöne vergeht, daß das Vollkommene stirbt«, hat Schiller gesprochen. Unbarmherzig schreitet die Zeit über den Augenblick hinweg, den Augenblick der Wonne, der Freude, der Seligkeit, der Lust. »Denn alle Lust will Ewigkeit, will tiefe, tiefe Ewigkeit«, hat Nietzsche gedichtet. Es ist der rätselhafte, unergründliche Widerspruch in unserem Leben, daß dort, wo wir selig sind, wir ewig sein wollten und doch so vergänglich sind wie nirgends anders. Die Lust in der Welt vergeht, weil die Welt vergeht. Die Welt vergeht mit ihrer Lust, mit ihrer Schönheit, ihrer Pracht, ihrer Mannigfaltigkeit und ihrer Kultur.
Ja, aber sind sie denn nicht ewig, die Werke eines Beethoven, eines Bach, eines Goethe, eines Michelangelo? Die Welt vergeht und so auch sie. Was sind ein paar Jahrhunderte des Ruhmes in der Geschichte der Welt Gottes im Angesicht der uralten Sterne? Was ist alle Kultur, alle Schönheit, alle Kraft der Menschen vor der ewigen Schöne und der unendlichen Kraft Gottes? Ein Staub, ein Tropfen im Meer, ein Blatt, vom Winde verweht, ein Nichts. Ein Wahnsinn, wie ihn nur menschliche Torheit

und Vermessenheit aussprechen kann, ist es, angesichts dessen von der Ewigkeit unserer Kultur, unserer Philosophie, unserer Moral zu reden. Einst kommt die Stunde, wo die Erde zerschellt, und die Welt wird darum noch nicht anders werden. Die Erde vergeht und die Welt vergeht. Über sie alle herrscht die Zeit – das heißt aber, mit einem deutlichen Wort gesagt, der Tod. *Zeit und Tod sind dasselbe*. Die Welt ist eine Welt des Sterbens und des Todes. Alles, was in ihr geschieht, ist nur ein Vorletztes gegenüber dem Letzten, dem Tod. Darum ist nicht Leben und Freude und Lust das letzte Wort über die Welt, sondern Vergänglichkeit und Tod. Das Gesetz des Todes steht über der Welt, über der »argen Welt«, mit urchristlichem Ausdruck zu reden. Hier ist die letzte Grenze gesetzt. Über sie geht es nicht hinaus.

Denken wir an all den grenzenlosen Jammer, an den namenlosen Schmerz, den dieses Schicksal über die ganze Welt bringt, so wird uns das Todesverhängnis so gewaltig und so furchtbar, daß wir irgendwie ahnen, daß das vom Weltschöpfer nicht so gewollt sein konnte. Es muß die Welt abgefallen sein vom Urwillen Gottes. Es muß da eine Urtat, ein Urböses geschehen sein, in dämonischer Auflehnung wider [den] Schöpfergott. Und mit diesem Urbösen ist das Verhängnis verknüpft, das Urböse, das auch in uns noch wirkt und schafft in Widerspruch zu Gott, in Auflehnung und Empörung gegen seinen Willen, wie wir es alle kennen. Und nichts anderes will auch jener Mythos des Alten Testamentes sagen, wo Gott über Adam und Eva, die ihm ungehorsam waren, das Todesschicksal verhängt. »Von Erde bist du genommen, zu Erde sollst du werden« [nach 1. Mose 3,19]. Wie ein böser Zauber liegt das Schicksal der Vergänglichkeit über der Welt. Und nur wer das Urböse in der Welt und in uns bezwingt, der kann diesen Zauber bannen. Gerade weil dieses Todesschicksal so mit dem Bösen in der Welt ver-

knüpft zu sein scheint, darum ist es das Ernsteste, was es auf der Welt für uns gibt.
*Der Ernst der Welt ist der Tod* ⟨das einzige, was wirklich ganz ernst in ihr zu nehmen ist⟩. Der Ernst fängt dort an, wo die Welt aufhört, stirbt, wo der Welt die Grenze gesetzt ist. Der Ernst fängt dort an, wo unser Leben aufhört, wo wir nicht mehr sind, an der Grenze der Zeit. *Der Unernst der Welt ist der Augenblick*, das Vorletzte, die Lust der Welt, wie Johannes sagt. Es liegt nun beim Menschen, ob er ernst oder unernst in der Welt leben will; ob er beim Vorletzten verharren oder zum Letzten durchdringen will. Mit unserem Text gesprochen: Ob er die Lust der Welt als Letztes ansieht oder die Vergänglichkeit dieser Lust ⟨Je nachdem wir uns hierzu stellen, wird unser Leben einen anderen Sinn, Wendung bekommen, werden ...⟩ [Schluß des Satzes anscheinend verloren gegangen, auch die ganze folgende Manuskriptseite.]
Mit alttestamentlicher Kraft verkündet uns das Wort ein memento mori: Gedenke daran, daß einmal alles zuende geht; daß es einmal heißt, nun mach deine Rechnung über dein Leben. Und daß dann der Augenblick des Sterbens über dich kommt mit der Gewißheit, daß die Welt eine Welt des Todes ist und daß der Gewalt der Zeit nichts standhalten kann, wenn nicht das eine, die Ewigkeit. Daß es aus ist mit dir und mit mir. »Herr, lehre doch mich, daß es ein Ende mit mir haben muß und mein Leben ein Ziel hat und ich davon muß« [Ps. 39,5]. Wollen wir gedankenlos dieser Tatsache entgegengehen? Wollen wir leichtsinnig bleiben bis zur letzten Stunde? Nein, laßt uns in Gottes Namen ernst machen mit uns, und das heißt mit dem Letzten, mit dem Tode. Und dann laßt uns schauen auf das Wunder, das geschehen ist. Laßt uns an die Grenzen der Welt, der Zeit denken – und es wird ein Wunderbares geschehen. Die Augen werden uns aufgetan dafür, daß die Grenze der Welt, das Ende der Welt der Anfang eines

Neuen ist, der Ewigkeit. Hier verliert die Zeit ihre Gewalt an die Ewigkeit. Das Letzte in der Welt, der Tod, wird zu einem Vorletzten. Alle Vergänglichkeit rückt unter den Gesichtspunkt der Ewigkeit. Aber diese Ewigkeit ist nicht fern von uns. Nein, aus seiner Ewigkeit heraus hat Gott seine Hand ausgestreckt in die Zeit hinein, in Jesus Christus. Mitten in der Vergänglichkeit der Todeswelt können wir die Hand Gottes ergreifen und uns von ihm in die Ewigkeit ziehen lassen. Das ist das Wunder der Offenbarung in Jesus Christus. Da steht in aller Vergänglichkeit und Dunkelheit ein Zeichen aus der Ewigkeit, ernst und gewaltig, überstrahlt von der göttlichen Sonne der Gnade und des Lichtes – das Kreuz. Und da hängt Er, die Arme ausgebreitet, als wollte Er die ganze Welt umfangen in Liebe und zu seinem Vater führen, Er, der die Liebe Gottes unter den Menschen war: Kommt her zu diesem Kreuz, dem Zeichen göttlicher Liebe. Kommt unter sein Licht. Klammert euch fest daran, und es wird euch von seinem Licht schenken, solange ihr bei ihm bleibt. Und so ist's geschehen, daß ihr nun selbst ewig geworden seid.

Wir sagten, nur der kann den Bann des Todes brechen, der das Urböse in der Menschheit tilgt. Das ist Jesus Christus. Er heiligt den Bösen. Er wendet den Widerstrebenden zu Gott. Er macht aus Saulus Paulus. Er reinigt den Sünder und ruft ihn, dessen Schicksal der Tod ist, hinaus in die Ewigkeit. Da steht das Kreuz. Und nun das Wunderbarste: Er macht uns schon hier ewig. Wir sind nicht mehr sterblich, vergänglich. Wir sind ewig, weil Gott uns gerufen hat. Ewig schon hier mitten in der Zeit. Wir tragen die Ewigkeit in unserer Brust. Wer ihm glaubt, der hat das ewige Leben. Der kann nicht mehr sterben, sondern lebt, ob er gleich stürbe [nach Joh. 11, 25]. Ewig sein in jedem Augenblick im Aufblick zu Gott, das ist der Sinn unseres Lebens. Nun haben wir den Tod überwunden. Er liegt hinter uns als ein Nichts. Wir sind vom Tode zum Leben durchgedrungen. »Die Welt vergeht mit ihrer Lust; wer aber den Willen Gottes tut, bleibet in Ewigkeit.«

Nun ist uns die Frage klar vorgelegt: Willst du ein Mensch des Todes bleiben, einer, der sich dahintreiben läßt und vergeht wie ein Gras? Oder willst du ein Mensch der Ewigkeit sein, einer, der sich erschrecken ließ vom Gedanken des Todes und der die Ewigkeit gefunden hat? Eins von beidem gibt es nur. Bleibe leichtsinnig und gedankenlos und unernst und du bist ein Mensch der Todeswelt. Oder geh hin noch heute, mach ernst, und du wirst ein Ewigkeitsmensch werden. Ja, aber wie denn das? Da gibt Jesus eine verblüffend einfache Antwort: Tu den Willen Gottes! Weiß ich den immer noch nicht genug, so hole ich mir die Antwort von Jesus: Gehe hin nach Hause, hab deine Brüder und Schwestern, deine Frau, deine Kinder, deine Eltern und deine Freunde lieb. Vertrag dich mit deinem Nachbarn. Hilf dem, der Hilfe braucht. Gib dem, der nichts hat, von dem, was du hast. Sei friedlich und barmherzig. Sei rein in Gedanken und Worten. Du lebst in der Welt.

Dann soll ich also fliehen aus der Welt, in die Einsamkeit? Soll Asket werden? Mich kasteien? Alle Freude an der Welt in mir ertöten und ersticken als etwas Sündhaftes? Soll der Sonne und der Freude und dem Glück den Krieg erklären? Und so dann ein Ewigkeitsmensch werden? So hat das Mittelalter gedacht und das Mönchtum.

Gott hat dich in sie hinein gesetzt. In ihr, mitten in der Vergänglichkeit sollst du den Willen Gottes tun. Freu dich an dem, woran du dich freuen kannst. Aber häng dein Herz nicht an die Welt. Dein Herz gehört der Ewigkeit, gehört Gott. Will die Welt dein Herz, so erkläre ihr den Krieg. Will sie deine Kraft, deine Hilfe, dein Leben, so gib sie ihr hin, so viel du kannst. So wirst du aus einem

Menschen des Todes ein Mensch der Ewigkeit werden. Man hätte nun Text und Predigt mißverstanden, wenn man meinte, Christen wären Pessimisten, die bei allem, was sie sähen, nur an ihre Vergänglichkeit dächten und nur resignierten. Gewiß, die Christen sind Pessimisten in bezug auf die Welt. Sie erwarten nicht allzu viel von der Welt, sind nicht kulturselig. Aber sie sind Optimisten in bezug auf das Göttliche in der Welt. Sie wissen, daß Gott ihnen die Ewigkeit schenkt. Darum sind sie freudige, heitere Menschen. Freilich [ist es] eine Heiterkeit, in die doch immer wieder ein bißchen Wehmut und Weltschmerz hineinschaut. Der Christ hat sein Betätigungsfeld in der Welt. Hier soll er anfassen, mitschaffen und wirken, hier den Willen Gottes tun. Und darum ist der Christ nicht resignierter Pessimist, sondern einer, der freilich von der Welt wenig erhofft – die Welt vergeht – der aber von Gott alles erhofft und darum also schon in der Welt freudig und heiter ist. Denn sie wird ihm zum Saatfeld der Ewigkeit. »Wer aber den Willen Gottes tut, der bleibt in Ewigkeit.«

Es kommt die Stunde, wo es sich über uns entscheidet: zum ewigen Tode oder zum ewigen Leben. Mag auch wie am Ende des »Faust« der böse Geist dann rufen: »gerichtet«, wenn nur auch der ewige, gute Geist ruft: »gerettet«.

# Religion und Glück

## 14. nach Trinitatis, 9. September 1928

*2. Korinther 12, 9: Laß dir an meiner Gnade genügen; denn meine Kraft ist in den Schwachen mächtig.*

Wenn wir einmal mitten drin stecken in der Schuld, in der Not, im Elend; wenn uns ein Verhängnis einmal bedroht, wie auf jenem berühmten Bild einer gefesselt einem furchtbaren, ihm immer näher kommenden Ungeheuer gegenüber steht und sich nicht mehr wehren kann; wenn die Wasser steigen und steigen und uns bis an den Hals reichen; wenn der Alp schwerer und schwerer wird und wir vor lauter Herzensangst nicht mehr aufatmen, nicht mehr schreien können, dann ringt sich wohl aus unserer Brust mit letzter Kraft einmal ein Ruf, ein Hilferuf: Herr Gott, komm und hilf du! Ich kann nicht mehr. Deine Wasser gehen zu hoch. Ich versinke. Halt auf das Unheil. Reiß mich aus dem Elend. Hemme das Verhängnis. Zieh mich aus meiner tiefen Schuld.
Auch Paulus hat einmal so zu Gott geschrien. Paulus war ein schwer kranker Mann. Er war Epileptiker.[1] Immer wieder faßte ihn die furchtbare Krankheit und nahm ihm Kraft und Mut zum Leben und Arbeiten. So hat er denn dreimal zu Gott in seiner Not geschrien: Nimm von mir den Dorn, den du mir in's Fleisch gesenkt hast! Und hat gehofft und gebebt, daß Gott ihm willfahren würde. Und er hat sich getäuscht. Er blieb krank. Ihm wurde nicht geholfen. Er hatte vergeblich gehofft. Dafür aber hat Gott

1. So jedenfalls hat Bonhoeffers Vater in einer Frühschrift das Leiden des Paulus diagnostiziert.

ihm eine Antwort gegeben, die größer ist als alle irdische, leibliche Hilfe: »Laß dir an meiner Gnade genügen; denn meine Kraft ist in den Schwachen mächtig.«
⟨Jeder, der einmal ernsthaft in die Welt hineingesehen hat, hat erkennen müssen, daß in ihr viel Sehnsucht, viel Wünsche, viel Hoffen, aber wenig, sehr wenig Erfüllung ist, daß ein tragisches Mißverhältnis besteht zwischen Hoffnung und Erfüllung. Entsagen sollst du, sollst entsagen – das ist das Motto der Welt. Es blühen schöne Blumen und es reifen goldene Früchte im Garten der Welt; sie locken und reizen, wollen uns aus dem Grau des Alltags herausziehen ins süße Traumland der Erfüllung. Und tief in unserer Brust sitzt etwas, was sich sehnt und sehnt, nach allen möglichen Gütern der Welt. Nach Gesundheit, nach Freude, nach Reinheit – und immer wieder prallen unsere Wünsche ab an der steinharten Mauer der Wirklichkeit. Hier gibt's nicht Erfüllung, hier gibt's nur Sehnsucht, nur Hoffen, nur Warten. Es kommt alles anders, als man es sich wohl gewünscht hätte. Über jedem Augenblick unseres Lebens steht das Wort »Entsagung« geschrieben; nicht nur Entsagung gegenüber den verbotenen Früchten des Lebens, sondern auch Entsagung in Dingen, die uns so gut und so göttlich vorkommen müssen. Müde dieses dauernden Aufgehalten- und Zurückgeworfenwerdens auf dem Lebensweg flüchtet sich so mancher zur Religion und hofft von ihr alles, was die Welt ihm versagte: Erfüllung seiner Sehnsucht, irdischer und göttlicher. So kommen sie dann vor Gott mit ihren Wünschen und Sehnsüchten; ach, nur einmal Erfüllung sehen, nur einmal nicht entsagen müssen. Wozu ist Religion da, als um den Menschen das Leben erträglicher zu machen, um den Frommen ab und zu etwas zu gönnen, was die Ungerechten nicht haben? So denkt man wohl weithin. Aber wie hat man sich geirrt, wie grausig die Wahrheit entstellt!⟩

Um unseren Text verstehen zu können, gehen wir einmal von einer ganz anderen Frage aus: Wozu ist die Religion da? Was ist eigentlich ihr Sinn und ihr Nutzen? Fragen wir herum bei den Religionen der Welt, so bekommen wir eine einzige Antwort: um den Menschen glücklich zu machen, äußerlich und innerlich. Glück und Religion gehören zusammen wie der Glanz zum Gold. Religion, die nicht glücklich macht, ist keine Religion. Das heißt aber, die Religion wird vom Menschen aus gedacht und nur in Beziehung auf den Menschen als den Mittelpunkt der Welt bewertet. Was sagt nun die Bibel hierzu?
Sie legt den Finger auf ein einziges Ereignis, ein einziges Zeichen und überläßt es uns, darüber nachzudenken: auf das Kreuz Jesu. Hier ist das Unerhörte geschehen. Die Gleichung zwischen Religion und Glück ist ein für allemal zerbrochen am Kreuz, wo Gott für den Menschen in Liebe stirbt. Oder will es einer wagen, hier vielleicht von innerem Glück zu reden, wo Jesus, der Gesandte Gottes, mit dem Schrei: »Mein Gott, warum hast du mich verlassen?« – stirbt [Mark. 15, 34]? Religion und Glück, inneres und äußeres sind auseinander gebrochen in diesem Augenblick. Dafür ist der Himmel zerrissen und über dem Kreuz erschien das neue, unbekannte, unbegreifliche Wort: Gnade, Liebe. Nicht als ein neues Geschehen auf der Erde, sondern als ein neues Wort Gottes. Und dies Wort wurde nicht gesprochen über einem Kaiserthron eines messianischen Weltreiches, nicht auf den Höhen der Menschheit, sondern über einem Verbrecherhügel; dort, wo ein frommer Mann mit dem Schrei der Gottverlassenheit am Kreuz stirbt. Damit ist von vornherein der Unterschied von Christentum und sämtlichen anderen Religionen klar: hier Gnade – dort Glück, hier Kreuz – dort Krone, hier Gott – dort Mensch. Laß dir an meiner Gnade genügen – das ist das Wort des Kreuzes. Erraffe das Glück – das ist die Predigt des Heidentums.

Wo willst du dich hin entscheiden? Zur Gnade Gottes, die den Kreuzeshügel in Licht umflutet und die du dort findest, wo dein eigenes Kreuz steht, in der Entsagung, im Verzicht auf Erfüllung deiner Lust, auf Glück? – oder zum Glück, innerlich und äußerlich, das die Welt verklärt? Zur Gottesreligion oder zur Menschenreligion? Da kann man nicht schnell ja oder nein sagen. Dazu muß man erst ein Stück der Wirklichkeit von beiden kennen gelernt haben. Es ist gewiß nicht leicht, dort, wo uns alles versagt wird, Gott zu finden; dort, wo wir verzichten müssen, Gnade zu *sehen,* die wir doch nicht sehen können; uns an der Gnade Gottes wirklich genügen zu lassen. Wer nimmt uns die Last von der Schulter? Wer trägt unser Kreuz? Wer hilft dort, wo wir am Rande der Verzweiflung sind? Es blühen so schöne Blumen, es reifen so goldene Früchte im Garten der Welt, die uns versagt bleiben, so lange wir leben.

Da liegt ein treuer Freund, der Gatte, das einzige Kind auf dem Krankenbett und wir sinken auf die Knie: Herr, hilf du, schone uns, nimm uns nicht das Liebste, was wir auf der Welt haben. Und Gott hört nicht. Der Tod streicht durchs Zimmer und über dem geliebten Toten ruft eine unsichtbare Stimme uns ins Herz: »Laß dir an meiner Gnade genügen.« Wir möchten auffahren in wildem Schmerz: Ist es ein Hohn auf unser Elend und Weh, dies Wort von der Gnade, die doch nicht hilft, wenn man zu ihr schreit – oder ist's vielleicht die tiefste Wahrheit und das gewaltigste, königlichste Geschenk, wenn einem das Wort gesagt wird?

⟨Da sitzt in ärmlicher Stube der Vater mit seinen Kindern und die Kinder weinen, weil sie Hunger haben. Das Herz des Vaters krampft sich zusammen. Der Schmerz schnürt ihm die Kehle ein: Heiliger Gott, ein Wunder, tu ein Wunder, – und die Kinder bleiben hungrig und weinen weiter. Laß dir an meiner Gnade genügen . . . Da ist einer,

der unschuldig in Verleumdung, in schlechtes Gerede geraten ist und nun sein Lebensglück, seine Stellung, seine Achtung verloren hat. Und auch er bekommt keinen anderen Trost als dies Wort: Laß dir ...⟩
So manches zerbrochene Leben, viel weinende Augen und blutende Herzen hat dies Wort gesehen, über viel Gräbern hat es geleuchtet, zu Krankenbetten ist es gedrungen, es ist überall dort hineingezogen, wo Gott dem Menschen Verzicht, Entsagung geboten hat. Gewiß, es ist furchtbar, wenn uns unser Leben eines Tages scheitert, zerbricht und aus allen Fugen geht. Aber es gibt eine Wirklichkeit, die noch viel, viel furchtbarer ist auf der Welt. Und sie gerade entspringt aus der Religion, aus der Sittlichkeit. Nicht dem Glück der Welt entsagen ist das härteste, [vor] das uns Gott stellt; sondern dem Guten, ja Gott selbst entsagen müssen, das ist das, woran wir am allerschwersten tragen und was uns zu Boden wirft, immer wieder. Dem Guten, Reinen, Göttlichen entsagen müssen, – was heißt das?
Nur der versteht es, der einmal in seinem Leben ernst machen wollte mit dem Willen Gottes, der Einkehr und Umkehr halten wollte, der einmal zusammenbrach unter der Last des Bösen, die er auf sich geladen hatte; der die Häßlichkeit und Niedertracht seiner Art ganz tief eingesehen hatte und der dann in Tränen sich zurückwandte und den Weg Gottes gehen wollte. Und dann kam die Hoffnung, daß nun alles gut und recht gehen würde, wenn man nur wollte. – Und dann, ja dann kam der erste Rückfall und wir erschraken bis ins Innerste davor: Herr Gott, es war wirklich das letzte Mal, vergib noch diesmal. Und dann ging [es] weiter und es kam die große Enttäuschung, die größte, entsetzlichste, die wir in unserem Leben erfahren: Daß wir nicht gut, nicht rein sein können, daß wir immer wieder absinken hinter dem, was wir uns vornahmen; daß der Augenblick stärker ist als der

Vorsatz und daß wir das Gute nicht erreichen können. Wir liegen auf den Knien vor Gott: Mach mich rein, mach mich gut – und schon der nächste Tag bringt die erschütternde Erkenntnis, daß wir untreu werden. Du meinst, das sei übertrieben. Schau nur einmal hinein in den Willen Gottes, ganz ernst. Schau Jesus an und dann ebenso fest in dich selbst. Und du wirst erschaudern. Es ist so – das Böse, Sündige, Gemeine ist übermächtig in uns und wir bleiben in seinem Bann, solange wir leben. Und wir [würden] am Guten, am Heiligen, an uns selbst und an Gott verzweifeln, wenn uns nicht das Wort gegeben wäre: »Laß dir an meiner Gnade genügen; denn meine Kraft ist in den Schwachen mächtig.«
Damit ist also klar, daß uns *die Religion* nicht die Erfüllung dessen gibt, was die Welt versagt; daß die Religion nicht Glückstifterin auf Erden ist. Nein, mit der Religion ist das Unglück, die Unruhe, die Entsagung in der Welt mächtig geworden. Allem, was in der Welt geschieht, tritt gegenüber das Wort von der Gnade. Laß dir an meiner *Gnade* genügen.
*Was ist Gnade*? Sie ist etwas Unanschauliches, was wir in unserem Leben nicht unmittelbar zu spüren bekommen. Im Gegenteil! Sie ist etwas durch und durch Unwahrscheinliches, Unglaubwürdiges, nach dem zu urteilen, was wir hier erleben. Sie redet von einem Geschehen jenseits aller Welt und will uns von unserer eigenen Welt hinwegziehen zu jener hin. Ein dunkler Abgrund tut sich auf und eine Stimme befiehlt: Spring hinüber! Ich nehme dich auf. Ich halte dich fest. Ich strecke meine Hand aus, nun wag dein Leben daran. Verlaß dich auf mich und auf nichts anderes. Meine Gnade genügt dir. Ich bin die Liebe. »Ich habe dich bei deinem Namen gerufen. Du bist mein« [Jes. 43,1].
Ja, wenn nur nicht in der Welt alles so anders aussähe, als ob es einen Gott der Liebe gäbe. Wenn Gott nur schon

hier meine Wünsche erfüllte, dann wäre es leicht, den Schritt zu wagen. Da aber fällt uns Gott ins Wort: »Meine Gedanken sind nicht eure Gedanken; meine Wege sind nicht eure Wege« [Jes. 55, 8]. Das heißt, was auf der Welt geschieht, das verstehen wir noch nicht. Nur eines sollen wir wissen, daß es von Gott geschieht und daß er unser Bestes will und daß er, mag es gehen so oder so, mit seiner Gnade bei uns ist. Wir werden die Gedanken Gottes über uns nicht verstehen. Wir werden auch seine Gnade nicht fühlen, nicht tasten, nicht sehen, sondern gerade nur seinen Zorn – weil Gott Gott ist. Und weil er es sagt, darum können wir auch dort, wo uns alles versagt wird, an Gottes Gnade glauben.

*An Gottes Gnade glauben* – das heißt aber, plötzlich sich den Boden unter [den] Füßen weggezogen fühlen, heißt, dort stehen, *wo eigentlich kein Mensch stehen kann*; heißt, etwas grenzenlos Widersinniges und grenzenlos Mutiges unternehmen; heißt, nicht mehr die Welt sehen, sondern Gott; heißt, nicht mehr unser Unheil und unsere Schuld sehen, sondern die Überfülle Gottes; heißt, selbst ganz klein werden und Gott groß werden sehen; heißt, den unbegreiflichen Widerspruch ernst nehmen, daß Gott mit der Welt etwas zu tun haben will – trotz allem; heißt erkennen, daß Gott größer [ist] als alle Not, daß Gott größer ist als unser Herz, das uns verdammt. ⟨Heißt mit unserer Not ernst machen, aber erst recht mit Gottes Hilfe. Nicht immer auf uns schauen und meinen, hier sei nichts mehr zu machen, wir seien und blieben schlecht, das heißt im Tode. Sondern auf das einzige untrügliche Zeichen schauen, durch das Gott seine Gnade in der Welt offenbart hat, das Kreuz.⟩ Nicht wühlen in unserem Elend, in unserer Schuld, sondern hinauskommen über sich selbst und auf das Kreuz schauen, wo Gott alles Elend und alle Schuld selbst auf sich geladen und getragen hat; und damit über alle, die schwer tragen müssen, seine

Liebe ausgegossen hat. Elend und Schuld der Menschen und Gnade und Liebe Gottes – das gehört zusammen. Dort, wo viel Elend und viel Schuld ist, da ist erst recht viel Gnade und erst recht viel Liebe Gottes. Das heißt dort, wo der Mensch ganz klein und schwach wird, da hat Gott seine Herrlichkeit offenbart. Nicht bei den Starken, bei den Behüteten, den Gerechten, sondern bei den Elenden und Schuldigen, die zu ihm schreien, ist Gottes Liebe. Seine Kraft ist in den Schwachen mächtig. Wo ich schwach bin, da bin ich stark [2. Kor. 12, 10].
Das heißt, gerade weil die Welt uns die Erfüllung unserer Sehnsucht nicht bringt, weil es eine Welt des Entsagens und Verzichtens, eine Welt des Leidens im tiefsten Sinne ist, darum kann ich gewiß sein, daß Gott bei ihr ist. Wo das Herz des Menschen zertrümmert ist, da zieht Gott ein. Wo ein Leben an den Felsen der Wirklichkeit zerschmettert, da leuchtet plötzlich das Licht der göttlichen Hilfe. Wenn das Meer in der Nacht am wildesten wütet, da geht die Sonne auf. Dort, wo der Mensch groß sein will, da will Gott nicht sein. Dort, wo der Mensch im Dunkel zu versinken scheint, da richtet Gott das Reich seiner Herrlichkeit und Liebe auf. Wie der Täufer Johannes sagte: Ich muß abnehmen; er aber muß wachsen [Joh. 3, 30]! Je schwächer die Menschen, desto gewaltiger Gott. Das ist so gewiß, wie daß am Kreuz Christi sich Liebe Gottes und menschliches Unglück treffen, *so gewiß, wie daß das Kreuz Christi die Gleichung Religion = Glück zerbrochen hat.* »Laß dir an meiner Gnade genügen; denn meine Kraft ist in den Schwachen mächtig.«
Hoffe nicht auf Glück, hoffe nicht auf Erfüllung in dieser Welt. Dort, wo die ganze Heillosigkeit der Menschheit, ihre ganze Sehnsucht und ihr ganzes Entsagenmüssen am deutlichsten zutage tritt, dort über dem Elend und der Schuld der Großstädte, dort in den Häusern der Zöllner und Sünder, dort über den Anstalten menschlichen Jam-

mers und Elends, dort über den Gräbern unserer Lieben, dort in dem Herzen dessen, dem seine Lebensfreude genommen ist, dort in der Brust dessen, der über seiner Schuld sich nicht wieder aufrichten kann – dort triumphiert das Wort von der göttlichen Gnade. Hier unanschaulich, unsichtbar – dort in Herrlichkeit. Hier unwahrscheinlich – dort Wirklichkeit. Hier als ein Wetterleuchten am Horizont der Zeiten – dort als das blitzende Licht der Ewigkeit.

Wir, die wir in der Welt des Entsagenmüssens leben und an der Unerfülltheit unserer Sehnsüchte leiden, in Elend oder Schuld, wir sehen nicht mehr uns, wir schauen aufs Kreuz, wo Gott in Liebe uns nahen kann. Mag's nun stürmen und wettern, mag der Bau unseres Lebens wanken und zittern, mag die Not des Sterbens ihre Opfer fordern, mag unsere Schuld bis zum Himmel wachsen – wir fassen die Hand unseres Erlösers am Kreuz und rufen über das Tosen der Welt hinaus zu ihm: »Ich lasse dich nicht, du segnest mich denn.« [1. Mose 32,27]

## Bleibet der Erde treu

16. nach Trinitatis, 23. September 1928

*Römer 12, 11 c: Dienet der Zeit.*

Ob modern, ob unmodern – diese Frage steht heute, mehr wohl [als] je (im Text: wie je), im Vordergrund aller Interessen, nicht nur bei Mode- oder Gesundheitsfragen, sondern in allen Gebieten menschlicher Interessen, in der

Wissenschaft, Literatur, in der Religion. Und an diesem Wort scheiden sich die Geister. Die einen schreien dem Modernen schlechthin zu; die anderen, die bewußt Unmodernen, schauen verklärt zurück auf die gute alte Zeit. Auf die Frage: Willst du ein moderner Mensch sein? antworten die einen ebenso entschieden selbstbewußt »ja« wie die anderen »nein«. Wie stellt sich der, der sich Christ nennt, dazu? Wie stellt er sich zum Wandel der Zeiten? Muß der Christ konservativ oder fortschrittlich denken? Muß er unmodern oder modern sein?

Die Grundfrage jedes Christen ist offenbar die Frage nach der Ewigkeit. Wie erlange ich hier mitten in der Zeit die Ewigkeit? Hier im ewigen Wechsel des Werdens und Vergehens gibt es doch nichts Ewiges, Bestehendes. Da gibt es wohl nur einen Weg – hinaus aus der Zeit, gleichgültig werden gegenüber all dem, was hier geschieht; allein der Ewigkeit leben. Es gilt dem Despoten Zeit zu entfliehen. – Dagegen ruft uns unser Wort auf: Ihr wollt die Ewigkeit finden? – nun, so dienet der Zeit. Wie ein ungeheurer Widerspruch muß uns dies Wort anmuten: Willst du Unvergängliches, so halte dich an Vergängliches; willst du Ewiges, so halte dich an Zeitliches; *willst du Gott, so halte dich an die Welt.* Schon schien es uns zu gelingen, auf einer Leiter von Tugenden zum Himmel aus der Welt emporzusteigen. Schon entschwand uns in der Ferne das Gestade der Welt und wir fuhren dahin in ewigen Räumen, halb Mensch nur noch, halb Gott schon – da schleuderte uns das Wort zurück aus unserem Flug, wir stürzten ab von der Höhe und finden uns wieder in der Welt. Willst du ewig sein, so diene der Zeit, so klingt's uns ins Ohr.

Dienet der Zeit – warum? Weil nur in der Zeit du Gott und die Ewigkeit findest. Es ist der verborgene Wille Gottes, der sich in der Zeit finden lassen [will], [weil] wir nur in Jesus Christus den Willen Gottes finden. Nichts von dem, was in der Zeit besteht, ist göttlich, gar nichts, auch nicht die Kirche, auch nicht unsere Religion. Das alles ist der Vergänglichkeit unterworfen. Und dennoch ist in all dem Vergänglichen des Einzelnen, Individuellen ein Stück von dem Willen Gottes, ein Stück Ewigkeit enthalten. Die Zeit ist wie ein unausschöpflich tiefer Brunnen, durch dessen Wasser das Gold des nie erreichten Grundes leuchtet. Sie ist wie das Berggestein, durch das sich unerkannt in der Tiefe die Goldadern ziehen. Alles Unvollkommene ist doch wenigstens das Abbild des Vollkommenen, alles Vergängliche ein Symbol für das Unvergängliche. »Jeder Augenblick ist unmittelbar zu Gott«, hat ein großer Geschichtsforscher [Leopold von Ranke] gesagt. Das heißt, in jedem Augenblick ist ein Stück Ewigkeit verborgen, das es nur zu finden gilt. Über jedem Augenblick waltet Gott.

Der Augenblick, die Gegenwart, das ist das entscheidende Wort, auf das unser Text hinzielt. Dienet der Zeit, das heißt jeder Zeit, das heißt der Gegenwart. Anders gesagt: Die Gegenwart ist heilig, ist unter dem Auge Gottes, ist geweiht, ist durchleuchtet von ewigem Licht. Die Gegenwart ist die verantwortungsvolle Stunde Gottes mit uns, jede Gegenwart; heute und morgen, die Gegenwart in ihrer ganzen Wirklichkeit und Vielgestaltigkeit. *Es gibt in der ganzen Weltgeschichte immer nur eine wirklich bedeutsame Stunde, – die Gegenwart*. Wer aus der Gegenwart flieht, flieht die Stunden Gottes. Wer aus der Zeit flieht, flieht Gott. Dienet der Zeit! Der Herr der Zeiten ist Gott. Der Wendepunkt der Zeiten ist Christus. Der rechte Zeitgeist ist der Heilige Geist. So verbirgt sich in jedem Augenblick dies Dreifache: Daß ich Gott als den Herrn meines Lebens anerkenne; daß ich mich vor Christus als dem Wendepunkt meines Lebens vom Gericht zur Gnade beuge; daß [ich] dem Heiligen Geist mitten im Weltengeist versuche, Raum und Kraft zu schaffen. Die-

net der Zeit, das heißt, dienet Gott, dem Herrn; Christus, dem Versöhner; dem Geist, dem Heiliger unserer Welt. Erst wenn wir der Gegenwart die Erfüllung ihres Anspruchs zuteil werden lassen, leben wir [ein] Christenleben, dienen wir der Zeit.
Der Zeit *dienen* – und damit kommen wir zurück auf die erste Frage – heißt nicht, sich ihr zum Sklaven machen; heißt nicht, gutheißen, was zeitgemäß ist, nur weil es zeitgemäß ist. Zum Dienen gehört die Stärke eines eigenen Willens und eigener Gedanken und nicht die Schwächlichkeit des Nachlaufens, des Mitschreiens. Es heißt nicht: Dienet der Mode, sondern dienet der Zeit. Mode ist das, was die Menschen dazu tun und was ebenso gut wie verächtlich sein [kann]. Zeit ist das, was Gott tut. Und nicht den Menschen dienen, sondern Gott dienen, heißt der Zeit dienen. *Also der Christ ist weder modern noch unmodern, sondern er dient seiner Zeit, das heißt, er kümmert sich nicht um Menschen, sondern um Gott.* Aber doch – er dient *seiner Zeit*. Das heißt, er stellt sich mitten in sie hinein, in ihre Aufgaben und Schwierigkeiten, in ihren Ernst und in ihre Not und dient. Er ist Gegenwartsmensch im tiefsten Sinn. Sei es die politische, die wirtschaftliche Not, sei es der moralische und religiöse Verfall, sei es die Sorge um unsere heranwachsende Jugend – überall heißt es: Hinein in die Not der Gegenwart! Hinein mit aller Liebe und aller Kraft, die euch zur Verfügung steht! Das Wasser des Brunnens der Zeit ist [so] trübe geworden, daß wir das Gold des ewigen Grundes nicht mehr sehen. Sorgt, daß der Brunnen wieder rein und hell wird. Sorgt, daß wir in der Zeit ein Stück Ewigkeit finden. Bohrt so tief, bis ihr auf die ewigen Quellen stoßt.
Zum Dienen gehört aber als Wichtigstes Liebe. Das heißt, liebet eure Zeit, damit ihr ihr dienen könnt. Stellt euch nicht heraus aus dem Geschehen der Moderne. Wir alle tragen die Verantwortung für Schuld und Elend von uns

allen. Es gilt wieder verstehen zu lernen, *was Solidarität innerhalb der Menschheit ist.* Sich heraushalten und sagen: Ich habe mit dem Treiben heute nichts zu tun; es ist mir zu verwerflich, als daß ich mich da rein mische – heißt nicht dienen, sondern richten. Seid brüderlich, dienet der Zeit.

Das Tiefste aber erschließt sich erst, wenn wir bedenken, daß nicht nur die Welt ihre Zeit und ihre Stunde hat, sondern daß unser eigenes Leben seine Zeit und seine Stunde Gottes hat. Und daß hinter den Zeiten unseres Lebens Gottes Spuren sichtbar werden; daß unter unseren Pfaden die tiefen Schächte der Ewigkeit sind. Und jeder Schritt bringt ein leises Echo aus der Ewigkeit zurück. Es heißt nur, die tiefe, reine Gestalt dieser Zeiten zu verstehen und in unserer Lebensführung darzustellen, so werden wir mitten in der Zeit auf die heilige Gegenwart Gottes stoßen. »Meine Zeit steht in deinen Händen« [Ps. 31,16]. Meine Kindheit, meine Jugend, mein Mannestum und mein Greisenalter. Dienet eurer Zeit, der Gegenwart Gottes in eurem Leben. Gott hat eure Zeit geheiligt. Jede Zeit, recht verstanden, ist unmittelbar zu Gott. Und Gott will, daß wir ganz sind, was wir sind.

*Sei ganz Kind*, solange du Kind bist, in Spiel und Freude, in Empfänglichkeit und Dankbarkeit, in Hingabe an den Willen derer, die du lieb hast. *Sei ganz Knabe*, in der Selbständigkeit und Sicherheit, in Mut und Trotz, die dem Knaben eignet. In Kraft, doch auch in der Unterordnung gegenüber dem, den du als deinen Führer verehrst. Und sofern du den Sinn dieser deiner Zeit, die Gott dir gibt, erfüllst, bist du gegründet an den Tiefen der Ewigkeit. Trage ganz die Freuden und die Leiden deiner Werdezeit. Erfülle das Wesen dessen, was Jugend ist, in ihrer Not und in ihrer Freiheit. So ruht Gottes Wohlgefallen auf dir. So bist du von der Zeit zur Ewigkeit durchgedrungen. *Seid Männer und Frauen*, beides ganz, in ihrer

gottgeschaffenen Wesenheit. Seid Menschen mit eigenem Willen, mit ihren Leidenschaften und ihren Sorgen, ihrem Glück und ihrer Not, ihrem Ernst und ihrem Leichtsinn, ihrem Jubel und ihrem Jammer.
*Gott will Menschen sehen und nicht Gespenster, die den Erdboden scheuen.* Gott hat die Erde geliebt und hat uns aus Erde gemacht. *Er hat die Erde zu unserer Mutter gemacht,* er, der unser Vater ist.[1] Wir sind nicht als Engel geschaffen, sondern als Erdenkinder mit Schuld und Leidenschaft, mit Kraft und Schwächen. Aber wir sind gottgeliebte Erdenkinder, von Gott geliebt gerade in unserer Schwäche, in unseren Leidenschaften, in unserer Schuld. Gerade in unserer trotzigen Stellung auf der Erde – in der Zeit, in unserer Zeit – hat Gott uns lieb. *Gerade im Festhalten an unserer Mutter Erde und dem, was sie beschert hat,* in der Solidarität mit dem Menschengeschlecht, auch dort, wo es schwach ist, in Bruderschaft zu unserer eigenen kleinen, schwachen Zeit – will Gott uns haben. Und leuchtet uns etwas von der Ewigkeit, die alle Zeit zunichte macht, ins Herz.
Es gibt eine alte griechische Sage vom *Riesen Antäus*[2], der so stark war, daß niemand ihn bezwingen konnte. Viele hatten den Kampf versucht und waren unterlegen. Bis einer kam, der im Kampf den Riesen vom Erdboden aufhob, und da auf einmal war es um ihn geschehen; seine Kraft war gewichen, die ihm nur dadurch zufloß, daß er mit festen Füßen auf dem Erdboden stand. Diese Sage vom Riesen Antäus ist überaus tiefsinnig. Nur der, der mit beiden Füßen sich auf die Erde stellt, der ganz Erdenkind ist und bleibt, der nicht hoffnungslose Flugversuche unternimmt zu Höhen, die ihm doch unerreichbar sind, der sich bescheidet mit dem, was er hat und dankbar

1. Vgl. GS V, 179.
2. Vgl. GS V, 179 und GS III, 494 f.

daran festhält, der hat die volle Kraft des Menschentums. Der dient der Zeit, und damit der Ewigkeit.
Dann aber wird es uns geschehen, daß wir in der Zeit, aus ihrer Vergänglichkeit heraus, immer wieder die Augen wenden auf die Zeit, die am Ende der Zeit kommt. Dienet der Zeit, der Stunde, die Gott mit eurem Volk, mit euch selbst haben will. Seid Menschen der heiligen Gegenwart, die nie wiederkehrt, wie jener barmherziger Samariter Mensch der Gegenwart war, auf daß ihr Menschen der Ewigkeit werdet.
Der Herr der Zeiten ist Gott. Der Zeiten Wendepunkt ist Christus. Der rechte Zeitgeist ist der Heilige Geist.

## Das Leben gewinnen

20. nach Trinitatis, 21. Oktober 1928[1]

*Lukas 17,33: Wer da sucht, seine Seele zu erhalten, der wird sie verlieren; und wer sie verlieren wird, der wird ihr zum Leben helfen.*

Wer sich noch erinnern kann seiner Jugendzeit in den Werdejahren oder wer sich viel mit jungen Menschen in diesen Jahren beschäftigt, der weiß, daß es in diesem Alter für die Jugend nur eine einzige Frage gibt, die dann zum Mittelpunkt alles Denkens und Handelns wird. Der jugendliche Mensch unterscheidet sich vom Kind dadurch, daß sich seine Seele gleichsam spaltet, daß er sich

1. In der deutschen Gemeinde in Madrid gehalten.

selbst zum Gegenstand seiner Beobachtung wird. Das heißt, daß er das Rätsel in seiner ganzen Tiefe empfindet, daß er ein Ich ist. Wie vor einem Abgrund, in dem es brodelt und wogt und tobt, steht der Mensch nun da und überwältigt starrt er hinein in das, was da so leidenschaftlich wirkt und treibt. Und muß erkennen, daß dies alles er selbst, sein eigenes Ich ist. Eine neue Welt hat sich dem Menschen aufgetan, die Welt der Seele, der eigenen Seele, die größer und eindrucksvoller [ist] als die große Welt da draußen. Das ist *mein* Ich, das ist *meine* Seele?! Das unheimlich Starke, das unberechenbar Zügellose, das dämonisch mich Überfallende – das bin ich? Nein, ich bin's nicht. Es ist ein anderes, Grauenhaftes, das mich in seinen Bann zog. Und wieder – doch, ich bin's, denn in mir brodelt's und wogt's ja so. Warum bin ich denn gerade ich? Was bin ich denn eigentlich überhaupt? Wer bin ich? Wozu bin ich? Woher bin ich? Was soll ich? Was werde ich? Dies [sind] die Fragen, die die Menschheit nicht mehr loslassen von ihrem Erwachen an. Der Mensch fühlt sich überfallen von einer Übermacht, von einer ganzen Welt, von seinem eigenen Ich. Und nun beginnt er zu forschen und zu suchen und zu grübeln und schreitet von Entdeckung zu Entdeckung mit seiner eigenen Seele. Und immer unheimlicher wird's ihm zumute. Angst und Furcht ergreift ihn vor sich selbst. Der Jammer des Menschseins greift ihm zum ersten Mal ans Herz und es krampft sich zusammen in seiner Not, in seiner Unerlöstheit. Und schreit nur nach einem: nach Befreiung von dem Dämon Ich, nach Herrschaft über ihn, nach Erlösung. Wie erlöse ich mein Ich? Wie werde ich frei? Das ist die Grundfrage menschlichen Denkens und Handelns überhaupt. Wie forme ich das Formlose? Gestalte das Ungestaltete? Wie werde ich Herr über das Chaos?

Wem diese Frage noch nicht auf der Seele gebrannt hat oder in wem sie völlig verstummt ist durch die Macht der

Gewohnheit, der kann keinen Hauch verspüren von dem, was Religion ist und geben kann. Über jenem alten griechischen Tempel standen die Worte: γνῶθι σεαυτόν, erkenne dich selbst! Und der Gedanke war: So wirst du Herrschaft über dein Ich bekommen. Und doch ist's eine Erfahrung, die jeder von uns machen kann, daß er sich nie in seinem Leben kennen lernt. Wir sind und bleiben uns unbekannt – gekannt allein von Gott. Die Selbstzergrübelung ist Selbstzerfleischung. Das erfährt jeder einmal: Verzweiflung statt Erlösung. So muß denn ein anderer Weg beschritten werden zur Ich-Erlösung; statt der Selbsterkenntnis Selbstbeherrschung, Selbstbildung durch den Willen.

In diesem Willen zur Seelenbildung glaubt man nun, den Willen Gottes wirklich getroffen zu haben. So besteht denn das Leben vieler Christen allein daraus, an ihrer Seelenerhaltung, an ihrer Seelenpolitur zu arbeiten. Im Vordergrund alles Interesses steht die eigene Seele, das eigene Seelenheil. Alles andere tu ich nur um meiner Seele willen. Dies scheint die höchste Blüte christlicher Seelenbildung. Und es ist in Wirklichkeit nichts als höchster Egoismus in Reinkultur, vergeistigt und verkappt, darum aber um so gefährlicher. Und nun hören wir das Textwort: »Wer seine Seele zu erhalten sucht, der wird sie verlieren . . .« Das ist die radikale Umkehrung des humanistischen Gedankens. Nicht Seelenbildung, nicht Menschenkultur, nicht sittliche Politur, sondern Hingabe der Seele an ein anderes. Nicht die Seele der Mittelpunkt der Welt, sondern das, dem sie sich opfert.

Es ist eine untrügliche Erfahrung, die jeder macht, den einmal eine Leidenschaft gefaßt hat, sei es die Leidenschaft des Denkens oder die Leidenschaft des intensiven Wollens, sei es die Leidenschaft für den Beruf, sei es die Leidenschaft für eine andere Person. Dort, wo der Mensch weggerissen wird von dieser Leidenschaft, wo er auf einmal gar nicht mehr sich selbst spürt, sondern nur noch das andere oder den anderen, wo seine Seele untertaucht in der Sache oder in der Seele des Geliebten, dort wo der Mensch nicht mehr er selbst ist, da weiß er sich auf einmal in unbegreiflicher Weise neu geschaffen, als ein anderes, neues, besseres Selbst. Es ist der gottgewollte Sinn jeder Leidenschaft, der des Berufes und der zum anderen Menschen, daß in ihr die Person untergeht und im Untergehen neu geschaffen wird; daß sich die Seele dort läutert, wo sie ausgelöscht wird von einem anderen, dem sie sich hingibt. Hier liegt der unerschöpfliche Segen unserer Berufsarbeit. Und hier liegt zugleich der Fluch begründet, der auf der *Maschine* lastet, die den Menschen, der tagaus tagein an ihr arbeitet, selbst zu einem Teil des Mechanismus macht, zu dem er nie in persönlich leidenschaftliche Beziehung treten kann. Von hier aus bekommt das Wort *Beruf* seinen ursprünglichen, religiösen, ewigen, heiligen Sinn wieder. Weh dem Mann und der Frau, die nie etwas davon verspürten. Weh dem Geschlecht, das es dem Menschen verwehrt, im Beruf sich zu geben und zu finden. Von hier aus brechen in der Freundschaft, in der Ehe und Familie und in jeder menschlichen Beziehung Quellen der Ewigkeit auf. Sich hingeben dürfen, sich vergessen [und] verlieren dürfen, sich beugen dürfen unter den Anspruch des Nächsten in opfernder Leidenschaft, in leidenschaftlichem Opfer – und sich hier auf dem Altar der Hingabe des Äußersten selbst nun wieder finden zu dürfen, das ist Seligkeit, das ist Gnade Gottes. »Wer seine Seele erhalten will, der wird sie verlieren ...« Euch Jungen/»Ich« der Kirche ...

Ja, aber was wird aus meiner eigenen Seele, wenn ich mich ganz dem anderen hingebe? Sie wird roh, ungebildet, ungehobelt bleiben! Nun, so laß deine Seele eckig und rauh. Da hilft ja auch das beste Polieren immer nur kurz. Kommt es denn furchtbar viel darauf an, wie deine Seele

aussieht? Oder kommt es etwa [nicht] mehr darauf an, daß du den Willen Gottes tust? Daß du dich in den Läuterungsprozeß hinein begibst, den Gott dir auferlegt? Nur nicht so ängstlich auf dein Seelenheil schauen. Schau nur allein auf das, was Gott dir aufgibt, jeden Augenblick neu und anders. Und überlaß ihm deine Seele. Er weiß schon besser damit umzugehen als du.
Von Erlösung des Ich wollten wir reden. Haben wir schon ganz gesagt, was das christlich [gesehen] bedeutet? Wir haben von mancherlei geredet, an das man seine Seele verlieren kann. Das alles aber ist beschlossen in dem einen: Seine Seele an Gott verlieren, an den Willen Gottes. Was ist das für [ein] Paradox: Nicht seine Seele für Gott erhalten, sondern sie verlieren! Das heißt, gar nicht mehr auf seine Seele, nur noch auf Gott schauen und unsere Seele seinen Händen überlassen. Meine Seele verlieren: Das heißt meinen Willen verlieren, meine Pläne und meine Gedanken an Gottes Willen, Pläne und Gedanken. Nur hier findet das Erlösungsdrama seinen Höhepunkt und sein Ende. Die Leidenschaft des Ich, dies überwältigend Furchtbare, Dämonische, sie wendet sich auf Gott. In Leidenschaft wirft das Ich sich Gott hin, opfert sich ihm, seinem Willen. Aber es ist wie in jenem Gedicht Goethes, wo sich vom Feueraltar des Selbstopfers eines Menschenlebens aus den Wolken des Rauches ein neuer Mensch erhebt. Das Ich, das sich weggeworfen, geopfert hat, ohne Rücksicht auf sich selbst, zum Heil des anderen, zu Gottes Ehre, es ist in Gott hinein gesunken und von ihm berührt. Es hat die Ewigkeit gekostet und ist neu geworden. Es ist erlöst – nicht durch sich selbst, nur durch Gott. Nicht durch Selbsterhalten, durch Seelenpflege, durch Vollkommenheitsstreben – nur durch Sich-Verlieren und -Vergessen, Sich-Opfern und Sich-Hingeben. Nicht durch Schauen auf die eigenen Mängel und Vorzüge, sondern durch Schauen auf Gottes einzige

Güte. Es ist erlöst mitten in der Welt. Denn nur in der Welt lebt man [für] Gott; nur in der Welt opfert man Gott. In der Welt, das heißt eben am Nächsten. Du, der du dich gibst ganz und gar dem Nächsten, du gibst dich Gott. Du wirst durch deinen Nächsten von Gott erlöst werden. Du hast das Ich gefunden, nach dem du dich sehntest, seit du ein Jüngling warst. Du bist – nein Gott ist Herr geworden über dein Ich. Du hast – nein Gott hat dich aus der Not deines Ich-Lebens gerissen und befreit. Du hast deine Seele an Gott – nein Gott hat seine Liebe an dich verloren. Du bist in Gottes – nein Gott ist in dein Leben eingedrungen. Du hast dich befreit – nein Gott hat dich gebunden, gebunden ...
[Schluß ist verloren gegangen]

## Warten können

1. Advent, 2. Dezember 1928

*Offenbarung 3,20: Siehe, ich stehe vor der Tür und klopfe an.*

Advent feiern heißt warten können. Warten ist eine Kunst, die unsere ungeduldige Zeit vergessen hat. Sie will die reife Frucht brechen, wenn sie kaum den Sprößling setzte. Aber die gierigen Augen werden nur allzu oft betrogen, indem die scheinbar so köstliche Frucht von innen noch grün ist. Und respektlose Hände werfen undankbar beiseite, was ihnen so Enttäuschung brachte. Wer nicht die herbe Seligkeit des Wartens, das heißt des

Entbehrens in Hoffnung kennt, der wird nie den ganzen Segen der Erfüllung erfahren. Wer nicht weiß, wie es einem zumute ist, der bange ringt mit den tiefsten Fragen des Lebens, seines Lebens, und wartend, sehnend ausschaut, bis sich die Wahrheit ihm entschleiert, der kann sich nichts von der Herrlichkeit dieses Augenblicks, in dem die Klarheit aufleuchtet, träumen. Und wer nicht um die Freundschaft, um die Liebe eines anderen werben will, wartend seine Seele aufschließt der Seele des anderen, bis sie kommt, bis sie Einzug hält, dem bleibt der tiefste Segen eines Lebens zweier Seelen ineinander für ewig verborgen. Auf die größten, tiefsten, zartesten Dinge in der Welt müssen wir warten. Da geht's nicht im Sturm, sondern nach den göttlichen Gesetzen des Keimens und Wachsens und Werdens.

Freilich, warten kann nicht jeder: Nicht der Gesättigte, Zufriedene und nicht der Respektlose. Warten können nur Menschen, die eine Unruhe mit sich herumtragen; und Menschen, die zu dem Größten in der Welt in Ehrfurcht aufblicken. So könnte Advent nur der feiern, dessen Seele ihm keine Ruhe läßt, der sich arm und unvollkommen weiß und der etwas ahnt von der Größe dessen, was da kommen soll; vor dem es nur gilt, sich in demütiger Scheu zu beugen, wartend, bis er sich [zu] uns neigt – der Heilige selbst, Gott im Kind in der Krippe.

Gott kommt. Der Herr Jesus kommt. Weihnachten kommt. Freue dich, o Christenheit! So klingt's heute zum ersten Mal wieder zu uns herüber. Aber schon wollen wir in der Ferne hören den Engelsgesang von [der] Ehre Gottes und dem Frieden auf Erden. Aber noch ist's nicht so weit. Noch heißt's: Lerne warten! und: Warte recht! Mach die Wartezeit zu einer seligen Zeit des Vorbereitens.

Wenn der Advent wieder kommt und wir die alten Weihnachtslieder wieder singen und hören, da beschleicht uns heimlich ein sonderbares Gefühl. Da werden die härtesten Herzen weich. Da spüren wir etwas, wie wir's als Kinder kannten, wenn wir fort waren von der Mutter; etwas wie Heimweh nach vergangenen Zeiten, fernen Orten, und doch so ein seliges Heimweh ohne Härte, ohne Verbissenheit. Und es sehnt sich in uns etwas hinaus, weiter als in vergangene Jahre, als in's Elternhaus, ja nach der Heimat jenseits der Wolken, hin zu einem ewigen Vaterhaus. Es legt sich etwas auf uns von dem Fluch der Heimatlosigkeit, der auf der Welt lastet, des ewigen Wandern-Müssens ohne Ziel und Ende. Um uns sehen wir winterliches Sterben und Erkalten. Und in uns sehen wir etwas, das uns unheimlich aus tausend furchtbaren Augen ansieht, das Böse, das uns immer wieder in die Welt hineinbannt, über das wir nicht hinaus kommen mit der größten Anstrengung. Die beiden wirklichsten Wirklichkeiten, von denen wir an den beiden letzten Sonntagen des alten Kirchenjahres gesprochen haben, sie legen sich nun zu Beginn des neuen noch einmal zentnerschwer auf die Seele: das Böse und der Tod. Wer schafft hier Hilfe? Wer schafft hier Erlösung?

Der soll unser Herr sein, der uns erlöst vom Bösen und vom Tod. Und es entringt sich der Brust der Seufzer: Komm du, Gott selbst, Herr Jesus Christus, komm hinein in unsere Welt, in unsere Heimatlosigkeit, in unsere Sünde, in unseren Tod. Du selbst komm und teile mit uns, sei Mensch wie wir und überwinde für uns. Komm mitten in mein Böses hinein, in meine tägliche Untreue. Nimm teil an meiner Sünde, die ich hasse und doch nicht lasse. Sei mein Bruder, du heiliger Gott. Werde mein Bruder-Mensch im Reich des Bösen und Leidens und Sterbens. Komm mit in mein Sterben, in mein Leiden und Kämpfen. Und mach du mich heilig und rein trotz des Bösen, trotz des Todes. Und es antwortet uns am heutigen Tage eine leise Stimme: »Siehe, ich stehe vor der Tür und

klopfe an«! Und durchfährt uns nicht ein Beben bei diesem Wort? Der Geist, den wir riefen, der Geist der Welterlösung, er ist nicht weit. Er ist vor der Tür und klopft an. Ist längst da, wartet nur, bis ihm aufgetan wird. Der Herr kommt. Gott kommt, kommt zu uns. Freilich, eine leise Stimme ist's, die da spricht. Und wenige hören sie. Da lärmen die Marktschreier und Anpreiser ihrer faulen Ware zu laut. Jeder will zuerst durch die Tür in Hast und Ungeduld. Und weh dem, der da nicht achtgibt auf diese Pforte, daß ihm nicht allerlei geputztes Gesindel das Haus füllt. Und unter all dem, was sich uns aufdrängt, steht in Geduld der königliche Wanderer, unerkannt und still. Ganz leise pocht er an. Hörst du es wohl?
Du meinst, er pocht an deiner Tür nicht an? O, so laß erst einmal all die lauten Stimmen schweigen und höre scharf hin, ob er nicht doch auch an deiner Herzenstür anklopft, er, der dein Herz zu seinem eigenen machen möchte, der bei dir ein stiller Gast werden will. Jesus klopft an bei dir und bei mir. Es gilt nur, die Ohren aufzutun und einmal in sich hinein zu hören. Jesus kommt gewiß, kommt auch in diesem Jahr, kommt auch zu uns.
Wenn die alte Christenheit vom Wiederkommen des Herrn Jesus redete, so dachte sie zunächst immer an einen großen Gerichtstag. Und so unweihnachtlich uns dieser Gedanke erscheinen mag, er ist urchristlich und überaus ernst zu nehmen. Wenn wir Jesus bei uns anklopfen hören, so schlägt uns zunächst das Gewissen. Sind wir denn recht bereitet? Ist unser Herz imstande, zur Wohnung Gottes zu werden? So wird uns die Adventszeit zur Zeit der Einkehr. »Mit Ernst, o Menschenkinder, das Herz in euch bestellt«, wie das alte Lied singt [Valentin Thilo]. Es ist sehr merkwürdig, daß wir dem Gedanken, daß Gott selbst kommt, so ruhig gegenüber stehen, während früher Völker gezittert haben vor dem Tag Gottes, während die Welt in Beben geriet, als Jesus Christus über

die Erde ging. Es ist darum so merkwürdig, als wir Gottes Spuren auf der Welt so oft zusammen mit den Spuren menschlicher Leiden, des Kreuzes auf Golgatha sehen. Wir haben uns an den Gedanken der göttlichen Liebe und des weihnachtlichen Kommens so gewöhnt, daß wir nicht mehr den Schauer spüren, den Gottes Kommen in uns wachrufen sollte. Wir sind abgestumpft gegen die Botschaft, nehmen nur das Willkommene, Angenehme davon auf und vergessen den gewaltigen Ernst dessen, daß der Weltengott sich den Menschen auf unserer kleinen Erde nähert und nun uns beansprucht. Das Kommen Gottes ist wahrhaftig nicht nur Freudenbotschaft, sondern zunächst eine Schreckensnachricht für jeden, der ein Gewissen hat.

Und erst, wenn wir den Schrecken der Sache empfunden haben, können wir die unvergleichliche Wohltat erkennen. Gott kommt, mitten hinein in das Böse, in den Tod und richtet das Böse in uns und in der Welt. Und indem er es richtet, liebt er uns, reinigt er uns, heiligt er uns, kommt er zu uns mit seiner Gnade und Liebe. Er macht uns froh, wie nur Kinder froh sein können. Er ist, will nun immer bei uns sein, wo wir auch sein mögen, in unserer Sünde, in unserem Leid und Tod. Wir sind nicht mehr allein. Gott ist bei uns. Wir sind nicht mehr heimatlos. Ein Stück der ewigen Heimat ist in uns selbst eingezogen. Darum können wir Erwachsenen uns unterm Weihnachtsbaum so tief im Herzen freuen, vielleicht viel mehr als die Kinder es können. Wir ahnen, daß Gottes Güte uns wieder einmal [unsichere Lesart] nahe kommt, denken an all das, was uns im letzten Jahr an Gottes Güte in den Weg trat, und spüren etwas von der wundersamen Heimat, von der der wundersame Baum redet. Jesus kommt in Gericht und Gnade. Siehe, ich stehe vor der Tür. Machet die Tore weit!

Jesus steht vor der Tür und klopft an. Du willst ihn sehen,

würdest vielleicht alles darum geben, ihn einmal bei dir, ganz wirklich bei dir zu haben. Nicht nur so im Inneren, sondern körperlich-wirklich. Aber freilich, wie soll das möglich werden? Jesus kannte den Menschen und seine Schausucht, seinen Wunsch nach dem Greifbaren. Und so hat er in einem grandiosen Gleichnis davon erzählt, wie er von Tag zu Tag in aller Wirklichkeit noch auf der Erde wandert. Wie wir ihn bei uns haben können, wenn wir wirklich *ihn*, nicht irgendein Bild unserer Phantasie haben wollen. Einst im Jüngsten Gericht wird er die Böcke und Schafe scheiden und wird zu denen zu seiner Rechten sprechen: »Kommt, ihr Gesegneten ..., ich bin hungrig gewesen ...« [Matth. 25, 34 ff]. Auf die erstaunte Frage [wann? wo?]: »Was ihr einem dieser Geringsten getan habt ...« [V. 40]. Damit sind wir vor die erschreckende Wirklichkeit gestellt. Jesus steht vor der Tür und klopft an, ganz in Wirklichkeit. Er bittet dich in der Gestalt des Bettlers, des verkommenen Menschenkindes in den verlumpten Kleidern um Hilfe. Er tritt dir gegenüber in jedem Menschen, der dir begegnet. *Christus wandelt auf der Erde, so lange es Menschen gibt, als dein Nächster, als der, durch den Gott dich anruft, anspricht, Ansprüche stellt.* Das ist der größte Ernst und die größte Seligkeit der Adventsbotschaft. Christus steht vor der Tür. Er lebt in Gestalt des Menschen unter uns. Willst du ihm die Tür verschließen oder öffnen?

Sonderbar mag es uns vorkommen, in so nahem Antlitz Jesus zu sehen. Aber er hat's gesagt. Wer sich diesem Wirklichkeitsernst der Adventsbotschaft entzieht, kann auch vom Kommen Christi in sein Herz nicht reden. Wer nicht aus dem Kommen Christi lernt, daß wir alle Brüder sind durch Christus, durch Gott, der hat vom Sinn des Kommens nichts verstanden.

Christus klopft an. Noch ist nicht Weihnachten. Aber noch ist's auch nicht der große letzte Advent, das letzte

Kommen Christi. Und durch alle Advente unseres Lebens, die wir feiern, geht die Sehnsucht nach dem letzten Advent, wo es heißt: »Siehe, ich mache alles neu« [Off. 21,5]. Adventszeit ist Wartezeit. Unser ganzes Leben aber ist Advents-, das heißt Wartezeit auf's Letzte. Auf die Zeit, da ein neuer Himmel und eine neue Erde sein wird. Da die Menschen alle Brüder sind und man es jubelt, die Worte der Engel: »Friede auf Erden und den Menschen ein Wohlgefallen.« Lernt warten! Denn er hat's versprochen zu kommen: Siehe, ich stehe vor der Tür. Wir aber rufen ihn: Ja, komme bald, Herr Jesu! Amen.

## Unter dem bewahrenden Frieden Gottes

Sexagesimae, 3. Februar 1929[1]

*Philipper 4,7: Der Friede Gottes, welcher höher ist denn alle Vernunft, bewahre eure Herzen und Sinne in Christus Jesus.*

Wer es einmal nur verspürt hat, daß die Natur ihn umfing und ihm die Sinne raubte, vielleicht vor einem abendlichen, stillen Waldsee, der uns wie tiefe Kinderaugen in die Seele leuchtete; vielleicht vor der Einfalt einer wundervollen Waldblume, die uns wie ein reiner Gruß der großen Natur an ihre Kinder begegnete; wer es nur einmal verspürte, daß ihm die Schöpfung, die Mutter Erde, das Herz bezwang – der weiß für immer, was ihm fehlt. Der weiß,

1. Abschiedspredigt.

einen wie bitteren Nachgeschmack solche Stunden haben, weiß, daß auch die Tränen der Seligkeit salzig sind. Groß und tief und ernst wird ihm die eine Erkenntnis, daß durch die Welt ein Riß geht. Ein Riß, der dort sichtbar wird, wo der Mensch ist; und der dort verschwindet, wo der Mensch nicht mehr ist, in der Natur. Als Fremdling, ja mehr noch, als Vertriebener und Abgefallener geht der Mensch durch die Welt Gottes. Er sieht gleichsam das Paradies vor sich liegen und ist doch ausgetrieben, kann seine Seligkeit nicht genießen. Er trägt ein Kainszeichen auf der Stirn, das Zeichen des Menschseins, das heißt das Zeichen der Friedlosigkeit.

Ein furchtbarer widergöttlicher Wille hat sich im Menschen aufgebäumt und hat über die Menschheit das grause Schicksal der Friedlosigkeit gebracht. Aber es hat in der Seele des Menschen den brennenden Durst, die quälende Sehnsucht gelassen nach dem Frieden, der doch nur ein Friede mit Gott sein kann. Das Wort vom Frieden hat für uns alle einen wundersamen Klang, so wie wenn es aus einer anderen Welt zu uns herabstiege und von ihr erzählen wollte. Es berührt uns in der tiefsten Seele. Es hat etwas unglaublich Zartes und Starkes an sich. Es macht uns selig und wehmütig zugleich und das darum, weil wir zutiefst ein friedloses Geschlecht sind.

Wir werden von unserem Beruf, unserem persönlichen Leben zerrissen, umhergetrieben, aufgerieben. Wir ringen mit Fragen, die wir nicht lösen können. Wir kämpfen um das Gut, das wir nicht erreichen können. Wir hadern mit unserem Schicksal und suchen doch im Grunde nur eines: Hinauskommen über diese dämonische Unruhe in uns und hineinwachsen in den Frieden. »Ach, ich bin des Treibens müde. Was soll all der Schmerz, die Lust? Süßer Friede, komm, ach komm in meine Brust« (Goethe). Aber wir müssen uns selbst nur recht verstehen. All unser Hasten und Jagen, Schaffen und Streben, Sorgen und

Grübeln sehnt sich ja nicht nach einem Frieden, wie ihn uns die Befriedigung irgend eines Wunsches geben kann, sondern nach dem Frieden, den nur Gott über unsere Herzen bringen kann, nach dem endgültigen, dem ewigen Frieden Gottes. Wir spüren den Riß zwischen uns und dem Unendlichen und wissen, daß dieser Riß, das heißt unsere Gottlosigkeit und -verlassenheit der Grund für unsere Schwäche, unsere Friedlosigkeit, unsere Unruhe ist. Und all unser Schaffen geht im Grunde auf gar nichts anderes aus, als diesen Riß zu überwinden. Täuschen wir uns doch nicht über uns selbst. Wir können ja gar nichts anderes wollen als den Frieden Gottes, wie die Blumen nichts anderes wollen können als die Sonne. Gott hat uns auf ihn hin gerichtet, mit den alten Worten des Kirchenvaters: »Gott, du hast uns zu dir hin geschaffen. Und unser Herz ist unruhig in uns, bis es Ruhe findet in dir« [Augustin]. Die Welt lechzt nach Gottes Frieden, will den Friedensbogen der göttlichen Gnade nach dem Gewitter leuchten sehen und kommt doch nicht hinaus über die Unruhe und Hast. Denn sie ist eine abgefallene Welt, über die das unerbittliche Geschick der Friedlosigkeit verhängt ist. Die ganze Menschheit gleicht dem Juden Ahasverus, der nach der alten Sage Gott gelästert hat und nun in ewiger Wanderschaft ohne Heimat, ohne Rast, in ewiger Friedlosigkeit sein Leben dahinbringen muß.
Aber mit elementarer Gewalt bricht immer wieder in der Menschheit der Ruf nach dem Frieden durch, zum erstenmal mächtig und stark im alten Prophetentum, und nun in jüngster Zeit wieder allüberall in der Sehnsucht nach dem Weltfrieden. Aber so schön und ernst gemeint all diese Hoffnungen sind, sie erkennen nicht, daß der Friede, den wir brauchen, der Friede ist, der von der Ewigkeit herabkommt, der Friede Gottes mit seiner Menschheit, mit jedem einzelnen von uns. So lange du von diesem Frieden nicht weißt, ist alles andere nur Scheinfriede, hast du die

Tiefe deines eigenen friedlosen Lebens noch gar nicht verstanden. »Lasset euch versöhnen mit Gott« [2. Kor. 5, 20], ruft uns das Neue Testament zu. Bittet um seinen Frieden für euch und für die Welt. Euer Leben strebt zur Einheit, zur Harmonie. Wo anders findet ihr sie als in Gottes Frieden? Euer Leben ist geplagt von Angst und Unruhe. Wo anders wird sie gestillt als im ewigen Frieden Gottes?

Fragt einer, was denn dieser Friede sei, so kann ich nur auf Vergängliches als Gleichnis für Unvergängliches hinweisen. Weißt du etwas vom Frieden eines schlafenden Kindes? Weißt du etwas vom Frieden, den der Mann findet fern von aller Leidenschaft, wenn er der geliebten Frau, den der Freund findet, wenn er dem treuen Freund ins Auge sieht? Weißt du etwas vom Frieden, den ein Sohn im Arm seiner Mutter fühlt? Vom Frieden, der auf so manchem gereiften Antlitz ruht, wenn es zum Sterben geht? Weißt du etwas vom Frieden der Abendsonne und der alles bedeckenden Nacht und der ewigen Sterne? Und weißt du etwas vom Frieden dessen, der am Kreuze starb? So nimm das als vergängliches Zeichen, als schwaches Symbol für das, was der Friede Gottes ist. Frieden haben heißt, sich getragen wissen, sich geliebt wissen, sich behütet wissen, heißt still, ganz still werden können. Mit einem Menschen Frieden haben heißt, auf seine Treue unerschütterlich bauen können. ⟨Aber der Weg zum Frieden heißt bei Mensch wie bei Gott: Vergebung. Nur wo eine Ehe, eine Freundschaft auf der gegenseitigen Vergebung aufgebaut ist, kann es Frieden geben. Vergeben aber kann der Mensch nur dort, wo er sich von Gott vergeben weiß. Das heißt aber, tiefsten Frieden gibt es zwischen Menschen nur dann, wenn Gott selbst mit den Menschen Frieden geschlossen hat⟩; heißt sich mit ihm eins wissen, sich von ihm vergeben wissen. Frieden haben heißt, eine Heimat haben in der Unruhe der Welt, heißt festen Boden unter den Füßen haben. Da mögen nun die Wellen branden und toben, sie können mir meinen Frieden nicht mehr rauben. Mein Friede hat mich frei gemacht von der Welt, stark gemacht gegen die Welt, reif gemacht für die andere Welt. Daß wir aber solchen Frieden mit Gott haben sollen, das ist eine Sache, die über alles menschliche Begreifen, über alle Vernunft geht. Der Friede Gottes aber ist ein Friede, der höher ist als alle Vernunft.

Wer kann es fassen, daß der ewige Gott mit ihm, gerade mit ihm, der unzählige Male abgefallen ist, der ist wie ein Blatt, das der Wind verweht, wie ein Sandkorn am Meer, einer von vielen, einer wie andere auch, ersetzlich wie jeder Teil der gewaltigen Maschine, daß Gott mit ihm Frieden gemacht hat? Daß er zu ihm spricht: Komm heraus aus der Hast und der Angst und der Unruhe der Welt, zu mir und zu meinem Frieden. Gib mir dein geplagtes, friedloses Herz und ich will die Wunden heilen und ihm den Frieden Gottes geben. »Kommt her zu mir alle, die ihr mühselig und beladen seid. Ich will euch erquicken. So werdet ihr Ruhe finden für eure Seelen« [nach Matth. 11, 28 f].

Der Friede Gottes ist die Treue Gottes unserer Untreue zum Trotz. Im Frieden Gottes sind wir geborgen, behütet und geliebt. Freilich, er nimmt uns unsere Sorge, unsere Verantwortung, unsere Unruhe nicht völlig ab. Aber hinter all dem Treiben und Sorgen ist der göttliche Friedensbogen aufgegangen. Wir wissen unser Leben getragen und in Einheit mit dem ewigen Leben Gottes. Wir wissen, daß der Riß, den wir immer wieder schmerzlich empfinden müssen, nur ein immer erneuter Hinweis darauf ist, daß Gott den Riß geschlossen hat, daß er uns in sein Leben hineingezogen [hat], so wie wir sind, als Menschen der Erde, als Menschen mit Herzen und Sinnen, das heißt in der Sprache der Bibel: mit Leidenschaften und Nöten, mit

den Eindrücken der Welt befangen. »Der Friede Gottes, welcher höher ist als alle Vernunft, bewahre unsere Herzen und Sinne in Christus Jesus.« Er bändige unsere Leidenschaft, er nehme in Zucht unsere Gedanken und unseren Willen und führe uns zu dem Frieden Jesu Christi, der gesprochen hat, der sich uns gegeben hat in der Nacht von Golgatha: »Meinen Frieden gebe ich euch. Meinen Frieden lasse ich euch. Nicht gebe ich, wie die Welt gibt. Euer Herz erschrecke nicht und fürchte sich nicht« [Joh. 14, 27]. Der Friede Gottes aber ist größer als alles, was wir von ihm sagen können. Er steht über allem menschlichen Wollen und Denken. Er hat die Welt versöhnt. Er verbindet, was getrennt war. Er heilt, was wund war. Er bewahrt unsere Herzen und Sinne in Christus Jesus.
Liebe Freunde, was könnte ich heute, da ich zum letzten Mal von dieser Kanzel zu euch sprechen soll, für einen größeren Wunsch für euch auf dem Herzen tragen, als daß dieser Friede über euch komme, bei euch einziehe und wohnen bleibe; daß Gott euch zu Menschen seines großen Friedens mache, die in ihm ruhen mitten im Treiben der Dinge der Welt; daß dieser Friede eure Seele kläre und reife, daß sie selbst etwas ausstrahle von dem Glanz und der Reinheit des Friedens, den Gott in unser Herz gibt, ausstrahle in andere friedlose Seelen hinein; daß einer dem anderen, der Freund dem Freunde, der Gatte dem Gatten, die Mutter dem Kinde Bringer dieses göttlichen Friedens werde. Noch stehen wir mitten drin in der Unruhe des Lebens. Und nur in den stillen Stunden unserer Seele empfangen wir immer wieder den Frieden Gottes. Einst aber wird Gott ein Reich aufrichten, in dem der Friede König ist, ein ewiges Friedensreich; nicht von dieser Welt, sondern von der Welt, aus der der Friede stammt. Und zu diesem Reich werden geladen werden alle, die schon hier im Frieden Gottes gelebt haben, deren Leben in der Ewigkeit wurzelte. Aus diesem ewigen

Reich aber dringt ein Strahl des Friedens durch die Wolken hindurch und in diesem Strahl ahnen wir das Reich. Dieser Strahl falle auf uns, in uns. Der Friede Gottes [komme] auf [euch] hernieder und bewahre eure Herzen und Sinne in Christus Jesus und führe euch zum ewigen Reich.

Meine Lieben, es ist die Abschiedsstunde für mich aus eurem Kreise gekommen. Ein Jahr der Tätigkeit in der Gemeinde liegt hinter mir, ein Jahr, in dem ich so viel geben wollte, wie ich konnte. Es war das erste Jahr meiner praktischen Tätigkeit und ich habe in ihm die ganze Schönheit und den ganzen Ernst unseres Berufes zu spüren bekommen. Es ist eben eine große Sache, von Gott reden zu sollen und doch zu wissen, daß man mit menschlichen Worten höchstens den Saum seines heiligen Gewandes berühren kann. Und daß es seine Gnade ist, wenn er etwas ausrichten will zu seiner eigenen Ehre. Manches Mal bin ich mit bangem Herzen auf die Kanzel gegangen: Werde ich das rechte Wort finden? Da hat immer wieder das eine Wort geholfen vom Frieden Gottes, der über alle Vernunft ist und wirkt und schafft auf seine freie Weise. Ich brauche es wohl nicht mehr zu sagen, daß ich die Gemeinde, in der mir dies Erlebnis zugewachsen ist, nicht mehr vergessen werde und daß mich heute eine tiefe Dankbarkeit für das verflossene Jahr bewegt. Ich danke es zunächst Herrn Pfarrer Olbricht, daß ich dies Jahr durch ihn und mit ihm erleben durfte. Ich danke ihm wie Ihnen allen für alle Liebe, alles Vertrauen, alle Freundlichkeit, alle treue Freundschaft, die mir in diesem Jahr geschenkt wurde und die mich reich gemacht hat für mein ganzes Leben. Und [wenn] mich nun jetzt ein anderes Arbeitsfeld von euch fort ruft, so nehm[t es] als das Sinnbild für unser ganzes Leben, das ein Wandern ist. Und ich nehme Abschied mit meinem Lieblingsvers, den ich schon manches Mal von hier zu euch gesprochen habe:

Ein Tag, der sagt dem andern,
mein Leben sei ein Wandern
zur großen Ewigkeit (Tersteegen).

[Auf einem in das Predigtmanuskript eingelegten Zettel findet sich folgender Zusatz: Die Maschinen sausen und lärmen. Die Pulse der Welt hämmern wild und beängstigend. Die kalten Leidenschaften sind aufgeputscht wie ein Meer vom Sturm. Die Menschheit gleicht einem Schwerkranken, dessen fiebrige Augen und Hände, dessen gebrochene Stimme nur den einen gierigen Ruf: »Geschäft und Geld und Fortkommen« durch die Welt schreien. Die Welt ist friedlos und unser Einzelleben ist friedlos.]

## Sterben und Leben angesichts der Verheißung

4. Advent, 21. Dezember 1930[1]

*5. Mose 32, 48–52: Und der Herr redete mit Mose desselben Tages und sprach: Gehe auf das Gebirge Abarim, auf den Berg Nebo, der da liegt im Moabiterland, gegenüber Jericho, und schaue das Land Kanaan, das ich den Kindern Israel zum Eigentum geben werde, und stirb auf*

1. Predigt in Havanna, wo D. B. während seines Studienaufenthaltes am Union Theological Seminary in New York die Weihnachtstage verbrachte; s. Biographie, 188.

*dem Berge, auf den du hinaufgekommen bist, und versammle dich zu deinem Volk, gleichwie dein Bruder Aaron starb auf dem Berge Hor und sich zu seinem Volk versammelte, darum daß ihr euch an mir versündigt habt unter den Kindern Israel bei dem Haderwasser zu Kadesch in der Wüste Zin, daß ihr mich nicht heiligtet inmitten der Kinder Israel; denn du sollst das Land vor dir sehen, das ich den Kindern Israel gebe, aber du sollst nicht hineinkommen.*[2]

Das ist eine sehr ernste Sache. Aber auch der Advent ist ja eine ernste Sache, und zwar eine ungeheuer ernste Sache. Wir sind ja merkwürdige Menschen. Wenn die Adventszeit wiederkommt, so singen wir vielleicht ein paar Weihnachtslieder mit unseren Kindern zu Haus, eilen und hasten, daß wir unsere Weihnachtseinkäufe fertig bekommen, schreiben ein paar Weihnachtsgrüße. Und wenn wir dann all die Weihnachtsfeiern in Vereinen und Gesellschaften hinter uns haben, ziehen wir fröhlich-lächelnd ins Land der Verheißung, ins Weihnachtsland ein.
Mose aber starb auf dem Berg, von dem aus er das Land der Verheißung nur aus der Ferne grüßen durfte. Wenn in der Bibel von Verheißungen Gottes geredet wird, dann geht es um Sterben und Leben. Wenn wir davon reden, so geht es meist um ein paar fröhliche Familientage. Gott sprach zu Mose: Geh auf das Gebirge Abarim und stirb auf dem Berg angesichts der Verheißung. Und Mose war der Prophet Gottes, der Mann, den Gott erwählt hatte, um sein Volk aus dem Hause der Knechtschaft, aus Angst und Schrecken in die Freiheit zu führen. Mose hatte einst [im Manuskript: dereinst] in der Felsspalte stehend das Geheimnis der Herrlichkeit Gottes schauen dürfen. Er

2. Siehe auch das Gedicht »Der Tod des Mose« vom September 1944, GS IV, 613–620.

hatte vom donnernden Sinai die Tafeln des Bundes dem untreuen Volk gebracht. Er hatte, seit Gott ihn berufen, nur eines gewußt und gewollt, das Volk zur Verheißung Gottes führen. Sein Leben war ein Wandern zur Verheißung, ein Wandern in Hoffnung, durch Enttäuschungen, Mühsale, Niederlagen, durch Abfall und Untreue hindurch. Aber es war ein Hunger nach dem Land der Verheißung in ihm, der ihn weiter und weiter trieb. Nun ist er ein Greis. Und nur eines hält ihn noch aufrecht, das Wort Gottes vom Land der Verheißung. Er ist ganz Hoffnung. Und dann endlich kommt die Stunde, wo alles in Erfüllung gehen soll. Alles, was er bisher glaubte, soll nun seine Rechtfertigung, seinen Sinn bekommen. Und nun erzählt die Bibel mit den denkbar einfachsten Worten: »Der Herr redete mit Mose desselben Tages und sprach . . . Und Mose starb nach dem Wort des Herrn.«

Nicht wahr, das ist unheimlich ernst. Wir wissen ja aus unserem kleinen täglichen Leben, was unerfüllte kleine Hoffnungen sind. Jeder von uns könnte davon etwas sagen, sogar unsere Kinder. Einige von uns wissen vielleicht auch von unerfüllten großen Hoffnungen, ich meine Hoffnungen, die wert sind, gehofft zu werden; etwa Hoffnungen, inneren geheimen Schwächen zu entkommen [im Manuskript: zu überkommen], unerkannten Sünden abzusagen. Wie viel verzweifelte Versuche werden da getan, wie inbrünstig wird in solchen Nöten gebetet und wie hart ist es, wenn uns solche Erfüllungen versagt bleiben. »Laß dir an meiner Gnade genügen« [2. Kor. 12,9], wurde Paulus zur Antwort, als er Gott um Erlösung aus schwerem Leiden anrief. Leb in Hoffnung und stirb in Hoffnung. Die Erfüllung bleibt dir versagt. Denken wir an solche Dinge in unserem [Leben] ernsthaft, so spüren wir schon, wie ernst hier die Bibel redet.

Aber es wird noch viel unheimlicher. Warum muß Mose sterben angesichts der Verheißung? Hier sind all die

Worte genannt, die in unserer [unsichere Lesart] Bibel wichtig sind: nicht gehorsam, nicht geheiligt, Sünde, Tod. Das sind Zusammenhänge, die wir nicht mehr sehen. Vor der Verheißung stirbt der Sünder. Mose gehört zu seinem Volk, darum stirbt [er]. Hätten wir die Geschichte zu gestalten gehabt, so hätten wir ihn als ersten mit Jubel ins gelobte Land einziehen lassen. Gott aber spricht: Gehe auf den Berg und stirb. Er hatte gehofft und geglaubt. Er hatte Heimweh nach einer Heimat, die er noch nie gesehen hatte. Jesus spricht: »Selig sind, die da hungert und dürstet nach Gerechtigkeit, [denn sie sollen satt werden«] [Matth. 5, 6]. Mose aber stirbt auf dem Berg angesichts der Verheißung.

Die Sprache, die diese uralte Geschichte redet, ist deutlich. Wer Gott gesehen hat, muß sterben. Vor der Verheißung Gottes stirbt der Sünder. Verstehen wir, was das für uns bedeutet so kurz vor Weihnachten? Weihnachten soll die große Verheißung Gottes erfüllt werden, eine Verheißung, die noch unendlich viel gewichtiger [ist] als die Verheißung des gelobten Landes. Gott hat verheißen, selbst der Erde zu nahen, uns zu nahen; hat verheißen, uns durch sich zur Erlösung, zum Heil, zur Seligkeit zu führen. Wir aber wissen von dieser Verheißung und wir wandern wie Mose. Und müssen doch wissen, daß, wenn Mose sterben mußte, wir ja doch erst recht sterben müßten, wenn Gott nach seinem eigenen Recht mit uns verführe. Aber wir wissen als Christen ja auch, daß wir nicht sterben sollen, sondern leben in der Verheißung; daß die Verheißung unser [Leben] sein soll.

Aber wir können nicht umhin, nicht von uns selbst aus erst einmal zu Mose auf den Berg zu steigen und in Demut das Wort Gottes [zu] erwarten: Stirb auf dem Berg. Stirb an Advent. Du sollst die Erfüllung nicht mehr schauen. Aber wer wollte, wenn er das alles einmal bedacht hat, noch so unbefangen-ahnungslos ins gelobte

Land einziehen? Vielleicht können's die Kinder. Wir jedenfalls können's nicht mehr. Angesichts dieser Tatsache wird uns der Ernst der Adventszeit klar. Große Dinge sind verheißen und sie sind im Anzuge. Unerhörtes Geschehen wird verkündigt, das noch kein menschliches Ohr vernommen [hat]. Unerschlossene Geheimnisse werden aufgetan. Schon bebt die Erde und ihre Menschheit unter ihrem Anzuge. Und eine Prophetenstimme schreit in die geängstigte Welt hinein: Das Himmelreich ist nahe gekommen. Gott der Herr selbst kommt, der Schöpfer und Richter. Er naht in Liebe der Menschheit. Er will sie heimholen zum ewigen Freudenmahl. Er kommt. Bist du bereit?

Da ist die große Frage aufgebrochen, mit der das Neue Testament beginnt und schließt, die einzige entscheidende Frage der ganzen Welt und unseres ganzen Lebens: Bist du bereit für Gott? So sieht die Bibel die Welt. Sei wach, denn es ist Nacht und du möchtest schlafen. Aber mitten in die Nacht wird die Herrlichkeit Gottes einbrechen. Und geschah's nicht so in Bethlehem? Lasset eure Lichter brennen und eure Lenden umgürtet sein, denn der Herr will kommen und weh' dem Knecht, den er schlafend findet [nach Luk. 12, 35–40]. Es ist ja so verständlich, daß wir müde sind und uns in der Nacht der Welt die Augen zufallen. Aber dennoch füllt eure Lampen mit Öl, um durch die Nacht dem Bräutigam entgegen zu gehen. Tu an dein hochzeitliches Kleid, damit du am Freudenmahl nicht ausgestoßen wirst.

So wird die ganze Adventsbotschaft zu einer erschütternden Bußpredigt an die Menschen. Vor Jesus steht Johannes der Täufer und für uns nicht zu überspringen. In der gesamten alten Christenheit war Adventszeit Bußzeit und nicht eine Freudenzeit. Und auch all die Lieder, die wir eben gesungen haben, reden davon. Und es scheint mir, als haben sie recht damit. (Aber nun soll ja in drei Tagen

wirklich Weihnachten wiederkommen. Die große Wandlung soll wiederum geschehen. Gott will's so. Aus der hoffenden, wartenden, sehnenden Welt soll eine Welt werden, der die Verheißung gegeben ist. Alles Klagen soll verstummen. Keine Tränen sollen fließen. Kein einsames Leid soll uns mehr ersticken und bedrohen. Er ist da, der hilft. Er ist da, der uns nie allein läßt.)
Mit Furcht und Zittern laßt uns schaffen, daß wir selig werden [nach Phil. 2, 12 f]. Über all das hinaus aber ist die Bibel voll von der Verkündigung, daß das große Wunder geschehen ist, ohne Tun der Menschen, als Tat Gottes. Nach heiligem Ratschluß in der Ewigkeit war der Sohn vom Vater gegangen und zur selben Stunde wurde im Stall von Bethlehem ein kleiner Knabe geboren. Ochs und Esel und ein paar Hirten vom Felde feierten die erste Weihnacht. Aber über diesem Stall war der Himmel aufgerissen. Engel und Sterne jauchzten in die heilige Nacht hinein. Und Gottes Liebe schaute hinab auf das Kind. Den Christbaum dieser Weihnacht aber hat Gott selbst angezündet. Es war der Sternenhimmel des ewigen Vaters.
Was war geschehen? Gott hatte das Elend der Welt angesehen und war selbst gekommen, um zu helfen. Nun war er da, nicht als ein Mächtiger, sondern in der Verborgenheit der Menschlichkeit. Da, wo Sündiges, Schwaches, Jammervolles, Elendes in der Welt ist, eben da geht Gott hin. Hier läßt er sich finden von jedem. Und diese Verkündigung geht durch die Welt Jahr für Jahr neu und kommt auch dies Jahr wieder zu uns.
Jeder von uns geht mit verschiedenen persönlichen Gefühlen Weihnachten entgegen. Die einen in reiner Freude im Blick auf diesen Tag des Jubels, der Feundlichkeit und der Liebe. So meist Kinder. Andere suchen unterm Christbaum für einen Augenblick Ruhe vom Alltag. Sie wollen träumen von vergangenen sonnigen Tagen

und Zeiten. Sie wollen vergessen, was um sie ist, wenn sie in die Lichter am Christbaum schauen und die alten Weihnachtslieder hören. Sie sehnen sich nach diesem seligen Vergessen. Wieder andere gehen mit großer Bangigkeit Weihnachten entgegen. Es wird kein reines Freudenfest für sie werden. Unheimliche Trennungen werden in ihnen wach werden. Gerade an diesem Tag werden sie ihr persönliches Elend, ihre Einsamkeit besonders empfinden. [An dieser Stelle Verweis auf einen Zusatz, der nicht auffindbar ist.] Menschenherzen unter [dem] Christbaum sehen so überaus verschieden aus. Und es ist ja wohl richtig, daß es jedem von uns, der sich ein wenig in der Welt umsieht, vielleicht in diesem Jahr besonders wunderlich vorkommt, Weihnachten zu feiern. Da stehen die Scharen der Arbeitslosen vor unseren Augen, die Millionen Kinder in aller Welt in Hunger und Jammer, die Hungernden in China, die Unterdrückten in Indien und in unseren unseligen [?] Ländern. Und aus aller Augen spricht die verzweifelte Ratlosigkeit. Und trotzdem kommt Weihnachten. Ob wir's wollen oder nicht, ob wir darauf gestimmt sind oder nicht, wir müssen's wieder hören: Christ, der Retter, ist da. Die [zu] rettende Welt ist eben unsere verlorene Welt und sie heißt, Christus . . . [Schluß ist verloren gegangen]

# III. DOZENTUR UND STUDENTENPFARRAMT BERLIN

## Oktober 1931 – Juli 1933

# Konsequenzen der Güte Gottes

Erntedankfest, 4. Oktober 1931[1]

*Psalm 63,4: Deine Güte ist besser denn Leben.*

Zweieinhalb Jahrtausende sind es her, daß fern der Heimat, verzehrt vom Elend des Leibes und der Seele, umgeben von Spöttern und Feinden seines Gottes, der alte jüdische Fromme nachsinnt über die wunderlichen Wege, die Gott mit ihm geht. Es ist kein gemächlich ruhevolles Nachsinnen, sondern es ist ein Kampf, ein Kampf am Rande der Verzweiflung; um das Leben und seinen Sinn, um Gott und seine Treue. Die Stützen des Lebens sind brüchig geworden. Wo die Hand Halt zu finden glaubte, faßt sie ins leere Nichts. Gott, wo bist du? Gott, wer bist du? Gott, wer bin ich? Mein Leben zerfällt, stürzt ins Bodenlose. Gott, mir wird angst. Wo bleibt deine Güte? Jedoch, du bist mein Gott und deine Güte ist besser denn mein Leben.

Das ist eines der Worte, die den, der es einmal begriffen hat, nie wieder freigeben. Ein Wort, das nur scheinbar so milde glänzt, das aber innerlich hart ist und Feuer sprüht. Ein Wort der Leidenschaft, das erzeugt ist, wo zwei Welten aufeinander stoßen, die Welt des Menschen und die Welt Gottes; das heißt ein Wort aus der Welt der Bibel und nicht aus der unsrigen. Deine Güte ist besser denn Leben: Das ist der Jubelruf der Elenden und Verlassenen, Mühseligen und Beladenen; der Sehnsuchtsschrei der Kranken und Erdrückten; der Lobgesang der Arbeitslosen und Hungrigen in den Millionenstädten; das Dankge-

1. Abendgottesdienst.

bet der Zöllner und Dirnen, der öffentlichen und heimlichen Sünder. Ja, ist es das wirklich? Nein, es ist es nicht, jedenfalls nicht in unserer Welt, in unserer Zeit. Es ist es für die wunderliche Welt der Bibel, die uns wieder einmal in ihrer ganzen Fremdheit erschrickt und ärgert, soweit wir überhaupt noch auf ihr Wort hinhören und gegen die Wirklichkeit der Bibel nicht schon ganz stumpf geworden sind. Oder scheint uns das Wort vielleicht gar nicht so wunderlich? Meinen wir vielleicht, das sei doch eigentlich eine rechte Selbstverständlichkeit und sehr viel Neues könnten wir daraus eigentlich nicht mehr lernen? Einem Christen seien diese Dinge doch schon ganz in Fleisch und Blut übergegangen? Nun, dann wollen wir uns daran machen, einmal zu sehen, was unser Psalmdichter hier eigentlich sagt und ob sich das für uns auch wirklich so von selbst versteht.

In dem Leben unseres Psalmisten hat sich einmal etwas Entscheidendes ereignet. Das war, als Gott selbst in sein Leben eintrat. Und seitdem ist sein Leben ganz anders geworden. Ich meine nicht, daß er nun auf einmal gut und fromm geworden wäre – mag sein, er war das lange vorher besser. Aber nun war Gott selbst gekommen und an ihn herangetreten. Und nur, daß Gott nun immer da war und er nicht mehr von ihm los konnte, das machte sein Leben so eigentümlich. Es zerriß sein Leben mitten hindurch. Wir hören und sagen so oft, die Religion mache den Menschen glücklich und harmonisch und ruhig und zufrieden. Mag sein, das ist richtig für die Religion. Für Gott selbst, den Lebendigen ist es nicht richtig, sondern grundfalsch. Und so zeigt's sich nun im Leben unseres Psalmdichters. Es ist etwas in ihm aufgerissen. Er fühlt sich innerlich gespalten. Es brennt ein Kampf in ihm, der von Tag zu Tag heißer und furchtbarer wird. Und er erlebt, wie Stunde für Stunde aus seinem Inneren immer mehr von dem herausgerissen wird, was er geliebt hat. Er kämpft darum, er möchte es behalten. Aber Gott, der ja immer vor ihm steht, ringt es ihm ab und gibt es nicht wieder frei. Und je mehr er nun verliert, umso fester und gieriger greift er nach dem, was ihm noch bleibt. Aber je fester er seinen Besitz umklammert, desto härter muß Gott zuschlagen und desto heftiger schmerzt das Losreißen. So geht es weiter in atemlosem Ringen. Gott siegt und der Mensch erliegt. Er weiß nicht, wohin das noch führen soll. Er sieht sich verloren. Er weiß nicht, ob er den, der so gewalttätig bei ihm eindrang und seinen Frieden störte, haßt oder liebt. Jeden Zoll läßt er sich abkämpfen. Verzweifelt weicht er den Waffen Gottes. Und es wäre ja alles nicht so hoffnungslos für ihn, wären diese Waffen nicht so wunderbar und eigentümlich, daß sie niederschlagen und doch aufrichten, daß sie verwunden und doch heilen, daß sie töten und doch lebendig machen. Gott spricht: Willst du meine Gnade, so laß mich über dich siegen; willst du mein Leben, so laß mich dein Böses hassen und zerschlagen; willst du meine Güte, so laß mich dein Leben nehmen. Und jetzt geht es um das Letzte. Alles ist dahingegeben, nur eines ist dem Menschen geblieben. Und das will er festhalten, sein Leben. Aber Gott kann nicht haltmachen, er stürmt an auf diese letzte Festung. Und der Kampf ums Letzte tobt. Der Mensch wehrt sich wie rasend. Gott kann das nicht wollen, er kann mir nicht das Letzte nehmen wollen. Gott ist nicht grausam. Gott ist gütig. Und es wird ihm zur Antwort: Willst du meine Güte, so gib mir dein Letztes, dein Leben. Wähle!

Uns schwindelt auf dieser Höhe. Es ist uns, als ob uns einer an die Grenzen der Welt führe und wir in einen schwarzen Abgrund blickten und einer zu uns spräche: Nun spring! Wir fühlen uns innerlich zerrissen: Wählen müssen zwischen Gottes Güte und unserem Leben. Was ist unser Leben? Alles, was wir sehen, greifen, hören, schmecken, fühlen; alles, was uns umgibt, was wir besitzen, woran wir gewöhnt sind, was wir lieben. Was ist Gottes Güte? Jedenfalls alles, was wir nicht sehen, nicht greifen, nicht begreifen, ja fast nicht glauben können; etwas, was wir jedenfalls nicht besitzen, etwas ganz Unwahrscheinliches, Jenseitiges, über und hinter allem Geschehen Stehendes und doch so nah und ernst uns Anredendes. Wer möchte wagen, da frei zu wählen? Gott selbst erkämpft sich den Sieg, und wie etwas menschlich Unmögliches hören wir es nun von den Lippen des Psalmisten: Gott, du bist mein Gott. Deine Güte ist besser denn Leben.

Es könnte nun wohl sein, daß da einige unter uns sind, die etwas unwillig geworden sind und einwenden möchten: Was sind das alles für aufgeregte und übertriebene Dinge, von denen da geredet wird? So redet man doch nicht von der Güte Gottes. Daß ich gesund bin, daß ich mit meiner Familie noch zu essen und zu trinken habe, daß ich Arbeit und Wohnung habe, das ist Gottes Güte gegen mich und dafür soll ich ihm danken. Aber von diesem Kampf mit Gottes Güte weiß und verstehe ich nichts. Es ist gewiß gut, wenn dieser Einwand heraus kommt. Er gibt uns Gelegenheit, tiefer in die Sache einzudringen.

Liebe Gemeinde, es ist heute Erntedankfest und wohl der rechte Augenblick dafür, sich einmal ganz gründlich darauf zu besinnen, was Gottes Güte für uns bedeutet. Unberührt von den quälenden Sorgen und Unruhen unserer Tage arbeitet draußen die Natur. Sie bringt hervor, was die Völker [der] Erde ernährt. Wenn sie zurückhält, dann sterben Millionen. Und wenn sie üppig gibt, so lebt die Menschheit auf. Kein Mensch hat Gewalt über sie. Und vor ihrer Macht verstummt der Mensch und wird klein und erinnert sich an den, der Macht hat über die Natur. Aber wir erleben dies heutige Erntedankfest unter besonderen Umständen und mit besonderen Gedanken. Die Ernte hat uns nicht gebracht, was wir wohl gehofft haben. Jede Stunde Regen im August und September bedeutete für Hunderte von Kindern und Erwachsenen Stunden des Hungerns und der Entbehrung im kommenden Winter. Das hat uns manchesmal tief ins Herz geschnitten. Dazu kommt eine der furchtbarsten Plagen, die ein Volk treffen kann und die jetzt über die ganze Welt geht, die Arbeitslosigkeit. Wir müssen damit rechnen, daß im Winter sieben Millionen Menschen in Deutschland keine Arbeit finden werden, das heißt, daß fünfzehn bis zwanzig Millionen Menschen im nächsten Winter der Hunger anfassen wird. Andere zwölf Millionen oder mehr in England, zwanzig oder mehr in Amerika. Um sechzehn Millionen sind gegenwärtig in China am Verhungern und nicht viel besser steht's in Indien. Das sind die nackten Zahlen und dahinter steht die grausigste Wirklichkeit. Sollen wir daran vorbeigehen, wenn wir in der Kirche Erntedankfest feiern? Wir dürfen es nicht. Sondern an diesen Tatsachen wollen [wir] unser christliches Denken und Wollen messen und schärfen und vertiefen.

Wenn wir uns heute abend an den gedeckten Tisch setzen und uns an Gottes Güte erinnern werden, dann wird uns dabei seltsam zumute sein. Es wird uns die Unbegreiflichkeit dessen, daß gerade uns solche Gaben gegeben sind, überwältigen. Und wir werden dessen gedenken, daß wir sie von Gott durch nichts, aber auch gar nichts mehr verdient haben als unsere hungrigen Brüder in unserer Stadt. Denken wir uns, daß es gerade in dem Augenblick, in dem wir Gott für seine Güte gegen uns danken, draußen an der Tür klingelt, wie es jetzt so oft geschieht, und da einer steht, der wohl auch gern Gott für die geringsten Gaben danken möchte, dem aber solche Gaben versagt worden sind und der mit seinen Kindern hungrig und erbittert zu Bett geht. Was wird wohl in solchem Augenblick aus unserem Dankgebet? Werden wir sagen wollen, Gott ist uns gnädig und ihm zornig? Oder, daß wir noch etwas zu essen haben, beweist, daß wir bei Gott einen besonders bevorzugten Platz errungen haben? Gott speist seine Lieblingskinder und läßt die Verworfenen hungern? Der gnädige Gott bewahre uns vor der fürchterlichen Versuchung solcher Gedanken und solcher Dankbarkeit. Er führe uns zum rechten Verständnis seiner Güte. Sehen wir denn nicht, daß die Geschenke seiner Güte uns zum Fluch werden, wenn wir solche Gedanken dabei haben und danach handeln? Wenn wir auf uns selbst schauen, statt mit dem Blick auf die Unbegreiflichkeit Gottes und auf die Not unseres Nächsten ganz demütig zu werden und uns der unermeßlichen Verantwortung bewußt zu werden, in die wir durch Gottes Güte gestellt sind? Wollen wir unter Gottes Gabe Gottes Güte erfassen, so müssen wir sie als Verantwortung für den Bruder verstehen. Niemand sage: Gott hat mich gesegnet mit Geld und Gütern; und lebt nun, als ob er und sein gütiger Gott allein auf der Welt wäre. Es kommt dann die Stunde, wo er erkennen [muß], daß er den Götzen seines Glücks und seiner Selbstsucht angebetet hat. Nicht Besitz ist Segen und Güte Gottes, sondern Verantwortung.

Damit aber sind wir auf dem Weg zum tieferen Verständnis dessen, was Güte Gottes ist. Wer von Gott in die Verantwortung gestellt ist, der sieht sich zwischen zwei Welten gestellt: die Welt Gottes und die Welt des Nächsten. Von Gott hört er die Worte: Willst du, daß meine Güte bei dir bleibt, so diene dem Nächsten, denn in ihm begegnet dir Gott selbst. Und im Nächsten sieht er die leibliche und seelische Not, für die er nun zur Verantwortung gezogen wird. Und nun entspinnt sich der Kampf, von dem wir von unserem Psalmisten gehört haben. Willst du meine Gnade, so gib deinem Nächsten von deinem Besitz. Willst du meine Liebe, so gib dem Nächsten deine Seele. Willst du meine Güte, so setz dein Leben für den Nächsten ein. Tust du das alles aber nicht, nun, so wandelt sich, was bisher Gottes Güte an dir war, dein Besitz an Leib und Seele und Leben, zum Fluch über dich. Und wer von uns wollte sagen, daß er das alles getan habe? Daß er Gottes Güte recht verstanden habe im Denken und besonders im Tun? Es ist schon viel, wenn wir einmal verstanden haben, daß die Güte Gottes uns in einen Kampf führt; daß sie nicht etwas ist, was wir empfangen und dann einfach haben, besitzen, so daß wir weiterleben, etwas glücklicher, etwas reicher, aber im wesentlichen unverändert. Aber mit wie wenig Leidenschaft, mit wie viel Angst, Schwächlichkeit, Zagheit, Traurigkeit gehen wir in diesen Kampf. Und wie wenig greift er an die Wurzel unseres ganzen Daseins. Und doch – wir verstehen diesen Kampf überhaupt nicht, wenn wir ihn [nicht] ganz radikal verstehen. Deine Güte ist besser denn Leben, das heißt nicht nur: besser als dein Haus, als deine Bequemlichkeit, als dein Essen, als deine Arbeit, als deine Ehre, dein Ansehen, als deine Freuden leiblicher und musisch-geistiger Art, als deine Frau und deine Kinder, sondern es heißt noch mehr als das. Es ist besser als das, was dir, nachdem du all das verloren hast, noch bleibt: als dein Leben. Wer von uns hätte nur einmal schon erfahren, daß die Güte Gottes uns in einen Konflikt führt, was die leibliche Sache unseres Lebens angeht? Mehr noch, was unsere Arbeit – mehr noch, was unsere Ehre – mehr noch, was unsere Familie angeht? Wer läßt sich heute noch von Gott in solche Konflikte führen und wer sieht in solchen Konflikten dann noch Gottes Güte? Und wer schließlich sieht es überhaupt, daß Gottes Güte unverstanden bleibt, wenn der Konflikt nicht noch tiefer geht und unser Leben angreift und über es hinausgreift?

Laßt uns ein Beispiel nehmen. Da sind zwei Menschen, die sich lieb haben. Und der eine fragt den anderen: Sag mir, wie groß deine Liebe zu mir ist, wieviel meine Liebe dir wert ist. Und der andere antwortet: Für deine Liebe ließe ich meinen ganzen Besitz. »Ist das alles?« Für deine Liebe ließe [ich] alle meine Freuden, all [mein] Glück. »Ist das alles?« Für deine Liebe opfere ich Ansehen und meine Ehre. »Ist das das Letzte?« Für deine Liebe verließe ich Brüder und Freunde. Oh, wenn ich nur dich habe . . . Für deine Liebe gebe ich alles, alles, alles. »Auch das Allerletzte, was du noch hast? Gibst es hin für meine Liebe?« Du meinst, ob ich mein Leben für deine Liebe gäbe? Welch unerhörter Widerspruch. Wie kann ich deine Liebe genießen ohne mein Leben? Fordere das nicht von mir – und doch, deine Liebe ist mehr, deine Liebe ist besser denn mein Leben.

Wer wollte zögern, zu der Größe und Stärke solcher Worte ehrfurchtsvoll aufzublicken? Wer wollte nicht stolz darauf sein, daß Menschen solcher Worte fähig sind? Aber welcher Christ müßte nicht innerlich zusammenschrecken, wenn er den großen Vergleich zieht, an den wir jetzt eben denken? Wie kommt es, daß menschliche Leidenschaft so unheimlich viel vermag im Kampf für den geliebten Menschen und daß wir dort, wo von Gottes Liebe die Rede ist, wo also doch noch ganz anderes auf dem Spiel steht, so grenzenlos versagen? Sieh, wie der Liebende dort seinen Besitz, sein Glück, seine Ehre, sein Leben freudig für den Geliebten [in] die Schanze wirft, wie ihm immer noch etwas Neues einfällt, was er seiner Liebe zum Opfer bringen kann, [wie ihm] kein Preis zu hoch scheint, die Liebe des anderen zu besitzen – und sieh dann, wie ärmlich unsere Gedanken und Taten für Gottes Liebe dem gegenüber sind! Wo wir meinen, mit ein paar Groschen in die Kollekte, mit etwas freundlicher Miene und friedlicher Gesinnung genug für Gottes Liebe getan zu haben. Warum ist es denn so tot und öde unter uns und so lebendig bei jenen anderen? Warum erstickt denn bei

uns das Feuer immer gleich im Anfang und brennt es dort so lichterloh? Ist das christliches Leben? Hat man uns das Leben Christi so vor Augen gemalt? O Gott, weil wir dich nicht mehr kennen, weil wir dich nicht mehr suchen, weil wir nicht mehr wissen, wie wahnsinnig es ist, zu leben und deiner nicht zu gedenken, der du am Anfang und Ende unseres Lebens stehst und über uns richtest in Ewigkeit! Weil wir Gottes Liebe im Leben Jesu Christi nicht mehr anschauen und uns von ihr aufrütteln lassen zu neuem Leben. Weil wir uns an uns selbst hängen und auf uns selbst stehen wollen. Weil wir nicht glauben können, daß Gott allein es ist, der uns recht tragen kann und der unserem Leben, auch wenn es äußerlich zerschellt, ewigen Sinn gibt. Das heißt aber, weil wir uns an Gottes alleiniger Ehre und Liebe versündigt haben, weil wir schuldig geworden sind vor ihm. Gott stellt uns in die Verantwortung und wir versagen, weil wir an uns selbst mehr hängen und glauben als an Gott. Gott fragt uns, wieviel uns seine Liebe wert sei und wir antworten ihm: jedenfalls weniger als unsere eigene. So verstoßen wir Gottes Güte aus unserem Leben.
Nun aber ereignet sich das größte Wunder, das die Welt kennt. Dort, wo wir von Gott abgefallen sind, wo wir für Gott tot und unempfänglich geworden sind in unserer Schuld, dort geht Gottes Güte uns nach und offenbart sich uns aufs neue als die ewige Verheißung Gottes über alle Schuld, über alles Leben hinaus in Jesus Christus. Nur der weiß recht und ganz, was Gottes Güte ist, der tief im Dunkel der Schuld, der Untreue, der Feindschaft gegen Gott sich angerührt fühlt von der Liebe, die nimmer aufhört, die alles vergibt und über alles Elend hinausweist in die ewige Welt Gottes.
Aber freilich, wir sind dem Leben nicht enthoben. Wir bleiben in der Verantwortung und immer aufs neue werden wir von Gott gefragt: Was ist dir meine Liebe wert?

Aber je tiefer wir erkennen, was Gottes Güte ist, desto lebendiger wird unsere Antwort sein. Immer von neuem werden wir von Gottes Güte in die Verantwortung und durch die Schuld zu ihm geführt. Wann wird es dahin kommen, daß wenigstens in die christliche Gemeinde die Welt unseres Psalmdichters hineinbricht, daß wir, ob im Glück oder Elend, in Hunger und Krankheit, in Angst und Sorge, in Traurigkeit und tiefster Schuld, in guter und in schlechter Ernte neu in rechtem Erntedank jubeln können: »Nehmen sie den Leib, Gut, Ehr, Kind und Weib. Laß fahren dahin, sie haben's kein Gewinn. Das Reich muß uns doch bleiben.« Gott, deine Güte ist besser denn Leben. Amen.

## In der Gewalt des Kommenden

1. Advent, 29. November 1931

*Lukas 12, 35–40: Lasset eure Lenden umgürtet sein und eure Lichter brennen und seid gleich den Menschen, die auf ihren Herrn warten, wann er aufbrechen wird von der Hochzeit, auf daß, wenn er kommt und anklopft, sie ihm alsbald auftun. Selig sind die Knechte, die der Herr, so er kommt, wachend findet. Wahrlich, ich sage euch: Er wird sich aufschürzen und wird sie zu Tische setzen und vor ihnen gehen und ihnen dienen. Und so er kommt in der zweiten Wache und wird's so finden: selig sind diese Knechte. Das sollt ihr aber wissen: Wenn ein Hausherr wüßte, zu welcher Stunde der Dieb käme, so ließe er nicht in sein Haus einbrechen. Darum seid auch ihr bereit! Denn des Menschen Sohn kommt zu einer Stunde, da ihr's nicht meinet.*

Eine Seligpreisung steht in der Mitte unserer Geschichte: »Selig sind die Knechte, die der Herr, so er kommt, wachend findet.« Es ist doch so – wenn uns angesichts dessen, was wir mit unseren Augen von der Welt sehen, einmal die Welt der Bibel, die Welt Christi völlig zusammenbricht – und wem geschähe das nicht? – dann bleibt uns Heutigen oft nur eines, das wir als die große Rechtfertigung all unseres christlichen Denkens und Bemühens empfinden, die Seligpreisungen, die Christus über den Menschen spricht. An ihnen, wenn nichts anderes mehr halten will, richten wir uns auf. Diese Worte können nicht ins Nichts hineingesprochen sein. Wie muß Christus den Menschen geliebt haben, daß er solche Dinge über ihn sagen kann!

Das Eigentümliche aber ist dies: Er redet nicht von einem Menschen, der sein Ideal kämpfend verwirklicht, vom ringenden, strebenden Menschen. Sondern er sieht den Menschen schon ganz in Gottes Frieden aufgenommen, schon ganz frei von Streit, Sünden und Sterben. Er sieht ihn also schon hier unter der Macht des Reiches, in dem die Geister, die überwunden haben, selig sind. Weil aber Jesus den Menschen so sieht, darum stehen wir dort, wo Jesus selig preist, als die Unseligen draußen, daneben, fern. Darum wissen wir, daß er nicht von uns redet, jedenfalls nicht sofern wir die sind, die wir heute nun einmal wirklich sind. Sondern daß die Menschen hier in einer ganz anderen Perspektive gesehen werden, nämlich als die, die sie von sich selbst nie sind; als die, über die der ewige Friede und das ewige Heil Gottes schon gebreitet ist; als Menschen, über die das Herannahen des neuen Himmels und der neuen Erde schon ganz Gewalt genommen hat; das heißt als die Menschen in der Perspektive der Zukunft Gottes, in der der leidende, kämpfende, sterbende Gott der Menschengeschichte sich offenbart als der Erste und Letzte, dem der Sieg von Anbeginn an gehört.

⟨Denn wenn wir auch irre werden an Gottes Tun in der Gegenwart und in der Vergangenheit, so muß doch eines sicher sein, wenn wir mit Gott wirklich Gott meinen, nämlich, daß die letzte Zukunft Gott gehört; daß der leidende, kämpfende, sterbende Gott in unserer Menschengeschichte dann aller Welt ganz gewiß sich als der Triumphierende, Letzte, als der, dem der Sieg längst gehört, offenbart. Weil das aber so ist, darum sieht Jesus den Menschen, den er liebt, schon hier hineingerissen in die Zukunft Gottes. Darum sieht er den Menschen als den zukünftigen. Dabei aber kommt es nicht auf seine Zukunft, sondern allein auf die Zukunft Gottes an.⟩ Und weil Christus von dieser Zukunft weiß aus seinem geheimnisvoll-ewigen Wissen, darum preist er den Menschen selig; selig als einen, über den Gott dereinst kommen wird und der schon heute ganz von diesem Kommen, diesem Überwältigtwerden von Gott lebt; selig als den Wartenden, selig als den wachend Wartenden. Seid gleich den Menschen, die auf ihren Herrn warten. Selig sind die Knechte, die der Herr, so er kommt, wachend findet.
Wir stehen in einem Zeitalter der Weltanschauungen. Selten – vielleicht nie – ist eine Zeit in der Geschichte weltanschaulich so erfüllt, bewegt und zerrissen gewesen wie die unsrige. Es ist bereits eine Frage der Weltanschauung geworden, wie man sich kleidet, was man ißt, wie man turnt. Und selten ist man weltanschaulich so gebunden, so doktrinär, so intolerant gewesen wie heute. Nun kann man natürlich über all diese Erscheinungen lächeln und sich überlegen davon zurückziehen. Aber doch ist solches Lächeln nicht gut. Man zeigt, daß man nicht verstanden hat, worum es in diesen scheinbar so unnatürlichen Dingen geht. Und es ist ja zweifellos ein einziges großes Thema, um das sich unser gesamtes weltanschauliches Denken bewegt. Und das ist der zukünftige Mensch. Wir

alle, wo wir nun weltanschaulich stehen, sind uns wohl während der letzten weltgeschichtlichen Ereignisse über eines klar geworden, nämlich daß wir gegenwärtig an einer Wende der Zeiten stehen, der offenbar der gegenwärtige Mensch, wie er nun einmal ist, nicht gewachsen ist. Technik und Wirtschaft sind selbsttätige Gewalten geworden, die den Menschen zu vernichten drohen. Sie richten sich hoch auf und ihre Dämonen bevölkern den Götterhimmel unserer Zeit. Die großen Verwicklungen der Völker treiben Völker in ihren Untergang hinein, und doch scheint kein Mensch mächtig genug, dies Schicksal aufzuhalten. Versucht der Künstler dem, was um ihn herum vorgeht, Ausdruck zu verleihen, so entstehen schrille, ungelöste Töne in Musik und Farbe. Und auch den Religionen bleibt es versagt, auch nur einen Schritt hierüber hinauszuführen. Und in der Erkenntnis solcher Niederlage des Menschen vor der Wirklichkeit entsteht die eine große Hoffnung nach einer neuen Art Mensch, nach einer Neugeburt, nach dem Menschen der Zukunft. Ob man sich diesen Menschen denkt als den politischen Menschen, als den ethischen Menschen, den intellektuellen Menschen, den religiösen Menschen, als den Kämpferischen oder den Friedfertigen, es ist alles im Grunde nur die eine große Sorge um den Menschen der Zukunft. Der Mensch soll nicht untergehen. Er soll sich behaupten. Die Mächte der Wirklichkeit sollen ihn nicht niedertreten und knechten. Er soll Herr bleiben der Welt, Herr der Zukunft. Und weil man dies will, darum arbeitet man so fieberhaft an seiner Neugestaltung. Denn die Wolken der Zukunft sind schwarz und niemand weiß, wann und wie sie sich entladen.

Und nun scheint es so, als ob die Bibel in diesem Versuch, eine neue Art Mensch zu schaffen, auch ein Wort mitreden wollte, als ob sie durchaus ihr eigenes Ideal von dem Menschen aufstellte, der der Zukunft entgegengehen soll.

Es ist nicht der politische, nicht der ethische, auch nicht einmal der religiöse Mensch, von dem sie redet, sondern es ist der Mensch, der wachend wartet, der wartende Mensch. Denn davon redet doch unser Text offenbar. Das soll doch das Bild bedeuten, das uns Jesus in die Augen malt. Es ist Nacht über dem Land. Aber da steht ein Haus, aus dem Licht in die Nacht dringt. Einige Männer, umgürtet mit Schwertern und Lampen in ihren Händen, schauen aus dem Hause über's nächtliche Land. Sie scheinen zu warten. Es sind Knechte, die ihres Herrn Rückkehr von der Hochzeit nach Haus erwarten, die den Schlaf vertreiben und in freudiger Spannung wachen, um dem Herrn, wenn er kommt, sogleich die Tür aufzutun. Keiner weiß die Stunde, wann er kommen will. Aber sie wissen, er kommt und darum wachen sie in der Nacht. Wie lange sie wachten? Niemand weiß es – mag sein, sie wachen heute noch unter uns. Und nun preist Jesus diese Knechte selig und sagt zu den Jüngern: Darum seid gleich den Knechten, die auf den Herrn warten. Seid auch ihr bereit! Seid wartende Menschen.

Müssen wir uns das heute noch sagen lassen? Müssen wir nicht vielmehr sagen: Wenn es nur aufs Warten ankäme, dann würden wir alle selig gepriesen. Was ist denn unser gegenwärtiges Leben anderes als ein dauerndes Warten auf Änderung, Besserung? Wenn je eine Generation warten lernen mußte, so ist es die unsrige. Man wartet auf bessere politische Zustände, auf bessere Konjunktur. Man wartet auf Anstellung. Man wartet auf Arbeit. Man wartet auf eine neue Moral, auf eine neue Religion. Man wartet aber wie bei allem Warten mit Bangigkeit. Denn wer weiß, ob das Erwartete je eintritt? Ob es nicht vielleicht ganz anders kommt? Und weil man das nicht weiß, darum muß man sich auf Enttäuschungen gefaßt machen. Man darf sich durch sie nicht ganz aus dem Gleichgewicht bringen lassen. Man muß fest sein.

Darum liegt aber in all unserem Warten immer schon etwas von Resignation. Unsere sehnlichsten Hoffnungen, unsere Wünsche sind im Innersten immer schon gelähmt, weil wir uns innerlich darauf einstellen müssen, daß sie unerfüllt bleiben. Wir wollen ja auch nicht unvernünftig sein. Und unvernünftig wäre es doch, mit etwas Zukünftigem so zu rechnen, als wäre es schon da; sich schon so darauf einzustellen, so fest darauf zu warten, zu hoffen, daß unser ganzes Leben zerbrechen muß, wenn es dann nicht kommt. Darum aber ist unser vernünftiges Warten ein gequältes Warten, ein unseliges Widereinander von Erraffen, Haben-wollen und doch dafür nichts aufgeben wollen, von in die Zukunft hinein phantasieren und doch an der Gegenwart kleben, sich auf etwas gespannt richten und doch schon immer vorwegnehmen. Und wir spüren wohl, daß über solches Warten die Seligpreisung Christi nicht gesprochen ist, daß solches Warten nicht das Warten des Advent ist.
Aber wenn durch all dieses vernünftige Warten hindurch und hinter ihm noch etwas ganz anderes in uns wartet und wenn dieses Warten weit hinausgeht über alles, was wir so vernünftig erwarten können; wenn da eine ganz unstillbare Sehnsucht ist, die dort, wo alles in Erfüllung geht, nicht schweigt oder dort, wo alles scheitert, nur um so stärker aufbegehrt; wenn da ein Warten in uns ist, das sich auf nichts anderes und nichts Geringeres richtet als darauf, daß der Welt ganz und gar geholfen werde, nicht mit diesem und jenem Mittel, sondern ganz, wie sie ist; das heißt, wenn etwas in uns wartet auf das Unausdenkbarste selbst, nämlich daß Gott selbst zu uns komme, dann freilich könnte es anfangen, bei uns Advent zu werden. Wenn wir durch all das Fragen, Versuchen, Tasten, Warten verwirrt auf einmal die qualvolle Enge unseres Daseins mit allen seinen Wünschen spüren; wenn uns plötzlich angst wird, daß wir mit all unserem Wesen verloren und der

Sinnlosigkeit anheimgegeben sind, und wenn es sich uns dann entringt: Ach, daß [du] die Wolken zerrissest und vom Himmel führest ... [nach Jes. 63,19 f], dann vielleicht könnten wir etwas wissen von dem, was die Bibel »warten« nennt. Wenn es uns in der langen Nacht bange wird, daß wir unsere Lampen anzünden und in die Nacht hinaus schauen, ob der Herr nicht bald kommen will; ja wenn sich unter uns Menschen einmal wieder so Hoffnungen zu regen beginnen, wenn solche Zeichen und Wunder geschehen, dann ist es vielleicht nicht mehr fern, daß die Seligpreisungen Jesu mit Macht zu den Menschen zurückkehren, daß wir wie von ferne die Stimme dessen vernehmen, der zu uns spricht: Siehe, ich stehe vor der Tür und klopfe an (Offb. 3,20). Und selig sind die Knechte, die der Herr wachend findet. Und dann warten wir wirklich.

Freilich, das ist ein anderes Warten als unser gewöhnliches Warten. Man wartet ja auch auf etwas anderes, ganz anderes, auf Gott. Und auf ihn kann man doch wohl nicht so warten, daß man bei sich denkt: Es wäre wohl schön, wenn er käme; aber wenn er nicht kommt, nun, so muß ich eben auch ohne ihn weiterleben. Auf Gott kann man doch nicht so resigniert, so maßvoll, so vernünftig warten wie auf eine Gehaltserhöhung. Nein, es ist ein unvernünftiges, maßloses Warten, wenn ein Mensch wirklich Gott meint; wenn er wirklich sich nicht begnügen will mit dem, was ihm als Gottersatz heute von tausend Seiten feilgeboten wird, sondern wenn er einfach weiter wartet, sich sehnt, ausstreckt, hofft, bis es endlich Gott selbst ist, der kommt, der hilft, der tröstet. ⟨Aber wie kann man denn auf Gott anders als so unvernünftig warten, indem man sich selbst so vorbehaltlos aufgibt, sein Leben an dieses eine hängt, ob das Warten erfüllt wird oder nicht? Es muß ja jedem, der auf vernünftige Weise und auf vernünftige Dinge wartet, als ein Wahnsinn erscheinen,

wenn einer wirklich auf Gott wartet, mit solcher Ausschließlichkeit, mit solcher Ausdauer.⟩
Dann ist sein Warten und Hoffen nicht nur so ein Stück wehmütiges Phantasieren, das seine Qual nur noch größer macht, sondern es ist sein Leben selbst. Dann will er nur leben, weil er auf Gott warten darf. Dann gibt es keinen Vorbehalt mehr für ihn wie für den, der auf vernünftige Weise und auf vernünftige Dinge wartet. Dann tritt er aus sich selbst heraus. Vielmehr, er sieht sich herausgerissen aus seinem bisherigen Warten, in dem er sich nur immer selbst behaupten wollte, und hineingerissen in ein fremdes, übermächtiges, wunderbares Geschehen, das ganz ohne sein Zutun einfach geschieht, herannaht, in die Zeit Gottes, in die Zukunft Gottes, in sein Kommen auf diese Erde. Da wird ihm die Zukunft lebendige Wirklichkeit. Da lebt er schon heute unter dem Schatten des Kommenden, nicht irgendeines drohenden Verhängnisses, eines Schicksals, sondern des kommenden Gottes der Gerechtigkeit, der Liebe und des Friedens. Nicht er geht da selbstgewiß den Weg in die Zukunft, zu Gott, nein, er nimmt die Zukunft aus Gott. Er weiß, daß nicht er zu Gott gehen kann, sondern daß Gott zu ihm, über ihn kommen muß in seiner unbegreiflichen Gnade, wenn anders sein Leben nicht verloren sein, er nicht umsonst gewartet haben soll. Er kann nichts als warten, wachend warten, das heißt leidenschaftlich, ganz hingenommen; taub gegen jeden, der ihn mit Zweifeln irre macht; blind gegen jede Gewalt, die zwischen ihn und jene Zukunft Gottes treten will. Es geht ihm ja nur um eines: Gott will er sehen. Gott will er hören. Gott will [er] empfangen. Gott will er erkennen. Gott will [er] dienen. Er will unbegreiflicherweise sonst nichts, jedenfalls nichts so, wie er Gott will.
Nun freilich ist es vorüber mit unserem Sicher-Dahinleben. Gott könnte ja plötzlich dazwischen kommen und

sein wahres Wort über unser Leben sagen. Wir können uns wohl sicher machen gegen Menschen, gegen das Schicksal, aber niemand kann sicher sein vor dem lebendigen Gott. Da hört der Ruhm auf. Da fallen Paläste und Kronen. Da steht der Mensch vor seinem Schöpfer und Richter, der zu ihm gekommen ist über Nacht. Hat er ihn schlafend oder wachend gefunden? Das ist hier die Frage. Da hilft keine Berufung auf Ämter und Würden, auf Vernünftigkeit und Umsicht. Da ist alle Hoffnung dahin – da endlich richten sich aller Augen auf ihn, wartend und alle Hoffnung in seine Hände legend. Darum aber ist die Seligpreisung über den wachenden Knecht das Todesurteil über alles sichere Leben, über alle krampfhaften Versuche, sein Leben zu sichern, über alle Ängste vor der Zukunft, weil sie das sichere Leben gefährdet, über alles Hasten und Sich-Quälen um das eigene sichere Leben, über alle gar zu große Vernünftigkeit. Der wartende Mensch erwartet alles, alles von Gott. Ja, er erwartet Gott selbst und er macht ihm Raum. Er will nichts für sich selbst, alles für Gott. Der Wartende allein ist offen, bereit. Er allein kann vom Advent in die Weihnacht gehen. Selig sind die Wartenden.

Wir können nicht umhin zu fragen: Wer bringt es denn heute noch fertig, so zu warten, so in der Zukunft zu leben, als wäre sie Gegenwart, so von Gott zu leben, als wäre er gewisser als mein eigenes Leben? Niemand anders als der weiß, daß der Gott, der da kommen will, schon längst gekommen ist. Daß derselbe Gott, der in die Mitte der Geschichte eingegangen [ist] in unsichtbar stiller Weise in Jesus Christus, der Erste und der Letzte sein wird. Gott ist gekommen. Darum allein können wir warten, daß er immer und immer wieder kommt und daß er einst zum letzten Mal kommen wird, nicht mehr verhüllt ins Kleid der Geschichte, des Leidens und des Todes, sondern sichtbar aller Welt als Richter und Erlöser am Ende der Zeit. Weil Gott gekommen ist, darum warten wir. Weil aber sein erstes Kommen der Welt ein Geheimnis bleibt und weil nur der, den Gott selbst in das Geheimnis hineingezogen hat, ihn sieht, darum kann auch dieser das Geheimnis seines ewigen Wiederkommens begreifen. Niemand besitzt Gott so, daß er nicht mehr ganz auf ihn warten müßte. Und doch: niemand kann auf *Gott* warten, der nicht wüßte, daß Gott schon längst auf ihn gewartet hat.

Damit aber kommen wir zu unserem Ausgangspunkt zurück. Es ist kein neues Ideal eines zukünftigen Menschen, das Jesus uns zur Verwirklichung vor die Augen stellt. Sondern es ist der Mensch Gottes selbst, von dem Jesus redet, wenn er den wachend Wartenden selig preist. Ein Mensch Gottes aber wird kein Mensch aus eigener Kraft, sondern allein durch Gnade, aus Gottes unbegreiflicher Barmherzigkeit, allein durch Warten. Oder doch nicht durchs Warten – denn der Mensch kann ja nur warten, weil Gott kommt. Keiner sieht's dem anderen an, ob er zu diesen selig Wartenden gehört. Denn keiner sieht's dem anderen an, ob Gott zu ihm kommt. Darum bitten alle, die unter uns mit Ernst Christen sein wollen, in dieser Stunde: Gott, komm in unser Warten hinein. Gott, wir warten auf dein Heil, dein Gericht, auf deine Liebe und deinen Frieden. Jesus spricht zu uns: Siehe, ich stehe vor der Tür und klopfe an. Wir aber sprechen: Ja, komm, Herr Jesu. Amen.

# Der Mensch lebt nicht zuerst vom Brot

## Andacht in der Technischen Hochschule, Februar 1932

*Lukas 4, 3–4: Der Teufel aber sprach zu ihm: Bist du Gottes Sohn, so sprich zu dem Stein, daß er Brot werde. Und Jesus antwortete und sprach zu ihm: Es steht geschrieben (5. Mose 8,3): »Der Mensch lebt nicht allein vom Brot, sondern von einem jeglichen Wort Gottes.«*

Es gibt im Grunde nur zwei Fragen, die die Menschen bewegen: Die Frage nach Gott und die Frage nach dem Brot. Und diese beiden Fragen sind eifersüchtig aufeinander. Keine will die andere ganz ausschließen, aber jede will an der ersten Stelle stehen. Die Frage nach Gott sagt nicht, daß der Mensch die Frage nach dem Brot überhaupt [nicht] stellen solle. Und die Frage nach dem Brot sagt nicht, daß nicht nach ihrer Erledigung der Mensch auch noch nach Gott fragen könne. Warum sollte er das nicht? Und die letztere Einstellung hat alles vernünftige Denken hinter sich, alle Lebensweisheit und Menschenkenntnis, alle Erfahrung und Klugheit. Mach den Menschen satt, gib ihm Brot und dann sprich zu ihm von Gott, und sie werden dich hören. Ja, sie werden dich selbst vergöttern, weil du ihnen zu essen gegeben hast. All unser heutiges soziales Denken verläuft ja ganz genau so. Man muß die Verhältnisse ändern, in denen die Menschen leben. Man muß ihnen genug Brot und genug Raum geben und dann erst kann man auch erwarten, daß sie hören, wenn man von Gott redet. Man sagt, es ist eine Brutalität der Kirche, wenn sie nicht einsieht, daß heute ihre erste Aufgabe Dienst an den physischen Nöten und Bedürfnissen ist; wenn sie meint, sie solle auch heute nur

immer wieder und in erster Linie von Gott reden und die Brotfrage die zweite sein lassen. Wir alle sind von diesen Gedanken so stark infiziert, daß wir kaum mehr davon los können. Und was wir damit wollen, ist ja schließlich nur dies, die Rede von Gott nicht zu einer leeren Phrase werden zu lassen. Wir wollen nicht lieblos sein und meinen eben, das dort zu sein, wo wir [zu] hungernden Menschen von Gott reden, statt ihnen Brot zu geben.
Am Anfang, ja vor Beginn seiner Wirksamkeit wird Jesus vom Teufel versucht. Das heißt, die Mächte des Bösen, des Abfalls von Gott treten an ihn heran und wollen ihn in dem Augenblick, da er im Begriff ist, sein Amt als Messias anzutreten, zu Fall bringen. Jesus ist draußen in der Wüste und fastet. (Fasten [ist] kein Unsinn ...) Und nun wird erzählt, daß Jesus hungert. Und nun tritt der Teufel an ihn heran: »Bist du Gottes Sohn, so sprich zu dem Stein, daß er Brot werde.« Hast du die Kraft eines Gottes, so hilf dir selbst. Tu ein Wunder. Mach aus den Steinen Brot und du wirst satt werden. Wozu hast du diese Kraft, wenn du sie nicht gebrauchst? Beweis deine Macht, wenn du Gottes Sohn bist. Sieh, nicht nur du hungerst, sondern Millionen Menschen hungern. Ihre Augen blicken allein nach dem, der ihnen zu essen gibt. Sie sind schwach. Sie sind nicht fähig, sich zu begeistern für dich, für Gott, wenn du ihnen nicht zuerst Brot gibst. Sie hoffen alle auf einen Gott. Sie hoffen alle auf dich, auf den Gesandten Gottes, daß er ihnen helfe. Aber sie hoffen zuerst darauf, daß er ihnen Brot gebe. Dann, ja dann werden sie alles aufgeben. Dann werden sie dir nachlaufen, dir anhängen, werden dich anbeten, dich vergöttern, wenn du fertig bringst, was kein Mensch sonst fertig bringt, wenn du ihnen Brot zu essen gibst. Sie sind jammervolle, schwache Menschen, aber sie sind nicht schlecht. Sie wollen nur erst satt sein. Willst du unbarmherzig sein und von ihnen fordern, was keiner erfüllen

kann? Willst du hart sein und dich ihren Bitten verschließen? Willst du ihnen Steine geben, wo sie um Brot flehen? Millionen warten auf dich. Du bist Gottes Sohn. Du kannst ihnen helfen. Du kannst sie alle für dich gewinnen, wenn du dies eine Wunder tust. Aber tust du es nicht, so werden sie dich hassen, verfluchen, verfolgen, weil sie wissen, daß du sie nicht liebst, sondern auch hassest. Denn sonst hättest du ihnen Brot gegeben. Bist du Gottes Sohn, so sprich zu dem Stein, daß [er] Brot werde und sättige dich und sie.

Jesus erkennt in dieser Stimme der scheinbar fürbittenden Liebe die Stimme des Teufels. Das war eine unerhörte Erkenntnis. Er weist den Teufel ab. »Der Mensch lebt nicht allein vom Brot, sondern [von einem jeglichen Wort Gottes].« Das heißt hier im Grunde: Gott täuscht keinen Menschen. Er könnte wohl Brot schaffen. Aber die Menschen würden ihn anbeten als den, der ihnen Brot schafft und nicht als den, der er eigentlich ist; als den Gott, der auch im Hunger, auch in der Entbehrung, auch im Kreuz und im Tod noch Gott ist. Es wäre nicht Gottes Liebe, die den Menschen so täuschte über das, was Gott ist. Gewiß, es würden Millionen gewonnen. Aber für wen? Für den Gott des Brotes und des Glücks und nicht für den Gott, der um seiner selbst willen Ehre hat und befiehlt, für den Gott in Kreuz und Tod. Gott zeigt sich selbst durch sich selbst, aber nicht durch's Brot.

# Die Sonne Satans

Andacht in der Technischen Hochschule, Februar 1932

*Lukas 4, 5–8: Und der Teufel führte ihn auf einen hohen Berg und zeigte ihm alle Reiche der ganzen Welt in einem Augenblick und sprach zu ihm: Alle diese Macht will ich dir geben und ihre Herrlichkeit; denn sie ist mir übergeben, und ich gebe sie, welchem ich will. So du nun mich willst anbeten, so soll es alles dein sein. Jesus antwortete ihm und sprach: Es steht geschrieben (5. Mose 6,13): »Du sollst Gott, deinen Herrn, anbeten und ihm allein dienen.«*

Wir sind in die *Passionszeit* eingetreten und wir müssen wieder einmal alle unsere Gedanken zusammennehmen, um zu verstehen, was das bedeutet. Christus am Kreuz – das war die Verkündigung, mit der Paulus ausgezogen war. Das war sein Bekenntnis [unsichere Lesart]. Das war der Gott, für den die ersten Märtyrer starben. Es war der Gott, den Luther wieder entdeckte. Und es ist derselbe Gott, den wir Heutigen im Begriffe sind, wieder neu zu begreifen; oder besser, von dem wir Heutigen wieder neu ergriffen sind. Christus am Kreuz, Christus der verborgene König des verborgenen Reiches – das ist die Botschaft der evangelischen Kirche. Christus der offenbare König eines sichtbaren Reiches – das ist die Botschaft der katholischen Kirche. Also es ist wichtig, daß wir verstehen, um was es in der Passionszeit geht.

Christi Passionszeit beginnt nicht erst in der Leidenswoche, sondern mit dem ersten Tage seiner Predigt. Sein Verzicht auf das Reich als ein Reich dieser Welt ist nicht erst in Golgatha, sondern von Anfang an vollbracht. Und diesen Gedanken soll unsere Erzählung Ausdruck geben. Jesus hätte Herr der Welt sein können. Er hätte als der erträumte Messias der Juden Israel befreien und zu Ruhm und Ehre führen können. Er hätte als der sichtbare König dieser Welt seinen Einzug halten können. Ein merkwürdiger Mann, dem noch vor Beginn seines Wirkens die Herrschaft über die Welt angeboten wird. Und noch merkwürdiger dadurch, daß er dieses Angebot ausschlägt. Also es ist einfach wahr und nicht nur bildlich gemeint, daß Jesus der herrlichste und mächtigste aller Könige dieser Welt hätte werden können. Man hätte ihn verehrt, man hätte es ihm geglaubt, wenn er es dann gewagt hätte zu sagen, daß er Gottes Sohn sei. Man hat es sogar den römischen Imperatoren geglaubt. Dann wäre wirklich die Welt christlich geworden. Sie hätte Christus zu ihrem König gehabt. Sie hätte den gehabt, auf den man so lange gewartet hatte. Den, dessen Macht über die ganze Erde geht, der ein Friedensreich auf der Erde aufrichtet. Also – das alles hätte Jesus haben können. Es durchzuckt ihn, daß er nun von einem hohen Berge einen Augenblick alle Reiche der Welt übersieht und weiß, daß er ihr Herr sein könnte. Aber er weiß auch, daß er für diese Herrschaft einen Preis zahlen muß, der ihm zu hoch ist. Es geht auf Kosten seines Gehorsams gegen Gottes Willen. Er muß sich vor dem Teufel neigen, vor ihm in die Knie sinken, ihn anbeten. Das heißt, er wäre ein Knecht geworden und [wäre] nicht mehr der Freie. Er wäre ein Knecht der eigenen Ehrsucht, ein Knecht der Menschen, die ihn so wollen. Er aber bleibt der freie Sohn Gottes und erkennt den Teufel, der ihn knechten will. »Du sollst Gott deinen Herrn anbeten und ihm allein dienen.«

Jesus weiß, was das heißt. Es heißt Niedrigkeit, Schmähung, Verfolgung, heißt unverstanden bleiben, heißt Haß, Tod, Kreuz. Und er wählt diesen Weg von Anfang an. Es ist der Weg des Gehorsams und der Weg der Freiheit. Denn es ist der Weg Gottes. Und darum ist es auch der Weg der Liebe zu den Menschen. Jeder andere Weg, auch wenn er den Menschen besser gefiele, wäre ein Weg des Hasses und der Verachtung gegen die Menschen. Denn es wäre nicht der Weg Gottes. Und um dieser Erkenntnis willen sagt Jesus auch hier dem Teufel ab. Weil es der Weg Gottes durch die Welt ist, darum wählt er von Anfang an den Weg zum Kreuz. Und wir gehen mit ihm, als Einzelne wie als Kirche. Wir sind Kirche unter dem Kreuz, das heißt in der Verhüllung. Aber auch hier können wir nichts anderes tun als zu wissen, daß auch unser Reich nicht von dieser Welt ist. Amen.

## Ärgerliches, aber hilfreiches Wort zum Volkstrauertag

Reminiscere, 21. Februar 1932 (Abend-Predigt)

*Matthäus 24, 6–14: Ihr werdet hören Kriege und Geschrei von Kriegen; sehet zu und erschrecket nicht. Das muß zum ersten alles geschehen; aber es ist noch nicht das Ende da. Denn es wird sich empören ein Volk wider das andere und ein Königreich wider das andere und werden sein Pestilenz und teure Zeit und Erdbeben hin und her. Da wird sich allererst die Not anheben. Alsdann werden sie euch überantworten in Trübsal und werden euch töten. Und ihr müsset gehaßt werden um meines Namens willen von allen Völkern. Dann werden sich viele ärgern und werden sich untereinander verraten und werden sich untereinander hassen. Und es werden sich viel falsche Propheten erheben und werden viele verführen. Und dieweil die Ungerechtigkeit wird überhandnehmen, wird die Liebe in vielen erkalten. Wer aber beharret bis ans Ende, der wird selig. Und es wird gepredigt werden das Evangelium vom Reich in der ganzen Welt zu einem Zeugnis über alle Völker, und dann wird das Ende kommen.*

Die Kirche läßt keinen allein. Keiner von euch, der heute hierher gekommen ist in Trauer, keiner, der wirklich Trost und nicht nur eine Feier- und Gedenkstunde sucht, darf heute allein bleiben. Man kann Trost suchen an den verschiedensten Orten, in der Einsamkeit, in der Natur, in der Arbeit, in der Geselligkeit. Dort überall kann man Trost *suchen.* Trost *finden* aber kann man nur in der Erkenntnis Gottes. Wer angesichts dessen, was ihn bedrückt, was ihm rätselhaft ist, was ihn immer von neuem erschreckt und unruhig macht, die Erkenntnis des Willens Gottes sucht und nur dort, wo er Gott selbst vernimmt, sein Leid und seine Rätsel gehorsam tragen will, der ist hier in der Kirche am rechten Ort. Aber *nur* der. Jeder andere, dem es um irgend etwas anderes geht als um die christliche Erkenntnis Gottes und seines Willens, ist hier am falschen Ort.
Man kann den Volkstrauertag auf verschiedenste Weise begehen. Es ist etwas anderes, ob die betroffenen Familien, etwas anderes, ob der Staat, etwas anderes, ob die Kirche ihn begeht. Mag in den Familien an einem solchen Tag im Mittelpunkt aller Gedanken die Person des uns im Krieg Entrissenen stehen und mag hier all unsere Liebe zu diesem einzelnen Menschen wieder aufwachen und unsere Trauer eine Trauer der Liebe sein; und mag in großen Gedenkfeiern der Öffentlichkeit, des Staates gedacht werden der geschichtlich-großen deutschen Tat und des großen Opferns, mag so unsere Trauer stolze

Trauer sein, mag also letztlich überall woanders im Mittelpunkt der Mensch und sein Werk stehen – und wahrhaftig, es ist wichtig genug, daß wir heute auch an große menschliche Taten erinnert werden – so ist doch dies alles etwas anderes, als was die Kirche Christi hier zu sagen hat. Begeht die Kirche Volkstrauertag, so muß sie etwas besonderes zu sagen haben. Sie kann nicht eine Stimme im Chor der anderen sein, die die Klage um die verlorenen Söhne des Volkes vernehmlich über das Land ausrufen und durch solches Wehklagen aufrufen zu neuer Tat und großem Mut. Sie kann nicht, wie die alten Sänger großer Heldentaten, umherziehen und den lauschenden Ohren der begeisterten Jugend das Preislied singen von Kampf und Tod des Helden. Sie darf selbst nicht den Lorbeer erwarten, der den großen Sänger ziert, denn sie flicht selbst auch keinem Menschen den Lorbeer. Wie gern täte sie es. Es ist hart, das nicht zu dürfen. Die Kirche steht am heutigen Tag so merkwürdig unfestlich da, so wenig stolz, so wenig heldisch. Sie gleicht dem Seher der alten Zeit, der dort, wo sich alles versammelt hat, um einer großen Tat des Volkes zu gedenken, wohl mit tiefstem Herzen dabei ist, der aber daran leidet, daß er etwas sieht, was die anderen nicht sehen; und der nun davon reden muß, was er sieht, obwohl es keiner hören will. Wir alle empfinden es: Man will hier keine Störung. Man will hier keine Disharmonie. Man will, daß hier jeder mittut ohne Ausnahme. Man will nicht, daß einer hier etwas besonderes sieht, was andere nicht sehen. Und wenn es doch so ist, nun – so muß man versuchen, einen solchen los zu werden.[1] Und so geschieht es denn, daß solche Seher aus der Festversammlung ausgestoßen werden, mit Schimpf und Schande davongejagt werden von dem Volk, dem sie

1. Anspielung auf den Hallenser Skandal um Günther Dehn; vgl. Biographie, 208.

gerade dienen wollen, das sie lieben wie nichts auf der Welt. Aber gerade, weil sie es so lieben, darum sind sie zu Sehern geworden. Wer am meisten liebt, sieht am tiefsten, sieht das Gefährlichste. Nie ist ein Seher populär gewesen. Darum wird auch die Kirche nicht populär, am wenigsten an solchen Tagen.
Heute gedenkt das deutsche Volk der Jahre 1914–1918, der Zeit, in der Millionen deutscher Männer und Jünglinge gezeigt haben, daß man sein Vaterland bis in den Tod lieben kann und soll. Sie haben das zeigen müssen unter bisher in der Menschengeschichte unerhörten Umständen. Und was wäre ursprünglicher und menschlicher, als hier in tiefer Dankbarkeit stille zu stehen und in großer Entschlossenheit zu bejahen, was sie gewollt haben? Noch leben Millionen von denen unter uns, die damals wie jene den Tod gesehen haben, ein seltsames, unerkanntes Heer von Männern, die vom Tod gezeichnet sind, in stummer Gemeinschaft untereinander und mit denen, die hinübergegangen sind. Uns Jüngeren ein immer neuer Anlaß zum Ernst, zum Schweigen und Bescheidenwerden, den Älteren eine Kraft zum eigenen Sterben, uns allen aber ein unüberhörbares: Vergiß nicht, vergiß nie, daß dein Volk, daß du selbst auf einem Boden lebst, der mit dem Blut deiner Brüder erkauft ist! Trauere, deutsches Volk, danke und hoffe!
Welcher Christ wollte nicht so sprechen und fühlen? Wer wollte nicht in der Versammlung mit all den Brüdern stehen, die sich hier einig wissen? Wer wollte wagen, hier Zwiespalt zu säen?
Aber – wir müssen weiter fragen – welcher Christ wüßte nicht, daß die Kirche, die auf dem Evangelium Christi erbaut ist, hier noch mehr zu sagen hat, weil sie mehr sieht? Gerade weil sich jeder Mensch als Mensch zu jenem Erst-Gesagten bekennen muß, darum muß die Gemeinde Christi hier mehr und Tieferes und Endgültigeres zu

sagen wissen. Das Denkmal in der Neuen Wache[2] sagt jedem all das, was wir zuerst gesagt haben: »Vergiß nicht und danke« – das sagt der Gedächtniskranz, gegossen aus den Ehrenzeichen der gefallenen Brüder. »Hoffe« – das sagt die freie Öffnung zum Himmel. Aber es steht kein Kreuz da. Es ist ein Volksdenkmal, aber es ist kein christliches Zeichen. Es ist keine Kirche, in der die leidenden, sterbenden Brüder mit den Vollendeten im Zeichen des Kreuzes verbunden sind. Es ist also auch keine christliche Trauer, die die Menschen dort verbindet. Es ist also auch keine christliche Hoffnung, die aus dieser Trauer entspringt. Es ist also auch kein christlicher Trost, der hier gepredigt wird. Und vielleicht ist das in seiner Weise so richtig. Aber wir, die wir heute morgen vielleicht noch an der Neuen Wache gestanden haben, vor diesem oder jenem Kriegerdenkmal, und heute abend von dorther in die Kirche kommen, haben einen Anspruch darauf, hier zu hören, was christliche Trauer ist und was christlicher Trost und christliche Hoffnung ist.
Gerade die es ernst meinen unter uns, werden am heutigen Tage immer wieder überfallen und geplagt von der Frage, wie sie sich denn zu dem, was da 1914–18 geschehen ist, von Christus her stellen sollen. Wir wollen wissen, wie wir als Christen – und nicht nur als Deutsche – dies alles zu verstehen haben. Da mögen manche unter uns ein, deren christliches Gewissen zittert, wenn sie an den Krieg und seine Opfer denken und die ratlos sind, wie sie innerlich damit fertig werden sollen. ⟨Da mögen andere da sein, die von der heiligen Sache des Krieges überzeugt sind.⟩ Und wer von uns gehört nicht schließlich auch zu denen? Wer wäre so ganz klar und sicher, so restlos überzeugt von der heiligen Sache des Krieges, wenn er doch von dem Gebot des Friedens weiß, wenn er

2. Berlin, Unter den Linden, gegenüber der Oper.

doch weiß, daß Gott ein Gott des Friedens ist, daß von Christus gesagt wird: Er ist unser Friede? Wer wäre nicht immer wieder beunruhigt und müßte sich fragen: Was bedeutet das Geschehen von 1914–18, was bedeuten die Millionen toter deutscher Männer für mich, für uns heute? Wie redet Gott durch sie zu mir? Das heißt noch einmal ganz einfach gefragt: Wie kann ich Gott, Christus und das Geschehen des Krieges zusammendenken? Soll ich sagen, es war eine Sache Gottes? Oder soll ich verzweifeln und sagen: Hier war Gottes Macht am Ende? Hier war Christus fern?

Wir müssen uns bei allen solchen Fragen fest vornehmen – und was läge uns zu Beginn der Passionszeit näher? – zuallererst auf das zu sehen, was am Kreuz von Golgatha vorgegangen ist. Und stellt sich nun nicht hier genau dieselbe Frage, nur noch unvergleichlich viel schärfer und eindringlicher: Wie kann ich das Kreuz und Gott zusammendenken? Und ist nicht gerade hier *die* Antwort gegeben, die über der ganzen christlichen Botschaft steht: Christus geht durch das Kreuz, nur durch das Kreuz zum Leben, zur Auferstehung, zum Sieg? Das ist ja das wunderbare und viele Menschen so abschreckende Thema der Bibel, daß das einzig sichtbare Zeichen Gottes in der Welt das Kreuz ist. Christus wird nicht friedlich von der Erde zum Himmel entrückt, sondern er muß ans Kreuz. Und eben dort, wo das Kreuz steht, ist die Auferstehung nah. Eben dort, wo alle an Gott irre werden, wo alle an Gottes Macht verzweifeln, da ist Gott ganz, da ist Christus lebendig nahe. Wo es auf des Messers Schneide steht, ob man abtrünnig wird oder treu bleibt, dort ist Gott, ist Christus ganz. Wo die Macht der Finsternis das Licht Gottes vergewaltigen [will], dort triumphiert Gott und richtet die Finsternis. So ist es nun auch, wenn Christus an den Tag denkt, der seiner Gemeinde bevorsteht. Seine Jünger fragen ihn nach den Zeichen seines Wiederkommens nach seinem Tode. Das ist nicht ein einmaliges Wiederkommen, sondern ein ewiges Wiederkommen. Die Endzeit in der Bibel ist die ganze Zeit und jeder Tag zwischen Tod Christi und Weltgericht. Ja, so ernst, so entscheidungsvoll sieht das Neue Testament den Tod Christi.

Aber der Christus, der weiß, daß sein Weg ans Kreuz geht, weiß, daß auch der Weg seiner Jünger nicht friedlich und sicher geradezu in den Himmel hineinführt, sondern auch sie müssen durch die Finsternis, durch das Kreuz. Auch sie müssen kämpfen. Darum ist das erste Zeichen des Naheseins Christi – merkwürdig genug! – daß seine Feinde groß werden, daß die Mächte der Verführung, des Abfalls, der Untreue stark werden, daß seine Gemeinde hart an den Abgrund des Irrewerdens an Gott geführt wird. Das erste wird sein, daß seine Feinde sich hinter Christi Namen verstecken und nur unter dem Schein der Christlichkeit uns von ihm weglocken wollen. Ach, der Name »Christus« tut es ja nicht. Und wie leicht ist es in Zeiten der Verwirrung wie auch heute, im Namen Christi gegen den wirklichen Christus zu kämpfen. Dann aber, wenn die Geister erst einmal verwirrt sind, werden die Mächte der Welt offen, unverhüllt losbrechen. Die Gewalten, die die Jünger von ihm reißen wollen; die ihnen zeigen wollen, daß es Wahnsinn ist, mit ihm zu gehen; daß Christus keine Gewalt hat, sondern nur Worte; daß sie, die Mächte der Wirklichkeit aber die Sprache der Tatsachen reden; und diese Sprache ist überzeugender als die Sprache Christi. Die Welt rottet sich zusammen gegen den Geist Christi. Die Dämonen empören sich. Es ist ein Aufruhr gegen Christus. Und die eine große Macht der Empörung heißt: Krieg! Die anderen heißen Pestilenz und teure Zeit. Also Krieg, Krankheit, Hunger sind die Mächte, die Christus seine Herrschaft nehmen wollen und sie alle werden angeführt von dem

Erzfeind Christi, des Lebendigen, von dem Tod. Es wollte schon so scheinen, als sei mit Christus der Sieg errungen, Christus habe den Tod bezwungen. Aber nun schreien diese Mächte: Wir sind da. Hier, seht uns und erschreckt! Wir haben Macht. Unsere Macht ist uns nicht genommen. Christus hat nicht gesiegt, sondern *wir* siegen. Christus ist tot. Wir aber leben. Wir heißen Krieg, Krankheit, Hunger. Was laßt ihr euch von diesem falschen Propheten bezaubern, der von Frieden und Liebe, von Gott und seinem Reich spricht? Hier sind wir!

Und sie überfallen die Völker und reißen sie hinein. Und der Tod geht umher und hält große Ernte. Er mäht Millionen dahin.

Und nun kommt das große Auseinanderbrechen der Christenheit. Da werden ihre Reihen zersetzt und zerrissen. Denn es kommt die furchtbare Ratlosigkeit und Angst über die Nachfolger Christi. Sie müssen erkennen, daß all diese Angriffe im Grunde Angriffe auf Christus und sein Wort sind, ja, daß dies Wort offenbar keine Macht gegen sie hat. Der vergangene Krieg hat Tausende, hat Millionen an Christus irre werden lassen und unter ihnen gerade solche, die es ernst genommen hatten mit seinem Wort und sich nun so bitter enttäuscht sahen. Lest Kriegsbriefe, lest eine Zusammenstellung von Zeugnissen aus unserer Arbeiterschaft über Kirche und Christentum, die ein Berliner Pfarrer herausgegeben hat.[3] Da stehen diese Dinge verzeichnet, daß jeder sie lesen kann. »Der Krieg hat mir gezeigt, daß Christus nicht recht hat.« »Der Krieg hat uns den Gottesglauben geraubt.« »Seit dem Krieg weiß ich, daß Glauben Wahnsinn [ist].« Das sind klare Worte zu dem Krieg, Krieg und Kirche Christi.

Es ist sehr pharisäisch, hier einfach zu sagen: Nun ja, die haben eben sowieso keinen rechten Glauben gehabt.

3. Paul Piechowski, Proletarischer Glaube, Berlin 1928.

Liebe Gemeinde, es gehört schon rechter Glaube dazu, um so deutlich zu spüren, daß einem der Glaube zerstört ist. Und wer von uns wollte denn sagen, daß er so rechten Glauben habe, daß er ihm durch nichts, gar nichts mehr gefährdet werden könnte? Wenn einer meint, er habe solchen Glauben, so möge er doch sehr scharf darüber nachdenken, ob dieser Glaube nicht vielmehr Gleichgültigkeit geworden ist, die durch nichts mehr aus der Ruhe zu bringen ist. Also Vorsicht mit solchen pharisäischen Vorwürfen! Haben nicht auch jene Millionen ein Recht auf Christus gehabt, der ihnen nun so entrissen worden ist? Was wollen wir dazu sagen, die wir doch selbst mit hineingerissen gewesen sind in dies Geschehen von 1914–18, mit Schuld daran haben, daß jenen ihr Glaube genommen wurde?

Und von hier aus sehen sich die Dinge sehr anders an. Was wären wir für eine selbstgewisse, harte Christenheit, wenn nicht auch über die Getreuesten, über die mit dem stärksten Glauben unter solchen Umständen die namenlose Sorge käme, daß uns Christus entrissen wird? Wenn nicht auch das wahre Volk Gottes bis ins Tiefste betrübt würde und wenn nicht auch die geängstete Gemeinde Christi unter der Plage des Krieges schreien müßte: Mein Gott, warum hast du mich verlassen? Selbst Christus hat am Kreuz so geschrien und ist nach der Erzählung eines Evangelisten mit diesem Schrei gestorben. Oh, es ist allzu begreiflich, daß Millionen untreu wurden, daß unter so viel Haß ihre Liebe erkaltete.

Es stünde wahrhaftig verzweifelt um uns, wenn nicht das Wort Christi da wäre: »Wenn das alles über euch kommt, sehet zu und erschrecket nicht! Das muß zuerst alles geschehen.« Jesus hat es seinen Jüngern so oft sagen müssen: Fürchtet euch nicht! Denn ich bin bei euch. »Fürchte dich nicht, ich habe dich bei deinem Namen gerufen ...«, so sagt es schon das Alte Testament [Jes. 43,1]. »Fürchtet euch nicht«, so rufen es die Engel den erschreckten Hirten zu [Luk. 2, 10]. »Fürchte dich nicht, glaube nur«, so sagt es Jesus zu [dem Obersten der Synagoge] [Mark. 5, 36]. »Fürchte dich nicht, du kleine Herde, denn es ist [eures] Vaters Wohlgefallen, euch das Reich zu geben« [Luk. 12,32]. »Wenn ihr solches seht, erschrecket nicht. Das muß zum ersten alles geschehen und das Ende ist noch nicht da« [Matth. 24,6]. Wir fragen: Warum muß das alles geschehen? Weil Christus selbst durch den Tod hindurch muß; weil da, wo Christus, wo Gott wirklich selbst ist, sich die Finsternis am furchtbarsten auflehnt und ihn selbst ans Kreuz schlägt. Darum müssen auch wir hindurch. Es muß das alles geschehen, damit das Ende kommen kann.

Gottes Weg in der Welt führt ans Kreuz und durchs Kreuz zum Leben. Darum erschrecket nicht, fürchtet euch nicht, seid getreu! Aber was heißt hier treu sein anderes, als stehen und fallen mit dem Wort Christi, mit seiner Predigt vom Reich des Friedens? Als wissen, daß Christi Worte trotz allem mächtiger sind als alle Gewalten des Bösen? Was heißt hier Treue der Gemeinde Christi anderes, als in dies rasende Toben hinein immer wieder bis zum Ermatten, bis zum Ärgernis, bis zum Martyrium die Worte Christi rufen, daß Friede sein soll, daß Liebe sein soll, daß Seligkeit sein soll und daß er unser Friede ist und daß Gott ein Gott des Friedens ist? Und je mehr sie toben, desto mehr sollen wir rufen. Und je mehr wir rufen, desto wilder werden sie toben. Denn wo wirklich das Wort Christi gesagt wird, da spürt die Welt, daß das entweder verderblicher Wahnsinn oder aber verderbliche Wahrheit ist, die ihr ans Leben geht. Wo wirklich Friede gesagt wird, da muß der Krieg doppelt wüten, denn er spürt, es soll ihm der Garaus gemacht werden. Christus will sein Tod sein.

Aber umso leidenschaftlicher, umso treuer wird die Kirche Christi zu ihrem Herrn stehen und sein Wort vom Frieden predigen, ob es [auch] durch Schmähung, Verfolgung hindurch geht. Sie weiß, auch ihr Herr hat ans Kreuz gemußt. Aber nun versteht sie auch die Verheißung, die Jesus für sie [hat]. Der Krieg wird nicht das Ende sein. Sondern er muß sein, damit das Ende kommt. Es wird gepredigt werden das Evangelium vom Reich in der ganzen Welt zu einem Zeugnis über alle Völker und dann wird das Ende kommen. Und hier nun weitet sich unser Blick, wird er hinaufgerissen zu dem Herrn, der alles lenkt, dem auch die Dämonen und Höllischen dienen müssen. Krieg, Krankheit, Hunger, sie müssen kommen, damit das Evangelium vom Reich des Friedens, der Liebe und [des] Heils umso schärfer, umso klarer, umso tiefer gesagt und gehört wird. Die bösen Gewalten müssen dem Evangelium dienen. Die Mächte der Feindschaft und [des] Gegentreibens der Völker müssen dazu dienen, daß das Evangelium über alle Völker komme und von allen vernommen werde, müssen dienen dem Reich, das allen Menschen gehören soll. Krieg dient dem Frieden, Haß dient der Liebe, der Teufel dient Gott, das Kreuz dient dem Leben. Und dann, wenn das offenbar werden wird, dann wird das Ende kommen. Dann wird der Herr der Kirche seine Hand segnend und schützend auf sie legen als seinem treuen Knecht.

Volkstrauertag in der Kirche! Was heißt das? Es heißt Aufrichten der einen großen Hoffnung, von der wir alle leben, der Predigt vom Reich Gottes. Es heißt, das Vergangene, an das wir heute denken, mit all seinen Schrekken und in all seiner Gottlosigkeit sehen und doch nicht erschrecken, sondern hören auf die Predigt vom Frieden. Es heißt wissen, daß das alles so kommen muß, damit das Ende komme, damit Gott der Herr bleibe. Es heißt, daß wir über die Toten des Weltkrieges nur recht trauern können, wenn wir in derselben Treue, in der sie da draußen standen, nun die Botschaft des Friedens ausrichten; [die Botschaft] des Reiches, um derentwillen ihr Tod sein mußte, umso lauter predigen. Es heißt, hinausblicken über die Grenzen unseres Volkes über die ganze Erde und beten, daß das Evangelium vom Reich, das allen Kriegen ein Ende setzt, nun über alle Völker komme. Und daß dann das Ende komme, daß Christus nahe!

Volkstrauertag in der Kirche! Das heißt, daß Gott im Kreuz uns nahe ist. Heißt hinsehen auf den Christus am Kreuz, der durch das Kreuz gesiegt hat. Volkstrauertag in der Kirche, das heißt wissen, daß allein Christus siegt! Amen.

## In der Gemeinde seine Heimat finden

Lätare, 13. März 1932[1]

*1. Mose 32,25–32; 33,10: Und Jakob blieb allein. Da rang ein Mann mit ihm, bis die Morgenröte anbrach. Und da er sah, daß er ihn nicht übermochte, rührte er das Gelenk seiner Hüfte an; und das Gelenk der Hüfte Jakobs ward über dem Ringen mit ihm verrenkt. Und er sprach: Laß mich gehen, denn die Morgenröte bricht an. Aber er antwortete: Ich lasse dich nicht, du segnest mich denn. Er sprach: Wie heißest du? Er antwortete: Jakob. Er sprach: Du sollst nicht mehr Jakob heißen, sondern Israel; denn du hast mit Gott und mit Menschen gekämpft und bist obgelegen. Und Jakob fragte ihn und sprach: Sage doch,*

1. Konfirmationspredigt in der Zionskirche am Wedding.

*wie heißest du? Er aber sprach: Warum fragst du, wie ich heiße? Und er segnete ihn daselbst. Und Jakob hieß die Stätte Pniel: denn ich habe Gott von Angesicht gesehen, und meine Seele ist genesen. Und als er an Pniel vorüberkam, ging ihm die Sonne auf; und er hinkte an seiner Hüfte.*
*Jakob antwortete Esau: Ach, nicht! Habe ich Gnade gefunden vor dir, so nimm mein Geschenk von meiner Hand; denn ich sah dein Angesicht, als sähe ich Gottes Angesicht, und laß dir's wohl gefallen von mir.*

Liebe Konfirmanden! Als ich in der letzten Zeit vor der Konfirmation euch immer wieder einmal fragte, was ich euch in der Ansprache bei der Konfirmation sagen solle, da kam mehrfach die Antwort: Wir wollen eine ernste Mahnung fürs Leben haben. Und ich kann euch versichern, wer heute gut zuhört, der bekommt manche sehr ernste Mahnung zu hören. Aber seht, ernste Mahnungen gibt uns das Leben heute selbst genug, übergenug. Und darum darf ich euch heute nicht den Blick in die Zukunft noch schwerer und dunkler machen, als er schon ist. Und ich weiß, manche von euch sehen schon eine ganze Menge von den Wirklichkeiten des Lebens. Es soll euch heute nicht Angst gemacht werden vor dem Leben, sondern Mut. Und darum werden wir heute in der Kirche mehr denn je von der Hoffnung reden müssen, die wir haben und die euch keiner rauben darf. ⟨Ursprünglicher Anfang: Der heutige Tag eurer Konfirmation ist nicht darum ein großer Tag, weil ihr heute im Mittelpunkt eines Familienfestes steht, oder weil ihr heute – wie man so sagt – aus der Kindheit in die Jugend hinübergeht, das geht zum Glück nicht so plötzlich; auch schließlich nicht darum, weil in dieser Woche eure Schulzeit zuendegeht und ihr in den Beruf hinein sollt – das ist freilich schon eine sehr wichtige und ernste Sache, – aber die Konfirmation ist etwas noch viel Wichtigeres und Ernsteres. Wer wollte es auch wagen, heute in festlicher Freude zusammenzukommen, wenn eine Gruppe von euch ihr Elternhaus verläßt, die nun selbst mit dem Leben fertig werden sollen – und zwar mit diesem unserem heutigen Leben, wo jeder weiß, was er zu erwarten hat. Aber darum geht es ja auch heute nicht, jedenfalls nicht in erster Linie. Wir sind ja in der Kirche. Und es sind nur noch wenige Minuten, bis ihr vor der versammelten Gemeinde aufstehen sollt und nun auf euren eigenen freien Willen hin aufs neue in die Gemeinde Christi aufgenommen werden sollt.⟩

Wenn ich euch heute ansehe, so ist es mir, als säh ich eine Schar von jungen Wanderern vor mir, die nach langer Wanderung vor einem großen verschlossenen Tor angekommen sind und nun anklopfen und Einlaß begehren. Sie kennen irgendwoher dies Tor und diese Mauern; es kommt ihnen irgendwie heimatlich vor. Macht uns auf! Wir wollen sehen, wie es da drinnen aussieht. Wir wollen hinein. So rufen die Stimmen und klopfen an das Tor. Die einen etwas mutiger, etwas beharrlicher, die anderen etwas schwächer; und darunter wohl auch einige, die sich nur so haben mitschleppen lassen. Aber nun sind sie einmal da und hinein wollen sie alle.

Was ist das für ein sonderbares Tor? Und was ist das für ein sonderbares Land, das dahinter liegt? Es ist allerdings ein sonderbares Land, in das diese jungen Wanderer hinein wollen. Es ist das Land, von dem erzählt wird, daß es nur Frieden und Liebe und Gerechtigkeit darinnen gibt; das Land, in dem es keine Not und keine Tränen mehr gibt, weil da ein wunderbarer Herr regiert. Es ist das Land der Verheißung, das gelobte Land, in dem Gott herrscht.

Ja, wer hat euch denn – so möchten wir vielleicht fragen – auf diesen tollen Gedanken gebracht, daß es so etwas gäbe

wie ein solches Land? Und ihr werdet antworten: Ihr selbst, ihr, die christliche Gemeinde und ihr Pfarrer, und zuletzt der, der uns alle besucht, Jesus Christus.
Noch sind wir ratlos, was wir anfangen sollen. Noch wissen wir nicht, wie das ausgehen soll. Wie sollt ihr durch das Tor hindurchkommen und wie werdet ihr das Land hinter dem Tor finden?
Und nun blicken wir auf die Geschichte, die ich euch vorgelesen habe. Seht, da geht es Jakob ganz genau so, wie es euch heute geht. Er war hier einst aus dem Land Kanaan, aus dem gelobten Land, dem Land, das Gott seinen Vätern und ihm gegeben hatte, geflohen vor dem Zorn seines Bruders. Dann hatte er Jahre seines Lebens in der Fremde zugebracht. Aber nun zieht es ihn zurück. Er will in die Heimat. Er will zurück ins gelobte Land der Verheißung. Er will ins Land, in dem Gott der Herr ist und kein anderer. Und er will zu seinem Bruder und Frieden mit ihm machen. Er will ins Land Gottes. Wollt ihr das nicht auch?
Und nun freilich widerfährt ihm etwas Merkwürdiges. Es ist Abend geworden, der letzte Abend in der Fremde. Jakob weiß, der Bruder und das gelobte Land ist nah. Morgen wird er in der Heimat sein. Nun ist es Nacht. Und er bleibt allein am Fluß. Noch wenige Stunden, dann wird es Morgen, dann wird er hineinziehen in die Heimat. Aber da spürt er, daß er plötzlich überfallen wird. Es tritt ihm einer in den Weg. Ja, er umfaßt ihn, er ringt mit ihm, er will ihn nicht loslassen, er will ihn niederzwingen. Jakob soll nicht ins verheißene Land zurückkehren. Er soll nicht den Frieden mit dem Bruder finden. Eine furchtbare, gewaltige Macht tritt dazwischen und verwehrt Jakob den Zutritt, will ihn zurückstoßen in die Nacht, in die Fremde. Bleib dort, wo du herkommst. Du darfst nicht hinein ins Land der Verheißung. Du bist ein Fremder, ein Untreuer. Bleib ferne von hier. Und mit

Gewalt will der große Unbekannte Jakob von sich stoßen in die Nacht hinein. Aber Jakobs Sehnsucht nach dem gelobten Land gibt ihm unerhörte Kräfte und er läßt sich nicht fortstoßen. Er weicht nicht. Er hält den anderen fest umschlungen und nun im Kampfe muß er erkennen, wer sein Gegner ist. Es ist Gott selbst, der sein Land bewacht, der keinen Eindringling hineinläßt, der sein Land heilig hält, der dem Menschen zeigen will, daß man da nicht so einfach und fröhlich und vergnügt hineinziehen kann, sondern daß nur der Heilige und Gerechte die Grenzen dieses Landes überschreitet. Jeder andere, jeder Fremde, jeder Untreue muß fern bleiben, in der Nacht der Einsamkeit und des Bösen. Hört ihr's? Und versteht ihr es auch? Man kann nicht so mir nichts, dir nichts ins gelobte Land einziehen. Man kann auch nicht so mir nichts, dir nichts Glied der christlichen Gemeinde werden, das heißt aber zur Konfirmation gehen. Warum denn nicht? Weil da Gott dazwischentritt und sein Land bewacht und heilig hält und nicht will, daß wir unheilig da hineingehen. Auch euer Weg hier an den Altar heute und übermorgen Abend, wenn ihr zum heiligen Abendmahl gehen werdet, soll ein Weg ins heilige Land sein. Habt acht, daß ihr nicht unheilig euch auf den Weg macht.

Aber wie sollen wir denn heilig werden, daß wir ins Land Gottes einziehen können? Laßt uns auf Jakob sehen. Die Nacht geht dem Morgen zu und noch hält Jakob seinem Gegner stand. Noch läßt er sich nicht abweisen. Noch umfaßt er ihn. Da kommt ein letzter furchtbarer Schlag des Gegners: Laß mich gehen, es wird Tag und ich muß davon. Bleib du in der Nacht! Und nun wächst Jakobs Leidenschaft ins Unermeßliche. Er wagt, Gott zu widersprechen, zu trotzen: Nein, ich lasse dich nicht, du segnest mich denn. Was heißt das anderes, als daß Jakob es wagt, in Gottes Herz selbst hineinzugreifen? Du darfst nicht von mir gehen. Du darfst mich nicht in der Nacht allein lassen. Ich kann nicht ohne dich sein, ich kann nicht. Ich will dein Land sehen und in deinem Land leben. Gott, du läßt mich nicht in der Nacht, in der Sünde, in der Not. Du kannst mich ja nicht allein lassen, es geht gegen dein Herz. Nein, ich lasse dich nicht, du segnest mich denn. Nur eines will ich: Wissen, daß du nicht mein Feind bist, daß du mir nicht mehr zürnst um all des Bösen willen, das ich getan habe in der Fremde; wissen, daß du bei mir bist, daß du mir gnädig bist. Ich lasse dich nicht, du segnest mich denn.

Und nun weiß er nicht, wie er Gott halten soll, damit er ihn nicht verläßt. Und so fragt er ihn: Sage mir deinen Namen, damit ich [dich] immer anrufen kann, damit ich weiß, wer du bist. Aber Gott antwortet: Warum fragst du nach meinem Namen? Der ist zu wunderbar, als daß du ihn verstehst. »Und er segnete ihn daselbst.« Das also war die Antwort Gottes, in der er seinen Namen verriet, der kein zorniger, sondern ein gnädiger Name ist – er segnete ihn daselbst. Das heißt, er ließ ihn nicht allein in der Nacht. Er stieß ihn nicht zurück. Er wies ihn nicht ab, sondern er war ihm gnädig. Er ließ sich finden. Er verhieß seine Treue. Er segnete ihn. Das heißt, er ließ ihn hinein ins gelobte Land Gottes. Und Jakob nannte die Stätte Pniel, das heißt: Ich habe Gott von Angesicht gesehen und meine Seele ist genesen. Und in dem Augenblick, da Gott ihn segnete, versank die Nacht, stieg die Morgenröte empor und es ging ihm die Sonne auf. Er hatte gesiegt über die Nacht und Gott hatte es Tag werden lassen über ihm. Es ging ihm die Sonne auf, keine andere Sonne als an jedem Tag und sie schien über ein Land, das nicht anders war als anderes Land. Aber es ging *ihm* die Sonne auf. Gott war nun da. Der machte es hell um ihn und in ihm. Der Tag der Gnade Gottes war angebrochen und die Nacht war vorüber. Jakob stand im gelobten Land; denn er hatte Gott gefunden und seine Seele war genesen.

Aber freilich, die Zeichen der Nacht, die an immer neue Nächte erinnern, waren noch da. Er hinkte an seiner Hüfte, sagt die Bibel. Das heißt, seine Vergangenheit konnte er nicht vergessen. Es hatte ihn viel gekostet, ins gelobte Land einzugehen, Gottes Segen zu empfangen. Man geht nicht ohne Narben in Gottes Land ein. Habt ihr's verstanden? In der Nacht, dort wo wir wissen, daß wir vor Gott Sünder sind, wo unsere Not groß wird und Gott sich von uns wenden will, da muß man Gottes Segen erkämpfen. Da sollen wir schreien: Ich lasse dich nicht, du segnest mich denn. Und dann ist der Morgen nah. Dann bricht der Tag an. Dann kommt Gott selbst und macht es hell und still in uns und wir ziehen ein ins gelobte Land. Es sieht nicht anders aus als am vergangenen Tag. Aber Gott war da und hat seine Gnade und [seinen] Segen bei uns gelassen und darum sind wir im gelobten Land.

Und nun dauert es nicht lange, daß Jakob den Bruder kommen sieht. Und nun, wo Gottes Tag angebrochen ist, sieht er das Angesicht des Bruders nicht als Feind, sondern als sähe er Gottes Angesicht. Er sieht in dem Bruder Gott selbst und seine Liebe. Und der Bruder nimmt ihn auf und er ist in der Heimat, denn er hat Gott und den Bruder gefunden.

Versteht ihr's recht? Wer Gott gefunden hat, der findet auch den Bruder. Der sieht des Bruders Angesicht, als sähe er Gottes Angesicht. Und wer den Bruder nicht findet, der findet auch Gott nicht. Dazu ist Gott selbst unser Bruder geworden in Christus, daß wir hinter jedem Bruder ihn wiedersehen.

Und nun soll es auch über euch Tag werden. Nicht so, daß nun von morgen an auf einmal alles glatt und einfach ginge; sondern so, daß ihr wißt, daß Gott, der euch segnen will, euch nie verläßt. Das ist die Sonne, die Jakob aufgegangen ist, die auch euch aufgeht: Gottes Liebe und

Gnade, wie ihr sie in Christus, unserem Bruder und Herrn, seht am Kreuz und in seiner Auferstehung. In der christlichen Gemeinde sollt ihr Gott und den Bruder finden, sollt ihr die Heimat finden, sollt ihr das gelobte Land haben. Hier soll einer der Herr sein und einer dem anderen ein Christus werden.

Also ihr müßt wissen, wir alle müssen in unserem Leben immer wieder in die Nacht und durch die Nacht zum Tag. Bei keinem Sterblichen ist's ewig Tag – ja wir sehen wohl alle mehr Nacht als Tag, auch darüber dürft ihr euch nicht täuschen. Aber keiner soll euch je den Glauben nehmen, daß Gott auch für euch einen Tag und eine Sonne und eine Morgenröte bereitet hat und daß er uns dieser Sonne zuführt, die Christus heißt; daß er [uns] das gelobte Land sehen lassen will, in dem Gerechtigkeit und Friede und Liebe herrscht, weil Christus herrscht, hier nur von fern, einst aber in Ewigkeit. Warum sollen wir uns fürchten? Nur hinein, hindurch! Gott, Christus ist der Herr, die Gemeinde unsere Heimat.

Ich lasse dich nicht, du segnest mich denn. Ist Gott für uns, wer will wider uns sein?

# Der Rang der Wahrheit

## Semesterbeginn, Sommer 1932[1]

*Johannes 8, 31–32: So ihr bleiben werdet an meiner Rede, so seid ihr meine rechten Jünger und werdet die Wahrheit erkennen, und die Wahrheit wird euch frei machen.*

Dieser Text ist darum gut zum Anfangen, weil er uns auf einen Gedanken aufmerksam macht, den wir gern vergessen, wo es um Fragen der Religion geht, und der doch in der Religion der Zentralgedanke ist. Wir haben uns daran gewöhnt, in der Religion etwas zu sehen, was einem Bedürfnis der menschlichen Seele entspringt und dies Bedürfnis stillt. Etwas, das von der Unruhe des Daseins zur Ruhe, von der Hast in die Stille führen soll. Etwas, in dem wir ganz fern von unserem beruflich-alltäglichen Leben einmal ganz zu uns selbst kommen. Wir sagen dann wohl, Religion sei etwas Schönes, etwas Wertvolles, etwas Notwendiges im Leben. Sie sei das einzige, was den Menschen im tiefsten glücklich machen könne.

Aber wir vergessen darüber die entscheidende Frage, ob Religion auch etwas Wahres sei, ob sie die Wahrheit sei. Denn es könnte ja sein, daß die Religion wohl schön, aber nicht wahr ist und daß dies alles eine schöne, fromme Illusion, aber eben doch eine Illusion sei. Und der wütendste Kampf gegen die Religion hat sich daran entzündet, daß man in der Kirche selbst oft so geredet hat, als ob die Wahrheitsfrage die zweite Frage in der Religion sei. Wer aber so redet, der sieht die Religion allein vom Menschen und seinen Bedürfnissen her und nicht von

1. Andacht an der Technischen Hochschule.

Gott und seinem Anspruch her. Und darum ist es wichtig, daß uns hier gleich zu Anfang das eine ganz klar wird und daß wir uns dies vom Neuen Testament sagen lassen, daß es der Religion wesentlich nur auf eins ankommt, nämlich wahr zu sein. Wahrheit, das ist höchster Wert nicht nur in der Wissenschaft, sondern noch viel mehr und viel dringlicher in der Religion, auf die wir ja unser Leben begründen wollen.

Aber wie erkenne ich dies, wovon die christliche Verkündigung redet, als Wahrheit? Und hier gibt die Bibel eine seltsame Antwort: »So ihr bleiben werdet an meiner Rede.« Nicht durch freie Forschung, nicht durch uninteressiertes Denken und Suchen nach ihr, sondern allein durch den freien Lebensversuch, sein Leben einmal ganz auf das Wort Christi zu setzen; einmal ganz und gar mit ihm zu leben, ihm nachzuleben, ihn zu hören, ihm zu gehorchen. Erst wer sein Leben einmal so ganz eingesetzt hat, vermag zu urteilen, ob Christus die Wahrheit sagt und ist. Und Christus gibt die Verheißung: Wer das einmal wagt, der wird die Wahrheit erkennen. Nur im Leben erkennt man Wahrheit. Nur im Kampf erprobt man Waffen.

Und nun zuletzt: Die Wahrheit wird euch frei machen. Das ist die Gabe der Wahrheit. Wer die Macht der Wahrheit hinter sich hat, ist der freieste Mann. Er fürchtet nichts. Er ist durch nichts gebunden, kein Vorurteil, kein schwaches Nachgeben gegenüber trügerischen Hoffnungen; sondern gebunden an eines, an das eine, an die Wahrheit, die die Wahrheit Gottes ist, die aller Wahrheit Bestand verleiht. Wer mit der Wahrheit Gottes ist, der ist wahrhaft frei. Gott, mach uns frei. Amen.

# Gottes Gebot gegen alle christlichen Programme

Exaudi, 8. Mai 1932[1]

*2. Chronik 20,12: Wir wissen nicht, was wir tun sollen; sondern unsre Augen sehen nach dir.*

In den unbeugsamen Geboten Gottes ruht die Welt. Das ist die Treue Gottes zur Welt, daß er seinem Gebot Bestand gibt. Das ist der Zorn Gottes, daß er uns sein Gebot verbirgt. Das ist die Gnade Gottes, daß er uns sein Gebot wissen läßt. Das ist die Verheißung Gottes und unsere Hoffnung, daß wir einst sein Gebot halten werden. Herr, verbirg dein Gebot nicht vor uns. Lehre uns deine Gebote halten. Exaudi – erhöre uns, Herr, und tu dich uns kund.

Er war ein Mann der Tat, ein israelitischer König, der von Feinden bedroht in den Krieg ziehen sollte, also ein streitbarer Mann, der unser Wort gesprochen hat. Er hatte sein Volk um sich versammelt zum Rat, was zu tun sei. Man braucht Pläne, Programme, Entschlossenheit. Und er spricht zum Volk – und nun geschieht das überaus Seltsame und doch so ganz Biblische: Seine Pläne und Programme zerrinnen, sie werden ihm zu Gebeten, seine Entschlossenheit zu tiefster Verzagtheit und Demut und er schließt seine Rede, seine Programmrede für den Krieg mit den Worten: »Wir wissen nicht, was wir tun sollen, sondern unsere Augen sehen nach dir.« Wahrhaftig, eine herrliche Programmrede, nicht wahr?!

1. Gottesdienst in der Dreifaltigkeitskirche.

Wir würden nicht hingerissen sein, wenn in einer entscheidenden Stunde unseres Volkes sich ein führender Mann hinstellte und dies zu sagen wagte: Wir wissen nicht, was wir tun sollen. Mit Schimpf und Schande würden wir ihn davonjagen unter Hohn und Spott. Das soll eine Programmrede sein? Da sind wir anderes, Besseres gewohnt. Da wissen wir besser Bescheid, wie man bei solcher Gelegenheit redet. Da zerrinnen die Programme und Pläne nicht zu Gebeten, sondern da werden sie über den Flammen der Begeisterung zu leuchtenden Wahrzeichen und Bannern der eigenen guten und gerechten Sache. Da wird Entschlossenheit nicht zu verzagter Demut, sondern zum unwiderstehlichen Bekenntnis zur eigenen Kraft und zum eigenen Mut. Ja, da werden umgekehrt die Gebete noch zu Programmen, die Bitten zu Befehlen. Da muß am Ende des Programms auch noch der Name Gottes genannt werden. Da wird auch er noch in den Dienst des Programms, des klugen Planes, der eigenen Entschlossenheit gestellt und dann, ja dann ist die christliche Programmrede fertig, wie wir sie gern hören und tausendmal schon besser und schlechter gehört haben.
Wie jämmerlich, wie ärmlich, wie schwächlich und feig, wie wenig verantwortungsfreudig, ja wie vaterlandslos muß dem gegenüber der erscheinen, dessen ganzes Programm in der Erkenntnis besteht: Wir wissen nicht, was wir tun sollen, sondern unsere Augen sehen nach dir. Wie unschön, wie unerbaulich dieser Mann der Bibel – und wie sympathisch, herrlich, wie erhebend unser christlicher Programmredner. Und wenn wir nun geradewegs so fortfahren würden, so würden wir drauf und dran sein, unseren Text ein klein wenig zu verändern und dann über den Text zu predigen: Wir wissen, was wir tun sollen; aber unsere Augen sehen auch noch nach dir. Und dies würde allerdings einen Fortschritt bedeuten über unseren biblischen Text hinaus, so wie unser christlicher Pro-

grammredner wirklich einen Fortschritt bedeuten würde über den Mann der Bibel.
Es fragt sich nur, wie teuer dieser Fortschritt erkauft ist. Denn der Preis der Wahrheit ist zu teuer, zu hoch für irgendeinen Fortschritt. Und eben diesen Preis der Wahrheit müssen wir zu zahlen bereit sein, wenn wir von der Erkenntnis des Mannes der Bibel zu der unseres christlichen Programmredners fortschreiten wollen. Weil es wahr ist, wie der Mann der Bibel redet und weil es unwahr ist, wie der andere redet, darum dürfen wir diesen Fortschritt nicht mitmachen. Er ist ein Schritt fort von der Wahrheit. Also ist es wahr, das heißt, es entspricht unserer Lage als Menschen in der Welt Gott gegenüber, daß wir sagen müssen: Wir wissen nicht, was wir tun sollen, sondern unsere Augen sehen nach dir. Wir könnten das heute besser wissen denn je, obwohl wir's immer wissen sollten. Die große Zerrissenheit unserer Ideale, unserer menschlichen Ordnungen und Gefüge stellt uns täglich neu vor die Frage: Was sollen wir tun? Wir müssen täglich entscheiden zwischen diesem und jenem Ideal, sei es politischer oder sei es erzieherischer Natur, sei es in Fragen der persönlichen Lebensführung. Die programmatischen Behauptungen sämtlicher Ideale sind im tiefsten Grunde erschüttert. Soll die Erziehung unserer Kinder individualistisch oder kollektivistisch geartet sein? Ist der Nationalstaat oder sind die überstaatlichen Einheiten erstrebenswerter? Soll die Form [der] Ehe bleiben, wie sie war, [oder] bedarf sie der Neugestaltung? Das heißt: Wie soll ich erziehen? Wie soll ich mich als Staatsbürger verhalten? Wie soll ich meine Ehe gestalten? All diese Fragen sind durch die scharfe weltanschauliche Zerspaltung für uns offene Fragen geworden. Weil wir uns aber alle irgendwie entscheiden müssen, so sind wir dauernd durch die Frage beunruhigt: Was sollen wir denn tun? Wir wissen nicht, was wir tun sollen.

Aber auch hier ist unser christlicher Programmredner rasch zur Stelle und ist klüger als wir. Er will uns auf unserem eigenen Feld schlagen. Er sagt: Seht doch in die Bibel und lest es nach. Da steht doch ganz deutlich: Du sollst deinen Nächsten lieben wie dich selbst. Das Gebot der Nächstenliebe kennen wir doch (von B. in Klammern gesetzt: und um der Nächstenliebe willen tun wir all dies). Aber nun muß auch hierauf die sehr nüchterne Frage gestellt werden. Das Gebot der Nächstenliebe kenne ich wohl; aber wissen wir wirklich, was es besagt? Was heißt denn, den »Nächsten lieben«? Was heißt denn das für den Politiker, der über Krieg und Frieden entscheiden soll? Was heißt das in der Erziehung? In der Ehe? Für den wirtschaftlichen Unternehmer? Was soll er denn tun und wie zeigt er denn die Liebe zum Nächsten? Indem er sein Unternehmen vergrößert, seinen Leuten Arbeit gibt und sie hundert anderen nimmt? Indem er hundert reichlich [be]zahlt und fünfhundert knapp? Was aber heißt es für uns? Heißt es, daß wir die Kinder wachsen lassen? Heißt es, daß wir sie hier und dort mit Gewalt in vorgeschriebene Bahnen zwingen? Und warum soll es gerade dies und kann es nicht gerade ebenso gut genau das Gegenteil heißen? Ja, das Wort: Liebe deinen Nächsten hat keinen klaren, eindeutigen Sinn, sagt uns nicht eindeutig: Dies sollst du tun! Sondern gerade im Gegenteil, indem wir uns unter dies Gebot stellen, erkennen wir um so tiefer die Verborgenheit des göttlichen Gebotes vor uns, geraten wir desto tiefer in unsere Ratlosigkeit, in unser Nichtwissen hinein.

Und es ergreift uns die furchtbare Angst der Entscheidung, von der wir wissen, daß sie unter Gottes Augen vollzogen werden muß und in der wir nicht wissen, was wir tun sollen. Wir erkennen mit Beben, daß Gott uns sein Gebot verborgen hat. Und wir wissen in all unserem Nichtwissen, daß das Gottes Zorn ist, der über uns gekommen [ist]. Wir kennen Gottes Gebot nicht mehr, wir sind im Dunkel. Wir wissen nicht, was wir tun sollen.

Und wir wollen nun einmal einen Augenblick wirklich hierbei stehen bleiben. Es ist uns, als wenn in einer schönen Landschaft mit herrlichem Ausblick auf einmal ein kalter Nebel gekommen wäre, der uns völlig einhüllt, daß wir keinen Schritt mehr sehen können und der uns frieren macht. Es ist uns, als wenn uns auf einmal die Sonne verfinstert würde und wir in Nacht und Kälte allein dastehen. Wir wissen nicht, was wir tun sollen. Wir sind ratlos. Und wenn wir nun um so verzweifelter dies oder jenes tun, so zeigt das unsere Ratlosigkeit nur um so offensichtlicher. ⟨Wir wissen nicht ... – denn der Zorn Gottes ist über uns. Der Zorn Gottes verbirgt uns sein Gebot. *Denn wir haben sein Gebot, aus dem die Welt, aus dem wir leben sollten, verletzt, verachtet, verlästert*, und nun hat Gott es vor uns verborgen und wie Spott tritt es uns nun entgegen aus tausendfachen Menschengesetzen und richtet Zerstörung an und ist doch nicht mehr Gottes Gebot⟩ Der hat uns sein Gebot verborgen – denn wir haben sein Gebot, aus dem die Welt und wir leben sollten, verletzt, übertreten, verlästert und nun tritt es uns entgegen in tausendfachen Menschengesetzen und ist doch nicht Gottes Gebot.

Und nun wollen wir zurück und der Weg ist uns verlegt und wir wollen vorwärts und der Weg ist uns ebenso verlegt. Und so leben wir von Augenblick zu Augenblick unter dem Fluch unserer Tat und dem Zorn des heiligen Gottes. ⟨Was sollen wir tun? Das ist die Frage, mit der wir ans Tor der Zukunft klopfen. Wir wollen uns unsere Zukunft bereiten. Wir wollen durch unsere gute Tat uns die Zukunft erobern. Aber wir wissen, erst dort wird uns eine Zukunft eröffnet, wo Gott selbst sein Gebot wieder in Kraft setzt, wo er die dem Zorn und Fluch verfallene

Welt neu schafft durch sein Gebot. Wir können das nicht tun. Gott selbst muß die Welt schaffen, in der wir wissen können, was wir tun sollen. Es muß eine neue Schöpfung sein. Gott muß sein Gebot aufs neue offenbaren und der Welt zum Leben geben.⟩

Und so vernehmen wir aufs neue als Christen die Botschaft, daß Gott die Welt zum zweiten Mal geschaffen hat. Freilich, die Werke dieser zweiten Schöpfung sehen anders aus als die der ersten – sie heißen Kreuz Christi und Auferstehung. Im Kreuze Christi ist die gefallene Welt zu ihrem Ende gebracht und gerichtet, mit ihrem Wissen und ihrem Tun. Der Mensch, jeder Mensch stirbt mit Christus diesen Tod am Kreuz, ob er's weiß oder nicht. Über ihn geht das Urteil des Gerichtes, das alles Tun und Wissen des Menschen richtet. Der ganze Mensch mit allem, was er Göttliches zu wissen und zu tun meint, muß mit allen christlichen Programmen unter Gottes Urteil sterben. Aber Christus ist auferstanden und mit ihm die neue Menschheit. Gott hat selbst getan, was kein Mensch tun konnte. Er hat den Menschen durch den Tod zum Leben gebracht. Er hat sein Gebot, das zum Leben führen sollte, aufs neue kundgetan und selbst erfüllt. Er spricht: Ich tue es, ich ganz allein und kein anderer. Glaubt an das Evangelium. Das ist sein neues Gebot, daß wir auf ihn sehen sollen, wie er im Tode das Leben, im Kreuz die Auferstehung schafft. Wir sind ins Leben gebracht. Wir sind in Gnade. Wir sind geheiligt und gereinigt. Wir sind gerecht. Wir sind mit Christus auferstanden. Aber wissen das doch immer nur, wenn wir aufs Kreuz sehen, das heißt, wenn wir wissen, daß wir tot und unterm Zorn, daß wir unheilig und unrein sind, daß wir nicht wissen, was wir tun sollen. Wir *sehen* in dieser Welt nur das Kreuz. Wir sehen uns auch nur als solche, die unter dem Kreuz verurteilt stehen, als solche, die nicht wissen, was sie tun sollen. Aber wir glauben im Kreuz an das Leben, in der Sünde an Gott, in der Verborgenheit an das Offenbare, in dem verborgenen Gebot an das offenbare Gebot. Wir wissen nicht, was wir tun sollen, aber unsere Augen sehen nach dir, nach dem Herrn, nach dem auferstandenen Herrn. Wir wissen nicht, was wir tun sollen, – denn wir stehen verdammt unterm Kreuz und unsere Wege sind am Ende. Aber wir sehen nach dir, der du in Gericht und Gnade, in Kreuz und Auferstehung Gott bleibst und deinem Gebot Bestand gibst, und ob die Welt darüber zerbräche. Wir sehen nach dir nicht als solche, die nun schließlich doch wüßten, was sie tun sollen, sondern als solche, die gar nicht wissen, was sie tun sollen, aber die wissen, daß du Sünden vergibst und gnädig bist; als solche, die keinen festen Stand mehr unter den Füßen haben, die aber gefaßt und gehalten sind über dem Abgrund der Bodenlosigkeit von oben, von dir; die wissen, daß deine Wege und dein Gebot in dieser Welt verborgen sind unter dem Kreuz, daß sie aber offenbar werden sollen in deinem Reich.

Und nun gehen wir heim in unsere Arbeit, Arbeiter, Beamte, Kaufleute, Studenten, Pfarrer; in unsere Arbeit, in der wir nicht wissen, was wir tun sollen. Aber wir wissen nun, daß diese Arbeit unter dem Kreuz, unter dem Gericht Christi geschieht; daß der Boden, auf dem wir stehen, unsicher geworden ist; daß wir auf diesem Boden nicht stehen bleiben können, ohne zu versinken. Und darum gilt es, vorwärts zu gehen und gerade nur wissend, daß wir nicht wissen, was wir tun sollen, nicht die Hände in den Schoß zu legen, auszuruhen, bis Gott das Seine tut. Sondern es geht uns wie dem, der über ein Meer von schwimmenden Eisschollen laufen will. Nirgends darf er ruhen, nicht zu lange Fuß fassen, sonst versinkt er im Bodenlosen, im Abgrund. Kaum hat er einen Sprung getan, so muß er bedacht sein auf den nächsten, und so fort und so fort; unter ihm der Abgrund, vor ihm – dies weiß er – das Land. Noch sieht er's nicht. Aber er weiß, es ist da.

Unsere Augen sehen nach dir, nach dem Boden der Heimat; nach dem Land deiner unbeugsamen Gebote, nach dem Reich der neuen, offenbaren Schöpfung, nach deiner Klarheit. Laß uns nicht versinken auf den Schollen, auf denen wir treiben. Laß es nicht ewig neblig und kalt um uns sein. Zeig uns in aller Dunkelheit des Kreuzes das Licht deiner Auferstehung, deiner Verheißung, daß dein Gebot unbeugsam ist. Laß uns dein verborgenes Gebot lieben. Und gibt uns die Hoffnung, daß wir es dermaleinst halten sollen. Wir Kinder der Welt, Männer und Frauen der Arbeit, des Tuns, wir treten vor dich, Gott, und beten: Wir wissen nicht, was wir tun sollen, aber unsere Augen sehen nach dir. Verbirg dein Gebot nicht ewig vor uns. Wir wissen, deine Treue ist groß. Exaudi – erhöre uns, Herr.

## Mit dem Herrn des Schicksals im Bunde

Predigt zur Taufe eines Neffen[1], 12. Mai 1932

*1. Johannes 4,16: Gott ist Liebe; und wer in der Liebe bleibt, der bleibt in Gott und Gott in ihm.*

Dies Wort soll heute über dies Kind ausgesprochen werden. Und zwar nicht so, wie man auch irgendein anderes beliebiges Wort ihm – wie man so sagt – ins Leben mit-

1. Thomas, Sohn von Klaus und Emmi Bonhoeffer. Die Taufe fand im Hause der Eltern in der Wangenheimstraße statt.

gibt, sondern mit dem ganz eigentümlichen Anspruch, daß dies Wort Gottes eigenes Wort in dieser Stunde über dieses Kind ist, das heißt, daß dies Wort sich in dieser Stunde verwirklicht, wahrhaftig und gültig erweist. Gott ist Liebe – das ist von heute an im Leben dieses Kindes nicht mehr eine allgemeine Lebensweisheit oder -unweisheit, sondern es ist der reale, einzig unzerstörbare Grund, auf dem sein ganzes Leben aufgebaut wird. Es ist Wahrheit und es ist Wirklichkeit. Das ist der Sinn der Taufe.

Es gehört zu der Bestimmung der Kirche, daß sie solche Dinge zum Menschen sagen muß, die dieser entweder als gutgemeinte Phrase und als Unwahrheit oder aber als Selbstverständlichkeit empfinden muß. Das Wort »Gott ist Liebe« ist ganz dieser Gefahr ausgesetzt. Es liegt unendlich nah, es für eine gutgemeinte Übertreibung, eine Phrase zum Zweck kirchlicher Feiern zu halten und es somit im Grunde als Unwahrheit abzulehnen und seines Ernstes zu berauben. Es ist aber ebenso eine Zerstörung des Ernstes dieses Wortes, wenn man es für eine fromme Selbstverständlichkeit hält. Nein, von dem schlechthin Unselbstverständlichen, Unwahrscheinlichen, ja Unglaubwürdigen ist hier die Rede, wo von der Liebe Gottes geredet wird. Und doch ist dieses schlechthin Unwahrscheinliche wahr, so wahr, daß das ganze Leben eines Menschen auf ihm aufgebaut werden soll.

Gott ist Liebe. Das heißt, daß Anfang und Ende dieses Kindes bei Gott aufgehoben sind. Es heißt aber zugleich, daß in das Leben dieses Kindes in der Welt etwas hineingebrochen ist, das allem Sichtbaren, Begreiflichen, Erfahrbaren widerspricht; das dieses Leben auf einen Grund stellt, der jenseits aller menschlichen Möglichkeiten liegt, eben auf den Grund Gottes selbst. Die Gesetze des menschlichen Lebens sind durchbrochen, wenn Gottes Liebe über einen Menschen kommt.

Denn das heißt, daß der Mensch, von dem wir wissen, daß er den Mächten des Schicksals unterworfen ist, mit dem Herrn auch des Schicksals im Bunde ist. Daß der Mensch, von dem wir wissen, daß das Leben ihm Angst macht, weil er die nächste Zukunft nicht kennt, von der Angst erlöst ist, weil er die letzte Zukunft kennt, die Gott selbst ist. Daß der Mensch, der sich selbst mehr liebt als Gott und den Bruder und so sündigt, doch von Gott und dem Bruder geliebt ist, daß ihm vergeben ist. Daß der Mensch, von dem wir wissen, daß er in der Welt zutiefst einsam ist, nie einsam sein kann, weil Gott bei ihm ist und sein ganzes berufenes Volk.

Daß Gottes Liebe über einem Menschen steht, heißt nicht, daß sein Leben anders verläuft als das jedes anderen Menschen, sondern daß das Leben seinem letzten selbstischen Sinn entrissen und für Gott gewonnen ist. Nicht das Schicksal des Menschen ist Liebe – so mißverstehen wir meist dies Wort – sondern der, der der Herr des Schicksals ist.

Und dies sind nicht Wünsche, die wir dem Kind mitgeben, sondern Wirklichkeiten, die die Kirche ihm im Auftrag des lebendigen Gottes zuspricht.

Es ist gut, daß unser Wort damit anfängt, von Gottes Liebe zu reden. Das enthebt uns der Gefahr, unter dem, was nun nachher gesagt wird über des Menschen Liebe, irgend etwas sehr Menschliches zu verstehen. »Wer in der Liebe bleibt, der bleibt in Gott und Gott in ihm.« Was kann »in der Liebe bleiben« zunächst anderes bedeuten als dazu aufgerufen sein, nun die Gesetze der Welt zu durchbrechen, wie Gott sie durchbricht? Den ganz eigenen, der Welt fremden und unbegreiflichen Weg zu gehen, den die Liebe geht? Einen Weg, der nie in die Irre gehen kann, der ganz in sich selbst ruht, seine eigenen Gesetze hat, der immer richtig ist, auch wenn er noch so wunderlich erscheint? Ein Weg, der tausendmal unterbrochen ist, weil er nicht der Weg des Priesters ist, der blind an dem unter die Räuber Gefallenen vorbeigeht, sondern des anderen, der Augen hat zu sehen und überall sieht? In der Liebe bleiben heißt offene Augen bekommen, etwas zu sehen bekommen, was nur wenige sehen, nämlich die ausgestreckten, bittenden Seelen der anderen, die am Wege sind. Und nun gar nicht anders können, als unter dem Einsatz von allem, was man hat, zu handeln, zu helfen, seinen Dienst zu tun. Das kann hier oder dort sein. Entscheidend ist, daß man sich dort, wo es ist, jederzeit von Gott unterbrechen lassen kann.

Aber in der Liebe bleiben kann man nur unwissend. Wie das Auge nicht sich selbst sieht, so sieht die Liebe nicht sich selbst. Wer von sich meint, daß er in der Liebe bleibt, der ist nicht in der Liebe, denn er sieht sich selbst. Aber nur in der Blindheit gegen sich selbst geht der, der in der Liebe [bleibt], mit göttlicher Sicherheit seinen Weg. »Er glaubt alles, er hofft alles, er duldet, er vergibt alles« [nach 1. Kor. 13,7]. Wenn es wirklich *alles* ist bis ans Ende, dann gibt es keine Enttäuschung, keinen Zweifel, kein Aufhören. Dann ist es wahr, daß die Liebe nimmer aufhört, sondern von der Zeit zur Ewigkeit durchdringt.

Wer in der Liebe bleibt, geht nicht den vorgeschriebenen Weg der Vortrefflichkeit in der Welt, sondern eigene, unverständliche, oft törichte Wege. Es fehlt ihnen das letzte Stück Weltklugheit, das Selbstsucht genannt wird. Aber in diesen törichten, wunderlichen Wegen sieht der, der Augen hat zu sehen, etwas leuchten von der Herrlichkeit Gottes selbst.

Nur einer ist in der Welt den Weg ganz gegangen. Er hat ihn ans Kreuz geführt. Uns führt er durchs Kreuz, aber zum wahren Leben in Gott.

# Der arme, reiche Lazarus

1. nach Trinitatis, 29. Mai 1932

*Lukas 16, 19–31: Es war aber ein reicher Mann, der kleidete sich mit Purpur und köstlicher Leinwand und lebte alle Tage herrlich und in Freuden. Es war aber ein Armer mit Namen Lazarus, der lag vor seiner Tür voller Schwären und begehrte sich zu sättigen von den Brosamen, die von des Reichen Tische fielen; doch kamen die Hunde und leckten ihm seine Schwären. Es begab sich aber, daß der Arme starb und ward getragen von den Engeln in Abrahams Schoß. Der Reiche aber starb auch und ward begraben. Als er nun in der Hölle und in der Qual war, hob er seine Augen auf und sah Abraham von ferne und Lazarus in seinem Schoß. Und er rief und sprach: Vater Abraham, erbarme dich mein und sende Lazarus, daß er das Äußerste seines Fingers ins Wasser tauche und kühle meine Zunge; denn ich leide Pein in dieser Flamme. Abraham aber sprach: Gedenke, Sohn, daß du dein Gutes empfangen hast in deinem Leben, und Lazarus dagegen hat Böses empfangen; nun aber wird er getröstet und du wirst gepeinigt. Und über das alles ist zwischen uns und euch eine große Kluft befestigt, daß die da wollten von hinnen hinab zu euch, könnten nicht, und auch nicht von dannen zu uns herüberfahren. Da sprach er: So bitte ich dich, Vater, daß du ihn sendest in meines Vaters Haus; denn ich habe noch fünf Brüder, daß er ihnen bezeuge, auf daß sie nicht auch kommen in diesen Ort der Qual. Abraham sprach zu ihm: Sie haben Mose und die Propheten; laß sie dieselben hören. Er aber sprach: Nein, Vater Abraham! sondern wenn einer von den Toten zu ihnen ginge, so würden sie Buße tun. Er sprach zu ihm: Hören sie Mose und die Propheten nicht, so werden sie auch nicht glauben, wenn jemand von den Toten aufstünde.*

Man kann das Evangelium gar nicht handgreiflich genug verstehen und predigen. Eine rechte evangelische Predigt muß so sein, als ob man einem Kind einen schönen roten Apfel hinhält, oder einem Durstigen ein Glas frisches Wasser und dann fragt: willst du? So müßten wir von den Dingen unseres Glaubens reden können, daß die Hände sich danach ausstrecken, schneller als wir sie füllen können. So müßten die Menschen laufen und keine Ruhe haben, wenn vom Evangelium geredet wird, wie die Kranken einst zu dem umherziehenden heilenden Christus liefen, um sich heilen zu lassen (Aber auch Christus hat mehr geheilt als bekehrt). Das ist doch wirklich keine Phrase. Sollte es nicht wirklich dort so sein, wo von der frohen Botschaft Gottes geredet wird? Aber es ist eben nicht so – das wissen wir alle.
Dabei darf man sich doch aber nicht beruhigen, als müsse das so sein. Sondern es kann doch im Grunde nur eines geben, nämlich daß man sich immer von neuem wieder fragt, warum das so sei. Und hier ist einer – freilich nur einer – der Gründe der, daß wir uns vielfach scheuen, das Evangelium so handgreiflich, so lebensnah zu nehmen, wie es ist. Wir haben das Evangelium vergeistigt und das heißt, wir haben es entlastet, verändert. Nehmt einmal unser Evangelium vom reichen Mann und vom armen Lazarus. Da ist es üblich geworden, den ganzen Sinn der Geschichte darin zu sehen, daß die Reichen den Armen helfen sollen. Das heißt, man macht aus ihr einfach eine moralische Beispielerzählung. Und dabei ist gerade diese Geschichte, wenn man sie einmal ganz ursprünglich auf sich wirken läßt, etwas ganz anderes als dies, nämlich eine ganz handgreifliche Verkündigung der frohen Botschaft

selbst. Freilich so handgreiflich, so massiv, daß wir sie schon gar nicht mehr ernst nehmen.
Denken wir uns, wie sich eine Menge von Kranken, Armen, Elenden, von armen Lazarussen um Christus versammelte und dieser nun zu erzählen begann vom armen, aussätzigen Lazarus vor der Schwelle des reichen Mannes, den sogar die Hunde noch quälten. Und wenn sich dann die Geschichte wendete bei den Worten: »Es begab sich aber, daß der Arme starb und ward getragen von den Engeln in Abrahams Schoß. Lazarus hat Böses empfangen in seinem Leben, nun aber wird er getröstet«, da mögen Schreie der Freude und der Hoffnung durch die Menge gegangen sein. Das war die frohe Botschaft. Das war das frische Wasser, nach dem man gierig griff. Das war die Liebe Gottes selbst, die so zu den Armen und Elenden redete. Ihr Verstoßenen, ihr Benachteiligten, ihr Armen und Kranken, ihr Verachteten, ihr sollt getröstet werden. Ihr habt viel Leiden in der Welt, aber es soll nach kurzem ewige Freude und ewiger Trost über euch kommen. Seht auf den armen Lazarus, wie er verachtet vor der Schwelle des Reichen liegt und dann seht auf ihn, wie er in Abrahams Schoß Gottes Trost empfängt. »Selig seid ihr, ihr Armen; denn das Reich Gottes ist euer. Selig seid ihr, die ihr hier hungert, denn ihr werdet satt werden. Selig seid ihr, die ihr hier weinet, denn ihr werdet lachen. Freuet euch und hüpfet, denn euer Lohn im Himmel ist groß.« So heißen sie Seligpreisungen bei Lukas [6,20–23]. Nichts von geistlich Armen, nichts vom Hungern nach der Gerechtigkeit ist hier gesagt, sondern selig seid ihr Armen, ihr Hungernden, ihr Weinenden, wie wir euch in der Welt kennen. Selig seid ihr Lazarusse aller Zeiten, denn in Abrahams Schoß werdet ihr getröstet. Selig ihr Ausgestoßenen und Geächteten, ihr Opfer der Gesellschaft, ihr Männer und Frauen ohne Arbeit, Ihr Zusammengebrochenen und Ruinierten, ihr Vereinsamten und

Verlassenen, ihr Vergewaltigten und Unrecht Leidenden, ihr Leidenden an Leib und Seele; selig seid ihr, denn Gottes Freude wird über euch kommen und ewig über [eurem] Haupte sein. Das ist das Evangelium, die frohe Botschaft von dem Anbrechen der neuen Welt, der neuen Ordnung, die die Welt Gottes und die Ordnung Gottes ist. »Die Tauben hören, die Blinden sehen, die Lahmen gehen und den Armen wird das Evangelium gepredigt« [nach Matth. 11, 5].

Und bevor wir uns mit Zwischenfragen unterbrechen, hören wir noch die andere, die furchtbare Gegenseite. Da ist der reiche Mann, der sich in Purpur und köstlicher Leinwand kleidete. Von ihm heißt es: »Der Reiche aber starb auch und ward begraben.« Das klingt schon sehr hart. Und nun muß er in der Hölle die Qual des ewigen Durstes erleiden, weil er satt und voll war auf der Erde. Er muß den armen Lazarus im Schoß Abrahams sehen und darum flehen, daß dieser ihm nur für einen Augenblick seinen Durst lösche. Aber auch das geht nicht an. »Gedenke, Sohn, daß du dein Gutes empfangen hast in deinem Leben.« Und dahinter hören wir die Worte: »Weh euch, die ihr voll seid, denn euch wird hungern. Weh euch, die ihr hier lachet, denn ihr werdet weinen und heulen« [Luk. 6, 25]. Weh euch, die ihr euch in Purpur kleidet und herrlich und in Freuden lebt, denn ihr sollt ewigen Durst haben.

Selig, armer, ausgestoßener, aussätziger Lazarus gestern und heute, denn du hast einen Gott. Weh [dir], der du herrlich und in Freuden und in Ansehen lebst, gestern und heute. Das [ist] die handgreiflichst gepredigte frohe Botschaft Gottes für die Armen.

Aber nun müssen wir erst eine Reihe von empörten Entgegnungen über uns ergehen lassen, ehe wir weiter gehen. Da sind in unserer Mitte immer solche, die besser wissen, was das Neue Testament sagen darf und was nicht, als das

Neue Testament selbst. Das, was wir hier eben gesagt haben, ist ja eine ganz grobe, fürs rohe Volk zugeschnittene Auslegung des Neuen Testamentes. Darum könne es sich doch nicht handeln. Man müsse doch das, was im Neuen Testament wirklich so ähnlich klingt, wie wir es gesagt haben, vergeistigen. Wir nennen das dann »sublimieren«, das heißt verfeinern, erhöhen, vergeistigen, moralisieren. Es seien doch nicht einfach die äußerlich Armen, die selig gepriesen und die äußerlich Reichen, die verdammt würden. Sondern die Hauptsache sei doch immer, wie man sich zu seiner Armut und zu seinem Reichtum einstelle. Auf das Äußere komme es dabei überhaupt nicht an, sondern auf die Gesinnung: Reich in Gott, [beziehungsweise] arm in Gott. Das Gefährliche an diesem Einwand ist, daß er zwar etwas Wahres enthält, aber doch im Grunde nur dazu dienen soll, uns selbst zu entschuldigen. Es ist ja so furchtbar leicht, sich von allen sogenannten Äußerlichkeiten auf die Gesinnung zurückzuziehen, äußerlich reich, aber in der sogenannten Gesinnung arm zu sein. Es ist so furchtbar leicht zu sagen, es sei robust, das Evangelium so zu verstehen, als gehe es darin um äußere Armut und Reichtum, während es doch darauf gerade nicht ankomme, sondern allein auf das Innere. Bitte, wo steht in der Geschichte vom armen Lazarus etwas von seinem Inneren? Wer sagt uns, daß er ein Mann gewesen sei, der sich zu seiner Armut innerlich recht gestellt habe? Im Gegenteil, er mag ein recht aufdringlicher Armer gewesen sein, sich dem Reichen vor die Schwelle zu legen und nicht wegzugehen. Wer sagt uns etwas über die Seele des Reichen? Das ist ja gerade das Erschreckende an der Geschichte, daß hier überhaupt nicht moralisiert wird, sondern einfach von arm und von reich geredet wird und von der Verheißung und der Drohung über das eine und das andere. Hier sind diese Äußerlichkeiten offenbar durchaus nicht [als] Äußerlichkeiten, sondern ganz ungeheuer ernst genommen. Warum hat denn Christus die Kranken und Elenden geheilt, wenn es ihm auf solche Äußerlichkeiten nicht angekommen wäre? Warum [ist] Reich Gottes gleich [der Tatsache]: Taube hören, Blinde sehen ...? Und woher nehmen wir die wahnsinnige Überheblichkeit, diese Dinge, die Christus sehr handgreiflich gesehen und getan hat, zu vergeistigen? Wir müssen ein Ende machen mit dieser unverfrorenen, scheinheiligen Vergeistigung des Evangeliums. Nehmt es, wie es ist oder haßt es aufrichtig!

Und dieser Haß ist nicht ausgeblieben, eben weil man das Evangelium ehrlich so nahm, wie es war. Er kommt von zwei verschiedenen Seiten.

Was geht uns ein Evangelium an, das für die Schwächlinge, die Unedlen, die Armen und Kranken gebracht ist? Wir sind Männer, gesund und stark. Wir verachten die Masse der Lazarusse. Wir verachten dies Armenevangelium. Es verdirbt unseren Stolz, unsere Rasse, unsere Kraft. Wir sind reich, aber mit Stolz. Das ist gewiß ehrlich geredet. Aber es ist auch unendlich leichtsinnig geredet und zugleich so voller Illusionen. Es ist ja so leicht, die Masse der Lazarusse zu verachten. Aber wenn dir nur ein einziger wirklich gegenübertritt, der arbeitslose Lazarus, der verunglückte Lazarus, der durch deine Schuld ruinierte Lazarus, dein eigenes bittendes Kind als Lazarus, die ratlose und verzweifelte Mutter, der zum Verbrecher gewordene Lazarus, der gottlose Lazarus, kannst du einem dieser Einzelnen gegenübertreten und ihm sagen: Ich verachte dich, Lazarus, ich verhöhne die Botschaft, die dich froh macht? Kannst du das wirklich? Und wenn du es nicht kannst, warum tust du dann erst so, als sei es etwas Großes, dies zu können?

Oder aber sollte es nicht vielleicht selbst schon eine Verhöhnung sein, diejenigen, die hier in Elend und Jammer leben, auf eine bessere Zukunft in einer anderen Welt zu

[ver]trösten? Klingt es nicht fast so, als ob man diese Unglücklichen damit nur davon abhalten will, sich hier gegen ihr Geschick aufzulehnen? Als ob man sie selig preist, nur damit sie ruhig bleiben, wie sie sind und die anderen nicht belästigen? Ist es nicht geradezu zynisch, wenn man vom himmlischen Trost redet, weil man irdischen Trost nicht geben will? Ist dies Evangelium an die Armen nicht im Grunde Volksbetrug und Volksverdummung? Zeigt es nicht, daß man im Grunde das Elend gar nicht ernst nimmt, sondern sich zynisch hinter frommen Phrasen verbirgt? Ach, unzählige Male ist es so geschehen – wer wollte das leugnen? – bis in unsere Gegenwart hinein. Und Millionen sind darum dem Evangelium entfremdet worden. Aber ein Blick auf die Evangelien schon zeigt uns, was hier anders ist. Jesus preist die Armen selig; aber er heilt sie doch auch schon hier. Ja, das Reich Gottes ist da, denn die Blinden sehen und die Lahmen gehen. So ernst nimmt er das Elend, das er im Augenblick schon zerstören muß. Die Gewalt der Dämonen muß gebrochen werden, wo Christus ist. Darum heilt er und darum sagt er seinen Jüngern: »So ihr Glauben habt, werdet ihr größere Werke vollbringen denn ich« [s. Joh. 14, 12]. Noch ist das Reich Gottes im Anbruch. Wie Wetterleuchten sind die Taten der Heilungen, [wie] Blitze aus der neuen Welt. Aber nun wird die frohe Botschaft umso gewaltiger. »Selig seid ihr, die ihr weinet, denn ihr werdet lachen; die ihr hungert, denn ihr werdet satt werden.« Kein zynisches Vertrösten, sondern die eine große Hoffnung: Die neue Welt, die frohe Botschaft, der barmherzige Gott, Lazarus in Abrahams Schoß, die Armen und Ausgestoßenen bei Gott – jawohl, das mag furchtbar naiv und handgreiflich [klingen]. Aber wenn es doch wahr wäre? Wenn es doch wahr *ist*? Ist es dann auch noch naiv? Ist es dann auch noch ungeistig? Müssen wir dann nicht gerade unsere Ohren aufmachen und hören und wieder hören

von dem unerhörten Geschehen, daß Lazarus gestern und heute von Engeln in Abrahams Schoß getragen wird? Und daß der Satte, der Volle, der herrlich und in Freuden lebt, der reiche Mann ewigen Durst leiden muß?

Wir haben bis jetzt von den beiden so geredet, als hätten sie eigentlich nichts miteinander zu tun. Das ist offenbar nicht so. Lazarus liegt vor der Schwelle des Reichen und erst die Armut des Lazarus macht den Reichen reich, wie der Reichtum des anderen den Lazarus arm macht. Es ist nicht gesagt, was der Reiche und nicht, was der Arme getan hat oder auch nur hätte tun sollen, sondern das einzige gemeinsame Ereignis, das sie beide gleichmäßig betrifft, ist ihr Tod. Das ist das sonderbare Licht, unter das diese beiden Männer hier rücken. Sie müssen beide sterben und es erwartet sie beide ein anderes Leben. Und diese Tatsache bindet sie näher aneinander als jedes moralische Gesetz, daß ein Reicher dem Armen helfen solle. Sie gehören ja im Grunde beide schon zusammen durch das gemeinsame Geschick, das ihnen beiden bevorsteht. Im Tode ist der Reiche nicht mehr reich und der Arme nicht mehr arm. Da sind sie eins und gleich. Und nach dem Tode geht ein Neues an, über das alle Mächte der Todeswelt keine Gewalt mehr haben. Dies offenbar aber ist es, was der reiche Mann nicht gesehen hat, daß seine ganze Welt [eine] Todeswelt ist und dahin muß und Gott ausgeliefert ist. Daß ihn Lazarus darum etwas angeht, weil sie beide sterben müssen und in einer anderen Welt leben sollen, weil sie Brüder des Todes und des Gerichtes sind. Das hat er nicht gesehen, daß hinter ihm und hinter Lazarus Unendlichkeiten, Ewigkeiten stehen, hier stumm, unsichtbar, verborgen unter der Hülle des Purpurs und des nackten Leibes des Lazarus, aber daß sie da sind und warten und wirklich werden. Und an dem Ernst dessen, was hier unter Ewigkeit gemeint ist, läßt wohl die

Unterredung des dürstenden reichen Mannes und des Abraham keinen Zweifel.
Es soll nun aber auch grundsätzlich keine weitere Sichtbarmachung dieser Ewigkeit in der Welt stattfinden, wie sie der Reiche für seine Brüder erbittet, als sie in Mose und den Propheten, wir sagen heute in der Predigt der Kirche, gegeben sind. Sie haben in ihrer Todeswelt Mose und die Propheten, laßt sie die hören. Die Worte vom ewigen Gebot Gottes und der Schwachheit und dem Elend des Menschen, der sterben muß; von der Gnade Gottes über die Demütigen und seinem Gericht über die Starken; die Worte vom Kreuz des Christus zum Heil der Armen und Verlorenen, zum Fluch der Satten und Gerechten – laßt sie die hören und sie daran erinnern, daß sie alle mit Lazarus in derselben Todeswelt leben. Und hören sie die nicht, so werden sie auch nicht hören, ob einer von den Toten auferstünde. Sie werden selbst über diese sichtbarste Durchbrechung ihrer Todeswelt nicht erschrecken und nicht einsichtig werden. Sie werden sich dagegen wehren. Sie werden nicht wissen, daß der Lazarus vor der Tür ein ewiger Lazarus ist und sie werden an der Ewigkeit, die ihnen in Lazarus begegnet, vorübergehen.
Und nun zuletzt: Wer ist Lazarus? Wer ist der reiche Mann? Und schließlich: Was soll der reiche Mann denn tun?
Wer ist Lazarus? Du weißt es selbst: Dein ärmerer, äußerlich und innerlich nicht mit dem Leben fertig werdender, oft törichter, oft unverschämter, oft aufdringlicher, oft gottloser, aber doch unendlich bedürftiger und – ob wissend oder nicht – leidender Bruder, der die Brosamen von deinem Tisch begehrt. Du meinst vielleicht etwas wehleidig, du selbst seiest Lazarus. Gott allein weiß es, ob du es bist. Du aber frage immer wieder, ob du nicht vielleicht doch gar der reiche Mann bist. Wer ist Lazarus? Immer

der andere, der dir in tausend verächtlichen Gestalten begegnende gekreuzigte Christus selbst. Ja, er ist der ewige Lazarus selbst.
Und nun muß noch einmal gefragt werden: Wer ist Lazarus? Und hier muß ganz am Ende in aller Bescheidung doch der letzten Möglichkeit gedacht [werden], am Rande aller menschlichen und göttlichen Möglichkeiten: Wir alle sind Lazarus vor Gott. Auch der reiche Mann ist Lazarus. Er ist der arme Aussätzige vor Gott. Und erst, wenn wir wissen, daß wir alle Lazarus sind, weil wir alle von der Gnade Gottes leben, sehen wir im Bruder den Lazarus.
Wer ist der reiche Mann? Unsere Geschichte antwortet auf diese Frage nicht. Gewiß, wir sind nicht reich. Wir sind nicht voll und satt. Wir leben nicht herrlich und in Freuden. Wirklich nicht? Ist das dein Ernst? Auch noch, wenn dir Lazarus begegnet? Oder begegnet er dir nicht? Sind wir wirklich nicht der reiche Mann? Eine andere Geschichte gibt uns die Antwort hierauf. Die Geschichte vom reichen Jüngling, der sehr fromm und sehr gerecht war, aber der traurig wurde, als er von seinen Gütern lassen sollte und davon ging [Math. 19, 16–22]. Das ist der reiche Mann. Und wir?
Und nun: Was soll der reiche Mann tun? Die Antwort auf die Frage steht in der Geschichte vom barmherzigen Samariter [Luk. 10, 25–37]. In unserer Geschichte steht nichts als dies: Sehen soll der reiche Mann, daß hinter ihm in Lazarus der Tod steht; und daß hinter Lazarus Gott selbst, Christus steht und die ewige frohe Botschaft. Sehen sollen wir. Sehen den armen Lazarus in seiner ganzen abschreckenden Jämmerlichkeit und dahinter den Christus, der ihn zu seinem Mahl geladen hat und ihn selig preist. Laß dich sehen, armer Lazarus. Laß dich sehen, Christus im armen Lazarus. Ach, daß wir sehend werden möchten. Amen.

## Unser verborgenes Leben

3. nach Trinitatis, 12. Juni 1932

*Kolosser 3, 1–4: Seid ihr nun mit Christus auferstanden, so suchet, was droben ist, da Christus ist, sitzend zu der Rechten Gottes. Trachtet nach dem, was droben ist, nicht nach dem, was auf Erden ist. Denn ihr seid gestorben, und euer Leben ist verborgen mit Christus in Gott. Wenn aber Christus, euer Leben, sich offenbaren wird, dann werdet ihr auch offenbar werden mit ihm in der Herrlichkeit.*

Liebe Gemeinde, das ist freilich eine äußerst befremdliche Art, mit einem Menschen ein Gespräch zu beginnen: »So du nun mit Christus auferstanden bist«, so tue das und das. Wir sind getauft. Wir sind konfirmiert. Es gab Zeiten, da es uns gelüstete, die Bibel zu öffnen. Wir interessieren uns für mancherlei religiöse Fragen. Wir halten vielleicht sogar mit Liebe und Treue zu unserer Kirche. Und [am] Ende aller Enden: Wir leben in einer Welt, die seit anderthalb bis zwei Jahrtausenden unter dem Namen Jesu Christi als eine christliche Welt sich entfaltet hat. Und dennoch: Wollte irgend einer mit uns ein Gespräch so beginnen, daß er uns einfach daraufhin anredet, wir seien nun mit Christus auferstanden, dann würden wir es wohl vorziehen, auf das weitere Gespräch mit ihm zu verzichten. Wir sähen, wie er bewegt wäre. Wir sähen, wie er erregt wäre. Wir sähen, wie glühend ernst es ihm wäre mit dem, was er uns sonst noch zu sagen hätte. Aber vor dieser Voraussetzung, die er da machte, von der er um keinen Preis lassen möchte; vor dieser Bedingung, die er meint stellen zu müssen, damit wir überhaupt erst befähigt wären, all das zu hören und zu verstehen, was er uns sonst noch anvertrauen möchte, ja, vor dieser Voraussetzung und dieser Bedingung, daß wir nun also mit Christus auferstanden seien, vor dieser Anrede würden wir uns verschließen, würden erstaunt und befremdet uns abwenden. Wir würden den Kopf schütteln über einen solchen Menschen.

*Eigentlich* müßte uns diese Anrede überfallen wie ein Gericht. *Eigentlich* müßte das eine Wort so gewaltig, so erhaben, so groß auf uns hereinbrechen, daß wir in Furcht und Zittern davor erblassen. Denn *dieser* Glanz, diese Herrlichkeit, mit Christus auferstanden zu sein, kommt uns doch wahrhaftig nicht zu, ist an *unserem* Leben doch auch mit dem besten Willen und mit dem schärfsten Blick nirgends zu entdecken. Statt dessen aber wenden wir uns ab, erstaunt und befremdet. Statt dessen schütteln wir den Kopf. Statt dessen ist uns getauften und konfirmierten Christen bei dieser Anrede zumute, als ob der Vertreter irgend eines mysteriösen Geheimbundes mit seinem schrullenhaften Kennwort an uns heranträte. Darüber dürfen wir uns gar keine Illusionen machen: Diese Anrede »ihr seid nun mit Christus auferstanden«, die ist gründlich und hoffnungslos an uns Christen vorbeigeredet. Diese Anrede haben wir längst in die Sekten verbannt (und verwundern uns dann noch darüber, daß es Sekten gibt). Diese Anrede haben wir längst als veraltet und verstaubt dahinten gelassen, um uns mit scheinbar Wichtigerem, Nützlicherem, Interessanterem, ja wohl auch Christlicherem zu beschäftigen.

Was soll uns auch das, daß wir mit Christus auferstanden sind? Es ist uns unverständlich. Es ist uns töricht. Es ist uns völlig uninteressant. Es ist uns völlig untauglich zu Beginn eines Gespräches. Es ist uns völlig untauglich zu Beginn unserer Arbeitstage, zu Beginn unserer Pläne, die wir ins Auge fassen, zu Beginn großer Entscheidungen, die wir fällen müssen. Es ist uns völlig untauglich in den

Beziehungen, die wir untereinander pflegen. Was soll der Lehrer dem Schüler gegenüber, was soll der Freund dem Freunde gegenüber, die Frau dem Manne und der Vater dem Sohn gegenüber mit dieser Gewißheit, daß sie alle miteinander auferstanden seien in Christo? Wenn wir uns diese Gedanken noch bieten lassen, dann nur als das krönende Ende einer geistvollen Abhandlung. Wenn uns dieser Gedanke noch etwas zu sagen vermag, dann nur in den Stunden, die weit hinter der Arbeit liegen, die weit entrückt sind von aller Aktualität unserer Entscheidungen; gehobene fromme Stunden, denen wir aber nur sehr spärliche Rechte einräumen, unser übriges Leben zu beeinflussen. Und wie sollte es sich auch beeinflussen lassen von dieser rätselhaften und mißverständlichen Behauptung, daß wir mit Christus auferstanden seien?
Liebe Freunde, wir haben unter der Hand gleichsam und wie durch Zufall die ganze Krise unserer Christlichkeit aufgerollt. Denn nicht wahr, das muß uns doch schon bei der ersten oberflächlichsten Überlegung unausweichlich klar werden: Wenn es eine Zeit gab, wenn es ein Christentum gab, da man solches glaubte, da man sich mit solch ungeheuren Gedanken abgab, daß einer dem anderen begegnen konnte, ihn anreden konnte, mit ihm gar ein Geschäft abschließen konnte, immerzu mit jener Gewißheit, daß sie ja beide in Christo auferstanden seien – dann bedeutet unsere Zeit, unser Christentum, unser Glaube eine ungeheure Verarmung. Dann haben wir riesenhafte Verluste erlitten. Denn einmal verstehen wir es ja nicht mehr von ferne, was das überhaupt heißen soll, daß wir alle miteinander in Christo auferstanden seien. Wir stehen *so* dürftig, *so* ahnungslos vor dieser apostolischen Beteuerung, daß wir aus lauter Verlegenheit glauben, das müsse eine schrullenhafte Eigenbrödlerei des Apostels sein und die könnten wir zu Recht den Eigenbrödlern überlassen, den Sektenleuten. Und sodann ist uns völlig unbegreif-

lich, wie sich eine solche Gewißheit, wir seien mit Christus auferstanden, gar noch im Leben auswirken soll. Wenn wir in Not sind, in Fragen der Politik und der Wirtschaft, in Fragen der Erziehung unserer Kinder, in Fragen des ehelichen Zusammenlebens, wenn wir in Unklarheit sind darüber, in welchen Formen und nach welchen Zielen wir unser ganzes Leben gestalten sollen: Würde es da einem einzigen unter uns, ob wir die Frager sind oder die, die Antwort geben sollten, einfallen, als ersten Satz der Überlegung einmal dieses mit aller Bestimmtheit festzulegen: wir sind alle miteinander auferstanden in Christus? Ihr Völker hüben und drüben – ihr seid auferstanden in Christus? Ihr Finanzmänner, ihr, die ihr die Milliarden der Welt und damit die Ersparnisse der Kleinen und Kleinsten verwaltet – ihr seid auferstanden in Christus? Ihr Eltern und Eheleute, ihr, die ihr einander Freund seid, ihr Hausgenossen mit all euren Schwierigkeiten und Zänkereien, ihr Brotgeber und ihr Angestellten, ihr, die ihr euch danach sehnt, rechte, starke, tüchtige Menschen zu werden – ihr seid alle auferstanden in Christus?

Liebe Freunde, man braucht ja nicht mehr zu tun, als sich solches zu überlegen. Man braucht nur durch die Straßen zu gehen, sich die Leute anzuschauen und sich zu fragen, ob sie wirklich diese Voraussetzung für sich gelten lassen und aus dieser Voraussetzung heraus ihr Leben gestalten, um einzusehen, daß das, was wir das Christentum nennen, menschlich gesprochen hoffnungslos in Not ist: daß es ungeheuer verarmt ist, ganz gleich, ob die Kirchen überfüllt sind wie in Amerika oder ob sie fast leer sind wie weithin in Deutschland.

Unsere Väter sagten noch: »Im Namen Gottes, Amen.« Sie lebten noch in der Illusion, damit etwas Gewichtiges gesagt zu haben. Sie lebten noch in der Illusion, damit etwas allen Gemeinsames, sie alle Verpflichtendes, sie alle

Verbindendes gesagt zu haben. Aber allzu gefährlich, allzu störend, allzu aufrührerisch ließen sie dieses »Im Namen Gottes, Amen« wohl nie werden. Und warum sollten sie auch? *Dieser* Eingang, *diese* Voraussetzung konnte ebenso wohl alles heißen wie nichts. Nach *diesen* Worten konnte man getrost zunächst einmal einen Schlußstrich setzen und im übrigen unbekümmert und unentwegt im Namen des Menschen beschließen und dekretieren und statuieren, was immer einem gut dünkte und was immer einem gefiel. In völliger Freiheit zog man seine Straße, den Namen Gottes gefahrlos im Rücken und das irdische Wohl des Menschen vor Augen. Und brauchte man denn überhaupt den Namen Gottes im Rücken zu haben, um das irdische Wohl des Menschen zu erkämpfen? Sollte dieser uralte und zugleich so eintönige und vieldeutige Name Gottes irgend etwas beitragen können zur Bewältigung der zahllosen Aufgaben, die gelöst werden mußten? Und immer verführerischer wurde der Reichtum des Menschlichen und immer mehr verdunkelte er den alten Namen des alten Gottes. So rückte der Name Gottes ferner und ferner und immer näher kam die Fülle des auf sich selbst gestellten konkreten Lebens.

Wie, wenn man für alle Gebiete des Lebens endlich den Stein der Weisen finden könnte? Die idealste Form des Staates? Den reibungslosesten Austausch der Güter zwischen allen Völkern der Erde, die krisenlose Geldwirtschaft, die aller Willkür entnommen wäre? Die bestmögliche Erziehungsmethode, die raffinierteste Hygiene und Diät, die unfehlbarste Heilmethode? Die tiefgründigste Seelenanalyse und meinethalben auch die beste Philosophie, die erlesenste Kunst und sicherlich auch die beste aller Formen von Religiosität? Ist's nicht so, daß man in weitesten Kreisen des Volkes von gar nichts anderem mehr das Heil erwartet als von diesen Dingen? Und je mehr uns dies ersehnte Heil immer wieder abhanden kommt, je mehr uns immer wieder zerbricht, was wir geplant, je mehr unser Leben von Klippe zu Klippe und von Krise zu Krise stürzt und unsere Hoffnungen zerschellen, umso mehr schreien wir nach Spezialisten, nach Fachleuten. *Sie* müssen es doch wissen. *Sie* müssen es doch können. Letzten Endes müßte doch die exakteste Wissenschaftlichkeit uns zum Ziele führen, müßte sie Ordnung bringen in unser Chaos. Wie viel vertrauenswürdiger, wie viel aussichtsreicher ist doch dieser fieberhaft vorwärts drängende Wissenschaftsbetrieb auf allen Geleisen des menschlichen Lebens als jenes nüchterne, nichtssagende: »Im Namen Gottes, Amen.« Und gar als jenes verstaubte, längst vergessene: »So ihr denn mit Christus auferstanden seid.«

Und doch, ist sie wirklich so vertrauenswürdig und aussichtsreich, diese Welt, der wir da entgegenjagen? Wird es uns denn jemals gelingen, all unser Erkennen und Wissen so zusammenzufassen, daß es sich nicht mehr ständig widerspricht? All unser Wirken und Arbeiten so zusammenzufügen, daß nicht mehr ständig gegeneinander gewirkt und gearbeitet wird auf dieser Erde? Und wenn es uns auch gelänge: Wohin dann mit dem allem? Ist's wirklich so, daß wir ins Endlose taumeln, ins »Unaufhörliche«, wie ein moderner Dichter das nennt?[1] Das »Unaufhörliche«, darob uns nur das Grauen packen könnte, es ist uns ja *zu* leer, *zu* dunkel, *zu* abgründig, was da vor uns liegt. Mit hohlen Augen schaut uns unsere Zukunft an. Zunächst vielleicht berauschen wir uns an diesem grandiosen Ausblick, fühlen wir uns trunken in dieser gigantischen Freiheit, ohne Gott und ohne Hoffnung, ohne Ziel und ohne Maß dahinzustürmen ins Chaos. Auch das Sinnloseste läßt sich ja steigern zu

1. 1931 erschien das Oratorium von Paul Hindemith »Das Unaufhörliche« mit dem Text von Gottfried Benn.

Pathos und Kunst, zu Leben und Antrieb. Aber sobald wir innehalten, nüchtern werden von unserem Rausch, zur Besinnung kommen, da wird es unheimlich leer in uns: »Schmeckt ihr den Becher Nichts, den dunklen Trank?«

Ja und was nun, was wollen wir nun? Wollen wir noch eine Krise überstehen und dann sterben? Oder was wollen wir überhaupt? »Ich habe zu viel erlebt, ich kann nicht mehr ohne Religion sein«, wird einem gesagt. Und das heißt doch wohl: Ich habe schon zu tief in dieses Nichts geschaut, als daß ich es noch länger aushalten könnte darin. Zurück also – aber wohin denn? Wir lesen es, daß eine Regierung proklamiert, es solle ein ganzes Volk aus dem Zusammenbruch gerissen werden – durch die christliche Weltanschauung[2]. So sind wir denn alle auf der Flucht, die Einzelnen und die Völker, vor einem unfaßbaren letzten Absturz. »Im Namen Gottes, Amen« soll es wieder heißen. Religion soll wieder gepflegt und christliche Weltanschauung ausgebreitet werden.

O wie dürftig, o wie schwach, o wie jämmerlich klingt doch das alles. Glauben wir denn, daß wir uns das zweite Mal wirklich gefangen nehmen lassen würden von diesem »Im Namen Gottes, Amen«? Daß wir uns von ihm wirklich bestimmen lassen würden in all unserem Tun? Daß wir uns wirklich, du und ich, reich und arm, deutsch und französisch zusammenbinden lassen würden durch diesen Namen Gottes? Oder versteckt sich nicht auch und gerade hinter unseren religiösen Tendenzen unser unbändiger Drang nach Freiheit und Willkür, im Namen Gottes das zu tun, was *uns* gefällt, im Namen der christlichen Weltanschauung das eine Volkstum gegen das andere auszuspielen und aufzuhetzen?

2. Am 1. Juni 1932 löste die Regierung Papen mit derartigen Parolen das Kabinett Brüning ab.

Und jetzt fällt's uns erst wie Schuppen von den Augen, jetzt überfällt uns erst die Gewißheit jenes ganz Ungeheuerlichen, daß wir auf der Flucht sind vor Gott. Ob wir es wagen, jenen Becher Nichts, den dunklen Trank, zu trinken, oder ob wir vor ihm ausweichen in religiöses Getriebe und Gerede hinein, wir sind auf der Flucht vor jenem anderen Becher, den die Bibel geschmeckt hat und den sie der Welt verkündigt in gewaltigen Tönen, dem Becher des Zornes Gottes, dem Becher des verzehrenden Feuers des lebendigen Gottes. Nicht *das* ist unser Ungehorsam, daß wir so wenig religiös sind, sondern das, daß wir eigentlich ganz gern religiös wären, es sehr erbaulich finden, wenn irgendwo einer sagt und schreibt: »Im Namen Gottes, Amen«; sehr beruhigt sind darüber, wenn eine Regierung die christliche Weltanschauung proklamiert. *Das* ist unser Ungehorsam. *Das* ist unsere Flucht. *Das* ist unser unheilvoller Abfall, daß wir, je frömmer wir sind, nur umso weniger es uns sagen lassen, daß Gott gefährlich ist, daß Gott seiner nicht spotten läßt, daß wir Menschen sterben müssen, wenn wir es denn wirklich mit dem lebendigen Gott zu tun haben wollen. Daß wir unser Leben verlieren müssen, wenn wir es denn wirklich gewinnen wollen. Daß wir nicht nur mit Wasser, sondern auch mit Feuer und Geist getauft werden müssen. Daß dieses »Im Namen Gottes, Amen«, wenn es denn wirklich einen Sinn haben soll und nicht nur ein Geschwätz sein soll, ein majestätischer Bezirk ist, da man nur als völlig gefangener Sklave hinkommen kann – oder gar nicht.

Diesen Becher Gottes trinken, wenn man denn wirklich weiß, was man tut, das ist Ernst. Und jenen Becher Nichts trinken, den dunklen Trank, wenn man denn wirklich weiß, was man tut, ist auch Ernst. Und denen, die solches tun, ist der ewige Gott mit seiner leuchtenden Verheißung unendlich viel näher, als sie es von ferne ahnen können.

Aber mit irgend einem harmlosen, ahnungslosen, frommen oder unfrommen Gerede, religiösem oder irreligiösem Interesse irgendwo mitten drin zu stehen, auf der Flucht vor dem ewig Lebendigen und auf der Flucht vor dem ewig Toten, das ist nichts. Darüber ist keine Freude bei den Engeln des Himmels. Das sind die Gesunden, die des Arztes nicht bedürfen. Das sind die 99 Gerechten. Aber weil wir *da* stehen, mitten inne zwischen beiden Feuern, weil wir nicht mehr wissen, nein aus guten Gründen es nicht mehr wissen *wollen*, was es heißt: »Ihr seid mit Christus gestorben, ihr seid mit Christus gekreuzigt«, darum wissen wir dann auch nicht mehr, was es heißt: »Ihr seid mit Christus auferstanden.« Nun ist's, wie wenn wir in den Bann getan wären, wie wenn wir es nicht mehr wissen *dürften*. Nun liegt's wie eine Strafe auf uns, daß wir mit blöden Augen und tauben Ohren vor diesen Worten stehen müssen, völlig ratlos, was sie denn bedeuten sollten und was wir mit ihnen beginnen sollten in unserem Leben.

Sollte es möglich sein, daß unsere Ohren und Augen wieder aufgetan werden, daß wir alte verstaubte Worte wieder verstehen und dessen gewahr werden, daß sie das Leben in sich tragen? Das Leben, wie es keine Wissenschaft, auch keine Religionswissenschaft uns zu geben vermag, sondern allein der ewige Gott in seinem ewigen Sohn? Daß wir darin wieder unseren einen und einzigen Trost und Halt finden, ob wir leben oder sterben? Daß wir gestorben sind und unser Leben verborgen ist mit Christus in Gott? Daß wir mit Christus auferstanden sind und darum trachten können »nach dem, was droben ist, nicht nach dem, was auf Erden ist«?

Es muß ja wohl so sein, daß wir für heute hier abbrechen. Es ist uns immer besser und heilsamer, einmal in aller Schärfe zu sehen, wie fern unser privates und öffentliches Leben von diesen Erkenntnissen heute ist; besser als wenn wir im Handumdrehen erklären würden, es sei eigentlich ein Leichtes, diese Erkenntnisse wieder zurückzugewinnen. Wäre es ein Leichtes, dann wären es nicht *diese* Erkenntnisse. Dann wären es nicht *Gottes* Erkenntnisse, sondern abermals ein paar fromme, erbauliche Menschengedanken.

Weil es aber *Gottes* Gedanken sind, so können sie uns nicht in Ewigkeit verborgen bleiben. Weil Gott es ist, der sich in diesem Christus zu uns hernieder beugt, um uns zu sich zu ziehen, weil er uns je und je geliebt hat, darum kann uns das alles nicht für alle Zeiten ein Rätsel und eine Torheit bleiben. Er selber wird den Schleier wieder hinwegreißen, der jetzt auf seinem heiligen Worte liegt. Er selber wird uns staunende Augen öffnen für jene Herrlichkeit, daß es wahr ist, daß wir mit Christus gestorben, aber auch mit Christus auferstanden sind; daß das unser wahres Leben ist, was jetzt und alle Tage mit Christus verborgen ist in Gott.

Und diese Gotteswahrheit, die würde uns gefangen nehmen, würde uns binden und verpflichten, würde uns zusammenschmieden Mensch an Mensch. Kommen wir zusammen mit irgendeinem »Im Namen Gottes, Amen«, dann kommen wir doch immer in unserem ungebrochenen Menschenstolz. Dann finden wir uns nie wirklich. Dann treffen wir uns nie wirklich. Dann reden wir immer aneinander vorbei, in den Konferenzen[3] und in den Familien. Dann ist es uns schlechterdings unmöglich, auf unsere scheinbar so berechtigten Ansprüche einmal zu verzichten. Kommen wir aber zusammen als die Gekreuzigten und Auferstandenen Jesu Christi, als die, die ihr stolzes Menschenleben verloren haben, um es in Christus

3. Bonhoeffer war in jenem Jahr als Jugendsekretär des Weltbundes für Freundschaftsarbeit der Kirchen für mehrere ökumenische Konferenzen mitverantwortlich.

neu zu gewinnen, als die zum Tode Verurteilten, aber Begnadigten, dann finden wir uns. Dann werden wir uns in die Augen schauen und werden uns ganz neu erkennen, so wie wir von Gott erkannt sind. Dann und nur dann werden wir uns lieben.

Herr, unser Herrscher, ewiger Gott, sende du einen Hunger ins Land. Nicht einen Hunger nach Brot und nicht einen Durst nach Wasser, sondern danach, das Wort des Herrn zu hören. Amen.

## »Droben« verborgenes Leben und Treue zur Erde, wie kann das zusammenkommen?

4. nach Trinitatis, 19. Juni 1932

*Kolosser 3, 1–4: Seid ihr nun mit Christus auferstanden, so suchet, was droben ist, da Christus ist, sitzend zu der Rechten Gottes. Trachtet nach dem, was droben ist, nicht nach dem, was auf Erden ist. Denn ihr seid gestorben, und euer Leben ist verborgen mit Christus in Gott. Wenn aber Christus, euer Leben, sich offenbaren wird, dann werdet ihr auch offenbar werden mit ihm in der Herrlichkeit.*

Liebe Gemeinde, es ist, wie wenn unser ganzes Leben getragen, gehoben und aufgehoben würde in diesen Worten.
Man mag gegen dies »Trachtet nach dem, was droben ist« sagen, was immer man will. Man mag die Vermutung hegen, daß denen, die ständig nach oben trachten, der

Boden unter den Füßen weichen möchte. »Hebt er sich aufwärts und berührt mit dem Scheitel die Sterne, nirgends haften dann die unsicheren Sohlen, und mit ihm spielen Wolken und Winde.«[1] Doch stehe es mit ihm selber, wie immer es wolle: Die menschliche Gesellschaft hegt gegen solche Wolkenwandler den begründeten Verdacht, sie möchten unnütze Esser sein hier auf Erden, anstatt mit brennendem Herzen und tätigem Arm Ordnung und Aufstieg zu wirken. Sie träumten von einem besseren Jenseits und würden untüchtig zur großen revolutionären Tat, die jede Generation tun muß, alte Tafeln zu zerschlagen und neue, bessere aufzurichten.
Um solcher Sätze willen: »Trachtet nach dem, was droben ist und nicht nach dem, was auf der Erden ist«, werden Christen an die Wand gestellt und erschossen. Um solcher Sätze willen wird das Christentum des Verrates an der Erde bezichtigt. Bleibt der Erde treu, trachtet nach dem, was auf Erden ist. Das ist zahllosen Menschen ein heiliges Anliegen. Und wir begreifen ihren Eifer. Wir begreifen ihre Eifersucht, mit der sie Planen und Wirken und Streben der Menschen an diese Erde ketten wollen. Denn wir *sind* ja an diese Erde gekettet. Sie *ist* der Ort, wo wir stehen und fallen. Was auf *Erden* geschieht, davon wird Rechenschaft gefordert. Und wehe uns Christen, wenn wir da zuschanden werden sollten, wenn es von dem *Gottlosen* am Ende heißen müßte: »Ei, du frommer und getreuer Knecht, du bist über wenigem getreu gewesen; ich will dich über vieles setzen. Gehe ein zu deines Herren Freude« [Matth 25, 21 f]; – weil er den irdischen Aufgaben, die ihm gestellt, irdisch treu gewesen wäre, weil er gewuchert hätte mit den Talenten, die ihm anvertraut [waren]. Während es von uns Christen heißen müßte: »Und den unnützen Knecht werft in die Finster-

1. J. W. v. Goethe, Grenzen der Menschheit.

nis hinaus« [Matth 25, 30], weil wir unser Talent verborgen hätten in der Erde, vor lauter Trachten nach dem, was droben ist. Der Russenfilm »Der Weg ins Leben« hat wohl manchen Menschen einen erschütternden Eindruck hinterlassen. Da sah man, wie ganze Banden verwahrloster, verbrecherischer Buben und Burschen von einem überlegenen Führer gesammelt und durch freiwillige und geordnete Arbeit aus Vagabunden zu Menschen gemacht wurden. Und das Erschütternde daran war eben dies: das Gebäude, darin diese Arbeitsgemeinschaft untergebracht wurde, war eine Klosterkirche. Die Geistlichkeit war vertrieben, Kultus und Gebet hatten ein Ende. Aber nun flutete durch diese Räume eine neue Zeit und ein großes irdisches Ziel: Menschen aus der irdischen Nacht zum irdischen Licht zu führen. Trachtet nach dem, was auf Erden ist!

Daran entscheidet sich heute Gewaltiges, ob wir Christen Kraft genug haben, der Welt zu bezeugen, daß wir keine Träumer und Wolkenwandler sind. Daß wir nicht die Dinge kommen und gehen lassen, wie sie nun einmal sind. Daß unser Glaube wirklich nicht das Opium ist, das uns zufrieden sein läßt inmitten einer ungerechten Welt. Sondern daß wir, gerade weil wir trachten nach dem, was droben ist, nur umso hartnäckiger und zielbewußter protestieren auf dieser Erde. Protestieren mit Worten und Taten, um jeden Preis voranzuführen. Muß es denn so sein, daß das Christentum, das einstmals so ungeheuer revolutionär begonnen [hat], nun für alle Zeiten konservativ ist? Daß jede neue Bewegung ohne die Kirche sich Bahn brechen muß? Daß die Kirche immer erst zwanzig Jahre hinterher einsieht, was eigentlich geschehen ist? Muß dem wirklich so sein, dann müssen wir uns nicht wundern, wenn auch für unsere Kirche wieder Zeiten kommen werden, wo Märtyrerblut gefordert werden wird. Aber dieses Blut, wenn wir denn wirklich noch den

Mut und die Ehre und die Treue haben, es zu vergießen, wird nicht so unschuldig und leuchtend sein wie jenes der ersten Zeugen. Auf unserem Blute läge große eigene Schuld: Die Schuld des unnützen Knechtes, der hinausgeworfen wird in die Finsternis.

Und dennoch, mag die Gefahr noch so ungeheuer sein, die in diesen Worten liegt, »trachtet nach dem, was droben ist, da Christus sitzet zur Rechten Gottes« – die Gefahr, daß wir sie mißverstehen könnten; die Gefahr, daß wir zu unnützen Knechten würden; die Gefahr, daß Menschen uns des Verrates an der Erde beschuldigten – wir ahnen ja doch, daß in diesen Worten unser Leben getragen, gehoben und aufgehoben wird, daß in diesen Worten unser Leben erst einen Sinn bekommt, den es ganz und gar nicht hätte, und wenn wir noch so sehr der Erde treu wären, wenn wir noch so tatendurstig und mit dem heiligsten Drang, die Welt zu verbessern, dahinstürmen würden. Es mag Zahlloses geben, das dringlich und nötig ist, aber es gibt nur eines, das not ist. Das eben, daß unser ganzes Leben aufgehoben wäre bei Gott. Und das eben, wofür wir Menschen nicht von ferne auch nur zu bitten wagten, das wird uns einfach zugesprochen: Ihr seid mit Christus auferstanden und euer Leben ist mit Christus verborgen in Gott.

Nicht wahr, es würde uns gelüsten, das alles moderner und schlichter und einfacher zu sagen. So, wie es gepredigt wird in manchen Kirchen und wie es geglaubt wird von nur zu vielen Christen: Trachtet nach dem, was droben ist, denn euer Leben ist in Gott *ge*borgen. Das ist [es] doch eigentlich, was wir am Sonntag gerne hören möchten. Die ganze Fülle, den ganzen Reichtum unseres Lebens bringen wir mit in die Kirche – und hier sollte der Priester seines Amtes walten, sollte segnen und weihen, sollte über den Tiefen und Höhen unserer Tage, über Leid und Freud, über Kummer und Tränen, über Arbeit und Sorgen das eine erlösende Wort sprechen, daß es alles aufgehoben und *ge*borgen sei in Gott, dem Schöpfer der Welt. Da draußen in der Welt, da wird uns freilich anderes gesagt. Da wird uns gesagt, daß wir mit unserer Arbeit und mit unseren Plänen in eine Krise versinken, daß wir mit all unseren Bemühungen doch nur ins Dunkle und Uferlose vordringen. Da wird uns vielleicht gesagt, daß es hoffnungslos sei mit unserem Leben, daß wir in Krankheit und Not und Schuld ersticken müßten. Da dringt vielleicht mitten in ein glückliches Familienleben hinein der verlockende Ruf: Trachtet nach dem, was drunten ist, denn der Mensch kommt vom Tier und muß zum Tiere werden. Und aus dieser ganzen Unheimlichkeit der wirklichen Welt könnten wir uns in die Kirche flüchten wie in eine alte, traute Heimat. Da, da wäre alles hell und licht. Siehe, es ist alles, was ihr plant und tut und leidet, aufgehoben in Gott, dem Schöpfer der Welt. Darum trachtet nach dem, was droben ist.

Ob wir es nicht alle schon gespürt haben, daß die unheimliche Wahrheit der Welt dies kirchliche Gerede einfach verschlingt? Wenn das Tier in uns seine Rechte geltend macht, was nützt uns da das Gerede von der Göttlichkeit des Menschen? Wenn der Ruf in uns lockt: Trachtet nach dem, was drunten ist, was hilft uns da die flehentlichste Mahnung: Trachtet nach dem, was droben ist? Wenn verheerende Dämonieen uns überfallen und uns das Steuer entreißen, daß uns zumute ist, als werden unsere Weltgeschicke getrieben vom tobenden Orkan, was tröstet uns da der Gedanke, daß das alles Gottes Wille sei? Und wenn gar der Tod nach uns greift, was soll uns da alle Berufung auf Unsterblichkeit?

Trachtet nach dem, was droben ist, denn unser Leben ist *ge*borgen in Gott; das mag ein schöner, frommer, erbaulicher Satz sein, aber er hält nicht stand in der Wirklichkeit der Welt. Und diesem Satz, dem *muß* widersprochen

werden von der Welt. Der *muß* im Verdacht stehen, er verleite uns zum Verrat an der Erde. Er lulle uns ein in eine falsche Geborgenheit. Er raube uns die Initiative des Kämpfers und lasse uns zur Ruhe kommen mitten in der schreiendsten Ungerechtigkeit der Welt.
Aber dieser Satz steht eben nicht in der Bibel. Der Apostel weiß wohl, was er tut, wenn er ganz unbekümmert um unser Geschrei, es sei zu wenig modern, es sei zu wenig verständlich, es sei nicht schlicht und einfach genug, mit aller Beharrlichkeit daran festhält: Trachtet nach dem, was droben ist, da Christus sitzet zur Rechten Gottes, denn euer Leben ist *ver*borgen mit Christus in Gott. Und wie wir uns eifrig mit allem gesunden Menschenverstand herzudrängen und vielleicht auch mit sehr viel menschlicher Weisheit, um zu ergründen, was denn dies »verborgen mit Christus in Gott« heißen könnte, da steht wie ein Cherub mit blitzendem Schwert jenes andere Wort mitten im Text: »Ihr seid gestorben.« Das ist das Unheimliche, daß, wo vom lebendigen Gott die Rede ist, immer dies Sterben dazwischen steht. Daß, wo vom Leben-Gewinnen die Rede ist, immer dies Leben-Verlieren dazwischen steht. Was soll denn das eigentlich, dies Sterben oder gar dieses Gestorbensein mitten im Leben?
Da wird unserem ganzen Leben gegenüber eine unüberschreitbare Grenze verkündigt, eine Schranke und Grenze, von der wir nicht nur nichts wissen *wollen*, sondern von der wir unheimlicherweise auch nichts wissen *können*. Ihr seid gestorben, das heißt nicht etwa nur: Ihr geht alle ausnahmslos dem Tod entgegen, ihr seid mit Schritt und Tritt dem Tod verfallen. Sondern das muß doch wohl heißen: Das, was im Tod das eigentliche Rätsel ist, diesem Rätsel ist schon das Leben verfallen. Jenes letzte, tiefste Menschenschicksal, davon unser Sterben so unheimlich Zeugnis gibt, das ist auch das Schicksal unse-

res Lebens. Es steht eine Macht hinter unserem Leben und unseren Sterben. Und diese Macht ist gerade nicht dem Leben zu vergleichen, wie es uns immer wieder zu tun gelüstet. Sondern diese Macht ist, wenn man für sie denn schon ein Gleichnis finden soll, dem Tod am ehesten zu vergleichen.

Tod und Leben so auf einer Linie, und zwar auf der Todeslinie zu sehen, das vermöchte man nur, wenn man mit Gottes eigenen Augen zu schauen vermöchte. Denn für uns Menschen sind die Unterschiede zwischen Tod und Leben ungeheuer groß. Für Gott fallen sie in eins zusammen. Für Gott ist der Mensch nicht mehr und nicht weniger, nicht ferner und nicht näher, ob er lebt oder stirbt. Aber eben, soll in menschlichen Worten und für menschliches Verständnis darüber geredet werden, *wie* es denn nun um den Menschen steht, ob er lebt oder stirbt, ob wohl in Gottes Augen auch das menschliche Sterben wie ein Weiterleben ist – dann mahnt uns unser Text mit aller Bestimmtheit, gerade das Gegenteil zu bedenken. Wie, wenn es so wäre, daß in Gottes Augen auch unser Leben wäre wie der Tod? Gerade nicht das triumphierende »Leben«, damit wir Menschen so viel Aufhebens machen, sondern eigentlich und im Grunde genommen ein völlig haltloses, aussichtsloses, hoffnungsloses, gottverlorenes »Sterben«? »Ihr seid gestorben«. Die Bibel wagt es noch, jenen ungeheuren Gedanken zu denken, für den wir moderne Menschen viel zu schwächlich sind, daß es nicht das »Nichts« ist, dem wir da ausgeliefert sind, ob wir sterben oder ob wir leben, daß wir nicht einfach frei von aller Verantwortlichkeit ins Leere sinken, sondern daß wir an Gott selber zuschanden werden und zerschellen, an Gott, der uns ja näher ist als unser eigenes Blut; daß Gottes Zorn uns begegnet. »Ihr seid gestorben«, das heißt letzten Endes nichts anderes als, ihr seid verloren, gottverloren, ob ihr sterbt oder lebt.

Das ist die unheimliche Grenze, die uns da verkündigt wird. Das ist die Kunde, gegen die wir uns zuinnerst auflehnen. Wir lassen uns gern belehren. Wir lassen uns auch über religiöse Dinge belehren. Aber es soll dies alles so geschehen, daß wir, die wir reden und wir, die wir hören, miteinander in den schön geschmückten, wohnlich warmen Räumen unseres Lebens auf und nieder schreiten. Wir lassen uns anpredigen, wir lassen uns raten und helfen, wir lassen uns [sogar] schelten. Aber an jene Grenze darf uns keiner führen. Da sind wir längst mit uns im Reinen. Jene Grenze, daß wir, ob wir leben oder sterben, gottverlorene Menschen sein könnten, das haben wir längst entlarvt als eine veraltete, irrige Lehre. Wir wissen es ja so viel besser, daß es gerade umgekehrt ist. Daß wir, ob wir leben oder sterben, gerade *ge*borgen sind in Gott; daß es nur ein Schritt ist von uns hinüber zu Gott, daß Gott gleichsam im Nebenzimmer haust, wie Rilke das gelegentlich angetönt hat.

Weil wir wissen, daß unser Leben letzten Endes gottgeborgenes, göttliches Leben ist, darum wissen wir auch, was für Ansprüche wir der Kirche gegenüber zu stellen haben. Von unserem sichtbaren Leben soll geredet werden. *Es* soll durchleuchtet werden bis in seine göttlichen Tiefen. *Es* soll verklärt werden mit göttlicher Weihe und göttlichem Segen. Aber woher wissen wir denn das alles? Haben die Naturwissenschaften uns zu der Erkenntnis gebracht, daß es nicht so schlimm bestellt sei um den Menschen vor Gott? Oder soll es etwa darum wahr sein, weil Goethe und Hölderlin dieser Ansicht waren?

»Ihr seid gestorben«, sagt der Apostel. Und er weiß es wohl: Wenn es wirklich wahr ist, daß es mit unserem Leben und Sterben nichts ist vor Gott, dann ist es auch nichts mit unserem Denken. Dann können wir uns tausendmal Gedanken darüber machen, wie viel schöner und schlichter und erbaulicher es wäre, einen Gott zu haben, an dem wir nicht verloren gehen können – so würden doch diese tausend Gedanken in die Irre gehen. Wenn es denn wahr ist, daß wir gestorben sind, so müssen wir uns schon dies, *daß* wir gestorben sind, von Gott selber sagen lassen. Denn ein verlorenes Denken weiß auch nichts von seiner Verlorenheit. Weder Paulus noch wir wüßten etwas von dieser Todeslinie, von dieser Grenze, von dieser Verlorenheit, wenn Gott nicht selbst uns all dies kundtun würde. Gott selbst redet mit uns. Gott selbst kommt zu uns. Gott selbst tut uns unsere Verlorenheit kund. Aber wenn *er* es tut, dann ist der ja auch schon bei uns, den wir verloren haben. Dann ist uns ja auch längst geholfen. Da spottet Gott ja dieser unserer ganzen Verlorenheit. Da triumphiert Gott über alles, was uns von ihm scheiden könnte. Da hat seine Liebe uns zu sich gezogen, und keine Macht der Welt vermag uns aus seiner Hand zu reißen.

Dies unbegreiflich Wunderbare will uns der Apostel sagen. »Ihr seid gestorben«. Das sagt er uns nicht, um uns zu quälen, nicht um uns in Betrübnis zu stürzen, sondern einzig und allein darum, weil er in einem Atemzuge fortfahren kann: »und euer Leben ist verborgen mit Christus in Gott.« Wir *sind* ja gar nicht allein gelassen in unserer Verlorenheit, sondern da ist einer, der hat die Grenze, die uns vom Schöpfer und vom wahren Leben trennt, überschritten; ist hereingebrochen in unseren Todesbezirk, hat unser Leben und Sterben durchkostet bis in seine tiefste Tiefe und ist doch hindurchgebrochen durch diesen Tod, hindurch zum ewigen Vater, zum ewigen Leben, da er sitzet zur rechten Hand Gottes. Und hat die ganze Welt mit sich hinaufgerissen zum Leben und zum Licht, hat den Tod verschlungen in den Sieg, hat unser ganzes Gefängnis gefangen geführt und uns die Freiheit gebracht, die herrliche Freiheit der Kinder Gottes.

Liebe Freunde, wir wollen nicht den Anschein erwecken,

als verstünden wir das alles. Das ist das eine Geschehen, das jenseits der Grenze alles menschlichen und darum auch jenseits der Grenze unseres Verständnisses verläuft. Daß Jesus, der große Weise aus Galiläa, der Christus sein soll, der die ganze Todeslinie des menschlichen Sterbens und Lebens durchbricht und uns im Triumphe hinführt zum Vater, das hat noch kein Mensch begriffen. Da gäbe es tausenderlei Bedenken und Zweifel. Da gäbe es unüberwindbare Schwierigkeiten.

Aber *dazu* ist Christus nicht in die Welt gekommen, daß wir ihn begriffen, sondern daß wir uns an ihn klammern, daß wir uns einfach von ihm hineinreißen lassen in das ungeheure Geschehen der Auferstehung. Daß wir es uns einfach sagen lassen, in seiner ganzen Unbegreiflichkeit sagen lassen: Ihr seid gestorben, und *doch* seid ihr auferstanden. Ihr seid im Dunkel, und [*doch*] seid ihr im Licht. Ihr habt Angst, und *doch* könnt ihr euch freuen. Haarscharf nebeneinander dies gänzlich Unvereinbare. Haarscharf nebeneinander, so wie eben die beiden Welten, unsere Welt und die Welt Gottes, haarscharf nebeneinander sind.

»Ihr seid gestorben und euer Leben ist mit Christus verborgen in Gott.« Das ist die eine leuchtende Verheißung, die uns gegeben ist. Es mag mit unserem sichtbaren Leben stehen, wie immer es will. Ob es hoch dahinfährt und reiche Ernte einführt an Anerkennung, Ehre und Ruhm, ob es schmählich unten durch muß und zusammenbricht unter der Überlast von Not und Schuld, ob es heldenhaft und edel und groß ist oder kleinlich, töricht und stumpf, ob das Gewissen jubelt in seliger Freude oder hämmert in furchtbarer Anklage: *Dies* Leben soll von uns Menschen nicht verherrlicht und nicht in den Himmel gehoben werden. Wollten wir dieses tun, wir könnten nur zuschanden werden vor Gott. Aber gerade zuschanden werden müssen wir nicht, stehe es mit unserem sichtbaren Leben, wie *immer* es wolle, wenn wir es denn preisgeben, vor Gott preisgeben, wenn wir es denn verlieren, um Christi willen verlieren, dieses ganze zugleich so erhebende und trostlose und sichtbare Leben.

Denn dicht neben uns in jener majestätischen Verborgenheit, da Gott ist alles in allem, da der Sohn thront zur Rechten des Vaters, da ist, o Wunder aller Wunder, unser wahres Leben bereitet. *Unser* Leben ist mit Christus verborgen in Gott. Wir selbst sind schon daheim mitten in unserer Heimatlosigkeit.

Unser sichtbares Leben rinnt dahin wie ein Traum und oft wie ein Fluch. Von Dämonieen beherrscht, in Krisen verwickelt, von Not und Schuld überhäuft – *dies* Leben ist ein gestorbenes Leben. Es geht seine nur allzu bekannten dunklen Wege. Aber all das ist aufgehoben in Gott. *Als* das dem Tod verfallene [Leben] ist es von Gott dem Tod entrissen, *als* das verlorene ist es von Gott gerettet.

O, Gott hätte wohl die Macht, uns sündige Menschen zu vernichten und neue Menschen zu schaffen. Er hätte wohl die Macht, unser Leben erst einmal auszulöschen und hernach ein völlig neues, erlöstes Leben für uns bereit zu halten. Aber nein, so wie es ist, unser Leben, so hebt er es empor in seine majestätische Verborgenheit. So wie es ist, wird es verherrlicht in seiner überschwänglichen Herrlichkeit. Unser sichtbares Leben mit seinen Freuden und Erfolgen, mit seinen Sorgen und seinem Kummer und seinem wehen Ungehorsam: heilig und unsträflich und vollkommen steht es um Jesu Christi willen in jener verborgenen Gotteswelt vor den Augen des Allmächtigen, jetzt und morgen und in alle Ewigkeit. Und keine Träne rinnt umsonst und kein Seufzen wird überhört, kein Schmerz wird verachtet und kein Jubel ist verloren. Die sichtbare Welt schreitet brutal und herzlos und gewalttätig über all das hinweg. Aber aus Gnade und Barmherzigkeit und großer Güte sammelt Gott unser brennendes, glühendes Leben; verherrlicht er es um Jesu Christi willen; baut er es neu und gut in jener verborgenen Welt, da die Todeslinie, die uns von Gott scheidet, hinweggetan ist. *Verborgen* ist unser wahres Leben – aber es ist fest gegründet in Ewigkeit. »Wenn aber Christus, euer Leben, sich offenbaren wird, dann werdet ihr auch offenbar werden mit ihm in der Herrlichkeit.« Amen.

## Abstrakte und geschehende Wahrheit

9. nach Trinitatis, 24. Juli 1932[1]

*Johannes 8, 32: Die Wahrheit wird euch frei machen.*

Das ist vielleicht das revolutionärste Wort des ganzen Neuen Testaments. Es richtet sich darum nicht an die Massen, sondern es wird begriffen allein von den ganz wenigen echten Revolutionären. Es ist darum ein ganz exklusives Wort. Es bleibt der Menge ein Geheimnis oder sie macht eine Phrase daraus. Und das ist das Allergefährlichste; denn die Phrase stumpft das Revolutionäre gänzlich ab.

Wer ist denn dieser exklusive Kreis von Menschen, der hier angeredet ist? Sind es die großen politischen oder wissenschaftlichen Revolutionäre und ihre Getreuen? Sind es die Freiheitshelden verschiedenster Völker? Sind es die Kämpfer um Fortschritt und Erkenntnis? Wo finden wir diesen Kreis und wie sieht er aus, für den dies Wort irgendwie gilt?

1. Semesterschlußgottesdienst in der Dreifaltigkeitskirche.

Jeder von uns hat schon einmal etwa folgende Situation erlebt: Ein Kreis von erwachsenen Menschen ist zusammen. Im Laufe des Gespräches kann ein Thema, das einigen der Anwesenden persönlich außerordentlich peinlich ist, nicht vermieden werden. Es kommt zu einer entsetzlich gequälten Aussprache, die voller Lüge und Angst ist. Ein Kind, das zufällig dabei ist und die Lage natürlich nicht erfaßt, weiß irgend etwas, was zwar alle anderen auch wissen, aber scheu verdecken. Das Kind wundert sich, daß die anderen das nicht zu wissen scheinen, was es weiß und sagt es nun seinerseits rund heraus. Ein starres Entsetzen geht durch den Kreis. Das Kind wundert sich wiederum. Man stiert verzweifelt auf das Kind. Das Kind lacht und freut sich, daß es das Richtige gewußt hat. Es ist etwas Irreparables geschehen. Das Gerede voll Lüge und Angst ist auf einmal jäh abgeschnitten, wie mit einem Schlag. Auf Lüge und Angst fällt plötzlich ein grelles Licht. Sie werden gänzlich entlarvt. Sie müssen ohnmächtig in Verzweiflung unter diesem Licht dahinsterben. Was geschehen ist, ist nichts, als daß in der Gestalt dieses sich über die Erwachsenen wundernden Kindes die Wahrheit ans Licht gekommen ist. Das Wort des Kindes hat die Erwachsenen in ihrer Verlogenheit vor sich selbst und voreinander gänzlich bloßgestellt. Es war das ganz Revolutionäre, was hier geschah. Und durch wen geschah es? Durch das sich wundernde, lachende, ahnungslose Kind, das die Dinge so sagte, wie sie waren. Das Kind allein war frei.

Ein anderes Bild: An den Höfen der Fürsten gab es neben den Rittern, den Sängern und Dichtern, die die Hüter der höfischen Sitte und der höfischen Lüge waren, einen Mann, dem man schon an seiner Kleidung ansah, daß er nicht dazu gehörte. Er fiel heraus. Er war lächerlich angezogen. Man behandelte ihn wie einen, der eben nicht eigentlich in Betracht kommt. Er war eine Ausnahmeerscheinung am Hof. Und doch brauchte man diese Ausnahme an jedem Hof. Er gehörte nicht dazu, aber er war unentbehrlich. Er war der Narr. Er war der einzige, der jedem die Wahrheit sagen durfte und jeder mußte sie hören. Er kam eigentlich nicht in Betracht, aber entbehren wollte man ihn auch nicht. So eben steht es bei uns mit der Wahrheit. Aber er war der einzig freie Mann am Hof.

Und nun das dritte Bild. Wenn man die vorigen Bilder recht verstanden hat, so wird man es nicht als unwürdig empfinden, hier das dritte Bild angereiht zu sehen: Ich meine den Mann, der geschlagen und zerschunden, im Spott mit Dornen zum König gekrönt vor seinem Richter steht und sich den König der Wahrheit nennt; dem nun Pilatus die kluge, aber hoffnungslos weltliche Frage stellt: Was ist Wahrheit? Diese Frage gerichtet an den, der von sich selbst sagte: Ich bin die Wahrheit! Und der nun, weil er die Wahrheit ist, dem Pilatus schweigend seine Frage zurückgibt: Wer bist du, Pilatus, angesichts der Wahrheit, vor mir? Es geschieht hier nichts weiter als dies, daß die Wahrheit gekreuzigt wird und daß Pilatus durch diese gekreuzigte Wahrheit gerichtet ist. Nicht du fragst nach der Wahrheit, sondern die Wahrheit fragt nach dir! Der gekreuzigte König der Wahrheit, zu dem wir beten, das ist das dritte Bild, das wir ins Auge fassen wollen, wo wir im Neuen Testament von Wahrheit reden hören. Das Kind, der Narr, der Gekreuzigte – eine eigentümliche Auswahl von Menschen, von Rettern der Menschheit, von Revolutionären. Aber wir wissen jetzt etwas mehr, an wen wir zu denken haben, wenn wir das Wort hören: Die Wahrheit wird euch frei machen.

Die Wahrheit ist im menschlichen Leben etwas Fremdes, Ungewöhnliches, Ausnahmehaftes. Es ist, wie wenn etwas ganz unerwartet plötzlich und gewalttätig in unser Leben hineinbricht, wenn irgendwo die Wahrheit gesagt wird. Es ist nichts Ungewöhnliches, daß man uns mit Posaunentönen in die Ohren tönt, man werde jetzt die volle Wahrheit zu hören bekommen. Aber die Wahrheit auf dem Programm ist noch lange nicht wirkliche Wahrheit. Wirkliche Wahrheit unterscheidet sich von jeder phrasenhaften Wahrhaftigkeit dadurch, daß sie etwas ganz Bestimmtes will, daß etwas geschieht – nämlich daß sie den Menschen löst, frei macht. Daß sie dem Menschen auf einmal die Augen darüber öffnet, daß er bisher in der Lüge und in der Unfreiheit und Angst gelebt hat und ihm [so] die Freiheit gibt. Und es ist nun der ganz eindeutige Satz der Bibel, daß der Mensch ganz in der Sklaverei und in der Lüge sei und daß allein die Wahrheit, die von Gott kommt, den Menschen frei mache.

Es ist gegenwärtig nicht schwer, von der Freiheit zu reden und zwar so davon zu reden, daß die Leidenschaften eines Deutschen aufwachen und alles in ihm erbeben lassen, ihn alles andere vergessen lassen. Es mag im heutigen Deutschland manche geben, die wie einst die gefangenen Israeliten, tief in sich versunken, von nichts anderem träumten als von der Freiheit; die in großen Visionen ihr Bild sehen und nach ihm greifen, bis sie erwachen und das Bild zerrinnt. Jawohl, es ist heute leicht, von der Freiheit so zu reden.

Aber es ist sehr schwer, von der Freiheit so zu reden, wie die Bibel es tut. Die *Wahrheit* wird euch frei machen, das ist zu allen Zeiten höchst unzeitgemäß. Unsere Tat, unsere Kraft, unser Mut, unsere Rasse, unsere Sittlichkeit – kurz *wir*, wir werden uns frei machen. Das ist verständlich, das ist populär. Aber was soll dieses nüchterne Wort »Wahrheit« in diesem Zusammenhang? Das Wort »Wahrheit« ist unpopulär geworden. Wir spüren, dies Wort hat etwas gegen uns. Es hat eine Spitze. Man kann heute nichts Unpopuläreres tun, als dort, wo die größten Worte in den Mund genommen werden, in religiösen, in politischen, in weltanschaulichen Dingen ganz nüchtern die Frage zu stellen: Ja, ist denn all das wahr? Das gerade will man nicht hören. Das klingt so kritisch, so zerstörerisch, so verständnislos, so kalt, so gewalttätig. Wir leben alle in unaufhörlicher, unüberwindlicher Angst vor der Wahrheit, auch dort, wo wir es nicht meinen; ja dort sogar, wo wir meinen, daß wir selbst die Wahrheit in die Welt zu bringen berufen sind. Wir fürchten uns immer noch davor, daß einer kommt, der tiefer sieht als wir und der uns fragend ansieht und unter dessen Blick all unsere Worte zusammenbrechen. Und aus lauter Furcht reden wir umso lauter, als ob wir die Wahrheit wüßten.

Wir alle haben Angst vor der Wahrheit. Und diese Angst ist im Grunde unsere Angst vor Gott. Gott ist die Wahrheit und kein anderer. Und wir fürchten uns vor ihm, daß er uns plötzlich ins Licht der Wahrheit stellt und uns in unserer Lügenhaftigkeit entlarvt. Die Wahrheit ist eine Macht, eine Gewalt, die über uns steht und uns jeden Augenblick vernichten kann. Sie ist nicht der heitere Himmel der Begriffe und Ideen, sondern das Schwert Gottes, der drohende Blitz, der zerstörend und erleuchtend in die Nacht hineinfährt. Die Wahrheit ist der lebendige Gott selbst und sein Wort, wo es hintrifft. Vor dieser Wahrheit muß der Mensch sterben. Und weil der Mensch klug ist und das weiß, darum umhüllt er sich immer tiefer mit Lüge und Schein. Er will die Wahrheit nicht sehen, denn er will nicht sterben. Darum muß er es lernen, immer besser, raffinierter, tiefer, gedankenvoller lügen zu können. Ja, darum muß er es dahin bringen, sich so tief in die Lüge zu verstricken, daß er es selbst nicht mehr weiß, daß er lügt, sondern daß er seine Lüge für Wahrheit hält. Und dahin hat es der Mensch gebracht. Und weil er es dahin gebracht hat, darum hält er all das, was wir hier sagen, für Übertreibung und Unwahrheit.

Gewiß, jeder Aufrichtige wird zugeben, daß die politische

Lüge, die konventionelle, weltanschauliche, soziale Lüge, die eigennützige Lüge eine verheerende Gewalt über uns hat. Wir können uns doch in unserer Phantasie nicht einmal ausdenken, was sich ereignen würde, wenn auf einmal alle Schleier und Hüllen der Lüge um uns fallen würden und wir nun so, wie wir in Wahrheit sind, dastünden. Wir wissen gar nicht, bis in welche Tiefe unseres Wesens wir hier bloßgestellt würden. Wir wissen nur eines – daß dann ein Leben, so wie wir es jetzt führen, einfach unmöglich wäre. Nur weil wir nicht in der Durchsichtigkeit des Lichtes, sondern in der Undurchsichtigkeit der Nacht leben, können wir leben. Es ist aber nichts Geringeres als die Vorstellung vom Jüngsten Gericht, vom letzten Tag der Welt, die uns hier aufgegeben ist.

Und doch wehren wir uns gegen die Behauptung, es sei nicht nur viel Lüge um uns herum und in uns, sondern wir selbst seien die Erzlügner. Und wir müssen uns dagegen wehren so lange, bis etwas ganz Unerwartetes geschieht; nämlich so lange, bis Gott selbst als die Wahrheit uns begegnet und nun selbst tut, was wir nicht tun können, nämlich uns in die Wahrheit vor sich stellt. Und hier freilich geht es nicht mehr um die politische Lüge oder die konventionelle Lüge als solche, sondern hier geht es um uns selbst, um uns als die Erzlügner selbst in unserem ganzen Dasein. Hier geht es wirklich unbarmherzig zu. Hier werden wir als die Angeklagten wider Willen vor den Richter geschleift. Hier können wir nicht mehr auf dies oder jenes andere weisen, sondern wir selbst sind angepackt.

Und nun geschieht etwas, über das wir gar keine Macht mehr haben – nun *geschieht* die *Wahrheit.* Sie tritt uns entgegen in seltsamer Gestalt, nicht in strahlender, unnahbarer Herrlichkeit und leuchtender, herzbezwingender Klarheit, sondern als die gekreuzigte Wahrheit, als der gekreuzigte Christus. Und die Wahrheit redet zu uns.

Sie fragt uns: Wer hat mich, die Wahrheit, gekreuzigt? Und sie antwortet schon im selben Augenblick: Sieh her, das hast *du* getan; mea culpa, mea maxima culpa. Du hast die Wahrheit Gottes über dich gehaßt. Du hast sie gekreuzigt. Und du hast deine eigene Wahrheit aufgerichtet. Du hast gemeint, du wüßtest die Wahrheit, du besäßest sie, du könntest die Menschen mit der Wahrheit beglücken. Und du hast dich dadurch zum Gott gemacht. Du hast Gott seine Wahrheit geraubt und sie wurde in der Ferne Gottes zur Lüge. Du meintest, du könntest die Wahrheit machen, schaffen, verkündigen – aber du vermaßest dich damit, Gott zu sein und bist damit gescheitert. Du hast die Wahrheit gekreuzigt.
Und wenn uns dies noch eine Rede in Rätseln sein sollte, so hören wir die Wahrheit noch viel deutlicher reden: Du lebtest, als seiest du allein in der Welt. Du fandest in dir die Quelle der Wahrheit, die allein in Gott ist. Und darum haßtest du die anderen Menschen, die es ebenso machen. Du fandest in dir die Mitte der Welt und eben dies war die Lüge. Du sahst deine Brüder in der Welt als das Reich deiner Herrschaft an und sahst nicht, daß ihr alle, du und sie, von der Wahrheit Gottes lebt. Du rissest dich aus der Gemeinschaft mit Gott und dem Bruder heraus und glaubtest, allein leben zu können. Du haßtest Gott und den Bruder, weil sie deiner Wahrheit widersprachen. Das war die Lüge, darum bist du Lügner ganz und gar. Dein Alleinseinwollen, dein Haß ist die Lüge. Darum hast *du* die Wahrheit Gottes gekreuzigt. Du meinst, du seiest frei geworden, als du dich losrissest und die Wahrheit haßtest. Aber du bist Knecht geworden, Knecht deines Hasses, Knecht deiner Lüge. Der Weg zur Wahrheit und zur Freiheit ist dir verschlossen. Er führt allein ans Kreuz, in den Tod. So redet die Wahrheit zu uns. Ihr letztes Wort über uns mit all unserer vermeintlichen Wahrheit heißt Tod. Denn es ist selbst die gekreuzigte Wahrheit, die lebendig

zu uns redet. Wer glaubt es? Heute? Morgen? Am jüngsten Tag?
Etwas höchst Eigentümliches hat sich hier gezeigt. Unsere Lüge ist Lüge gegen Gott. Sie wehrt sich gegen die Wirklichkeit und die Wahrheit Gottes, gegen seine Gemeinschaft [und] Gnade, gegen seine Liebe. Unsere Lüge haßt die Liebe Gottes, weil sie ihrer nicht zu bedürfen meint. Das Wesen unserer Lüge ist Haß, weil das Wesen der Wahrheit Gottes Gnade [und] Liebe ist. Damit aber ist deutlich, daß Wahrheit und Lüge nicht nur etwas ist, was man sagt, sondern auch, was man tut, das heißt worin man ganz und gar lebt. Wer in der Lüge lebt, lebt im Haß. Das heißt aber, er lebt in der Fesselung an sich selbst. Er ist in Ketten gelegt. Er ist ein Knecht seiner selbst. Dies zu erkennen aber ist die erste Erkenntnis der Wahrheit Gottes, eine Erkenntnis, die Gott allein gibt. Wer sich als Sklaven der Lüge, der Angst und des Hasses erkennt, der ist schon von Gott in die Wahrheit gestellt. Er sieht ein, daß all seine vermeintliche Freiheit nur Knechtschaft und all seine vermeintliche Wahrheit Lüge war. Und wer es hört, über den kommt das unaussprechliche Seufzen, in dem er sich heraussehnt aus der Gefangenschaft: Herr, mach mich frei von mir selbst. Und nun kommt ihm das Wort von neuem entgegen: Die Wahrheit wird euch frei machen.
Nicht unsere Tat, unser Mut, unsere Kirche, unser Volk, unsere Wahrheit, sondern Gottes Wahrheit allein. Warum? Weil *frei* werden nicht heißt, *groß* werden in der Welt, frei werden gegen den Bruder, frei werden gegen Gott, sondern frei werden von sich selbst, von der Lüge, als sei ich allein da, als sei ich die Mitte der Welt; von dem Haß, mit dem ich Gottes Schöpfung verachte, frei werden von sich selbst für den anderen. Gottes Wahrheit allein aber läßt mich den anderen sehen. Sie reißt meinen in mich verbogenen Blick über sich hinaus und zeigt ihm

den anderen Menschen. Und indem sie das tut, tut sie an mir die Tat der Liebe, der Gnade Gottes. Sie vernichtet unsere Lüge und schafft die Wahrheit. Sie vernichtet den Haß und schafft die Liebe. Gottes Wahrheit ist Gottes Liebe und Gottes Liebe macht uns frei von uns selbst für den anderen. Frei sein heißt nichts anderes, als in der Liebe sein. Und in der Liebe sein heißt nichts anderes, als in der Wahrheit Gottes sein.

Der Mensch, der liebt, weil [er] durch die Wahrheit Gottes frei gemacht ist, ist der revolutionärste Mensch auf Erden. Er ist der Umsturz aller Werte. Er ist der Sprengstoff der menschlichen Gesellschaft. Er ist der gefährlichste Mensch. Denn er hat erkannt, daß die Menschen im Tiefsten verlogen sind. Und er ist jederzeit bereit, das Licht der Wahrheit auf sie fallen zu lassen – und dies eben um seiner Liebe willen. Aber eben diese Störung, die durch diesen Menschen in die Welt kommt, fordert den Haß der Welt heraus. Und darum ist der Ritter der Wahrheit und der Liebe nicht der Held, den die Menschen anbeten, verehren, der frei ist von Feinden, sondern der, den sie ausstoßen, den sie los werden wollen, den sie für vogelfrei erklären, den sie töten. Der Weg, den Gottes Wahrheit in der Welt ging, führt ans Kreuz. Von da an wissen wir, daß alle Wahrheit, die vor Gott bestehen will, ans Kreuz muß. Die Gemeinde, die Christus folgt, muß mit ihm ans Kreuz. Sie wird um ihrer Wahrheit und Freiheit willen von der Welt gehaßt werden. Aber auch ein Volk kann die Wahrheit und die Freiheit nicht finden, wenn es sich nicht dem Gericht der Wahrheit Gottes stellt. Auch ein Volk bleibt so lange in der Lüge und in der Sklaverei, bis es von Gott allein seine Wahrheit und seine Freiheit empfängt und empfangen will; bis es weiß, daß Wahrheit und Freiheit es in die Liebe führen; ja bis es weiß, daß der Weg der Liebe ans Kreuz geht. Wird ein Volk heute dies wirklich wissen, dann wird es das einzige

Volk sein, das sich mit Recht ein freies Volk nennen darf, das einzige Volk, das nicht der Sklave seiner selbst, sondern der freie Knecht der Wahrheit Gottes ist.

Wir alle, jeder Einzelne für sich und wir als Gesamtheit, fühlen die drückende Last unserer Ketten. Gott, wir schreien nach der Freiheit. Aber, o Gott, bewahre uns, daß wir kein trügerisches Bild der Freiheit erträumen und in der Lüge bleiben. Gib du uns die Freiheit, die uns ganz auf dich, auf deine Gnade wirft. Herr, mach uns mit deiner Wahrheit, die unser [Herr] Jesus Christus ist, frei. Herr, wir warten auf deine Wahrheit.

## Neu geschaffen zum Leben

Predigt zur Taufe eines Neffen[1], Oktober 1932

*Epheser 5, 14: Wache auf, der du schläfst, und stehe auf von den Toten, so wird dich Christus erleuchten.*

Diese erste Begegnung eures Kindes mit der alten Kirche Christi hat nicht nur die symbolische Bedeutung, daß darin der Zusammenhang mit den Vätern, deren Leben durch die christliche Kirche irgendwie entscheidend gestaltet war, bejaht würde. Sie ist nicht nur der Ausdruck für den Wunsch der Eltern, ihr Kind in diesen Lebenszusammenhang hineinzustellen, weil da gewisse Werte,

1. Friedrich, Sohn von Karl-Friedrich und Grete Bonhoeffer. Die Taufe fand im Hause der Eltern in der Wangenheimstraße statt.

wenn auch noch so schwach und entstellt, vorhanden wären, die man diesem Kind für sein Leben übermitteln möchte. – Diese erste Begegnung ist vielmehr ein Geschehen, das über all unser Wünschen und Tun schlechthin hinausgeht, ein Geschehen völlig anderer Ordnung, ein Geschehen nicht vom Menschen her, sondern von Gott her. Die Tradition und die Werte – auch und gerade unsere sogenannten christlichen Traditionen und Werte – zerbrechen. Das wird dieses Kind in noch viel stärkerem Maße miterleben als wir. Gott allein bleibt in Ewigkeit.
Er selbst zerbricht und baut auf, wie er will, auch seine Kirche. Es gibt keine Sicherung des Menschen vor der Zukunft, vor Gott. Auch die alte Kirche und ihre Christlichkeit ist keine solche Sicherung des Menschen. Denn die Zukunft – auch dieses Kindes und auch dieser Kirche – gehört Gott allein. Was er gibt und was er nimmt, was er diesem Kinde geben wird und was er ihm nehmen wird, ist sein unbegreiflicher, unvorherwißbarer Wille, gegen den wir uns nicht schützen können, aber auch nicht schützen sollen. Dem Willen Gottes sich ganz preisgeben, ihn allein den Herrn sein lassen und keinen anderen neben ihm, keinen Götzen unserer Wünsche – und mögen es die idealsten, sittlichsten, religiösesten sein – Gott Gott sein lassen, darum geht es in der Verkündigung der Kirche Christi. Daß Gott allein diesem Kind in Ewigkeit Gott sein will, das ist seine Barmherzigkeit, die die Kirche diesem Kinde heute zuspricht.
Und nun ruft die Kirche Christi. Sie redet zu diesem Kind, das ihre Sprache noch nicht versteht. Aber sie redet von dem ewigen Willen Gottes zum Leben, der über Verstehen und Nichtverstehen hinausgeht, vor dem wir alle wie die Kinder sind: »Wach auf, der du schläfst, steh auf von den Toten.« Es ist das schaffende Wort Gottes selbst, das dieses Kind durch die Kirche zum Wachsein, zum Leben vor Gott ruft. Nicht schlafen, sondern wach sein

soll der Mensch. Wach sein heißt nüchtern sein, nicht in Träumen und Wünschen leben, sondern in der hellen Wirklichkeit. Wach sein heißt, den Tag und sein Werk lieben. Es heißt, ohne Illusionen sein, weil die Illusionen uns die Welt vergötzen und den Blick auf den einen Gott, von dem man sich keine Götzen machen soll, verschleiern und uns die Welt in den Farben unserer eigenen Wünsche und Vorurteile sehen lassen. Wach sein heißt, die Welt sehen, wie sie vor Gott ist, ohne zu richten. Wach sein heißt offen sein, bereit sein für die Zukunft, ihr ins Auge sehen und sich nicht fürchten. Es heißt den hellen Tag Gottes sehen, wie er ist, seine Schöpfung und sein Werk lieben, aber zugleich die Leiden der Kreatur, die Not und die Hilflosigkeit der anderen Menschen sehen, seinen Anspruch vernehmen auch dort, wo er unausgesprochen bleibt. Und um die eigene Schuld wissen.

Dies Wachsein kann sich der Mensch selbst nicht nehmen. Es ist nicht das schlaue, hinterhältige Wachsein des Menschen für das Böse am anderen und das Gute an ihm selbst. Sondern zu diesem Wachsein muß Gott den Menschen rufen, so wie auf jenem Bild der an der frischen Erde schlafende Adam durch die Berührung mit Gott allein zum Wachsein gerufen wird, zum Leben vor Gott (Michelangelo). Wach sein heißt: Vor Gott allein leben, weil er allein der Unsterbliche ist. Darum heißt [es]: »Stehe auf von den Toten«, das heißt lebe! Es bleibt schlechthin unaussprechlich, was mit diesem alles umfassenden Wort gemeint ist. Aber es muß so etwas heißen wie: Sei der, der du bist und sei so vor Gott. Laß dir keine Maske aufsetzen, nicht die Maske dessen, der die Kunst des Lebens verstünde und der doch hinter dieser Maske tot ist. Überhaupt keine Maske! Nicht die des ewig Strebenden und nicht die des ewig Zufriedenen. Nicht die des Moralischen noch die des Unmoralischen, des Frommen oder des Zynikers. Sondern lebe! Sei lebendig! Stehe auf von den Toten, lebe vor Gott als der, zu [dem] er dich gemacht hat. Aber dies Wort »lebe« kann ja kein Befehl sein, sondern es ist das Schöpferwort Gottes selbst. Es heißt: Du lebst schon, du lebst durch mich, vor mir allein. Und du wirst leben. Du gehörst nicht mehr den Toten. Du gehörst der Ewigkeit.

»Wach auf, der du schläfst, steh auf von den Toten, so wird dich Christus erleuchten.« Wie auf jenem Bild von der Erschaffung Adams der an der frischen Erde schlafende Adam durch die Berührung Gottes in die Herrlichkeit des Tages erweckt wird, so tritt uns hier vor Augen das Bild eines Menschen, der aus der dunklen Erde, in der er schläft, in der er tot war, auf den Ruf einer Stimme heraussteigt und nun vom Licht Gottes in der Welt übergossen ist, von Christus erleuchtet. Ein Mensch ganz in der Welt, stark in der Erde verwurzelt, aber nun diese Welt in einem Licht sehend, das ihm ihre ganze Not und ihre ganze Hoffnung zeigt. Von Christus erleuchtet, das heißt, durch die Liebe all den Jammer und all das Elend sehen, das Christus gesehen hat, in das er ganz eingegangen ist bis zum Tod am Kreuz. Und es heißt, in der Liebe von der letzten Hoffnung über alles Elend wissen, die von dem Herrn der Welt kommt, der allein kein Götze ist und sein Werk verherrlichen wird. Von Christus erleuchtet sein heißt: Gott über alle Dinge lieben und den Nächsten wie dich selbst. Das erst heißt »leben«. Zu diesem Leben berufen sein ist [die] Gnade Gottes in der Taufe.

Die Zukunft dieses Kindes bleibt im Dunklen und wir sollen auch nicht versuchen, dies Geheimnis zu lüften. Gott läßt es sich doch nicht nehmen. Er geht mit diesem Kind. Er führt es, nicht wir. Und er hält sein Wort. Amen.

# Gottes Protest gegen allen protestantischen Stolz

Reformationsfest, 6. November 1932[1]

*Offenbarung 2, 4–5; 7: Aber ich habe wider dich, daß du die erste Liebe verlässest. Gedenke, wovon du gefallen bist, und tue Buße und tue die ersten Werke. Wo aber nicht, werde ich dir bald kommen und deinen Leuchter wegstoßen von seiner Stätte, wo du nicht Buße tust. Wer Ohren hat, der höre, was der Geist den Gemeinden sagt: Wer überwindet, dem will ich zu essen geben von dem Holz des Lebens, das im Paradies Gottes ist.*

Daß wir in der zwölften Stunde der Lebenszeit unserer evangelischen Kirche stehen, daß uns also nicht mehr viel Zeit bleibt, bis es sich entscheidet, ob es aus ist mit dieser Kirche oder ob ein neuer Tag beginnt – das sollte uns allmählich klar geworden sein. Auch das sollten wir wissen, daß man einen Sterbenden nicht mit Fanfarenstößen tröstet oder gar ins Leben zurückruft, sondern daß der Fanfarenstoß zum Leichenbegängnis gehört, dorthin, wo man das kalte Schweigen mit einem noch kälteren Lärm überschreien zu müssen meint, dort, wo Totenkränze und Totenmusik die Verwesung verdecken. Kinder machen es ja wohl so, wenn es ihnen angst wird auf der dunklen Straße, daß sie pfeifen und fest auftreten und lärmen, um sich selbst Mut zu machen. Eigentümliche Täuschung – wenn man schon keinen Mut mehr hat, so macht man ihn sich eben, aus lauter Angst. Solcher Mut, der eigentlich

1. Akademischer Gottesdienst in der Dreifaltigkeitskirche.

Angst ist, solcher Angst-Mut und solche Fanfarenstöße, die nur anzeigen, daß der Tod bereits eingetreten ist – solche Todesfanfaren, die sind uns allen, die wir am Leben der Kirche noch teilnehmen, nicht unbekannt. Reformationsfest – das ist der schlimme Tag, von dem her wir diese Art am besten kennen. Und nun wird heute unter den tausend Fanfaren, die vom todkranken Deutschland Zeugnis ablegen, gar noch die andere mitgetönt haben, die das Sterben der Kirche in die Welt hinausschreit. Deutschland, dem es vor seiner Zukunft angst ist, macht sich heute Mut mit großen, lauten Worten aller Art, wenn sie nur die tief innen heimliche Sterbensbangigkeit vertreiben. Die Kirche der Reformation, die heimlich um den Abgrund weiß, der sie von der Reformation trennt, die bereits unter der Nähe der Hand des Todes erschaudert, singt verzweifelt mutig: »Ein feste Burg ist unser Gott ... Er heißt Jesus Christus, der Herr Zebaoth, und ist kein anderer Gott.« Und sieht gar nicht, daß jedesmal, wenn sie »Gott« sagt oder jubelt oder schreit, dieser Gott sich gegen sie selbst wendet. *Wir* singen: Ein feste Burg ist unser Gott. Ist Gott für uns, wer mag wider uns sein? Gott aber spricht: Aber ich habe wider dich ... Die Kirche, die die Reformation feiert, läßt dem alten Luther seine Ruhe nicht. Er muß herhalten zu allem Schlimmen, was heute in der Kirche vorgeht. Man stellt ihn, den toten Mann, in unsere Kirche, läßt ihn seine Hand ausrecken, auf diese Kirche weisen und mit allem Pathos der Selbstsicherheit immer wieder nur das eine sagen: Hier stehe ich, ich kann nicht anders. Und man sieht nicht, daß diese Kirche nicht mehr die Kirche Luthers ist; daß Luther mit Zittern und Zagen, vom Teufel bis in die letzte Stellung zurückgedrängt, in der Furcht Gottes sein: Hier stehe ich ... gesagt hat, und daß sich dies Wort sehr wenig dazu eignet, von uns Heutigen in den Mund genommen zu werden. Es ist ja doch einfach nicht wahr oder es ist unverzeihlicher Leichtsinn und Hochmut, wenn wir uns hinter diesem Wort verschanzen. *Wir können anders.* Wir sollen jedenfalls anders können. Und es wäre wahrhaftig ein schlechter Ruhm vor Gott und vor den Menschen, wenn wir nur so und nicht anders könnten. Keiner von uns hat die letzte Position bezogen, aus der heraus er nur noch im Gebet zu Gott sagen kann: Ich kann nicht anders, Gott helfe mir. Wir können und wir sollen anders. Tausende von Malen wird es heute von den Kanzeln geklungen haben: Hier stehe ich, ich kann nicht anders. Gott aber spricht: Aber ich habe wider dich ...

Die protestantische Kirche begeht ihren Tag. Da gehört es zu ihren herkömmlichen Obliegenheiten, zu protestieren. Wogegen sie protestiert, das kann sehr verschieden sein. Aber protestieren muß sie ja doch. Also diesmal kräftiger Protest gegen den Säkularismus in Gestalt der Gottlosigkeit, natürlich auch etwas und diesmal vielleicht besonders gegen den Katholizismus und seine Gefahren (gemeint sind natürlich nur die politischen Gefahren), Protest gegen alle enge Bindung, gegen Dogma und Autorität, Protest für die Freiheit des Denkens, des Gewissens, des Individuums; Protest gegen Unsitte und Unglauben, Protest gegen alle, die nicht in der Kirche sind, die also von dem Protest wenig Notiz nehmen. Das heißt der Tag des Protestantismus! O, wie laut, wie pathetisch, wie selbstgewiß können wir protestieren. Und wir haben ja ein verbrieftes Recht darauf. Welch herrlicher Tag! »Wir protestieren«, schreien wir. Gott aber spricht: Aber ich habe wider dich ... Das heißt, ich protestiere. Gott protestiert. Gegen wen? Gegen uns und unseren Protest! Hören wir's denn nicht? Protestantismus heißt nicht unser Protest gegen die Welt, sondern Gottes Protest gegen uns: Aber ich habe wider dich ...

Aber, nicht wahr, wir verstellen uns ja fortwährend. Wir wissen ja im Grunde ganz gut, daß nicht dieses: Ein feste

Burg ..., nicht dieses: Hier stehe ich ..., nicht dieser Protest gemeint ist. Wir wissen ganz gut um den Protest Gottes gegen uns. Wir wissen, daß gerade der Reformationstag der stärkste Feldzug Gottes gegen uns ist. Aber wir wollen es nicht wahr haben, nicht vor uns und nicht vor der Welt. Wir haben Angst, wir sind diesem Angriff, diesem Protest nicht gewachsen. Wir haben Angst, wir blamierten uns vor Gott und der Welt, wenn wir das eingestünden. Und darum machen wir solchen Lärm um diesen Tag, darum hämmern wir am 31. Oktober Hunderttausenden von Schulkindern falsche Dinge ein, [nämlich] Respekt vor der Kirche, [den wir] vor Gott gänzlich verloren [haben], nur damit sie unsere Schwäche nicht merken, ja, damit wir sie selbst vergessen.

Nein, wir haben keine Zeit mehr zu solchen feierlichen Kirchenfesten, in denen wir uns vor uns selbst darstellen. Wir wollen nicht mehr so Reformation feiern! Laßt dem toten Luther endlich seine Ruhe und hört das Evangelium. Lest seine Bibel, hört hier das Wort Gottes selbst. Gott wird uns am Jüngsten Tage gewiß nicht fragen: Habt ihr repräsentative Reformationsfeste gefeiert?, sondern: Habt ihr mein Wort gehört und bewahrt? Lassen wir es uns darum sagen: Aber ich habe wider dich, daß du die erste Liebe lässest.

Wenn ich doch jetzt dies Wort so zu sagen vermöchte, daß es uns wirklich weh tut. Es soll uns weh tun, es wäre sonst Gottes Wort nicht. Aber ich sehe, wie ihr schon jetzt, wie bei einem schlechten Roman, zuerst das glückliche Ende der Geschichte lest, um von dem Vorangehenden nicht zu sehr aufgeregt zu werden, um immer sagen zu können: Es geht ja noch alles gut ab. Aber ich habe wider dich, daß du die erste Liebe lässest. Der Unterschied dessen, was hier erste Liebe genannt wird, von allem anderen, was so genannt zu werden pflegt, ist ein sehr prägnanter; nämlich der, daß es über diese erste

Liebe hinaus schlechthin keine andere Liebe mehr gibt. Diese erste Liebe ist die einzige Liebe, die es überhaupt gibt, denn es ist die Liebe aus Gott und zu Gott. Außer dieser Liebe, dieser ersten Liebe, gibt es nur Haß. Und sie verlassen heißt Gott verlassen, heißt den Bruder verlassen, heißt Gott und die Welt nur noch hassen können. Aber ich habe wider dich, daß du die erste Liebe lässest. Das heißt, es war doch einmal anders! Es war doch auch in dir einmal der Anfang gemacht! Es ist doch auch mit dir einmal etwas vorgegangen. Du hast doch einmal – oder hast du nie? – etwas mit Gott zu tun gehabt. Du hast doch einmal zu ihm gebetet, ihm dein Böses und deinen Kummer gesagt. Du hast ihn doch einmal geliebt. Du hast doch einmal gemeint, du wolltest es mit Gott versuchen. Es ist doch damals auch in deiner Umgebung etwas geschehen, wirklich geschehen. Du hast die anderen, die dir oft so ärgerlich sind, dir so viel Mühe machen, einmal geliebt, weil du dabei an Gottes Liebe dachtest. Du hast doch einmal gemeint, Gott müsse der Herr über dein Leben sein bis in innerste, verborgenste Gründe, und über alles Leben überhaupt. Jawohl, und er wurde es damals doch auch, als du mit Jesus Christus in deinen Gedanken und in deinem Herzen unter die Brüder gingst. Ich habe aber wider dich, . . .

Aber nun zur Kirche als ganzer gewendet: Wo ist die Zeit der ersten Gnade, die Zeit, da die ersten Christen Jesus Christus ihren Herrn über ihr Leben nannten, aus [ihren] Häusern hinaus in seinen Dienst gingen, als das Feuer angezündet war und zu brennen begann? Die Zeit, in der das Kommen des Reiches Gottes so sehnlich erwartet wurde, daß [es] in diesem Warten herabstieg und in ungewöhnlichsten Zeichen Gestalt annahm? Wo ist die Zeit, von der es heißt: und »es war die Gemeinde ein Herz und eine Seele. Auch sagte keiner von den Gütern, daß sie sein wären, sondern es war ihnen alles gemein. Und mit großer Kraft gaben die Apostel Zeugnis von der Auferstehung des Herrn Jesu und [war] eine große Gnade bei ihnen allen« (Apg. 4, 32 ff.)? Wo ist diese Gemeinde, die, weil sie um das eine Wunder Gottes, um die Auferstehung vom Tod zum Leben wußte, alles für möglich hielt für den, der glaubt, in der Kraft der Gnade, in der Kraft der Liebe zu Gott, sogar dies, daß der eine den anderen liebt, daß er in die Not des anderen hinabsteigt und demütig hilft? Wo ist die Gemeinde der ersten Liebe, die, einem Leuchter gleich, vom Licht Gottes in der Welt redete? Aber gewiß, was hilft dies Erinnern an das Vergangene? Es ist verloren. Der Einzelne wird sagen: Das war eben meine erste Liebe, meine Kinderliebe. Als ich erwachsen wurde, reif wurde, da bin [ich] darüber hinausgewachsen. Gewiß, es war schön damals, aber es war viel Illusion. Ich habe zugelernt. Ich habe gesehen, daß die Welt schlecht ist und daß nicht alle Dinge möglich sind; daß wir Kompromisse schließen müssen, daß wir uns bescheiden müssen. Das hat mich gelähmt, gewiß, aber ich bin klüger geworden. Und ebenso redet die Kirche.

Was läßt sich hier antworten? Meinst du denn, die ersten Christen, die Reformatoren und ihre ersten Gemeinden haben nicht gewußt, daß die Welt schlecht ist? Die, die gesehen haben, wie ihr lieber Herr von der Welt gekreuzigt wurde, sollten das nicht gewußt haben? Sie haben es tausendmal besser gewußt als wir alle. Lies doch nur die Bibel, lies doch Luther. Ja, sie haben noch etwas Entscheidendes mehr gewußt. Sie haben den Grund der Bosheit der Welt gekannt, nämlich den Haß gegen Gott und den Bruder und die Liebe des Menschen zu sich selbst. Aber nun haben sie eben auch gehört und gesehen, daß Gott diesen Haß besiegt hat, und zwar mitten in der Welt durch Jesus Christus und sein Kreuz und seine Auferstehung. Sie haben an das Wunder der Liebe Gottes zur Welt geglaubt und haben darum Gott und den Bruder geliebt.

Und nun du Einzelner. Hast du es nicht auch einmal geglaubt und gewußt, daß der Haß besiegt ist und daß die Liebe recht hat? Mag sein, es war damals Illusion. Mag sein, es war Illusion für dich bis in diese Stunde. Wer wollte sich auf Vergangenes festlegen? Aber dann laß es dir heute sagen, es ist heute keine Illusion, sondern es ist wahr. Gott selbst legt sein Wort dafür ein: Ich habe wider dich, daß du die erste Liebe, daß du mich verlässest.

Gedenke, wovon du gefallen bist, tu Buße. ⟨Es war richtig damals mit unserem Anfang, aber es war doch auch falsch. Denn wir sind davon abgefallen. Die Kirche ist abgefallen von dem Besten, von dem, was in der Reformation durchbrach, von ihrem Herrn, von der ersten Liebe. Tu Buße.⟩ Es ist nichts anderes als dieser Ruf, der Luther zur Reformation getrieben hat. Gedenke, wovon du gefallen bist, tu Buße, rief er der katholischen Kirche zu. Du solltest brennen und du bist kalt. Du solltest wachen und du bist träg. Du solltest hungern und du bist satt. Du solltest glauben und du hast Angst. Du solltest hoffen und du greifst nach der Macht. Du solltest lieben und du vermoderst in Eigensucht [in Bleistift darüber: »Kommst von dir nicht los«]. Du solltest Christus den Herrn sein lassen und du fällst ihm ins Wort. Du solltest in ihm Wunder tun und du tust nicht einmal das Alltäglichste. Gedenke, wovon du gefallen bist, tu Buße.

Die Reformationskirche ist die Kirche derer, die sich diesem Bußruf aussetzen, die hier Gott Gott sein lassen; die weiß, daß der, der steht, zusehen möge, daß er nicht falle, daß er [sich] also seines Stehens nicht rühme. In Gottes Wort allein steht unsere Kirche, und in seinem Wort sind wir die Gerichteten. Die Kirche, die in der Buße steht, die Kirche, die Gott Gott sein läßt, ist die Kirche der Apostel und Luthers.

»Gedenke, wovon du gefallen bist, tu Buße und tue die ersten Werke.« Dies Letzte gehört unbedingt dazu. Ohne es hat das Vorangegangene keinen Sinn. Es mag fast unschicklich klingen, am Reformationstag gerade von den Werken zu reden. Aber es ist ein grauenvolles Mißverständnis des Evangeliums, wollte man meinen, der Glaube, die Buße sei ein Ding für fromme Morgen- und Abendstunden. Glaube, Buße heißt, Gott Gott sein lassen, auch in unserem Tun, gerade in unserem Tun ihm gehorsam sein.

Tu die *ersten* Werke – wie nötig ist es, das heute zu sagen. Keiner, der die heutige Kirche kennt, wird sich darüber beklagen wollen, daß die Kirche nichts tue. Nein, die Kirche tut unendlich viel, auch mit viel Aufopferung und Ernst. Aber wir tun alle eben so viel zweite, dritte und vierte Werke. Und die Kirche [im Manuskript: sie] tut nicht die *ersten* Werke und eben darum tut sie das Entscheidende nicht. Wir feiern, wir repräsentieren, wir erstreben Einfluß, wir machen eine sozial-evangelische Bewegung, wir treiben evangelische Jugendpflege, wir tun Wohlfahrtsdienste und Fürsorge, machen [Anti]gottlosenpropaganda – aber tun wir die *ersten* Werke, um die schlechthin alles geht? Gott lieben und den Bruder lieben mit jener ersten, leidenschaftlichen, brennenden, alles, nur Gott nicht auf's Spiel setzenden Liebe? Lassen wir wirklich Gott allein Gott sein, stellen wir uns und unsere Kirche ihm ganz anheim? *Wenn es so wäre, es müßte doch anders aussehen, es müßte doch etwas durchbrechen.* Aber freilich, laßt uns nicht in die furchtbarste Versuchung fallen, nun selbst diesen Durchbruch herbeizuführen. Gott allein muß es [tun]. Aber stellen wir uns in seinen Dienst, lassen wir ihn ganz Gott sein mit jener ersten Liebe. Vielleicht, daß es dann wieder einmal wahr wird, was wir vorhin lasen: Die Menge der Gläubigen war ein Herz und eine Seele . . . Es war ihnen alles gemein.

Und nun wird's ganz ernst: »Wo aber nicht, werde ich dir bald kommen und deinen Leuchter wegstoßen von seiner Stätte, wo du nicht Buße tust.« Hier ist mit letztem Ernst geredet. Die Stunde unserer Kirche ist nahe herbeigerückt. Gott hat lange und viel Geduld geübt. Wir kennen die Stunde nicht. Sie kann im Nu über uns hereinbrechen und alles dahinfegen. Schon regt sich's überall. Gott hat schon die wunderlichsten Werkzeuge in den Dienst seines Zerstörungswerkes genommen. Die Geschichte der Zerstörung Jerusalems durch die Ungläubigen beginnt furchtbar nahe Bedeutung für uns zu bekommen. Wie es kommem möge – wir wollen heute lieber keine großen Worte über unsere Heldentaten in einem solchen Zusammenbruch machen – Gott sei der Herr.

Der zerstörende Herr, dem wir uns beugen, ist der Herr der Verheißung. Er allein kennt sein Volk. Es ist da, vielleicht mitten unter uns. Er weiß allein, wem es gilt, wenn er sagt: »Wer Ohren hat, der höre, was der Geist den Gemeinden sagt: Wer überwindet, dem will ich zu essen geben von dem Holz des Lebens, das im Paradies Gottes ist.« Werden wir's sein? Werden wir überwinden? Werden wir glauben können bis ans Ende? Die Zukunft ängstet uns. Aber die Verheißung tröstet uns. Selig, wer zu ihr berufen ist.

Und wenn ihr nun aus der Kirche geht, so denkt nicht, das war eine schöne oder eine schlechte Reformationsfeier, sondern laßt uns hingehen und nüchtern die ersten Werke tun. Gott helfe uns. Amen.

# Courage, courage!

## Fragment einer Andacht, 1. Dezember 1932

*Daniel 10, 1–2; 8–9; 15–19: Im dritten Jahr des Königs Kores aus Persien ward dem Daniel, der Beltsazar heißt, etwas offenbart, das gewiß ist und von großen Sachen; und er merkte darauf und verstand das Gesicht wohl. Zur selben Zeit war ich, Daniel, traurig drei Wochen lang. Und ich blieb allein und sah dies große Gesicht. Es blieb aber keine Kraft in mir, und ich ward sehr entstellt und hatte keine Kraft mehr. Und ich hörte seine Rede; und indem ich sie hörte, sank ich ohnmächtig auf mein Angesicht zur Erde.*
*Und als er solches mit mir redete, schlug ich mein Angesicht nieder zur Erde und schwieg still. Und siehe, einer, gleich einem Menschen, rührte meine Lippen an. Da tat ich meinen Mund auf und redete und sprach zu dem, der vor mir stand: Mein Herr, meine Gelenke beben mir über dem Gesicht, und ich habe keine Kraft mehr; und wie kann der Knecht meines Herrn mit meinem Herrn reden, weil nun keine Kraft mehr in mir ist und ich auch keinen Odem mehr habe? Da rührte einer, gleich wie ein Mensch gestaltet, mich abermals an und stärkte mich und sprach: Fürchte dich nicht, du lieber Mann! Friede sei mit dir! Und sei getrost, sei getrost! Und als er mit mir redete, ermannte ich mich und sprach: Mein Herr, rede! denn du hast mich gestärkt.*

Ich werde nie den Tag vergessen, an dem mir dieser Text zum ersten Mal eindrücklich geworden ist. Es war auf einem Zusammensein von jungen Deutschen und jungen Franzosen. Wir waren zusammengekommen auf dem

gemeinsamen Boden der Kirche und wollten hier nun einmal ganz klar und ehrlich über die Dinge sprechen, die zwischen uns liegen; wollten uns ganz ernst unter das Gebot Gottes in unserer Stunde stellen, unter das Gebot des »Friedens auf Erden und den Menschen ein Wohlgefallen«[1]. Und als wir so [auf] den Anspruch Christi auf die Welt und auf die wirkliche Lage der Dinge in Europa und in der ganzen Welt blickten, da wurde uns allen angst. Da wurde uns bange um unsere Botschaft. Da spürten wir etwas von dem, was hier von Daniel gesagt wird, daß ihm wund und weh wurde unter dem Wort Gottes. Da wollten wir wohl nur allzu gern den Auftrag, die Botschaft Gottes von uns abschütteln. Und als wir so etwas erschrocken beisammen waren, da las ein junger Franzose eben diese Worte aus der Bibel. Und als er zu den Worten kam: Mut, Mut! courage, courage! Friede sei mit dir! – da war uns allen so, daß wir nachher hätten sprechen können: Nun rede, Herr, denn du hast uns gestärkt!
Keinem von uns ist ein solcher Augenblick ganz fremd. Keinem jedenfalls, der es einmal mit Ernst versucht hat, mit Gott zu leben. Wenn uns das Chaos in unserem persönlichen Leben beunruhigt, wenn wir nicht damit fertig werden, wenn wir spüren, wie uns immer wieder jeder Halt zerbricht und wir ins Bodenlose herabstürzen, wenn unser Leben zwischen gutem Vorsatz und Scham über uns selbst dahinpendelt, wenn wir unausweichlich klar sehen müssen, wie schwach wir sind, wenn irgendein unbegreifliches Schicksal über uns kommt, ein großes Leid oder eine große Leidenschaft und wir fassungslos uns diesem Schicksal ausliefern zu müssen glauben, wenn wir nur sehen, wie glaubenslos und wie hoffnungslos wir dem Irrtum des Lebens hingegeben sind oder schließlich,

1. Deutsch-französische Regionaljugendkonferenz des Weltbundes auf der Westerburg, 12.–14. 7. 1932.

wenn in unseren freundschaftlichen Beziehungen einmal etwas bricht, wenn wir trotz guten Willens mit dem anderen nicht zusammenkommen, kurz, wenn wir das ganze menschliche Chaos, in dem wir stecken, einmal ganz ernst nehmen, dann kommt es wohl einmal über uns, daß wir sagen: Gott, ich ertrage dich nicht mehr. Bleib diesem jammervoll schwachen Leben fern. Ich will dich nicht mehr hören. Ich kann es nicht mehr. Nein, ich will auch nicht mehr. Ich bin zu tief im Sumpf. Gott, rede nicht mehr zu mir und ich will dich auch nicht mehr anreden. Gott, wir können nicht mehr miteinander.

Und dann gerade kommt es darauf an, daß wir es uns neu sagen lassen und neu hören als wirklich zu uns gesagt: Friede! Mut, Mut, den Gott gibt! Es ist dann, als ob eine Mutter ihrem Kinde das Heft, in das [es] so viele Fehler und Flecken gemacht hat und worüber es nun unglücklich ist und weint, aus der Hand nimmt und ihm ein neues hinlegt: Nun, versuch's doch nochmal. Mut, Mut! So redet Gott zu uns, wenn wir erschrocken sind über uns.

Und nun ereignet sich das, was hier dem Daniel geschieht in einem ganz besonderen Fall, der uns heute verständlich ist wie kaum je einem zuvor. Gott spricht: Ich will dir sagen ... Das kann Daniel nicht hören. Können wir's? Geht es nicht auch uns so, daß wir in dieser heillosen Verwirrung [und] Ratlosigkeit sagen: Gott, bleib fern (unleserlich). Wir wissen ja, es ist schlimm. Aber wenn du kommst, dann ist es ganz aus. Namenlose Angst ..., das Gericht Gottes zu hören über unser Volk, über unser Tun ... Mut, Mut! Wozu? Daß wir als ermutigte Männer und Frauen Gottes Stimme über sein Volk hören und ihm aufs neue gehorsam sind und glauben.

# Siegesgeschrei wider die Furcht

## 2. nach Epiphanias, 15. Januar 1933[1]

*Matthäus 8, 23–27: Und er trat in das Schiff, und seine Jünger folgten ihm. Und siehe, da erhob sich ein großes Ungestüm im Meer, also daß auch das Schifflein mit Wellen bedeckt ward; und er schlief. Und die Jünger traten zu ihm und weckten ihn auf und sprachen: Herr, hilf uns, wir verderben! Da sagte er zu ihnen: Ihr Kleingläubigen, warum seid ihr so furchtsam? Und stand auf und bedrohte den Wind und das Meer; da ward es ganz stille. Die Menschen aber verwunderten sich und sprachen: Was ist das für ein Mann, daß ihm Wind und Meer gehorsam sind?*

Überwindung der Furcht – das wird hier verkündigt. Die Bibel, das Evangelium, Christus, die Kirche, der Glaube – sie alle sind ja das eine große Kriegsgeschrei gegen die Furcht im Leben der Menschen. Die Furcht – das ist irgendwie der Urfeind selbst. Die Furcht sitzt dem Menschen im Herzen. Sie höhlt ihn innerlich aus, bis er plötzlich widerstandslos und machtlos zusammenbricht. Sie zerfrißt und zernagt heimlich alle Fäden, die den Menschen mit Gott und den anderen verbinden. Und wenn der Mensch in seiner Not sich an sie klammern will, dann zerreißen sie und hilflos und verzweifelt sinkt der Mensch unter dem Gelächter der Hölle in sich selbst zurück. Und nun grinst ihn die Furcht unverhohlen an und sagt zu ihm: Jetzt sind wir beide allein, du und ich, nun zeige ich dir erst mein wahres Gesicht. Und wem sich einmal die nackte Furcht enthüllt hat, wer ihr einmal in schauriger

1. Abendgottesdienst in der Dreifaltigkeitskirche.

Einsamkeit verfallen war – der Furcht vor einer großen Entscheidung, der Furcht vor einem schweren Schicksal, einer Berufsnot, einer Krankheit, der Furcht vor einem Laster, dem der Mensch keinen Widerstand mehr leisten kann, das ihn knechtet, der Furcht vor Schande, der Furcht vor einem anderen Menschen, der Furcht vorm Sterben – der weiß, daß die Furcht nur eine Larve des Bösen selbst ist, daß sie eine Gestalt ist, in der die gottfeindliche Welt nach ihm greift. Nichts vermag dem Menschen die Wirklichkeit gottfeindlicher Mächte in unserem Leben so spürbar zu machen wie *diese* Einsamkeit, *diese* Hilflosigkeit, *dieser* Nebel, der sich über alles verbreitet, die Ausweglosigkeit und diese rasende Erregung, in der man aus dieser höllischen Hoffnungslosigkeit heraus will. *Habt ihr einmal einen Menschen gesehen, den die Furcht gepackt hatte?* Grauenvoll beim Kind, grauenhafter noch beim Erwachsenen: diese Starre des Blicks, dieses tierische Erbeben, diese flehentliche Abwehr. Der Mensch wird durch die Furcht entmenscht. So sieht nicht das Geschöpf Gottes aus. So sieht der Teufelsmensch, die geknechtete, zerstörte, kranke Kreatur aus.

*Aber* der Mensch soll sich nicht fürchten, *wir sollen uns nicht fürchten*! Das ist der Unterschied des Menschen von aller Kreatur, daß er in aller Ausweglosigkeit, Unklarheit und Schuld um eine Hoffnung weiß und diese Hoffnung heißt: *Dein* Wille geschehe, ja, *dein* Wille geschieht. »Alles vergehet, Gott aber stehet ohn alles Wanken, seine Gedanken, sein Wort und Wille hat ewigen Grund.«[2] Und fragst du: Woher weißt du das?, *so nennen wir den Namen dessen*, vor dem der Böse in uns zusammenzuckt, vor dem Furcht und Angst sich fürchten müssen, vor dem sie zittern und die Flucht ergreifen, den Namen dessen, der allein die Furcht überwand und sie im Triumphzug

2. Aus Paul Gerhardts Morgenlied »Die güldne Sonne ...«.

gefangen führte und ans Kreuz schlug und der Nichtigkeit anheimgab, den Namen dessen, der das Siegesgeschrei der von der Furcht des Todes erlösten Menschheit ist – Jesus Christus, der Gekreuzigte und Lebendige. Er allein ist der Herr der Furcht. Sie kennt ihn als ihren Herrn. Ihm allein weicht sie. Darum seht auf ihn in eurer Furcht. Denkt an ihn. Stellt ihn euch vor Augen. Ruft ihn, betet zu ihm. Glaubt, daß er jetzt bei euch ist und hilft. Dann wird die Furcht verblassen und weichen und ihr werdet frei sein im Glauben an den starken und lebendigen Heiland Jesus Christus.

Da geht ein Schiff durch die Wellen. Es ist ein harter Kampf. Der Sturmwind wird immer heftiger. Das Boot ist klein, ein Spielzeug der Wellen. Der Himmel ist schwarz. Die Kräfte versagen. Da packt es den ersten. Wer? Was? Er weiß es selbst nicht. Aber es ist einer ins Boot gekommen, der vorher nicht drin war. Nun tritt er ganz nah an ihn heran und legt seine kalten Hände auf seine wild am Ruder ziehenden Arme. Und er spürt, die Muskeln sind ihm wie gelähmt. Die Kräfte verlassen ihn. Und jetzt greift der Unbekannte ihm nach seinem Herzen, nach seinem Gehirn und entzaubert ihm die seltsamsten Bilder. Da sieht er seine Familie, seine weinenden Kinder. Was soll aus ihnen werden, wenn er nicht mehr ist? Plötzlich ist es ihm, als wäre er wieder an jenem Ort, an den ihn einst der Böse getrieben hatte, an dem er dem Bösen in langer Fron gedient hatte. Und er sieht all die Gesichter seiner damaligen Genossen im Bösen. Er sieht den Nachbarn, den er noch gestern mit einem bösen Wort tief verletzt hatte. Plötzlich sieht und hört er gar nichts mehr. Er kann nicht mehr rudern. Es packt ihn eine Welle und wie im letzten Hilfeschrei stößt er es aus: Wer bist du, Unbekannter im Schiff? Und der antwortet: Ich bin die Furcht. Und nun dringt der Schrei durch das ganze Boot: die Furcht ist im Schiff. Und alle Arme sinken

gebannt und gelähmt. Es ist alle Hoffnung dahin. Die Furcht ist im Schiff.
Da ist es, als ob alle Himmel zerrissen. Als ob die himmlischen Heerscharen selbst das Siegesgeschrei anstimmten, in all die Hoffnungslosigkeit hinein: Christus ist im Schiff, Christus ist im Schiff. Und kaum, daß dies Wort gerufen und vernommen ist, da weicht die Furcht. Die Wellen beben zurück. Das Meer wird ganz still und das Boot liegt auf ruhiger See. Christus war im Schiff!
Waren nicht auch wir mit auf jener Fahrt und war nicht der Ruf: »Christus ist im Schiff« auch einmal unsere Rettung? Und sind wir nun nicht doch – eigentümlicherweise – alle schon wieder auf der Fahrt, auf jener Fahrt *ohne Glauben, ohne Hoffnung*, erdrückt, gefesselt, geknechtet, gelähmt von der Furcht, mutlos, freudlos, bleierne Schwere in den Gliedern – jeder kennt und weiß das Seine? Vielleicht, oder sogar wahrscheinlich, wissen wir schon gar nicht mehr recht, was mit uns geschehen ist. Wir haben uns schon so an diesen Zustand gewöhnt, daß wir ihn wie etwas Selbstverständliches hinnehmen, ja daß wir all den Jammer um uns herum und bei uns fast lieb gewonnen haben. Was hätten wir dann noch zu tun, wenn wir nicht einmal mehr jammern könnten? Und dies eben ist das Schlimmste an allem, daß wir schon gar nicht mehr da heraus wollen. Das ist *der letzte Triumph der Furcht* über uns, daß wir uns fürchten, ihr zu entfliehen, daß wir uns ihr sklavisch unterwerfen. *Die Furcht hat über uns gesiegt.* Und sie geht unter uns um in verschiedensten Gestalten. Da sind die einen, die stumpf und unempfindlich geworden sind, die nur noch dumpf und verbissen vor sich hinbrüten und von einem Tag zum anderen leben, weil sie selbst zum Selbstmord zu stumpf geworden sind. Da sind die anderen, die sich laut fürchten, die ihre Furcht vor jedem Menschen in Gestalt eines Jammergeheuls ausschütten. Da sind wieder ganz andere, die mei-

nen, sie könnten sich ihre Furcht durch große Worte und kühne Phantasien vertreiben und das mag, wenn diese Worte laut genug geschrieen werden, ja auch für einige Zeit zu gelingen scheinen. *Aber der Wissende erkennt in solchen Tönen nur wieder* die gräßliche Macht der Furcht. *Die Furcht ist im Schiff, in Deutschland*, in unserem eigenen Leben und in diesem Kirchenschiff – die nackte Furcht vor der nächsten Stunde, vor dem morgen und übermorgen. Darum werden wir stumpf. Darum jammern wir. Darum berauschen wir uns an dem und jenem. Was ist denn der Silvesterspuk und -Rausch anderes als die große Furcht vor dem Neuen, Zukünftigen? Die Furcht sitzt dem Menschen im Nacken.

Wer wollte hier hochmütig sein, als ob ihn dies alles nichts anginge, als ob er das alles nicht begreifen könne? Das müßte kein Mensch sein, der nicht begriffe, warum sich die Menschheit in aller Welt heute fürchten muß.

Aber seht, nun ist mitten in dieser Welt der Furcht ein Ort für alle Zeiten bestimmt, der die ganz eigentümliche und der Welt unbegreifliche Aufgabe hat, den Menschen immer neu, immer wieder, ganz monoton das eine zuzurufen: Die Furcht ist überwunden. Fürchtet euch nicht. In der Welt habt ihr Angst. Aber seid getrost, ich habe die Welt überwunden [Joh. 16, 33]. Ihr Kleingläubigen, warum seid ihr so furchtsam? Christus ist im Schiff! Und dieser Ort, an dem so geredet wird und werden soll, das ist die Kanzel in der Kirche. Von der Kanzel aus will der lebendige Christus selbst zu der Welt reden, daß für den, bei dem er einkehrt, die Furcht versinkt, daß er in ihm die Furcht überwindet. Ihr Kleingläubigen, warum seid ihr so furchtsam? Wir müssen die ganze Enttäuschung und die ganze Liebe Jesu Christi zu seinen Jüngern aus diesen Worten heraushören. Wißt ihr es immer noch nicht, daß ihr in Gottes Hand seid? Daß, wo ich bin, Gott ist? Warum seid ihr so furchtsam? Seid mutig, stark, fest,

mannhaft, tapfer, gewiß. Zittert nicht. Laßt den Kopf nicht hängen. Klagt nicht über die schlechten Zeiten. Ich bin im Schiff. Er ist auch in diesem Kirchenschiff. So hört ihn doch und glaubt ihm doch!
Und nun sind wir doch wohl hierher gekommen, weil wir nun doch irgendwie wissen, daß etwas in unserem Leben anders werden muß, und weil wir meinen, die Kirche könne uns vielleicht irgendwie helfen. Wir spüren, wie gering, wie ärmlich, wie kleinlich, wie kurzsichtig unser Leben gegenwärtig ist. Wir sehen alle nur unsere eigenen Sorgen und Schwierigkeiten und sehen die tausendmal größeren des anderen nicht mehr. Unsere Dinge kommen uns so riesengroß und unendlich wichtig vor und wir sind stumpf gegen alles andere. Und das hat die Furcht in uns angerichtet. Und nun spüren wir, wir können diese Enge nicht länger ertragen. Wir ersticken darin. Und in dieses Ahnen und Fragen hinein dringt der Ruf der Kirche: Uns fehlt nur eines. Das ist der Glaube, daß Gott der Allmächtige unser Vater und unser Herr ist; daß vor ihm unsere größten Sorgen wie die Sorgen der kleinen Kinder vor ihren Eltern sind; daß er die Dinge fügen kann und herumwerfen in einem Nu; daß sie leicht sind für ihn und gar nicht schwer; aber daß für ihn tausend Jahre ein Tag sind; daß seine Gedanken höher sind als unsere Gedanken; daß er trotz allem bei uns ist. Lassen wir uns wieder einmal zurufen von der Kirche: Ihr Kleingläubigen, warum seid ihr so furchtsam? Mitten im Sturm ist Christus im Schiff. Weiche, Furcht! Erscheine, Herr Jesus, starker Helfer, Heiland!
*Aber nun kommt das Heer der Einwände und Ausflüchte. Wir sagen:* Wir wollten ja gern glauben, aber wir können es einfach nicht mehr. Das Elend ist zu groß. Ach, laßt uns diese Rede nicht zu ernst nehmen. Ihr könnt nicht glauben? Nun, wir *können* es auch nicht. Ihr wollt glauben? – nun, dann glaubt ihr ja schon in einer Weise, viel-

leicht noch schwach, noch im Anfang, vielleicht aber tausendmal stärker als mancher andere, der glauben zu können meint. Seht doch gar nicht auf euren starken oder schwachen Glauben, sondern allein auf ihn, dem ihr glaubt und sprecht zu ihm: Herr, stärke uns den Glauben!

*Wir sagen:* Es ist nicht das Elend, das uns schreckt. Es ist unsere eigene Sünde, vor der wir Angst haben. Und vor ihr müssen wir doch Angst haben, sonst überfällt sie uns! Das klingt wieder einmal so richtig und ist doch nichts als eine Finte der Furcht selbst. Nein, es ist ja nicht wahr, daß wir Angst haben müssen vor der Sünde. Sondern wer Angst hat, ist schon mitten drin. Die Angst ist das Fangnetz des Bösen. Erst macht er uns Angst, verwirrt und dann gehören wir ihm. Nicht Angst, sondern Mut, Mut! Wie kann man auch dem Feind mit Angst im Herzen begegnen? Ihr Kleingläubigen, warum seid ihr so furchtsam? Ist Gott nicht größer als eure Sünde? Laßt ihn stark werden in euch, dann ist die Sünde gefällt. Glaubt ihm! Herr, stärke uns den Glauben!

*Und nun schließlich kommen die ganz Betrübten*, die ganz Verzagten mit der Frage: Ist nicht unsere Zeit vorüber? Sind die Jahre der Katastrophen und [des] totalen Niederganges und Zusammenbrechens, ist nicht das von keinem Menschen mehr übersehbare Chaos unseres Lebens im Großen und im Kleinen das Zeichen dafür, daß Gott uns fallen gelassen hat? Gott will uns nicht mehr. Er hat seine Barmherzigkeit von uns gezogen. Gott ist uns feind und wir müssen uns darein fügen. Wir dürfen uns nicht mehr an ihn halten. Er will nicht mehr. Das ist die Stimme aus der tiefsten Tiefe, aus der Verzweiflung. Und hier hilft nur eines und das tut die Kirche nun an jedem von uns, der so denkt und empfindet: *das Kreuz nehmen* und uns vor Augen halten und dazu fragen: Hat Gott den verlassen? Und wie er ihn nicht verlassen hat, so läßt er uns auch nicht. *Erkennt doch dies Zeichen in eurem eigenen Leben.* Erkennt und versteht doch die Stunde des Sturmes und des Untergangs. Sie ist die *Stunde der unerhörten Nähe Gottes* und gerade nicht der Ferne. Dort, *wo alle andere Sicherheit bricht* und stürzt, wo uns eine Lebensstütze nach der anderen weggezogen, vernichtet wird, wo wir entsagen lernen müssen, dort geschieht das ja alles nur, *weil Gott im Anzuge ist* und weil er uns nun allein Stütze und Gewißheit sein will. Er zerbricht unser Leben. Er läßt es an allen Enden scheitern, in Schicksal und Schuld, und in eben diesem Scheitern wirft er uns ganz allein zurück auf sich selbst, auf Gott; will er uns zeigen: Dort, wo du alles fahren lässest, wo du alle eigene Sicherheit verlierst und preisgeben mußt, dort bis du ganz frei für Gott und ganz geborgen in ihm. Daß wir doch die *Stunden der Heimsuchung und der Anfechtung, die Stunden auf hohem Meer in unserem Leben so recht verstehen möchten! Gott ist ihnen nah, nicht fern. Unser Gott ist im Kreuz.*

Das Kreuz ist das Zeichen, in dem alle falsche Sicherheit in unserem Leben gerichtet und der Glaube an Gott allein aufgerichtet ist. Seid mutig, seid mannhaft, seid sicher, seid gewiß – so hieß es. Jawohl, aber es kommt alles darauf an, daß hier nicht noch zuletzt ein furchtbares Mißverständnis entsteht. Es gibt auch falschen Mut, falsche Sicherheit, und diese falsche Sicherheit ist selbst nur die raffinierteste Vermummung der Furcht. Seht auf unsere Geschichte!

Als die Jünger ins Schiff stiegen, da schienen sie ganz sicher zu sein. Sie schienen keine Furcht zu haben. Warum waren sie sicher? Sie sahen auf den schönen glatten See und waren ganz ruhig und sorglos. Aber mit zunehmendem Wind und Wellenschlag verlor sich ihre Ruhe und wuchs die Furcht. Angstvoll sahen sie auf das wilde Meer. Hier lag ihre Sicherheit, und von hier aus nun brach die Furcht gegen sie vor. *Von Jesus wird erzählt, daß er schlief.* Nur der Glaube kann sorglos schlafen – darum ist der Schlaf eine Erinnerung an das Paradies. Der Glaube hat seine Sicherheit allein in Gott. Die Jünger konnten nicht schlafen. Ihre Sicherheit war dahin. Sie hatten allen Halt verloren. Es war die falsche Sicherheit gewesen. Sie war nur ein anderes Gewand der Furcht. Solche Sicherheit überwindet die Furcht nicht. Sie ist bald gebrochen. *Das tut allein der* Glaube, der alle falschen Sicherheiten hinter sich läßt, stürzen und brechen läßt. Der Glaube, der nicht an sich selbst, nicht an das günstige Meer, an die Gunst der Verhältnisse, nicht an die eigene Kraft, nicht an anderer Menschen Kraft, sondern allein, ganz allein an Gott glaubt, ob es stürmt oder nicht. Der einzige Glaube, der nicht Aberglaube ist, der nicht wieder in die Furcht führt, sondern der frei macht von der Furcht. *Herr, stärke uns Kleingläubigen diesen Glauben!*

Aber nun gilt auch das andere. Wo Christus im Schiff ist, da beginnt es immer zu stürmen. Da greift die Welt mit allen bösen Mächten nach ihm. Sie will ihn mit seinen Jüngern vernichten. Sie empört sich gegen ihn. Sie haßt ihn. Das muß der Christ wissen. Kein Mensch muß durch so viel Angst und Furcht hindurch wie der Christ. Aber das darf ihn nicht verwundern. Denn Christus ist der Gekreuzigte und ungekreuzigt kommt kein Christ zum Leben. So wird er es mit Christus zusammen leiden und durchmachen. Aber er wird immer auf den sehen, der mit ihm im Schiff [ist] und alsbald aufstehen kann und das Meer bedrohen, daß es ganz still wird.

Aber nun scheint es ja wahr zu sein, was ihr alle gewiß längst innerlich einwenden wollt: Solch wunderbare Taten tut Christus heute nicht mehr. Er ist so seltsam verborgen, daß wir oft denken, er sei gar nicht mehr da! Liebe Brüder, was wissen wir von dem, was Christus

noch heute Abend an uns tun kann und will? Wenn wir nur recht zu ihm rufen, wenn wir rufen: Herr, hilf, wir verderben! Das war gewiß Furcht. Aber es war Glaube in der Furcht, der weiß, wo die Hilfe allein herkommt. Es gibt keine Wunder mehr, sagen wir! Aber was weißt du und ich davon? Wir werden uns noch schämen müssen, wenn Gott uns einst seine Taten sehen läßt.
»Und sie verwunderten sich und sprachen ...« Die Verwunderten verstehen wir gut. Was ist das für ein Mensch, dem die Furcht weicht? Der die Furcht im Leben der Menschen überwindet? Der ihr die Macht nimmt? Aber schon in dieser Frage beugen wir die Knie und beten ihn an. [Wir] zeigen auf ihn, den Mann voller Wunder, und sagen: Das ist Gott! Amen.

## Des Volkes ist zu viel!

Estomihi, 26. Februar 1933[1]

*Richter 6, 15–16; 7, 2; 8, 23: Er aber sprach zu ihm: Mein Herr, womit soll ich Israel erlösen? Siehe, meine Freundschaft ist die geringste in Manasse, und ich bin der Kleinste in meines Vaters Hause. Der Herr aber sprach zu ihm: Ich will mit dir sein, daß du die Midianiter schlagen sollst wie einen einzelnen Mann.*
*Der Herr aber sprach zu Gideon: Des Volks ist zu viel, das mit dir ist, daß ich sollte Midian in ihre Hände geben;*

1. Semesterschlußgottesdienst in der Dreifaltigkeitskirche, erste Predigt nach Hitlers Machtergreifung.

*Israel möchte sich rühmen wider mich und sagen: Meine Hand hat mich erlöst.*
*Aber Gideon sprach zu ihnen: Ich will nicht Herr sein über euch, und mein Sohn soll auch nicht Herr über euch sein, sondern der Herr soll Herr über euch sein.*

Eine leidenschaftliche Geschichte vom Spotte Gottes über alle Ängstlichen und Kleingläubigen, alle allzu vorsichtig Besorgten, über alle, die vor Gott etwas sein wollen und doch nichts sind; eine Geschichte vom Spotte Gottes über des Menschen Macht; eine Geschichte vom Zweifel und vom Glauben an diesen des Menschen spottenden und ihn in diesem Spott gewinnenden, liebenden Gott. Also keine erhebende Heldenlegende – Gideon ist kein Siegfried – sondern eine recht grobe, derbe, unerbauliche Geschichte, in der wir alle kräftig mit verspottet werden. Und wer ließe sich gern verspotten? Wer wüßte etwas Demütigerendes, als sich vom Herrn der Welt von Grund auf auslachen zu lassen? Von dem im Himmel des menschlichen Getümmels und Getriebes spottenden Gott, von dem Lachen Gottes über sein eitles Geschöpf redet die Bibel manches Mal. Es ist der Gewaltige, der Souverän, der unvergleichlich starke, der lebendige Herr, der hier so mit seinem Geschöpf umgeht. Vor ihm, der alle Macht in den Händen hat, vor ihm, der spricht, so geschieht's [Ps. 33,9], der atmet und die Welt bebt und der seinen Odem einzieht und die Welt vergeht [Ps. 104, 29 f.], vor ihm, der Völker zerschmeißt wie Töpfergeschirr [Ps. 2,9 u. Offb. 2,27], vor ihm ist der Mensch kein Heros, kein Held, sondern ein Geschöpf, das seinen Willen tun muß, das ihm gehorchen muß, das er mit Spott und Liebe gewaltig in seinen Dienst zwingt.
Also darum Gideon und nicht Siegfried, weil dieser von Gott verspottete Zweifler unter derben Schlägen glauben gelernt hat.

Wir haben in der Kirche nur *einen Altar*. Und das ist der Altar des Allerhöchsten, des Einzigen, des Allgewaltigen, des Herrn, dem allein Ehre und Anbetung gebührt, des Schöpfers, vor dem alle Kreatur auf die Knie muß, vor dem der Gewaltigste nichts ist als Staub. Wir haben keine Nebenaltäre für Menschenverehrung. Gottesdienst, nicht Menschendienst, das geschieht hier am Altar der Kirche. Wer etwas anderes will als dies, der bleibe fern, der kann nicht mit uns im Hause Gottes sein. Wer selbst einen Altar beansprucht oder von anderen Menschen einen bauen will, der verspottet Gott. Und Gott läßt sich nicht spotten. In der Kirche sein heißt, den Mut haben, mit Gott als dem Herrn allein zu sein; heißt, nicht Menschendiener, sondern Gottesdiener zu sein. Und dazu gehört Mut. Das größte Hindernis des Menschen, Gott den Herrn sein zu lassen, das heißt zu glauben, ist unsere Feigheit. Also darum Gideon, weil er mit uns an diesem einen Altar des Allerhöchsten und Allmächtigen niederfällt und allein ihm sich beugt.

Wir haben in der Kirche auch nur *eine Kanzel*. Und von dieser Kanzel aus wird vom Glauben an Gott geredet und sonst von keinem Glauben und keinem noch so guten Willen. Also darum Gideon, weil er selbst, sein Leben, seine Geschichte eine lebendige Predigt dieses Glaubens ist. Darum Gideon, weil wir nicht immer so abstrakt, so weltfern, so unwirklich, so allgemein vom Glauben reden wollen, daß man es wohl gern anhört, aber eigentlich doch keine rechte Notiz davon nimmt. Sondern weil es gut ist, wenn wir einmal etwas vom Glauben wirklich zu sehen bekommen; wenn wir nicht nur hören, was er sein soll, sondern sehen, was er ist, wie er mitten in einem Leben, in der Geschichte eines Menschen einfach geschieht. Hier allein wird der Glaube für jeden aus einem Kinderspiel zu einer allerhöchst bedrohlichen, ja Furcht und Schrecken erregenden Sache. Hier wird mit dem

Menschen umgegangen ohne Rücksicht, ohne Umstand, ohne Maß; hier muß er sich beugen oder zerbrechen. Darum ist das Bild der Männer des Glaubens, der Männer der Bibel so oft ein menschlich unschönes, unharmonisches, zerfetztes Menschenbild. Aber dies Bild des Menschen, der glauben gelernt hat, hat dann das Eigentümliche an sich, daß es immer von sich selbst wegweist, hinweist auf den, in dessen Gewalt der Mensch ist, dessen Gefangener und Gebundener er ist. Also darum Gideon, weil seine Geschichte eine Geschichte der Verherrlichung Gottes und der Demütigung des Menschen ist.

Da ist Gideon, einer wie tausend andere. Aber aus diesen tausend begegnet Gott gerade ihm und ruft ihn in seinen Dienst, ruft ihn zur Tat. Warum gerade ihn? Warum gerade dich oder mich? Ist es sein Spott, den er mit mir treibt, daß er mit mir redet? Ist es seine allem Begreifen spottende Gnade? Aber was fragen wir da? Darf er nicht rufen, wen er will, dich oder mich, hoch oder niedrig, stark oder schwach, arm oder reich, ohne daß wir gleich anfangen dürften, darum mit ihm zu rechten? Gibt es hier etwas anderes als hören und gehorchen?

Gideon soll das geknechtete Israel aus der Hand der übermächtigen Feinde, der Midianier, befreien. Er, der ist wie tausend andere, er ist aufgerufen zu unerhörter Tat. Er sieht auf sich und seine Kraft und er sieht auf die unüberwindlich starken Widerstände. Nichts hat er in der Hand, alles haben die Feinde. »Und er sprach zu ihm: Herr, womit soll ich Israel erlösen?« Wie soll ich das vollbringen, wozu du mich rufst? Herr, dein Auftrag ist zu groß. Sei nicht grausam. Nimm ihn von mir. Oder laß mich Hilfe sehen. Gib mir Heere, Waffen, Reichtümer. Gott, du kennst das Ausmaß unseres Elends nicht. Sieh doch das hungernde, geschwächte Volk. Sieh, wie sie ohne Heim, ohne Brot an dir verzweifeln. Sieh, wie sie sich anderen Göttern beugen und vor dir nicht. Herr, womit

soll ich Israel erlösen? Nicht wahr, wir kennen diesen Gideon. Er nimmt auf einmal ganz lebendige Züge an. Gideon, wir kennen deine Stimme nur zu gut. Du redest heute noch so wie damals.
Da geht der Ruf an unsere protestantische Kirche, einer unter vielen anderen in der Welt: Du sollst Israel erlösen. Du sollst die Menschen befreien von den Ketten der Furcht und der Feigheit und des Bösen, in denen sie gebunden sind. Und dieser Ruf erschreckt und verstört die Kirche aufs tiefste. Sie, die einflußlose, schwache, durch nichts ausgezeichnete Kirche, warum muß dieser lastende Ruf gerade an sie ergehen? Sie sieht die Hoffnungslosigkeit ihrer Verkündigung, die Stumpfheit und den Jammer derer, die sie hören sollen, und erkennt, daß sie dem nicht gewachsen ist. Sie sieht ihre eigene innere Leere und Öde und spricht voll Angst und Vorwurf: *Womit* soll ich das Volk erlösen? Wie soll ich das Unerhörte tun? Und da plötzlich trifft uns der Ruf: Mach ein Ende mit der Knechtschaft, in der du lebst. Mach ein Ende mit deiner Lebensangst, die an dir zehrt; mit der Macht der Begierde, die dich verbrennt; mit deinem qualvollen und selbstgefälligen Alleinsein. Mach ein Ende mit deiner Menschenfurcht und Eitelkeit. Mach dich frei! Wer wollte sagen, daß er solchen Ruf nie vernahm und daß er nicht auch schon wie Gideon geantwortet hätte: Herr, *womit* sollte *ich* so große Dinge tun?
Jetzt aber wird der Gideon von damals und heute zum Schweigen gebracht. Das Maul [wird ihm] gestopft. »Womit?« ... fragst du? Hast du nicht begriffen, was es heißt, daß Gott es ist, der dich ruft? Ist dir sein Ruf allein nicht genug? Versinken dir vor diesem Ruf, wenn du ihn recht hörst, nicht alle Fragen nach dem »womit?«? »Ich will mit dir sein.« Das heißt, du sollst es nicht tun mit irgendeiner anderen Hilfe, sondern ich habe dich gerufen. Ich will mit dir sein. Ich will es auch tun. Hörst du es,

Gideon gestern und heute? Gott hat gerufen. Das ist genug. Hörst du es, einzelner zweifelnder, fragender Christ? Gott hat etwas mit dir vor, gerade mit dir. Sei bereit und sieh zu. Vergiß nie, auch wenn dich deine eigene Schwachheit zu Boden drücken will, daß er Unerhörtes, Unermeßliches, Großes mit dir vorhat. Ich will mit dir sein.

*Was tut Gideon?* Er zieht aus. Er läßt die Posaunen blasen. Ruft sich ein Heer zusammen von allen Stämmen. Er versammelt um sich, was er an Streitkräften aufbieten kann. Es ist angesichts der Übermacht der Feinde noch ein kleines Heer. Und Gideon ist zaghaft, ob er den Kampf aufnehmen soll. Da tritt ihm, als er gerade sein Lager dem Feind gegenüber aufschlägt, wiederum Gott in den Weg. Gideon, was hast du getan? Gideon, wo ist dein Glaube? Sieh auf dein Heer, es ist zu groß. Gideon, aus Angst und Zweifel hast du dieses Heer zusammen gerufen. Des Volkes ist zu viel, das mit dir ist. So gebe ich dir den Sieg nicht. Denn ihr möchtet euch rühmen und sagen: Wir haben uns selbst erlöst. Wir haben den Sieg errungen. Aber ich will euren Ruhm nicht. Fallt nieder vor eurem Gott und laßt ihn den Herrn sein. Wißt, daß er allein euch erlösen kann. Er hat es zugesagt und sein Wort ist mächtiger als alle Heere der Welt.

Hier ist die entscheidende Frage gestellt: Gideon, glaubst du ernstlich an Gott, deinen Herrn, auch hier angesichts der furchtbaren Gefahr des Feindes? Gideon, so schick die Masse deines Heeres zurück. Du brauchst sie nicht. Gott ist mit dir. Er siegt, nicht dein Heer. Welch unerhörte Zumutung, welch verwirrende Begegnung mit dem lebendigen Gott! Da steht Gideon mit seinem kleinen Heer verzagt der Übermacht des Feindes gegenüber. Und nun naht Gott und lacht den Gideon derb aus, verspottet ihn: Gideon, des Volkes ist zu viel, das mit dir ist. Statt daß er Waffen und Heere in ungeheuren Mengen brächte, fordert er Entwaffnung. Das heißt Glauben: Laß die Heere umkehren! Grausamer Spott Gottes über alle Menschenmacht, bitterste aller Glaubensproben, unbegreiflicher Herr und Despot der Welt. Ist es nicht irrsinnig? Muß es den Gideon nicht innerlich zerreißen, hier vor dem Feind seine nach menschlichem Ermessen einzig zuverlässige Kraft noch aufzugeben? Welch ein wilder, um seine Ehre eifernder Gott, der dem Menschen immer wieder Weg und Plan durchkreuzt, wenn er es nicht ahnt. Warum durchkreuzt? Weil er den Hoffärtigen widersteht, weil der Mensch es immer wieder falsch macht, wie er es auch anstelle? Warum immer wieder falsch macht? Weil er sich immer wieder eigenen Ruhm bereiten will und an Gott nicht glauben will.

*Aber Gideon glaubt und gehorcht.* Er läßt sein Volk ziehen. Und mit jedem Mann, der ihn verläßt, wächst sein Glaube an den Gott, der seiner gespottet hat. Und als sie alle bis auf einen winzigen Rest gegangen sind, da ist ihm der Sieg in die Hand gegeben. Er hat geglaubt. Er hat gehorcht. Er hat Gott die Ehre gegeben. Er hat auf seinen Ruhm verzichtet. Und Gott hat sein Wort gehalten.

Ein Märchen wie andere auch? Wer so redet, hat nicht begriffen, daß Gideon lebt und daß die Gideonsgeschichte sich täglich in der Christenheit wiederholt. Ich will mit dir sein vor dem Feind ... Was tut Gideon? Was tun wir? Man rafft alle eigene Kraft zusammen, greift nach allen Mitteln der Hilfe, man berechnet, erwägt, zählt, man rüstet sich mit Wehr und Abwehr, bis dann plötzlich unerwartet – niemand weiß wann – der lebendige Gott selbst wieder den Menschen anfällt: Hast du Glauben, so leg deine Waffen ab, ich bin deine Waffe. Leg deinen Panzer ab, ich bin dein Panzer. Leg deinen Stolz ab, ich bin dein Stolz. Hörst du es, Kirche Gideon? Laß Gott allein, laß sein Wort, sein Sakrament, sein Gebot deine Waffe sein. Suche keine andere Hilfe. Erschrick nicht. Gott ist mit dir. Laß dir an meiner Gnade genügen. Wolle nicht stark, mächtig, ruhmvoll, geachtet sein. Sondern laß Gott allein deine Stärke, deinen Ruhm, deine Ehre sein. Oder glaubst du ihm nicht? Welcher Irrsinn scheinbar, nicht wahr, daß die Kirche sich in der furchtbaren Bedrohung, in der sie von allen Seiten drin steht, nicht mit allen Mitteln wehren sollte! Welcher Irrsinn, den dieser Gideon in die Welt gebracht hat! Aber es ist das alles ja nichts anderes als der Irrsinn des christlichen Glaubens selbst. Darauf kommt es doch in dieser Geschichte [an], nicht auf den bestimmten Befehl, der da gegeben wurde und der nun für alle Zeiten gälte, sondern auf die Torheit, auf das Ärgernis des lebendigen Glaubens, der bekennt: »Mit unserer Macht ist nichts getan ...«

Und du Einzelner, der du den Ruf vernahmst, dich aus der Knechtschaft zu befreien, aus Ketten und Angst zu lösen, du steckst ja auch schon wieder mitten drin im Tun des Unglaubens. Du meinst, du könntest es mit krampfhafter Anspannung aller Energien selbst schaffen. Du bietest auf, was du hast. Du willst es selbst in die Hand nehmen – bis dir Gott selbst in den Weg tritt und alle guten Pläne durchkreuzt. Leg deine Waffen ab, ich bin deine Waffe und tausend Waffen von dir sind nicht wie eine von mir. Laß mich tun, was du nie vermagst. Du willst dich rühmen können: ich habe mich selbst erlöst. Aber du sollst dich nicht rühmen. Gib mir den Ruhm und die Ehre, glaube mir. Laß dir an meiner Gnade genügen. Meine Kraft ist in den Schwachen mächtig [2. Kor. 12,9].

Mit Schaudern und Staunen mögen die Krieger Gideons den Befehl zur Umkehr vernommen haben. Mit Schaudern und Staunen vernimmt die Kirche immer wieder die Stimme dessen, der ihr gebietet, auf Macht und Ehre zu verzichten, alle Berechnung fahren zu lassen und allein

Gott sein Werk tun zu lassen. Mit Kopfschütteln und Ärger sehen wir so manchen Gideon unter uns seinen Weg gehen. Aber kann *uns* das irre machen, die in der Mitte ihrer Kirche das Kreuz sehen, dies Zeichen der Machtlosigkeit, Ehrlosigkeit, Wehrlosigkeit, Hoffnungslosigkeit, Sinnlosigkeit und doch der Ort der göttlichen Kraft, Ehre, Wehr, Hoffnung, Sinn, Herrlichkeit, Leben, Sieg? Sehen wir nun die Linie, die von Gideon bis ans Kreuz führt? Begreifen wir, daß diese Linie mit einem Wort heißt – »Glauben«?

Gideon siegt. Die Kirche siegt. Wir siegen, weil der Glaube allein siegt. Aber nicht Gideon, nicht die Kirche, nicht wir siegen, sondern Gottes ist der Sieg. Und Gottes Sieg heißt unsere Niederlage, heißt unsere Demütigung; heißt Spott und Zorn Gottes über alles menschliche Mächtigtun, sich aufblasen, selbst etwas sein wollen; heißt die Welt und ihr Geschrei zum Schweigen bringen; heißt Durchkreuzung aller unserer Gedanken und Pläne; heißt Kreuz. Kreuz über der Welt – das heißt: Der Mensch, auch der edelste, muß, ob es ihm paßt oder nicht, in den Staub und mit ihm alle Götter und Götzen und Herren dieser Welt. Kreuz Jesu Christi – das heißt: Bitterer Spott Gottes über alle menschlichen Höhen, bitteres Leiden Gottes in allen menschlichen Tiefen, Herrschaft Gottes über alle Welt.

Das Volk tritt an den siegreichen Gideon heran. Letzte Anfechtung, letzte Versuchung: »Sei du unser Herr ...« Aber Gideon vergißt nicht seine Geschichte und nicht die Geschichte seines Volkes: Gott soll Herr über euch sein und keinen anderen Herren sollt ihr haben. Über diesem Wort stürzen alle Altäre von Göttern und Götzen, stürzt aller Menschendienst, alle Selbstvergötterung der Menschen. Gerichtet, verurteilt, durchgestrichen, gekreuzigt sind sie alle, niedergestürzt und -gestoßen in den Staub vor ihm, der allein Herr ist. Neben uns kniet Gideon, der durch Angst und Zweifel zum Glauben Gebrachte vor dem Altar des einzigen Gottes. Mit uns betet Gideon: Herr am Kreuz, sei du allein unser Herr. Amen.

## Ohne Freude keine Kirche

Himmelfahrt, 25. Mai 1933[1]

*1. Petr. 1,7c–9: Wenn nun offenbart wird Jesus Christus, welchen ihr nicht gesehen und doch lieb habt; und nun an ihn glaubet, wiewohl ihr ihn nicht sehet, und werdet euch freuen mit unaussprechlicher und herrlicher Freude und das Ende eures Glaubens davonbringen, nämlich der Seelen Seligkeit.*

»Jesu, meine Freude« – so haben wir gesungen. Und so mit aufrichtigem Herzen sprechen zu können, ist der Sinn eines mit Christus geführten Lebens. Wem dieser Klang ganz fremd ist oder wer in ihm nichts als weichliche Schwärmerei hört, der hat das Evangelium überhaupt noch nicht gehört. Jesus Christus, den Menschen zugute ein Mensch geworden im Stall zu Bethlehem – freue dich, o Christenheit! Jesus Christus, dem Sünder ein Geselle geworden unter Zöllnern und Dirnen – freue dich, o Christenheit! Jesus Christus, den Gerichteten zugute ein Gerichteter geworden am Kreuz von Golgatha – freue dich, o Christenheit! Jesus Christus, uns allen zugute zum

1. Predigt in der Kaiser-Wilhelm-Gedächtnis-Kirche, in Vertretung für G. Jacobi.

Leben erstanden – freue dich, o Christenheit! Jesus Christus – seiner Gemeinde zugute von dieser Erde heimgekehrt in sein himmliches Reich – freue dich, o Christenheit! Jesus Christus, von Gott gekommen und zu Gott gehend – das ist nicht eine neue Welt von Problemen, von Fragen und Antworten; das ist nicht ein neues moralisches Gesetz; das ist nicht eine neue Last zu den Lasten, die der Mensch schon zu tragen hat. Es heißt eigentlich und vor allem: Gottesfreude, in der Welt angezündet; Gottesfreude in der nach Freude hungernden Menschheit. Tausendfach fragen wir heute: Wo ist der Weg zur Freude? Kirche Christi, du weißt es allein. Sag es laut: Christus, meine Freude.

Christi Himmelfahrt steht unter einem doppelten Zeichen. Sie ist der Abschied Jesu von seinen Jüngern, von der Welt, die er liebte. Es war ein langer, schwerer Weg, den sie miteinander gegangen waren. Er hat ihnen viel[es] gesagt – aber nun ist die Stunde da, wo er sie allein lassen muß. Nun müssen sie gehen können, ohne daß sie immer wieder auf ihn sehen. Nun ist das Ende seiner Erdenzeit da. Ein letztes Stück Weg legen sie miteinander zurück – dann ist der letzte Augenblick gekommen. Er legt segnend seine Hand auf sie und dann ist er ihren Blicken entnommen. Sie sind allein. Der Vorhang ist gefallen. Er ist von der argen Welt zu seinem himmlischen Vater gegangen [im Manuskript: eingegangen]. Herr, erbarme dich unser.

Freue dich, o Christenheit! Er ist zum Vater heimgekehrt. Er bereitet dir die Wohnung, die Heimat in seinem Reich. Er wird dich heimholen zu seiner Zeit. Warte nur und freue dich! Er wird wiederkommen.

Aber wie kann der Verlassene sich freuen? Wie kann der Verwaiste sich trösten? Wie kann der, den das Heimweh zerreißt, fröhlich sein? Du verlassene, verwaiste Kirche, du Kirche, die du Heimweh trägst nach Jesus Christus und nach seiner und deiner Himmelfahrt, freue dich, denn du darfst den lieben, den du nicht siehst. Du darfst an den glauben, den deine Augen nicht fassen können. Und deine Liebe und deinen Glauben kann dir kein Mensch nehmen. Es ist unsere Kirche, die Kirche zwischen Christi Himmelfahrt und seiner Widerkunft, von der unser Text sagt: Welchen ihr nicht gesehen und doch lieb habt und nun an ihn glaubt, wiewohl ihr ihn nicht sehet. Es ist die Kirche, die allein im Warten, allein im Glauben steht und allein im Glauben ihre Freude hat. Herr, lehre diese Kirche, die dich nicht sieht, die rechte Christusfreude. Ohne Freude keine Kirche. Von der Christusfreude laßt uns heute reden.

Luther hat einmal ungefähr so gesagt: Da er auf Erden war, war er uns fern. Seit er uns fern ist, ist er uns nah. Was heißt das? Es heißt, daß er nun nicht mehr nur der König der Juden, sondern der König aller Welt geworden ist. Es heißt, daß er vom Himmel her sein ganzes Reich regiert und seiner ganzen Gemeinde, die über alle Welt unter Juden und Heiden verstreut ist, unsichtbar nahe und gegenwärtig ist. Er ist uns nahe in seiner Kirche, in seinem Wort, in seinem Sakrament, in der brüderlichen Liebe. Hier tröstet er uns Verlassene. Hier stillt er immer neu unser Heimweh. Hier macht er uns in unserer Gottesferne, in unserer Öde und Leere, in unserer Weglosigkeit, in unserem Alleinsein seiner Christusnähe froh. Predigtfreude, Sakramentsfreude, Freude am Bruder – das ist die Freude der glaubenden Gemeinde an ihrem unsichtbaren himmlischen Herrn.

Predigtfreude – wie schwer finden wir heutigen Menschen sie. Das liegt daran, wir hören auf den Prediger und nicht auf Christus. Wir vergällen uns selbst die Freude, weil wir irdische und himmlische Freude verwechseln. Irdische Freude schenkt uns unsere arme evangelische Kirche nur wenig. Sucht sie bei uns nicht. Aber himmli-

sche Freude schenkt Christus durch seine schwache Kirche selbst. Und von ihm allein, nicht vom Prediger, sollen wir sie uns schenken lassen. In der Predigt will *er* uns heimsuchen und unsere himmlische Freude selbst sein.
Predigtfreude – Sakramentsfreude – Wie viel mehr ist uns noch die letzte[re] verloren gegangen als die erste[re]. Sakramentsfreude – das klingt katholisch, könnte man meinen. Mag sein, es klingt katholisch. Aber Hauptsache: [im Manuskript: hauptsächlich] es klingt urchristlich. Da ist das Sakrament, das Abendmahl mit dem himmlischen Herrn die unaussprechliche Freude seiner Gegenwart. Da ist das Sakrament das Freudenmahl, zu dem sich in dieser argen Welt eine Gemeinde der erlösten Sünder zusammenschart und um die Wiederkunft ihres himmlischen Königs fleht. Da ist das Sakrament die Gemeinschaft der Brüder, die ihre Freude aneinander haben. Sakramentsfreude – das ist die Freude des verlangenden, sehnsüchtigen, begierigen Herzens an seinem Gott, den es gefunden hat. Das ist die Vorfreude der Fremdlinge, der Heimatlosen, in der sie ihre ewige Heimat herbeiflehen. König der Kirche, Freudenmeister ohnegleichen, gib uns großes Verlangen, große Begierde, großes Heimweh nach dir – und dann komm und tröste uns mit deiner Himmelfahrt. Mach in uns gewiß deine Verheißung, daß dereinst der Vorhang, der uns trennt, fallen wird. Wir sehen dich nicht, aber wir haben dich lieb. Wir schauen dich nicht, aber wir glauben an dich. Wir haben viel Kummer und Betrübnis, aber deine Predigt und dein Sakrament freuen uns. Herr, gib deiner Kirche mehr Freude. – Ohne Predigtfreude, ohne Sakramentsfreude keine Kirche. Ohne Kirche aber ist die ganze Welt freudlos und elend, in Hunger und Durst ohne Ende.
Himmelfahrtsfreude – man muß innerlich sehr still geworden sein, um den leisen Klang dieses Wortes überhaupt zu hören. Freude lebt von der Stille und von der

Unbegreiflichkeit. In der Tat, begreiflich ist diese Freude nicht. Aber das Begreifliche macht nie Freude. Es ist das Unbegreifliche und doch Wahre, Wirkliche, Lebendige, an dem Freude sich entzündet. Darum ist rechte Freude selbst immer etwas Unbegreifliches, sowohl für die anderen als auch für den, der sie empfindet. Freude ist einfach da. Himmelfahrtsfreude ist einfach da, wo in der Kirche von Christi Erhöhung über alle Welt und von seiner Wiederkunft geredet wird, wo er selbst seiner freudig wartenden Gemeinde im Sakrament begegnet. Sie ist da, nicht laut, sondern verhalten. Die Welt macht ihr Angst. Die Sünde macht ihr Angst. Aber sie ist da als die heimliche Freude der Knechte, die des Nachts wachen und Ausschau halten bei brennenden Kerzen, bis ihr lieber Herr heimkommt [Luk. 12, 35–40]. Alle Christusfreude in dieser Welt ist ja Vorfreude. Und wer wird seine Vorfreude laut verraten? Und doch – welche Freude ist stärker als die Vorfreude?

Vorfreude – in welcher Erwartung denn? In der Erwartung der letzten Dinge. Denn der himmlische Herr, der Hunger und Durst seiner verlangenden Gemeinde im Sakrament im Glauben stillt, der Herr, den wir nicht sehen, aber dennoch lieb haben, er wird wiederkommen. Der Vorhang öffnet sich. Wir werden ihn sehen von Angesicht zu Angesicht. Er wird noch einmal auf diese Erde, in der wir Fremdlinge sind, kommen. Und er wird die Heimatlosen, die in der Kirche im Glauben auf Gottes neues Land gehofft haben, in die Heimat des himmlischen Vaters führen. »Wenn aber offenbart wird Jesus Christus, den ihr nicht gesehen und doch lieb habt, dann werdet ihr euch freuen mit unaussprechlicher und herrlicher Freude und das Ende eures Glaubens davontragen, nämlich eurer Seelen Seligkeit.« Dann ist die Zeit der wartenden Kirche vorbei. Dann ist das Ende der Zeit des Glaubens gekommen. Dann ist Freude nicht mehr gehüllt in verhaltene

Angst. Dann ist die Zeit der Erfüllung, die Zeit ewigen Schauens, dann ist die Seligkeit angebrochen. Dann wird er hervortreten, der Bruder, der Herr, und seine Gemeinde wird in heiliger Freude vor ihm niederfallen. »Dann werdet ihr euch freuen mit unaussprechlicher und herrlicher Freude.« Dann wird die Welt, dann wird die Kirche zerfallen, und Jesus selbst wird unsere Freude sein [s. Offb. 21,22]. Wir haben hier keine bleibende Stadt, sondern die zukünftige suchen wir [Hebr. 13,14].
Himmelfahrt Christi – der Vorhang fällt. Die Kirche des Glaubens wartet, wacht. Das Sakrament ist ihre Freude. Wiederkunft Christi – der Himmel tut sich auf. Die Heimat ist da. Der Durst ist gestillt. Die Gemeinde der Seligen schaut das unbegreifliche Geheimnis. Jesus Christus, Gott selbst ist ihre Freude.
Noch sind wir Fremdlinge, zwischen Himmelfahrt und Wiederkunft, auf der Wanderschaft, in langem, bangem Warten. Aber die Erlösten des Herrn werden kommen mit Jauchzen und ewige Freude wird über ihrem Haupte sein [Jes. 35,10]. Freue dich, o Christenheit! Amen.

# Mose- und Aaronskirche

## Exaudi, 28. Mai 1933[1]

*2. Mose 32, 1–7; 15; 19–20; 30–34: Da aber das Volk sah, daß Mose verzog, von dem Berge zu kommen, sammelte sich's wider Aaron und sprach zu ihm: Auf, und mache uns Götter, die vor uns her gehen! Denn wir wissen nicht, was diesem Mann Mose widerfahren ist, der uns aus Ägyptenland geführt hat. Aaron sprach zu ihnen: Reißet ab die goldenen Ohrenringe an den Ohren eurer Weiber, eurer Söhne und eurer Töchter und bringet sie zu mir. Da riß alles Volk seine goldenen Ohrenringe von ihren Ohren, und brachten sie zu Aaron. Und er nahm sie von ihren Händen und entwarf's mit einem Griffel und machte ein gegossenes Kalb. Und sie sprachen: Das sind deine Götter, Israel, die dich aus Ägyptenland geführt haben! Da das Aaron sah, baute er einen Altar vor ihm und ließ ausrufen und sprach: Morgen ist des Herrn Fest. Und sie standen des Morgens früh auf und opferten Brandopfer und brachten dazu Dankopfer. Darnach setzte sich das Volk, zu essen und zu trinken und sie standen auf, zu spielen. Der Herr sprach aber zu Mose: Gehe, steig hinab; denn dein Volk, das du aus Ägyptenland geführt hast, hat's verderbt.*

*Mose wandte sich und stieg vom Berge und hatte zwei Tafeln des Zeugnisses in seiner Hand, die waren beschrieben auf beiden Seiten.*

*Als Mose aber nahe zum Lager kam und das Kalb und den*

1. Predigt in der Kaiser-Wilhelm-Gedächtnis-Kirche, in Vertretung für G. Jacobi. Wenige Tage zuvor hatten die »Deutschen Christen« das Reichsbischofsamt gefordert und Ludwig Müller benannt; am 26. Mai proklamierten die Landeskirchenführer Bodelschwingh.

*Reigen sah, ergrimmte er mit Zorn und warf die Tafeln aus seiner Hand und zerbrach sie unten am Berge und nahm das Kalb, das sie gemacht hatten, und zerschmelzte es mit Feuer und zermalmte es zu Pulver und stäubte es aufs Wasser und gab's den Kindern Israel zu trinken.*
*Des Morgens sprach Mose zum Volk: Ihr habt eine große Sünde getan; nun will ich hinaufsteigen zu dem Herrn, ob ich vielleicht eure Sünde versöhnen möge. Als nun Mose wieder zum Herrn kam, sprach er: Ach, das Volk hat eine große Sünde getan, und sie haben sich goldene Götter gemacht. Nun vergib ihnen ihre Sünde; wo nicht, so tilge mich auch aus deinem Buch, das du geschrieben hast. Der Herr sprach zu Mose: Was? Ich will den aus meinem Buch tilgen, der an mir sündigt. So gehe nun hin und führe das Volk, dahin ich dir gesagt habe. Siehe, mein Engel soll vor dir her gehen. Ich werde ihre Sünde wohl heimsuchen, wenn meine Zeit kommt heimzusuchen.*

Der Priester gegen den Propheten, die Weltkirche gegen die Kirche des Glaubens, Aaronskirche gegen Mosekirche – von diesem ewigen Konflikt in der Kirche Christi und von seiner Lösung wollen wir heute hören.
*Mose* und *Aaron*, die beiden Brüder, vom selben Samen, vom selben Blut, aus derselben Geschichte, ein Stück Wegs Seite an Seite gehend – dann auseinandergerissen. *Mose* der erste Prophet, *Aaron* der erste Priester. *Mose*, der von Gott Herausgerufene, ohne Ansehen der Person Erwählte, der Mann mit der schweren Zunge, der Knecht Gottes, der allein im Hören auf das Wort seines Herrn lebt. *Aaron*, der Mann mit dem Purpurrock und der heiligen Krone, der geweihte und geheiligte Priester, der dem Volk seinen Gottesdienst erhalten muß. Und nun in unserer Geschichte: *Mose*, allein hoch oben auf dem Berg des Schreckens bei dem lebendigen Gott, zwischen Leben und Tod in Blitz und Donner, berufen, um das Gesetz des

Bundes Gottes mit seinem Volk in Empfang zu nehmen – *dort unten im Tal* das Volk Israel mit seinem Priester im Purpurrock, opfernd und gottfern.
*Warum* müssen Mose und Aaron widereinander sein? Warum können sie nicht im selben Dienst nebeneinander stehen? Warum muß Mosekirche und Aaronskirche, Kirche des Wortes und Weltkirche immer wieder auseinander brechen? Die Antwort auf diese Frage steht in unserem Text.
Mose ist von Gott auf den Berg gerufen für sein Volk. Dort oben will Gott mit ihm reden. Die Kinder Israel wissen das. Sie wissen, daß Mose für sie dort oben steht, kämpft, betet, leidet. Er trägt keinen Purpurrock. Er ist kein Priester. Er ist ja nichts, gar nichts als der Knecht, der auf das Wort seines Herrn wartet, der krank wird, wenn er dies Wort nicht hören darf. Er ist ja nichts als der Prophet seines Gottes. Aber die Aaronskirche, die Kirche in der Welt kann nicht warten. Sie ist ungeduldig. Wo ist Mose geblieben? Warum kommt er nicht zurück? Wir sehen ihn nicht mehr? Wo ist er mit seinem Gott? »Wir wissen nicht, was diesem Mose widerfahren ist ...« Mag [sein], er ist nicht mehr, er ist tot.
So fragt die Aaronskirche zu allen Zeiten nach der Kirche des Wortes. »Wir sehen sie nicht. Wo sind ihre Leistungen, ihre Taten? Gewiß ist sie tot!« Begreifen wir denn nicht, daß vielleicht Gott selbst den Mose auf dem Berg hält, daß er ihn noch nicht losläßt, weil er ihm noch etwas zu sagen hat? Daß er vielleicht auch heute die Kirche des Mose, die Kirche, die aufs Wort Gottes allein hören will, noch nicht losläßt, sondern mit ihr noch in der Stille ein Wort zu reden hat? Auch Gott braucht seine Zeit mit seinem Propheten und mit seiner Kirche. Dürfen wir ungeduldig werden? Gewiß, die Kirche des Wortes ist auch heute wieder auf dem Sinai und hält unter Blitz und Donner, in Angst und Zittern dem Wort Gottes stand,

wartet, glaubt, betet, kämpft – für wen? Für die Kirche Aarons, für die Kirche da unten im Tal, für [die] Weltkirche. *Das Nichtwartenkönnen der Weltkirche*, ihre Ungeduld, das ist die *erste Stufe* ihres Zusammenpralls mit der Kirche des Wortes von jeher gewesen und wird es bleiben.

»Wir wissen nicht, was diesem Mose widerfahren ist. *Auf, Aaron, mache du uns Götter, die vor uns her gehen.*« Das ist der zweite Schritt, der dem ersten unmittelbar folgt. Die Weltkirche, die Kirche der Priester, will etwas sehen. Sie will nun nicht mehr warten. Sie will selbst ans Werk gehen, selbst handeln, selbst tun, was Gott und der Prophet nicht tun. Wozu ist der Priester da? Wozu ist die Kirche da, wenn sie aufs Warten gestellt sind? Nein, unsere Kirche soll etwas haben. Wir wollen etwas sehen in unserer Kirche. Wir wollen nicht warten. Ihr Priester, ihr Geheiligten, ihr Geweihten, ihr seid uns etwas schuldig. Auf, Priester Aaron, walte deines Amtes! Versieh den Gottesdienst. Gott hat uns verlassen. Aber wir brauchen Götter! [Wir brauchen] Religion! Kannst du den Lebendigen nicht zwingen, so mach uns selbst Götter!

*Es ist wirklich gar kein so übles Anliegen*, das hier vorgebracht wird. Es ist sogar ein frommes Anliegen. *Man sagt ja nicht:* Fort mit den Göttern! Sondern: Wir brauchen Götter, eine Religion. Schaff uns welche! *Man jagt auch den Priester nicht davon*, sondern man sagt ihm: Versieh deinen Dienst. Erhalt dem Volk die Religion. Gib ihm Gottesdienste. Sie wollen wirklich eine Kirche mit Göttern und Priestern und Religion bleiben, aber eine Aaronskirche – ohne Gott.

*Und Aaron beugt sich.* Er sieht auf sein Amt, auf seine Weihe. Er sieht auf das Volk. Er begreift ihre Ungeduld, ihren Tatendrang, ihr frommes Stürmen nur zu gut – und er beugt sich. Kommt her, ihr von eurem Gott und eurem Propheten Verlassenen, schafft euch selbst einen Gott,

der euch nicht mehr verläßt; prächtiger, herrlicher als der Gott, der uns verließ. Bringt herbei kostbaren Schmuck, Gold, Geschmeide, bringt es zum Opfer. Und sie kommen alle, ausnahmslos. Sie bringen ihr goldnes Opfer zu ihrem eigenen Gottesbild. Sie reißen sich den Schmuck vom Leib und werfen ihn in die glühende Masse, aus der nun Aaron das gleißende Monstrum [unsichere Lesart] des goldnen Kalbes formt.
*Wir hören sagen:* Die Menschen seien nicht so opferbereit. Aber die kennen die Welt nicht, die so sagen! *Zu jedem Opfer ist das Menschengeschlecht bereit*, in dem es sich selbst feiern, sein eigenes Werk anbeten darf. *Zu jedem Opfer ist die Weltkirche*, die Aaronskirche bereit, wenn sie sich ihren Gott selbst machen darf. Vor dem Gott, den wir machen nach unserem Wohlgefallen, sinkt das Menschengeschlecht und die Weltkirche freudig und lächelnd auf die Knie. Aber Gott findet wenig Opferbereitschaft. Nein, die Kirche Aarons spart nicht, sie ist nicht kleinlich, sie ist verschwenderisch an ihren Gott. Da wird in die Glut des Götzenbildes alles hineingeworfen, was ihr kostbar und wertvoll und heilig ist. Da muß zur Verherrlichung des Götzen alles herhalten. Da wirft jeder nach seinem Belieben und Vermögen seine eigenen Ideale in den Schmelztiegel – und dann beginnt der Rausch!
*Die Weltkirche feiert ihren Triumph.* Der Priester hat seine Macht erwiesen. Nun steht er selbst in der Mitte in seinem Purpurrock und seiner heiligen Krone und betet das Geschöpf seiner Hand an. Und um ihn herum fällt das Volk selig nieder und blickt auf den Götzen, den sie aus eigener Kraft, aus eigenem Opfer bereitet haben. Wer wollte da abseits stehen bei diesem frommen Jubel, Taumel ohnegleichen, bei dieser Großtat menschlichen Wollens und Könnens? Die Weltkirche hat nun ihren Gott. Kommt, opfert ihm, freut euch, spielt, eßt, trinkt, tanzt, jubelt, begeistert euch. Ihr habt wieder einen Gott. Das

sind die Götter, Israel, die euch aus der Knechtschaft Ägyptens geführt haben. Kommt, seht, betet an!
Aber auf dem Sinai grollt es. Da zeigt Gott dem Mose sein treuloses Volk. Und Mose zittert für sein Volk und steigt eilends vom Berge. Schon hört er Jubel und Geschrei von Tanz und Taumel und Rausch. Schon sieht er den Bruder in Purpurrock und heiliger Krone und in der Mitte den goldenen Gott der Weltkirche, den Weltgott, den Abgott, den Priestergott. *Da steht er unter ihnen, der unerwartete Prophet.* Hoch schwingt er in den Händen die Tafeln [des] Gesetzes. Und sie alle müssen es sehen, die von Gottes Hand eingegrabene Schrift: Ich bin der Herr, dein Gott. Du sollst nicht andere Götter haben neben mir! Stumme Angst, Entsetzen ergreift die Weltkirche bei diesem Anblick. Der Rausch ist aus. Der lebendige Gott ist unter sie getreten, stürmt gegen sie an. Was wird geschehen? Da – ein Anblick ohnegleichen, ein furchtbarer Augenblick – und die Tafeln des Gesetzes liegen zerschmettert an dem Götzenbild und der Götze selbst ist zerschlagen und verbrannt. Das ist das Ende der Weltkirche. Gott hat es angerichtet. Gott ist Herr geblieben. Herr, erbarme dich . . .!
Priesterkirche – Kirche des Wortes. Aaronskirche – Mosekirche: *Dieser geschichtliche Zusammenstoß am Fuße des Sinai,* das Ende der Weltkirche und diese Erscheinung des Wortes Gottes *wiederholt sich in unserer Kirche Tag für Tag, Sonntag für Sonntag.* Als Weltkirche, die nicht warten kann, die nicht vom Unsichtbaren leben will; als Kirche, die sich selbst ihre Götter macht; als Kirche, die einen Gott haben will, wie er ihr gefällt und die nicht danach fragen will, wie sie Gott gefalle; als Kirche, die selbst tun will, was Gott nicht tut; als Kirche, die zu jedem Opfer bereit ist, wo es um Götzentum, um Vergötzung menschlicher Gedanken und Werke geht; als Kirche, die sich selbst göttliche Vollmacht im Priestertum

anmaßt – als solche Kirche kommen wir immer wieder zum Gottesdienst zusammen. Und als Kirche, deren Götze zerschlagen und zertrümmert am Boden liegt; als Kirche, die von neuem hören muß: Ich bin der Herr, dein Gott ...; als Kirche, die von diesem Wort getroffen zusammenbricht; als Kirche des Mose, Kirche des Wortes sollten wir dann wieder auseinandergehen. Aus der ungeduldigen Kirche wird die Kirche des stillen Wartens, aus der Kirche des stürmischen Schauenwollens die Kirche des nüchternen Glaubens, aus der Kirche der Selbstvergötzung die Kirche der Anbetung des alleinigen Gottes. Ob auch diese Kirche solche Hingabe, solche Opfer findet?

Aber es bleibt nicht bei dem Bruch. Noch einmal steigt Mose auf den Berg. Diesmal, um für sein Volk zu bitten. Sich selbst bringt er zum Opfer. Verwirf mich mit meinem Volk. Wir sind ja doch eines, Herr, ich liebe meine Brüder. Aber dunkel bleibt Gottes Antwort, furchtbar und drohend. Mose konnte die Versöhnung nicht schaffen.

Wer schafft hier Versöhnung? Kein anderer als [der], der Priester und Prophet in einem ist, der Mann mit dem Purpurmantel und der Dornenkrone, der gekreuzigte Sohn des Vaters, [der] fürbittend für uns vor Gott steht. Hier, in seinem Kreuz, hat alle Vergötzung ein Ende. Hier [ist] das ganze Menschengeschlecht, hier ist die ganze Kirche gerichtet und begnadigt. Hier ist Gott ganz Gott, der keine anderen Götter neben sich duldet, aber nun auch ganz Gott, indem er vergibt ohne Grenzen. Auf das Kreuz zeigen wir als die Kirche, die immer Mosekirche und Aaronskirche zugleich ist. Auf dies Kreuz zeigen wir und sagen: Sieh, Israel, das ist dein Gott, der dich aus der Knechtschaft geführt hat und führen wird. Kommt, glaubt, betet an! Amen.

# Petruskirche

## 6. nach Trinitatis, 23. Juli 1933[1]

*Matth. 16, 13–18: Da kam Jesus in die Gegend der Stadt Cäsarea Philippi und fragte seine Jünger und sprach: Wer sagen die Leute, daß des Menschen Sohn sei? Sie sprachen: Etliche sagen, du seist Johannes der Täufer; die anderen, du seist Elia; etliche, du seist Jeremia oder der Propheten einer. Er sprach zu ihnen: Wer sagt denn ihr, daß ich sei? Da antwortete Petrus und sprach: Du bist Christus, des lebendigen Gottes Sohn! Und Jesus antwortete und sprach zu ihm: Selig bist du, Simon, Jona's Sohn; denn Fleisch und Blut hat dir das nicht offenbart, sondern mein Vater im Himmel. Und ich sage dir auch: Du bist Petrus, und auf diesen Felsen will ich bauen meine Gemeinde, und die Pforten der Hölle sollen sie nicht überwältigen.*

*Wenn es nach uns ginge*, so umgingen wir wohl immer wieder gern die Entscheidungen, in die wir gestellt sind. *Wenn es nach uns ginge*, so wollten wir uns lieber nicht in diesen Kampf um die Kirche mit hineinreißen lassen. *Wenn es nach uns ginge*, so wollten wir lieber nicht immer wieder auf unserer Sache bestehen müssen, so vermieden wir gern die furchtbare Gefahr des Stolzwerdens gegen die anderen. *Wenn es nach uns ginge*, so zögen wir uns heute lieber als morgen zu den Stillen im Lande zurück und überließen den anderen den Streit und den Stolz. *Aber es geht eben – Gott sei Dank – nicht nach uns.* Es geht mit Gott genau gegen uns. Wir sind vor die Entschei-

1. Semesterschlußgottesdienst am Kirchenwahlsonntag in der Dreifaltigkeitskirche.

dung gefordert. Wir können nicht ausweichen. Wir müssen uns, wo wir auch stehen, die Verdächtigung gefallen lassen, rechthaberisch zu sein, aus Hochmut gegen die anderen zu reden und zu handeln. Es wird uns nichts abgenommen. Es heißt Entscheidung, es heißt Scheidung der Geister.

Wir werden uns aus diesem Grunde ehrlicherweise auch die Bedeutung des heutigen Tages nicht verheimlichen. Mitten durch das Dröhnen und Ächzen eines bis in die Tiefe erschütterten Kirchengerüstes, mitten durch das Abbröckeln und Zusammenstürzen hier und dort hören wir die Verheißung von der ewigen Kirche, die die Pforten der Hölle nicht überwältigen können; von der Felsenkirche, die Christus gebaut hat und an der er durch alle Zeiten hindurch weiter baut. Wo ist diese Kirche? Wo finden wir sie? Wo hören wir ihre Stimme? Kommt, ihr, die ihr mit Ernst so fragt, ihr Vereinsamten, allein Gelassenen, die ihr die Kirche verloren habt, wir wollen wieder zurück zur Heiligen Schrift. Wir wollen zusammen die ewige Kirche suchen gehen. Wer Ohren hat zu hören, der höre.

In die Einsamkeit ist Jesus mit seinen Jüngern gegangen, hart ans heidnische Gebiet. Hier ist er mit ihnen allein. Und hier ist der Ort, an dem er zum ersten Mal als sein Vermächtnis seine ewige Kirche verheißt. Nicht mitten im Volk, nicht auf dem sichtbaren Höhepunkt seines Wirkens, sondern draußen, abseits, fern von den rechtgläubigen Schriftgelehrten, von den Pharisäern und von den Massen, die ihm am Palmsonntag das »Hosianna« und am Karfreitag das »Kreuzige« zurufen, redet er zu seinen Jüngern von dem Geheimnis und von der Zukunft seiner Kirche. Er hat offenbar gemeint, daß diese Kirche nicht in erster Linie auf den Schriftgelehrten, auf den Priestern oder den Massen aufgebaut werden könnte, sondern daß jene kleine Schar der Jünger, die ihm nachfolgten, dazu berufen sei. Er hat offenbar auch Jerusalem, die Stadt des Tempels und Mittelpunkt des Volkslebens nicht für den rechten Ort gehalten, sondern er geht in die Stille, wo er auf äußere, sichtbare Wirksamkeit seiner Verkündigung nicht hoffen konnte. Er hat schließlich auch den Zeitpunkt irgendeines großen Jubeltages nicht für den angemessenen gehalten, um von seiner Kirche zu reden, sondern er verheißt diese Kirche angesichts des Todes, unmittelbar vor der ersten Leidensverkündigung. *Also Kirche der kleinen Schar, Kirche da draußen in der Stille, Kirche angesichts des Todes* – so etwas muß hier gemeint sein.

Jesus selbst stellt die entscheidende Frage, auf die die Jünger längst gewartet hatten: »Wer sagen die Leute, daß des Menschen Sohn sei?« Antwort: »Etliche sagen, du seiest Johannes der Täufer. Etliche sagen, du seiest Elia, etliche, du seiest Jeremia oder der Propheten einer.« Ansichten, nichts als Ansichten. Man könnte diese Aufzählung von Ansichten ja beliebig erweitern . . . Etliche sagen, du seiest ein großer Mensch. Etliche dagen, du seiest ein Idealist. Etliche sagen, du seiest ein religiöser Genius. Etliche sagen, du seiest ein Heros, ein Held, ein Führer zu allem Großen. Ansichten, mehr oder weniger ernsthafte Ansichten – aber auf Ansichten will Christus seine Kirche nicht bauen. Darum fragt er nun in umittelbarer Anrede: »Und wer sagt denn ihr, daß ich sei?« In diesem unausweichlichen Gegenüber mit Christus gibt es kein »vielleicht«, kein »etliche sagen«, keine Ansichten mehr, sondern nur Schweigen oder die eine Antwort, die jetzt Petrus gibt: »Du bist Christus, des lebendigen Gottes Sohn.« Hier wird mitten in dem Wirbel menschlicher Meinungen und Ansichten etwas ganz Neues sichtbar. Hier ist Gottes Name genannt. Hier ist das Ewige ausgesprochen, hier das Geheimnis erkannt. Hier ist nicht mehr menschliche Ansicht, sondern genau das Gegenteil hiervon. Hier ist göttliche Offenbarung und Bekenntnis des Glaubens. »Selig bist du, Simon, Jonas Sohn; denn Fleisch und Blut hat dir das nicht offenbart, sondern mein Vater im Himmel.« »Du bist Petrus, der Fels, und auf diesen Felsen will ich meine Gemeinde bauen.«

Was unterscheidet Petrus von den anderen? Ist er eine so heldische Natur, daß er die anderen so hoch überragt? Er ist es nicht. Ist er von so unerhörter Charakterstärke? Er ist es nicht. Ist er von so unerschütterlicher Treue? Er ist es nicht. Petrus ist nichts, gar nichts als ein bekennender Mensch; ein Mensch, dem Christus in den Weg getreten ist und der Christus erkannt hat und der ihn nun im Glauben bekennt. Und dieser bekennende Petrus wird der Fels genannt, auf den Christus seine Kirche bauen will.

*Petruskirche* – das heißt Felsenkirche, *Kirche des Christusbekenntnisses*. Petruskirche – das heißt nicht Kirche der Ansichten und Meinungen, sondern Kirche der Offenbarung. Nicht Kirche, in der von dem geredet wird, was »die Leute sagen«, sondern Kirche, in der das Bekenntnis des Petrus immer neu gesagt und ausgerichtet wird; Kirche, die gar nichts anderes tut, als immer und allein das Bekenntnis singend, betend, verkündigend, handelnd auszurichten. Kirche, die nur so lange Fels unter sich hat, als sie hierin bleibt; und die alsbald das auf Sand gebaute Haus wird, das der Wind dahinbläst, wenn sie hiervon aus irgendeinem verwegenen Grund meint abgehen oder auch nur einen Augenblick absehen zu dürfen.

Aber *Petruskirche* – das ist nicht nur etwas, das man so mit ungetrübtem Stolz sagen könnte. Petrus, der bekennende, glaubende Jünger, Petrus hat in jener Nacht den Herrn *verleugnet*, in der Judas ihn verriet. Er hat in jener Nacht am Feuer gestanden und sich geschämt, als Christus vor dem Hohenpriester stand. Er ist der Kleingläubige, Furchtsame, der im Meer versinkt. Petrus ist der

Jünger, dem Jesus gedroht hat: »Weiche von mir, Satan.« Er ist der, der auch später immer wieder schwach wurde, immer wieder verleugnete und fiel, ein schwacher, wankelmütiger, dem Augenblick unterworfener Mensch. Petruskirche, das ist die Kirche, die diese Schwäche teilt, die Kirche, die selbst immer wieder verleugnet und fällt, die untreue, kleingläubige, furchtsame Kirche, die immer wieder weg von ihrem Auftrag auf die Welt und ihre Meinung sieht. Petruskirche, das ist die Kirche aller derer, die sich ihres Herrn schämen, wo sie für ihn gerade stehen sollten.

*Aber Petrus ist nun auch der*, von dem es heißt: »*Er ging hinaus und weinte bitterlich*.« Von Judas, der den Herrn auch verleugnete, heißt es: Er ging hin und brachte sich um. Das ist der Unterschied. Petrus ging hinaus und weinte bitterlich. Petruskirche ist die Kirche, die nicht nur bekennen, nicht nur verleugnen kann, sie ist die Kirche, die noch weinen kann. »An Wasserflüssen Babylons saßen wir und weinten, wenn wir an Zion gedachten« [Psalm 137]. Das ist die Kirche. Denn was heißt denn dies Weinen anderes, als den Weg zurück gefunden zu haben? Als auf der Heimkehr sein? Als der verlorene Sohn sein, der vor seinem Vater weinend in die Knie fällt? Petruskirche ist die Kirche mit der göttlichen Traurigkeit, die in die Freude führt.

Wahrhaftig schwankender Boden, nicht wahr? Aber doch Felsboden. Denn dieser Petrus, dieses schwankende Rohr, ist von Gott berufen, von Gott gefangen, von Gott gehalten. »Du bist Petrus.« Wir alle sind Petrus. Nicht der Papst, wie die Katholiken haben wollen! Nicht dieser oder jener, sondern wir alle, die wir vom Bekenntnis [zu] [im Manuskript: an] Christus einfach leben als die Furchtsamen, Treulosen, Kleingläubigen und doch von Gott Gehaltenen.

Aber *nicht wir sollen bauen*, sondern er will bauen. Kein

Mensch baut die Kirche, sondern Christus allein. Wer die Kirche bauen will, ist gewiß schon am Werk der Zerstörung. Denn er wird einen Götzentempel bauen, ohne es zu wollen und zu wissen. Wir sollen bekennen – er baut. Wir sollen verkündigen – er baut. Wir sollen zu ihm beten – er baut. Wir kennen seinen Plan nicht. Wir sehen nicht, ob er baut oder einreißt. Es mag sein, daß die Zeiten, die nach menschlichem Ermessen Zeiten des Einsturzes sind, für ihn die großen Zeiten des Bauens sind. Es mag sein, daß die menschlich gesehen großen Zeiten der Kirche Zeiten des Einreißens sind. Es ist ein großer Trost, den Christus seiner Kirche gibt: Du bekenne, verkündige, zeuge von mir. Ich allein aber will bauen, wo es mir gefällt. Fahr mir nicht ins Regiment. Kirche, tu das Deine recht, dann hast du genug getan. Aber tu es auch recht. Sieh nicht nach Meinungen und Ansichten. Frage nicht nach Urteilen. Rechne nicht immer wieder, sieh dich nicht nach anderem Halt um! Kirche, bleibe Kirche! Sondern, du Kirche, bekenne, bekenne, bekenne! Christus allein ist dein Herr. Von seiner Gnade allein lebst du, wie du bist. Christus baut.

Und die Pforten der Hölle sollen dich nicht überwältigen. Der Tod ist der große Erbe alles Bestehenden. Er findet hier sein Ende. Hart am Abgrund des Todestales ist die Kirche gegründet, die Kirche, die sich zu Christus als ihrem Leben bekennt. Sie hat das ewige Leben gerade [dort], wo der Tod nach ihr greift. Und er greift nach ihr, gerade weil sie das ewige Leben hat. Die bekennende Kirche ist die ewige Kirche, denn Christus schützt sie. Ihre Ewigkeit ist nicht sichtbar in dieser Welt. Sie ist angefochten [im Manuskript: unangefochten] durch die Welt. Die Wellen gehen hoch über sie und manchmal scheint sie ganz verdeckt und verloren. Aber der Sieg gehört ihr, weil Christus, ihr Herr, bei ihr ist und die Welt des Todes überwunden hat. *Fragt nicht danach, ob ihr den Sieg seht. Glaubt an den Sieg, dann gehört er euch.*

Mit riesigen Buchstaben ist unser Text in die Kuppel der großen Peterskirche, der Papstkirche in Rom hineingeschrieben. Stolz weist diese Kirche auf ihre Ewigkeit, ihren sichtbaren Sieg über die Welt über die Jahrhunderte hinweg. Solche Herrlichkeit, die auch unser Herr nicht begehrt und getragen hat, ist uns versagt. Aber eine Herrlichkeit, die über alle Maßen größer ist als diese Herrlichkeit in der Welt, ist uns gewiß. Ob der Haufe groß oder klein, ob niedrig oder hoch, ob schwach oder stark [ist], wenn er Christus bekennt, so bleibt ihm der Sieg in Ewigkeit. Fürchte dich nicht, du kleine Herde, denn es ist meines Vaters Wohlgefallen, euch das Reich zu geben (Luk. 12, 32). Wo zwei oder drei versammelt sind in meinem Namen, da bin ich mitten unter ihnen (nach Matth. 18, 20). Gottes Stadt steht fest gegründet[2]. Amen.

2. Beginn des Chorals von Philipp Spitta.

# IV. LONDON.

## Oktober 1933 – April 1935

# Botschafter der Versöhnung

## 19. nach Trinitatis, 22. Oktober 1933[1]

*2. Korinther 5,20: So sind wir nun Botschafter an Christi Statt, denn Gott vermahnt durch uns; so bitten wir nun an Christi Statt: Lasset euch versöhnen mit Gott!*

Jeder Pfarrerwechsel ist in einer Gemeinde verbunden mit allerlei menschlichen Empfindungen. Wenn in einer Gemeinde alles recht und in Ordnung ist, so sieht man mit Schmerz den Pfarrer, der der Gemeinde treu gedient hat, davon gehen. Es sind ja so viele Dinge, die eine rechte Gemeinde mit einem rechten Pfarrer verbinden. Und wie sollte das anders sein, wenn einer Sonntag für Sonntag mit seiner Gemeinde von den letzten Dingen des Lebens und Sterbens redet? Wenn er mit den Gläubigen, den Betrübten, den Armen, den Hungernden und Dürstenden, den Friedfertigen und Geduldigen das Heilige Abendmahl hält? Wenn er Tag für Tag in den Häusern seiner Gemeindeglieder sucht, ob er nicht eine Seele finde, die sich nach Liebe, nach Kraft, nach Gerechtigkeit, nach Frieden, nach Freiheit sehnt? Und wenn er dann davon sprechen darf, daß nicht nur der Mensch seinen Gott sucht, sondern daß Gott den Menschen sucht mitten in seiner Unsicherheit, in seinem Fragen und Zagen und Lasttragen, mitten in seiner Einsamkeit? Und wenn sich dann eine solche Seele ganz in der Stille Gott und dem Nächsten erschließt – wie nah kommt dann in solchen Stunden der Pfarrer seiner Gemeinde, jedenfalls dem lebendigen Teil seiner Gemeinde! Wie viel weiß er dann von den Nöten und

1. Erste Predigt in London.

Schwierigkeiten, was kein anderer Mensch je wissen wird. Wie viel trägt er dann in der Stille und in Demut mit seiner Gemeinde mit, indem er es vor Gottes Angesicht im Gebet bringt als der treue Hirt seiner Gemeinde. – Ja, wenn es recht ist zwischen Pfarrer und Gemeinde, dann ist es wohl sehr begreiflich, wenn die menschliche Traurigkeit einen bei der Trennung überkommt. Dann sieht man wohl auch etwas besorgt, etwas zurückhaltend, etwas ängstlich in die Zukunft, wie das nun mit dem Neuen werden wird. Ob es mit ihm ebenso gehen wird; ob er sein Amt ebenso oder vielleicht ganz anders auffassen wird. Und ebensolche Fragen und Gedanken werden nun ganz natürlich auch bei den beiden Pfarrern wach. Und so ist ein solcher Augenblick sehr voll und geladen von Empfindungen allerpersönlichster Art, Schmerz, Freude, Sorge, Zuversicht.

Und darum ist es wohl gut, wenn wir in solcher Stunde uns über das ganz Persönliche hinausheben lassen zu einer weiteren, großzügigeren Betrachtung der Dinge. Es soll uns ja ein solcher Pfarrerwechsel gerade nicht in so ganz persönlichen Empfindungen stecken bleiben lassen, sondern viel mehr soll er uns das ganz Große erkennen lassen, daß es *hier* überhaupt nicht um Personen geht, nicht um den Alten und nicht um den Neuen, sondern daß es einzig und allein ohne Ansehen der Person um den Auftrag geht, der diesem wie jenem befohlen ist. Daß es allein um den geht, der diesen Auftrag gegeben hat und nicht um den, der ihn ausführt; daß es allein um den Herrn und nicht um den Diener geht. Daß nur eines not ist, nämlich daß der Auftrag dieses Herrn ausgerichtet werde, ob Pfarrer darüber zerbrechen oder nicht; ob sie oft seltsame Menschen sind, vielleicht gerade weil [sie] mehr von den Seltsamkeiten des Lebens wissen als andere; ob sie die Menschen leicht für sich gewinnen oder ob sie es schwer haben mit sich und anderen. Wenn nur

der Auftrag ausgerichtet wird in Predigt und Leben, wenn nur dies des Pfarrers einzige Sorge [ist], daß er sein Leben diesem Herrn und diesem Auftrag verschrieben hat.
Das bedeutet nun aber für die Gemeinde, daß auch für sie alles darauf ankommt, daß sie in solcher Stunde von der Frage nach der Person weg zu der Frage nach dem Herrn der Kirche geführt werde; daß sie nicht auf den Verkündiger, sondern auf die Verkündigung achte; daß sie eigentlich nur eine Frage kenne: Ist es das Evangelium unseres Gottes selbst, das wir hier hören? Oder sind es willkürliche, selbstgemachte Gedanken von Menschen, die heute blühen und morgen vergehen wie das Gras auf dem Felde? Es gibt eigentlich nur eine echte Frage der Gemeinde an ihren Pfarrer: Dient er uns mit dem ewigen Wort Gottes, mit dem Wort des Lebens, wo er kann, auf der Kanzel und im Alltag – oder gibt er Steine statt Brot, gibt er uns Ersatzmittel, die vielleicht angenehm eingehen, aber die unsere Seele nicht satt machen? Gib uns sättigendes Brot für unsere Seele! Mit dieser Bitte soll die Gemeinde täglich vor ihrem Pfarrer stehen. Und der Pfarrer soll für diese Gabe für seine Gemeinde als ihr Pastor, ihr Hirte vor Gott stehen und beten.
Es soll zwischen euch und eurem Pfarrer nur eines geben: Christus. Es soll zwischen euch und eurem Pfarrer, wo wir uns auch begegnen in Ernst und Freude, nur um eines gehen: um Christus.
So sind wir nun Botschafter an Christi Statt. Das heißt, nicht eigenmächtig gehen wir ans Werk, nicht aus eigener Sendung, auch nicht weil wir selbst Bürgen für das seien, was wir zu sagen haben. Sondern weil Christus allein für die Wahrheit des Evangeliums bürgt, predigen wir, von ihm gerufen, von ihm entsandt, von ihm beauftragt, seine Botschaft auszurichten. Und mit all unseren Worten nur eines im Auge habend, auf eines hinweisend: auf Christus, auf den Herrn, auf das Wort Gottes, das über all

unsere Worte hinaus ist, das er spricht, wann und wo er will und mit dem er des Menschen Herz trifft und erschließt, ängstigt und tröstet, wann und wo er will. Nicht unser Wort, sondern Gottes Wort, aber eben Gottes Wort durch unser Wort soll es sein. Darum ist die Predigt etwas so ganz Einzigartiges in der ganzen Welt, etwas so ganz anderes als alles sonstige Redenhalten. Wenn der Prediger seine Bibel aufschlägt und das Wort des Evangeliums auslegt, so geschieht das Geheimnis, das Wunder, die Gnade Gottes, daß er vom Himmel herab mitten unter uns kommt und zu uns redet, anklopft, fragt, uns ermahnt, bedrängt, erschreckt, droht und uns wieder froh macht und frei und gewiß. Wenn in einer Kirche die Heilige Schrift vergegenwärtigt wird, so steigt der Heilige Geist von seinem ewigen Thron herab in unsere Herzen, während draußen die geschäftige Welt nichts davon sieht, nichts davon weiß, daß hier Gott selbst zu finden wäre. Da jagen sie den Sensationen, den Aufregungen des Abends in der Großstadt nach und wissen nicht, daß die eigentliche Sensation, das unendlich viel Aufregendere hier geschieht, wo Ewigkeit und Zeit zusammenkommen, wo der ewige Gott sich des sterblichen Menschen annimmt durch sein Wort, wo menschliche Seelen die letzten Schrecken der Verzweiflung und die letzten Tiefen der Ewigkeit Gottes zu schmecken bekommen.
Warum wissen die das nicht? Warum ist es möglich, daß Tausende und Abertausende an der Kirche gelangweilt vorübergehen? Warum ist es so geworden, daß das Kino oft wirklich interessanter, aufregender, menschlicher, packender ist als die Kirche? Sollte das wirklich nur die Schuld der anderen sein und nicht auch unsere? Die Kirche war doch einmal anders. Es wurden doch einmal die Fragen des Lebens und des Todes hier ausgetragen und entschieden. Warum ist das nicht mehr so?
Weil wir selbst die Kirche zu etwas gemacht haben und

immer wieder machen, was sie nicht ist. Weil wir zu viel von falschen, nebensächlichen, menschlichen Dingen und Gedanken in der Kirche reden und zu wenig von Gott selbst. Weil wir die Kirche zu einem Tummelplatz unserer verschiedensten Empfindungen machen statt zum Ort, an dem Gottes Wort gehorsam vernommen und geglaubt wird. Weil wir immer wieder die Ruhe und die Erbaulichkeit der heiligen Unruhe des gewaltigen Gottes und Herrn vorziehen. Weil wir immer wieder meinen, Gott schon in der Gewalt zu haben, statt uns von ihm ganz in seine Gewalt nehmen zu lassen, ihm allein recht zu geben und alle Welt vor ihm unrecht haben zu lassen. Weil wir zu gemütlich von Gott reden und denken und uns von ihm und seiner Gegenwart nicht stören und beunruhigen lassen wollen. Weil wir selbst im Grunde nicht glauben wollen, daß er wirklich jetzt hier mitten unter uns ist und unser Leben und Tod, Herz und Seele und Leib von uns fordert. Und schließlich, weil wir Pfarrer immer wieder zu viel von kurzlebigen Gedanken reden, von dem, was wir vielleicht selbst erdacht oder erfahren haben, statt zu wissen, daß wir nichts sind als die Botschafter der großen Wahrheit des ewigen Christus.

Jedes Reich dieser Welt schickt seine Botschafter aus, damit sie in aller Welt sichtbar den Willen und die Macht ihres Reiches zum Ausdruck bringen. Sie sollen nichts sein als solche Repräsentanten ihres heimatlichen Reiches und ihres Herrn. Der deutsche Botschafter oder französische Botschafter sollen der Deutsche oder Franzose schlechthin sein. Auf die Person kommt dabei nichts an, es geht alles um den Auftrag. Und um diesen Auftrag auszuführen, sind sie ausgerüstet mit allerlei Vollmacht ihres Reiches. Sie handeln und reden an ihrer Herren Statt.

So sendet nun auch der unsichtbare Herr des ewigen Reiches und der Kirche seine Botschafter in diese Welt mit einem Auftrag, der um so viel größer ist als jeder andere, wie der Himmel größer ist als die Erde, wie die Ewigkeit größer ist als die Zeit. Und die Vollmacht, die dieser Herr seinen Botschaftern gibt, ist ebenso viel größer als alle Vollmachten dieser Welt. Gottes ewiges Wort, Gottes ewige Entscheidung, Gottes Gericht und Gottes Gnade, Gottes Zorn und Gottes Barmherzigkeit, Heil und Verdammnis, Versöhnung durch Christus – diese Worte sind in die Hände der Botschafter Christi gelegt als heiligstes und kostbarstes Gut, das auszuteilen sie mit der Gnade Gottes berufen sind. Sie werden ihrem Herrn, dem Erzhirten, Rede und Verantwortung stehen müssen für jedes Wort, das sie in seinem Namen in seiner Gemeinde gesagt haben. Sie werden als die Hirten der Gemeinde die Schuld und die Verantwortung tragen müssen. Das ist der letzte Sinn des Pfarramtes!

Und nun fragen wir: Welcher Mensch kann das? Wer kann diesen Auftrag erfüllen? Wer kann diese Last tragen, ohne unter ihr zusammenzubrechen? Kein Mensch kann es, auch der frömmste nicht. Und kein Mensch wird sich nach diesem Auftrag vorwitzig drängen. Aber weil es Auftrag ist, weil Christus gepredigt werden muß – und wehe uns, wenn wir ihn nicht predigten – darum trägt uns dieses Muß, dieser Auftrag. Wir können ja nicht anders, auch wenn wir es schlecht und verkehrt [unsichere Lesart] machen, auch wenn wir immer wieder zusammenbrechen und versagen unter dieser Last. Aber wir müssen dann wissen, daß die Gemeinde mit uns trägt, uns hilft, uns beisteht, uns auf Fehler hinweist und für uns betet und uns unsere Schuld vergibt. Kein Pfarrer, der das nicht wissen darf, kann sein Amt recht führen. Und es ist so mancher Pfarrer hieran gescheitert, daß er seine Gemeinde tragen wollte, aber seine Gemeinde ihn nicht getragen hat. Eine Gemeinde, die nicht für [das] Amt des Pfarrers betet, ist keine Gemeinde mehr. Ein Pfarrer, der

nicht täglich für seine Gemeinde betet, ist kein Pfarrer mehr.
Und nun wird in unserem Text die Botschaft, die wir auszurichten haben, in einem kurzen Satz zusammengefaßt: »So bitten wir nun an Christi Statt: Lasset euch versöhnen mit Gott.« Was das bedeutet, das können wir heute nicht erschöpfen. Es ist ja im Grunde eben jede Predigt eine Auslegung dieses Satzes. Und dieser kurze Satz wird erst dann voll ausgelegt sein, wenn die Welt ihrem Ende naht und die letzten Predigten gehalten werden, wenn dann Christus selbst kommt und uns in alle Wahrheit führen wird.
»So bitten wir nun an Christi Statt.« Christus bittet durch uns. Er herrscht uns nicht an, er, der über alle Welt herrscht. Er tut nicht Gewalt, er, der alle Gewalt hat. Er zwingt nicht, er, der jeden zwingen könnte. Er kommt zu uns als Bittender, als Bettler, als Armer, als ob er etwas von uns bedürfe. Und daß er so zu uns kommt, ist das Zeichen seiner Liebe. Er will uns nicht trotzig machen, sondern will unser Herz auftun, damit er einziehen könne. Es ist Gottes seltsame Herrlichkeit, daß er in Armut zu uns kommt, damit er unser Herz gewinne.
Und was er erbittet, ist wiederum so seltsam, daß wir aus dem Staunen gar nicht heraus kommen: Lasset euch versöhnen mit Gott. Das heißt doch nichts anderes als: Lasset euch ein Königreich schenken. Lasset euch den Himmel zum Geschenk geben. Lasset euch die Liebe des Höchsten, des Herrn aller Welt, schenken. Werdet seine Freunde, seine Kinder, seine Schützlinge. Kommt, ergebt euch ihm und seinem Willen und ihr werdet frei sein von allem Bösen, von aller Schuld, von allen Fesseln. Ihr werdet frei sein von euch selbst. Ihr werdet die Heimat gefunden haben. Ihr werdet zu Hause sein bei eurem Vater.
Wir sind unversöhnte Menschen – das ist unser Geheimnis, das allein Christus erkannt hat. Wir sind unversöhnte

Menschen; daher unsere Sorgen, unsere Selbstsucht, unsere Unfreundlichkeit, unser Mißtrauen, daher unsere Unwahrheit und Feigheit, daher unsere Einsamkeit und daher unsere Schuld. Lasset euch versöhnen mit Gott – gebt ihm sein Recht über euch und ihr findet mit Gott auch den Bruder, den Nächsten wieder. Lasset euch versöhnen mit Gott, so seid ihr versöhnt mit eurem Bruder. Blickt in diesen Abgrund eurer Seelen hinein. Laßt euch von Christus fragen, ob ihr versöhnt seid mit Gott oder mit ihm zerfallen und in Unfrieden. Und dann blickt auf ihn und kehrt zu Gott zurück. Gebt ihm euer unversöhntes und unversöhnliches Herz. Und er wird euch ein neues Herz geben.

Herr, gib uns allen ein neues Herz, das dir bereit und gehorsam sei, ein Herz, das den Bruder liebt und zu dir für die Gemeinde betet. Herr, gib einen guten Anfang. Tu uns dein väterliches Herz auf und führe uns dermaleinst heim in das Reich der ewigen Versöhnung durch Christus, den Herrn. Amen.

## Ein Tag von beängstigender Helle

Bußtag. Sonntag, 19. November 1933

*2. Korinther 5,10: Denn wir müssen alle offenbar werden vor dem Richterstuhl Christi, auf daß ein jeglicher empfange, nach dem er gehandelt hat bei Leibesleben, es sei gut oder böse.*

Es bleibt nichts geheim, nichts verborgen, gar nichts. »Es ist nichts so fein gesponnen, es kommt doch endlich an die Sonnen« – sagt das Sprichwort und meint diese unsere Sonne, die immer wieder ganz plötzlich, ganz überraschend zum Entsetzen aller Betroffenen irgend etwas ganz in der Dunkelheit Geschehenes zum Vorschein bringt. Dann greift man sich an den Kopf und sagt: Wie war so etwas nur möglich? – entrüstet sich fürchterlich und gebärdet sich schrecklich moralisch und hat doch im Stillen nur selbst Angst vor derselben Sonne. Und es ist manchmal nur ein Augenblick, in dem eines Menschen ganzes Leben und Schicksal und Geheimnis bloßgestellt wird. Es braucht nur einmal eine kräftige Hand nichtsahnend irgendeinen Stein aufzuheben und alsbald erblickt er unter ihm das Gewühl von schmutzigem Ungeziefer und Nachtgetier, das sich hier vor der Sonne verborgen hatte und das nun in seiner ganzen Häßlichkeit und Schreckhaftigkeit aufgedeckt ist und sich zu flüchten versucht. Diese Steine können jahrelang unbeachtet herumliegen, bis ein ungeschickter Fuß sie beiseite stößt. Und solche Steine, hinter denen niemand so etwas erwartet, werden von diesem Ungeziefer unseres Herzens rasch und leicht aufgefunden, um sich dahinter zu verbergen. Aber Angst hat das Ungeziefer immerfort, bei jedem herannahenden Schritt, daß es entlarvt werden könnte. Wovor eigentlich Angst? Angst vor den anderen Menschen, die doch vermutlich alle miteinander in derselben Verdammnis sind, die aber so lange mit ihren langen Fingern auf den anderen zeigen, bis ihre eigenen Verborgenheiten an den Tag kommen. Aber nun ist der Lauf dieser Welt insofern scheinbar ungerecht, daß eben nicht alles an die Sonne kommt, sondern nur hier und da etwas, und daß jeder andere darum sich so schrecklich moralisch empören kann, weil er immer noch einen Rest von Hoffnung hat, daß ihm das nicht so geschieht, nicht etwa, weil er nichts zu verbergen hätte. Also das Sprichwort stimmt eben doch nicht so ganz. Und weil es nicht so ganz stimmt, darum spaltet sich die ganze Menschheit in solche, deren Verborgenheiten an die Sonne kamen und solche, deren Verborgenheiten nicht an die Sonne kommen. Und die einen nennt man moralisch, anständig und die anderen unmoralisch, verächtlich.

Es gibt allerdings ein mehr oder weniger vorsichtiges Leben. Vorsichtiger heißt hierbei ein Leben, das sich dem Licht besser zu entziehen weiß, das in der Verborgenheit der Gedanken und Gefühle tut, was ein anderer in der Sichtbarkeit der Tat geschehen läßt. Und es ist in dieser Welt eben so, daß die Sonne nur die Taten, aber nicht die Gedanken an den Tag bringen kann.

Aber wie furchtbar würden wir uns irren, wenn wir uns mit dieser Feststellung nun einfach zufrieden geben wollen und auf sie hin friedlich-vorsichtig, aber tief im Innersten verdorben weiterleben wollten.

Der Bußtag und unser Text hat mehr zu sagen als jenes Sprichwort. Darum eignet er sich auch schlecht als Sprichwort. Denn Sprichwörter müssen moralisch sein und wenigstens einer Gruppe von Menschen recht geben. Das tut unser Text nicht. Er gibt keinem Menschen recht. Er ist auch durchaus nicht moralistisch, sondern er ist durchaus realistisch. Dieser Text gießt ein Licht über den Bußtag, das so hell, so grell, so blendend ist, daß wir aufs Äußerste erschrecken. Bußtag ist wahrhaftig kein dunkler Tag, sondern ein Tag von einer beängstigenden Helle, Durchsichtigkeit, einer unbändigen Lichtfülle. Es gibt manchmal solche Tage in der Natur, in denen die Luft so unheimlich durchsichtig ist, so daß man das, was Dunst und Ferne gewöhnlich verhüllen, bis ins Einzelne hinein erkennt. Ein solcher Tag ist auch der Bußtag. Vom hellen Bußtag wollen wir reden. Hier hat eine Sonne etwas an den Tag zu bringen. Aber die Sonne, das Licht, das hier

und heute schonungslos in alle Winkel dringt und Verborgenes aufdeckt, heißt Christus. Und damit wendet sich die Sache ganz und gar.
Bußtag ist der Tag, an dem wir durch ein Wort der Bibel, wahrhaftig ein unscheinbares Mittel, daran erinnert werden, daß das Ende unseres Daseins eine völlige Aufdekkung, Bloßstellung unseres gesamten Lebens bringen wird. »Wir müssen alle offenbar werden vor dem Richterstuhl Christi.«
Wir unchristlich lebenden und denkenden Menschen von heute haben uns mit einer doppelten Täuschung über unser Leben abgefunden, die es uns ermöglicht, mit einer gewissen Ruhe unser Leben zu führen. Die erste Täuschung besteht darin, daß wir meinen, das Vergangene, Geschehene, von uns Getane versinke in den dunklen Abgrund der Vergessenheit und sei dadurch, daß die Zeit darüber hingestrichen sei, abgetan, sei dadurch, daß wir und andere es mehr oder weniger vergessen haben, überhaupt vergessen. Mit anderen Worten: Wir leben in dem Glauben an die letzte, stärkste Macht des Vergessens. Ewigkeit heißt Vergessen. – Die zweite Täuschung, von der wir leben, ist die, daß wir Verborgenes und Offenbares, Geheimes und Öffentliches unterscheiden zu können meinen. Wir führen ein öffentliches, sichtbares, offenbares Leben und völlig daneben ein verborgenes, geheimes Leben von Gedanken, Empfindungen, Hoffnungen, die kein anderer Mensch je erfährt. Und es würde uns ein lähmender Schrecken überfallen, wenn wir wüßten, daß all unsere Gedanken und Empfindungen, die wir nur an einem Tag gehabt haben, auf einmal offen vor jedermann sichtbar lägen. Wir leben unter der selbstverständlichen Voraussetzung, daß Verborgenes verborgen bleibt.
Und nun werden uns diese selbstverständlichen Voraussetzungen unseres Lebens zerstört, als völlig ungerechtfertigte Illusionen hingestellt. Ewigkeit ist nicht Verges-

sen, sondern Ewigkeit ist Gedächtnis, ewiges Gedächtnis. Was auch immer in der Zeit geschieht, in der Welt geschieht, ist in alle Ewigkeit aufgehoben. Es hinterläßt seine Spur unvermeidlich in der Ewigkeit. Die Alten prägten dafür das Bild von Buch des Lebens, in dem unser Leben eingezeichnet ist. Es bleibt nichts vergessen. Das weiße Blatt ist nun beschrieben. Weil alles, was wir tun, vor der Ewigkeit Gottes geschieht, darum bleibt es auch aufbewahrt und aufgehoben in Ewigkeit. Ob wir vergessen oder nicht, das ist ganz gleichgültig. Gott vergißt nicht.

Und das andere ist: Es gibt vor Gott keinen Unterschied zwischen Verborgenem und Offenbarem [im Manuskript irrtümlich: ... Geheimem]. Vor Gott ist alles durchsichtig wie Licht. »Denn auch die Dunkelheit muß Licht sein vor dir«, sagt der Psalm [139,12]. Weil Gott Licht ist, weil Gott offenbar ist, darum müssen auch wir im Licht sein und vor ihm offenbar sein. Darum gibt es vor Gott kein Geheimnis mehr. Darum muß vor ihm jedes Geheimnis offenbar werden. Darum ist das Ende aller Dinge die Enthüllung aller Geheimnisse, der Geheimnisse Gottes und des Menschen.

»Wir müssen alle offenbar werden vor dem Richterstuhl Christi, auf daß ein jeglicher empfange, nach dem er gehandelt hat bei Leibesleben, es sei gut oder böse.« Das geht gegen des Menschen innerste Natur. Wir alle haben etwas zu verbergen. Wir haben Geheimnisse unseres Lebens, Sorgen, Gedanken, Hoffnungen, Wünsche, Leidenschaften, von denen kein Mensch auf der ganzen Welt etwas zu wissen bekommt. Wir sind [gegen] nichts empfindlicher, als wenn Menschen mit ihren Fragen in die Nähe solcher Gebiete kommen. Und nun wird gegen alle Regeln des Taktes in der Bibel davon geredet, daß wir einst am Ende mit allem, was wir sind und waren, vor Christus offenbar sein werden und nicht nur vor Christus, sondern auch vor den Menschen, die neben uns stehen werden. Und wir alle wissen, daß wir vor manchem menschlichen Gericht bestehen könnten, aber vor diesem Gericht Christi nicht. Herr, wer wird bestehen? [Ps. 130,3].

Christus wird richten. Sein Geist wird die Geister scheiden. Er, der als der Arme und Schwache unter uns war, er wird am Ende über alle Welt sein Gericht ergehen lassen. Es gibt also für den Menschen nur eine Frage, auf die es in seinem Leben ankommt: Wie stellst du dich zu diesem Geist, wie stellst du dich zu diesem Mann Jesus Christus? Zu jedem anderen Geist, zu jedem anderen Menschen gibt es mehrere Möglichkeiten der Stellungnahme. Von ihr hängt das Letzte nicht ab. Jesus Christus gegenüber gibt es nur ein reines Ja oder ein reines Nein. Denn er ist der Geist, an dem jeder Menschengeist gerichtet werden muß. Ihm allein kann keiner ausweichen. An ihm kann keiner vorübergehen – und wenn er auch meint, er könne es; wenn er auch frivol und leichtsinnig meint, er könne auf sich selbst stehen und er sei sein eigener Richter. Kein Mensch ist sein eigener Richter. Christus ist des Menschen Richter. Kein Mensch ist des anderen Menschen Richter. Christus allein ist Richter und sein Gericht ist ewig. Und wer hier an ihm vorbeiging, ohne sein Ja oder Nein klar gesagt zu haben, der wird in der Stunde des Todes, dort, wo sein Leben gewogen wird in Ewigkeit, ihm gegenüberstehen müssen, ihm ins Angesicht sehen müssen. Und seine Frage wird sein: Hast du in der Liebe zu Gott und den Menschen gelebt oder hast du dir selbst gelebt? Hier gibt es keine Ausflüchte mehr, keine Entschuldigungen, kein Herumreden. Hier liegt das ganze Leben offen vor dem Lichte Christi, »auf daß wir empfangen, nach dem wir gehandelt haben bei Leibesleben, es sei gut oder böse«.

Es ist [eine] angstvolle Stunde zu denken, daß das Buch

unseres ganzen Lebens geöffnet wird, daß vor uns tritt, was wir gegen Gottes Gebot gesprochen und getan haben, daß wir Christus gegenüberstehen und uns nicht verteidigen können. Herr, wer wird bestehen?

Aber die Bibel will uns nie Angst machen. Gott will nicht, daß der Mensch sich fürchtet. Auch nicht vor dem letzten Gericht. Sondern er läßt den Menschen das alles wissen, damit er erkenne, was es um das Leben und um seinen Sinn ist. Er läßt es die Menschen heute schon wissen, damit sie heute schon in der Offenheit und im Licht des letzten Gerichtes ihr Leben führen. Er läßt es uns wissen allein darum, damit wir den Weg finden zu Jesus Christus, damit wir umkehren von unserem bösen Weg und ihm, Jesus Christus, zu begegnen suchen. Gott will den Menschen nicht erschrecken. Er schickt uns das Wort vom Gericht nur, damit wir umso leidenschaftlicher, umso gieriger nach der Verheißung der Gnade Gottes greifen; damit wir erkennen, daß wir vor Gott nicht bestehen können aus unserer Kraft, daß wir vor ihm vergehen müßten, aber daß er trotz allem nicht unseren Tod, sondern unser Leben will.

Christus richtet. Das ist wahrhaftig ernst. Aber »Christus richtet« heißt doch auch: Der Barmherzige richtet, der unter Zöllnern und Sündern gelebt hat, der versucht ist gleich wie wir, der unsere Leiden, unsere Angst, unsere Wunden am eigenen Leibe getragen und erlitten hat, der uns kennt und uns bei unserem Namen gerufen hat. Christus richtet, das heißt die Gnade ist Richter und die Vergebung und die Liebe. Wer sich an sie klammert, der ist schon freigesprochen. Wer sich freilich auf sein eigenes Werk berufen will, den wird Christus nach diesem Werk richten und verurteilen. Wir aber sollen Freudigkeit haben zu jenem Tag. Wir sollen nicht zittern und zagen, sondern uns seiner Hand gern anvertrauen. Vom »lieben jüngsten Tag« hat Luther geredet. Laßt uns nicht mit ver-

zagtem, sondern mit freudigem und glaubendem Herzen aus dem Bußtagsgottesdienst gehen. Komm, du jüngster Tag – freudig warten wir auf dich, denn wir sollen den barmherzigen Herrn sehen und seine Hand fassen. Und er wird uns lieb haben.
Was ist letzten Endes das »gut und böse«, nach dem Christus fragt? Das Gute ist ja nichts anderes, als daß wir nach seiner Gnade fragen und sie ergreifen. Das Böse ist nichts [anderes als] die Angst und das Selbst-vor-Gott-stehen-Wollen, Selbst-gerecht-sein-Wollen. Buße tun – das heißt ja eben nichts anderes als in dieser Wendung, in dieser Umkehr mitten drin stehen vom eigenen Werk zu Gottes Barmherzigkeit. Umkehr, Umkehr! ruft und jubelt uns die ganze Bibel zu. Umkehr – wohin? Zur ewigen Gnade Gottes, der uns nicht läßt, dem das Herz über uns bricht, weil er uns, sein Geschöpf, über alle Maßen liebt. Er wird barmherzig sein – so komm also, Jüngster Tag! Herr Jesus, mach uns bereit. Wir freuen uns. Amen.

## Der verwandelte Tod

Totensonntag, 26. November 1933

*Weisheit 3, 3: . . . aber sie sind im Frieden.*

Zwei Fragen haben uns heute in die Kirche geführt, unersättliche Fragen, die den Menschen von einem Ort zum anderen treiben, die ihn unstet auf dieser Erde machen, weil sie ungestillt auf seiner Seele brennen, und nun begehren sie hier in der Kirche Antwort, Wahrheit,

Lösung. Die Fragen heißen: Wo sind unsere Toten? Wo werden wir nach unserem Tode sein? Und nun erhebt die Kirche den Anspruch, auf diese letzte, auf diese unmöglichste Frage des Menschen Antwort zu geben. Ja, nur weil die Kirche auf diese letzte Frage Antwort weiß, darum besteht sie. Wüßte sie hier nicht mit aller Demut, aber auch mit aller Bestimmtheit zu sprechen, so wäre sie nichts als ein jämmerlicher Verein von Hoffnungslosen und Verzweifelten, die sich gegenseitig mit ihren Leiden interessant machen und zur Last fallen. Aber eben das ist die Kirche Christi nicht. Nicht vom Leiden, sondern vom Heil, nicht von der Skepsis, sondern von der getrosten Hoffnung wird hier geredet. Skepsis ist uninteressant. Auch was einer alles nicht glaubt, ist uninteressant. Sondern was und daß einer glaubt und hofft, das allein ist wichtig. Kirche ist der Ort der unerschütterlichen Hoffnung.

Wo sind unsere Toten? Wir stehen heute in der Erinnerung an Totenbetten. Wir sehen sie wieder vor uns, die wir lieb hatten – in jenem letzten Bild, das sich uns so einprägt wie kein anderes. Wir fühlen wieder, wie wir uns bei diesem Anblick selbst gänzlich vergaßen, wie unendlich nichtig uns in solchen Stunden unser eigenes Leben erschien, wie unser Blick wie im Bann gerichtet war auf diesen rätselhaft stummen, lieben Menschen, der von dem Geheimnis, das er jetzt gesehen hat, nur noch schweigen konnte. Er ist hindurch. Er ist auf dem Weg, von dem keiner zurückkehrt. Über ihm liegt die Weihe eines Wissens und Schauens, das kein Lebendiger empfängt. Er ist so sehr Mensch dieser Erde wie nie zuvor, einer, der regungslos der Erde entgegenschläft – und er ist doch auch so sehr fern von dieser Erde und von einer anderen Welt gezeichnet wie nie im Leben. Wir müssen vielleicht heute an lange, qualvolle Stunden denken, an Krankheit und Kampf und Unruhe – bis dann der Tod kam und alles ganz still und leise wurde. Wie wir dann dumpf und ganz benommen an diesem Bett saßen, noch ohne zu begreifen, was eigentlich geschehen war und immer nur ganz eintönig dieselbe Frage stellen mußten: Was ist nun geschehen? Wo bist du? Und vielleicht haben wir noch mit eben dieser selben Frage den Toten zu Grabe getragen und vielleicht ist es noch heute dieselbe Frage, die wir ihm nachrufen: Wo bist du? Wo bist du?

Vielleicht haben wir uns auch längst abgefunden damit, daß es mit ihnen zu Ende sei, daß sie ins Nichts zurückgekehrt seien, aus dem sie einst kamen. Und doch kann unsere Liebe nicht lassen, sie zu suchen. Sie fragt allerorten nach, ob denn keiner es wisse, wo der geliebte Mensch hingegangen sei. Ein tiefer, lauter Schmerzensruf geht durch die Welt. Die Mutter ruft ihr Kind, das Kind ruft die Mutter, der Mann die Frau, der Freund den Freund, der Bruder ruft den Bruder, die Liebe weint um das Verlorene: Wo bist du? Wo seid ihr, ihr Toten, unsere Lieben?

Schweigend seid ihr von uns gegangen, habt uns allein gelassen, seid in ein fremdes Land gegangen, das niemand kennt. Warum sprecht ihr nicht? Wo seid ihr? Mußtet ihr die ewige Wanderung antreten von einem Leben zum anderen? Seid ihr in der kalten Nacht des Grabes verlassen und einsam oder müßt ihr umherirren in qualvoller Rastlosigkeit? Seid ihr um uns? Müßt ihr leiden wie wir? Vielleicht viel furchtbarer als wir? Sehnt ihr euch nach einer Heimat, nach Wärme, nach Liebe, nach uns? Oder ist euer Tod ein Schlaf, ein ewiges Träumen und Dämmern, ein müder Schlaf? So sprecht doch. Warum seid ihr so fern?

Aber sie sprechen nicht. Und wenn die Menschen meinen, in okkulter Stunde Geister Verstorbener beschwören zu können, so mag da zwar allerlei zwischen Himmel und Erde sein, was wir nicht wissen und begreifen können.

Aber eines ist gewiß – unsere Toten sind das nicht, die hier erscheinen. Sie sind uns entnommen. Denn sie sind in Gottes Hand und keine Qual rührt sie an. Wir können sie nicht quälen mit Tränen und Bitten und Beschwörung. Sie sprechen nicht. Sie bleiben stumm.
Wer antwortet unserer Frage? Wer antwortet der fragenden Liebe? Auch die Kirche vermag nicht die Toten zum Reden zu bringen. Auch sie vermag nicht Geister zu beschwören. Aber was sagt sie der Mutter, die zu ihr flieht und sie nach ihrem Kinde fragt? Was sagt sie dem Kinde über seine Mutter? Was sagt sie der Frau? Dem Kameraden? Sie weist nicht auf die Toten hin. Sie sagt nicht dies oder jenes über sie. Sie weist auch nicht in okkulte Welten, in die Welt der Toten hinein, sondern sie weist allein – auf Gott selbst. Okkulte Welten sind immer noch menschliche Welten, erreichbare, durch allerlei Zauberei zugängliche Welten. Gottes Welt ist jenseits von allen Menschenwelten. Von ihr kann kein anderer reden als Gott selbst und der, den er gesandt hat, Christus. Und in dieser Welt müssen wir unsere Toten suchen. Wer also mit der brennenden Frage zur Kirche kommt, wo seine Toten seien, der wird zuallererst auf Gott selbst gewiesen. Es gibt kein Wissen über die Toten ohne Gottesglauben. Gott ist der Herr der Toten und er hat ihr Schicksal in der Hand. Und nur wer von ihm weiß, weiß um seine Toten. Das heißt nun aber, es darf kein selbstsüchtiges Fragen nach den Toten geben. Denn nicht wir sind die Herren der Toten. Wer nach den Toten fragen und wirklich Antwort haben will, wer sich nicht mit halbem Trost begnügen will, der muß den Weg zu Gott wagen und ihn selbst fragen. Und er wird antworten. Denn das ist sein Wille, daß er sich dem Menschen, der ihn fragt, der sich nach seinem Wort, nach seiner Antwort, nach seiner Wahrheit sehnt, der ihm glaubt, sich zeigt und ihm sein Geheimnis ausspricht.

Und nun spricht der Gott des Friedens und der ewigen Liebe es heute neu seiner Gemeinde aus, und nur seiner Gemeinde. Denen, die ihm glauben, gilt es. Er sagt es seiner Gemeinde aufs Gewisseste zu: Sie sind bei mir. Sie sind im Frieden. Gottes Welt ist Friede, letzter Friede nach letztem Kampf. Gottes Friede heißt Ausruhen für die, die das Leben müde gemacht hat. Es heißt Geborgensein für die, die unbehütet und unbewacht wanderten. Heimat für die Heimatlosen. Stille für die Abgekämpften. Linderung für die gequälten, wunden Herzen. Tröstung für die Bekümmerten und Weinenden. Schlafendürfen für die Bebenden und Erschöpften. Gottes Friede ist, wie wenn eine Mutter ihrem weinenden Kind mit ihrer Hand über die Stirn streicht und es tröstet. Ich will euch trösten, wie einen seine Mutter tröstet [Jes. 66,13]. Eure Toten sind getröstet mit Gottes Trost. Er hat ihre Tränen abgewischt. Er hat dem rastlosen Treiben ein Ende gemacht – sie sind im Frieden.

Über den Sterbebetten, auf denen sich ein starkes, rastloses Leben mit großer Angst zum Tode durchkämpft, bis es mit einem schweren Seufzer zu Ende geht, geht das Wort auf: »Aber er ist im Frieden.« – Über der letzten Not eines großen Sünders, dem der Tod die gräßlichen Schrecken der Verdammnis vorhält und der an ihnen verzweifelt und verzagt in großer Reue und Buße, erscheint Christus, drückt dem Sterbenden selbst die Augen zu und spricht: »Aber er ist im Frieden.« – Über den Särgen der Kinder und der Alten, über den Särgen der Frommen, die in einfältigem Glauben in ihrer letzten Stunde allein auf Christus hofften, singen die Engel: »Aber sie sind im Frieden.« – Wo wir Zurückgelassenen nichts sehen als Not und Angst und Pein und Selbstvorwurf und Reue, wo wir nichts sehen als Hoffnungslosigkeit und das Nichts, da sagt Gott: »Aber sie sind im Frieden.«

Gottes »Aber« ist es, das gegen all unser Denken und

Suchen geht. Gottes »Aber« ist es, das die Toten nicht sterben läßt, das sie auferweckt und zu sich führt. Gottes »Aber« ist es, das den Tod zum Schlaf macht, der uns in einer neuen Welt aufwachen läßt. Gottes »Aber« ist es, das die Toten ins Paradies bringt. »Wahrlich, ich sage dir, heute noch wirst du mir mit im Paradiese sein« [Luk. 23,43], so sagt Christus zu dem Räuber, der neben ihm am Kreuz hängt und Buße tut. »Aber« sie sind im Frieden, – das heißt eben, daß es wahrhaftig nicht das Selbstverständliche ist, sondern das ganz und gar Neue, das ganz und gar Letzte, das von Gott her Geschehende. Nicht unser Friede, sondern Gottes Friede.

Aber noch einmal sei es gesagt: Es gibt hier kein selbstsüchtiges Fragen, sondern all unser Wissen und all unsere Hoffnung kommt allein vom Blick auf Gott, dem wir alles anheimstellen und dem wir glauben, weil er sagt: Ich bin die Auferstehung und das Leben [Joh. 11,25]. Ich lebe, und ihr sollt auch leben [Joh. 14,19].

Und nun können wir doch von dieser Welt Gottes, die nicht unsere Welt ist, von dem Reich des Friedens und daß unsere Toten uns vorausgegangen sind, gar nicht hören, ohne daß uns selbst eine unermeßliche Sehnsucht, ein unbeschreibliches Heimweh beschleicht nach jener Welt, wie es die Kinder beschleicht vor der Weihnachtsstube, in der Freude die Fülle und seliger Friede sein wird. Der hat noch nie an Gott und an sein Reich geglaubt, der hat noch nichts vom Reich der Auferstehung vernommen, der von Stund' an nicht selbst Heimweh hat und wartet, freudig wartet auf des Leibes Erlösung.

Ob wir jung sind oder alt, das ist hier kein Unterschied. Was sind die zwanzig oder dreißig oder fünfzig Jahre vor Gott? Und wer weiß denn, wie nahe er vielleicht schon dem Ziel ist? Daß das Leben erst anfängt, wenn es hier aufhört, daß das alles nur Vorspiel ist vor dem geschlossenen Vorhang, das sollen Junge und Alte bedenken.

Warum haben wir denn solche Angst, an den Tod zu denken? Warum wird uns so bange, wenn wir uns vorstellen, wie wir auf dem Sterbebett liegen werden? Der Tod ist ja furchtbar nur für den, der Angst hat, der ihn fürchtet. Der Tod ist nicht wild und schrecklich, wenn wir nur still sind und an Gottes Wort [uns] halten. Der Tod ist nicht bitter, wenn wir nicht verbittert sind. Der Tod ist Gnade, Gottes größte Gnade, die er den Menschen, die ihm glauben, schenkt. Der Tod ist mild, der Tod ist süß, der Tod ist sanft, der Tod lockt mit himmlischer Gewalt, wenn wir nur wissen, daß er das Tor in die Heimat, in das Freudenzelt, in das ewige Reich des Friedens ist.
Vielleicht sagen wir: Ich habe nicht Angst vor dem Tod, ich habe aber Angst vor dem Sterben. Wer weiß es denn, daß das Sterben etwas Schreckliches ist? Wer weiß es denn, ob nicht die Ängste und Nöte des Menschen nur das Zittern und Schaudern vor dem herrlichsten, himmlischsten, seligsten Ereignis der Welt ist? Daß es das Zappeln des neugeborenen Kindes ist, das das Licht der Welt erblickt? Was sind all die merkwürdigen Dinge, die wir an Sterbebetten erleben können, anderes als ein Hinweis gerade darauf? Was bedeutet es, wenn einer, der lange gekämpft und gerungen und sich geängstigt [hat], im letzten Augenblick sein Auge groß auftut, als ob er etwas Herrliches sähe und ruft: Gott, ist das schön! Wir fragen: Was bedeutet das?
Jawohl, der Tod ist schrecklich. Er ist der Knochenmann mit der Sense, der einen nach dem anderen zum Totentanz fordert, ob er will oder nicht – wenn der Mensch nicht glaubt, wenn er nicht zu den Gerechten gehört, von denen unser Wort gilt: Aber sie sind im Frieden.
Der Tod ist die Hölle und die Nacht und die Kälte, wenn ihn unser Glaube nicht verwandelt. Aber das ist ja das Wunderbare, daß wir den Tod verwandeln können. Wenn

ihn unser Glaube an Gott berührt, dann wird aus dem wilden Knochenmann, der uns Angst macht, der Freund, der Bote Gottes. Dann wird aus dem Tod Christus selbst. Ja, das sind sehr verborgene Dinge. Aber wir dürfen sie wissen. Und unser Leben hängt daran. Die Glaubenden werden Frieden haben und der Tod wird sie nicht schrekken. Er kann sie nicht mehr anrühren, denn sie sind in der Hand Gottes und keine Qual rührt sie an.
Es hat mancher versucht, sich den Tod zum Freund zu machen. Und er ist ihm doch in letzter Stunde untreu geworden, er wurde sein Feind. Es gibt nur einen Weg, den Tod zum Freund zu haben und der heißt Glaube. Dann wird der Tod der beste Freund. Dann wird auch einmal über unserem Sterbebett Gottes Wort erklingen: [»Aber] sie sind im Frieden.« Und unsere Augen werden übergehen vor Freude, wenn wir das Reich und diesen Frieden sehen werden.
Vielleicht kommt es euch kindlich vor, daß wir so reden. Aber können wir denn angesichts solcher Dinge anders als so kindlich reden? Sind wir denn angesichts solcher Dinge wirklich etwas anderes als Kinder, ahnungslose Kinder? Und wollen wir denn wirklich etwas anderes sein? Wollen wir etwas anderes sein, wenn wir in sein Reich kommen und den Freudentag sehen dürfen? Seht euch Kinder an, wenn sie sich freuen. Und sagt selbst, ob ihr etwas Besseres sein wollt. Und ob wir uns dessen zu schämen hätten? »Ich will euch trösten, wie einen seine Mutter tröstet« [Jes. 66,13].
Kinder der Auferstehung hat uns Christus genannt. Kinder, die Heimweh haben, das sind wir, wenn es recht mit uns steht.

»So will ich zwar nun treiben mein Leben durch die Welt,
doch denk ich nicht zu bleiben in diesem dunklen Zelt.

Ich wand're meine Straßen, die zu der Heimat führt,
Da mich ohn alle Maßen mein Vater trösten wird.«[1]
Amen.

## Wie ein Gefangener auf Befreiung wartet

Erster Advent, 3. Dezember 1933

*Lukas 21,28: Wenn aber dieses anfängt zu geschehen, so sehet auf und erhebet eure Häupter, darum daß sich eure Erlösung naht.*

Ihr wißt alle, was ein Grubenunglück ist. Wir haben in den letzten Wochen immer wieder davon in den Zeitungen lesen müssen[1]. Über den Männern, die täglich in den tiefen Schacht der Erde einfahren müssen, um ihre Arbeit zu tun, schwebt die fortwährende Gefahr, daß eines Tages einer der Gänge einstürzt, daß eine unterirdische Explosion sie verschüttet. Dann sind sie da unten in der Erde im Dunkel der Nacht, verlassen, allein. Dann ist ihr Schicksal erfüllt. Dann ist der Augenblick da, vor dem auch dem mutigsten Bergmann sein Leben lang gegraut hat. Da hilft kein Schreien. Da hilft es nichts, wie rasend gegen die Wand anzurennen. Da hilft kein Kraftaufwand mehr etwas. Aber je mehr ein Mensch dann seine völlige Ohnmacht erkennt, desto rasender wird [er]. Aber es bleibt stumm um ihn herum. Er weiß, da oben laufen jetzt die

1. Aus Paul Gerhardts Choral: »Ich bin ein Gast auf Erden ...«
1. Schweres Grubenunglück in Wales.

Leute zusammen, da weinen die Frauen und die Kinder – aber ihm ist der Weg versperrt. Ihm bleibt nichts als das Ende. Er weiß auch, da oben arbeiten sie jetzt fieberhaft. Da graben sich die Kameraden mit zäher Energie durch den Stein, den Verschütteten entgegen. Vielleicht wird auch hier oder da noch einer gefunden und gerettet. Aber hier in der tiefsten Tiefe im letzten Schacht ist keine Hoffnung. Es bleibt nur ein qualvolles Warten und Sterben. Und wenn dann auf einmal ein leises Geräusch sich vernehmen läßt, wie ein Klopfen, ein Hämmern, ein Brechen von Steinen, und wenn man dann plötzlich wie aus der Entfernung Stimmen hört, die rufen, rufen ins Leere, ins Dunkle; und wenn dies Rumoren und Arbeiten immer lauter wird und plötzlich gibt's einen harten Schlag und das Klopfen kommt ganz nah, es hallt schon wider; und dann schließlich ruft eine befreundete Männerstimme eines Kameraden laut den Namen des Verschütteten: Wo bist du? Es kommt Hilfe. Dann auf einmal richtet sich der schon Verzagte hoch auf. Sein Herz möchte ihm springen vor Spannung und vor Warten und er schreit aus Leibeskräften: Hier bin ich. Kommt durch zu mir und helft mir. Ich komme nicht durch. Ich kann mir nicht helfen. Aber ich warte, ich warte. Ich halte durch, bis ihr kommt. Kommt nur bald. Und er hört in rasender Aufmerksamkeit, wie es Schlag für Schlag näher kommt. Sekunden vergehen wie Stunden. Er sieht nichts, gar nichts, aber er hört die Stimmen der Helfer. Da dringt ein letzter, wilder, verzweifelter Hammerschlag an sein Ohr und nun ist die Rettung nah. Noch ein Schritt weit und er ist frei.

Nicht wahr, ihr begreift, warum ich davon spreche am ersten Advent. Es ist ja der Advent selbst, von dem wir geredet haben. So steht es ja mit dem Herannahen Gottes zum Menschen, mit dem Kommen der Erlösung, mit der Ankunft Christi: »Sehet auf und erhebet eure Häupter, darum daß sich eure Erlösung naht.«

Zu wem spricht man denn so? Wen interessiert denn ein solches Wort? Wen regt denn so etwas überhaupt auf? Denkt an ein Gefängnis. Lange Jahre haben die Gefangenen die Schmach und die Strafe ihrer Gefangenschaft getragen. In harter Plage haben sie indes schwere Zwangsarbeit tun müssen, bis sie sich selbst zur Last wurden. Immer wieder versuchte der eine oder der andere zu entkommen, aber er wurde gefaßt und zurückgeschleppt und von nun an war's nur noch schlimmer. Oder ein Schuß brachte ihn zur Strecke. Unter Seufzen und Tränen tragen die anderen ihr Los und ihre Ketten. Und nun dringt auf einmal die Botschaft ins Gefängnis: Binnen kurzem sollt ihr alle frei werden. Eure Ketten sollen fallen. Eure Schinder sollen gebunden werden und ihr sollt erlöst sein. Dann sieht der Chor der Gefangenen auf und schreit herzzerreißend: Ja, komm, o Retter.
Denkt an den Kranken, den eine unheilbare Krankheit quält, der in unsäglichen Schmerzen langsam, langsam dahinstirbt, der sich sehnt nach dem Ende dieser Plage und jetzt kommt der Tag, an dem der Arzt ihm ruhig und bestimmt sagen darf: Heute wirst du erlöst sein. Dann wird der Todkranke froh sein Haupt erheben und dieser Erlösung entgegen sehen.
Und nun denkt an den Menschen, den nicht äußere Gefangenschaft, nicht leibliche Krankheit, sondern eine schwere seelische Not drückt. Denkt an den Menschen mit dem Geheimnis, von dem wir am Bußtag geredet haben, an den Menschen, der in unvergebener Schuld lebt und den Sinn des Lebens verliert und damit alle Fröhlichkeit. Denken wir an uns selbst, die wir uns um ein christliches, gehorsames Leben bemühen und immer wieder versagen. Denkt an den Sohn, der seinem Vater, an den Mann, der seiner Frau nicht mehr ins Auge sehen kann. Denkt an all die grenzenlose, tiefe Zerrüttung und Heillosigkeit, die aus all dem erwächst – und dann laßt es uns

noch einmal hören: »Sehet auf, erhebet eure Häupter, darum daß sich eure Erlösung naht.« Ihr sollt frei werden von all dem. Die Not und Angst eurer Seele hat ein Ende. Die Erlösung ist nah. (Wie der Vater zu seinem Kind sagt: Sieh auf, blick nicht zur Erde, sieh mich an. Ich bin dein Vater ... so heißt es hier im Evangelium: Sehet auf, erhebet eure Häupter, darum daß sich eure Erlösung naht.) Also: Wer ist eigentlich angeredet mit diesem Text? Menschen, die wissen, daß sie unerlöste Menschen sind; daß sie geknechtete und gefesselte Menschen sind; daß ein Schinder Gewalt über sie hat und sie Frondienst tun müssen; Menschen wie jener Verschüttete, wie jener Gefangene, die immer noch Ausschau halten nach der Freiheit, der wirklichen Erlösung; Menschen, die gern erlöste Menschen wären. Nicht angeredet sind jedenfalls alle die, die sich schon so an ihren Zustand gewöhnt haben, daß sie gar nicht mehr merken, daß sie Gefangene sind; die sich abgefunden haben mit ihrer Unerlöstheit, eben so aus allerlei praktischen Gründen; die so gleichgültig und stumpf geworden sind, daß es sie gar nicht mehr aufbringt, wenn einer ihnen zuruft: Deine Erlösung ist nah. Nicht an die Satten, die Zufriedenen, sondern an die Hungernden und Dürstenden richtet sich dies Wort des Advent. Bei ihnen klopft er an, mächtig und eindringlich. Und wir hören ihn, wie jener verschüttete Bergmann in der Grube jeden Schlag, jedes Näherkommen des Retters mit letzter Aufmerksamkeit verfolgte. Kann man sich auch nur [aus]denken, daß jener von dem Augenblick an, da er das erste Klopfen vernahm, noch auf irgendetwas anderes geachtet hat als eben auf diese herannahende Befreiung? Und nun sagt uns der erste Advent nichts anderes als dies: Deine Erlösung, eure Erlösung naht. Sie klopft schon an. Hört ihr es nicht? Sie will sich den Weg durch all den Schutt, durch all das harte Gestein eures Lebens, eures Herzens bahnen. Das geht nicht schnell, aber sie kommt. Christus bricht sich den Weg zu euch, zu euren Herzen. Er will unser Herz, das hart geworden ist, wieder erweichen im Gehorsam gegen ihn. Er ruft uns gerade in diesen Wochen des Wartens, des Wartens auf Weihnachten immer wieder zu, daß er kommen will und daß er allein uns retten wird aus dem Gefängnis unseres Daseins, aus der Angst, aus der Schuld, aus der Einsamkeit.

Wollt ihr erlöst sein? Das ist die eine große, die entscheidende Frage, die der Advent an uns richtet. Brennt in uns noch irgendein Rest von Sehnsucht, von Erkenntnis dessen, was Erlösung heißen könnte? Wenn nicht, was wollen wir dann vom Advent? Was wollen wir dann von Weihnachten? Ein bißchen Sentimentalität? Ein bißchen innere Erhebung? Ein bißchen Stimmung? Wenn aber da etwas ist, das noch davon wissen will, das sich an diesem Wort entzündet; wenn da etwas in uns diesem Wort glaubt; wenn wir spüren, es könnte noch einmal, noch einmal in unserem Leben eine Wendung ganz zu Gott hin, zu Christus hin geschehen – warum sind wir dann nicht einfach gehorsam, hören das uns angebotene, zugerufene, in die Ohren geschrieene Wort: Die Erlösung ist nah? Hörst du denn nicht? Warte, warte nur noch einen kleinen Augenblick, dann wird dies Klopfen von Stunde zu Stunde und von Tag zu Tag lauter, eindringlicher werden. Und dann wird Weihnachten kommen und wir sind bereit. Gott kommt zu uns, zu dir und mir. Christ, der Retter, ist da.

Vielleicht sagt ihr: So habt ihr es in der Kirche schon immer gesagt, und es ist doch nie etwas daraus geworden. Warum ist denn nichts daraus geworden? Weil wir nicht gewollt haben. Weil wir nicht hören und nicht glauben wollten. Weil wir sagten: Mag sein, daß da der eine oder der andere Verschüttete gerettet wird, aber zu uns, so tief drunten, so weit weg, so entwöhnt von diesen Dingen, dringt der Retter nicht durch. Wir sind nun [ein]mal nicht fromm. Wir haben keine religiöse Begabung. Wir wollen ja gern, aber zu uns spricht das nun einmal nicht. Aber mit all dem reden wir uns ja nur [her]aus. Wer weiß es denn, der es noch nicht gelernt hat? Wenn wir wirklich einfach wollten, wenn es nicht alles Rederei und Ausflucht wäre, so würden wir doch endlich, endlich anfangen zu beten; zu beten, daß nun dieser Advent auch bei uns Einkehr halte. Täuschen wir uns doch nicht, die Erlösung naht, ob wir das wissen oder nicht. Und die Frage ist nur: Lassen wir sie auch zu uns kommen oder widersetzen wir uns? Lassen wir uns in diese Bewegung, die vom Himmel herab auf Erden kommt, hineinreißen oder verschließen wir uns? Es wird Weihnachten. Ob mit uns oder ohne uns, das liegt bei jedem Einzelnen von uns.

Und daß nun ein solches wahrhaftes Adventsgeschehen etwas anderes schafft als eine ängstliche, kleinliche, gedrückte, schwächliche Christlichkeit, die wir immer wieder wahrnehmen und die uns das Christentum selbst immer wieder verächtlich machen will, das wird aus den zwei gewaltigen Aufforderungen klar, die unseren Text einleiten: Sehet auf, erhebet eure Häupter. Advent schafft Menschen, neue Menschen. Neue Menschen sollen auch wir im Advent werden. Sehet auf ihr, deren Blick stur auf diese Erde gerichtet ist, die gebannt sind von den kleinen Geschehnissen und Veränderungen auf der Oberfläche dieser Erde. Sehet auf, die ihr euch vom Himmel enttäuscht abgewendet [habt], zu diesen Worten! Sehet auf ihr, deren Augen von Tränen schwer sind und dem nachweinen, das die Erde uns entrissen hat. Sehet auf ihr, deren Blick schuldbeladen sich nicht erheben kann. Sehet auf, eure Erlösung naht. Es geschieht noch etwas anderes, als was ihr täglich seht, etwas viel Wichtigeres, etwas unendlich viel Größeres und Mächtigeres. Nehmt es nur wahr. Seid auf der Wacht. Wartet noch einen kurzen

Augenblick. Wartet und es wird etwas ganz Neues über euch hereinbrechen. Gott wird kommen. Jesus kommt und wird von euch Besitz nehmen und ihr werdet erlöste Menschen sein. Sehet auf. Steht auf der Wacht. Die Augen auf. Wartet, wartet der herannahenden Erlösung entgegen.

Erhebet eure Häupter – du Heer der Gebeugten, der Gedemütigten, der Mutlosen, du geschlagenes Heer mit den gesenkten Häuptern. Die Schlacht ist ja nicht verloren. Erhebet eure Häupter. Der Sieg gehört euch. Faßt Mut. Keine Furcht, keine Angst, keine Sorge. Mut! Seid des Sieges gewiß. Seid stark. Seid männlich. Hier gibt es kein Kopfschütteln mehr, kein Zweifeln und Wegschauen. Die Freiheit, das Heil, die Erlösung kommt heran. Sehet auf, erhebet eure Häupter. Seid furchtlos und stark! Denn Christus kommt.

Und nun fragen wir noch [ein]mal: Hören wir nun, wie es klopft und treibt und vorwärtskämpft, wie da etwas in uns aufspringen will, sich auftun, frei werden dem Christus entgegen? Spüren wir, daß das nicht nur bildliche Rede ist, sondern daß da etwas geschieht? Daß da Menschenseelen aufgerichtet, erschüttert, zerrissen und geheilt werden? Daß da der Himmel sich zur Erde neigt und die Erde zittert und die Menschen verzagen vor Angst und Bangigkeit und Hoffnung und Freude? Daß da Gott sich [zu] den Menschen neigt und zu ihnen eingeht? Kann der verschüttete Bergmann auf etwas anderes achten als auf dies Hämmern und Klopfen der Retter? Kann und darf uns noch etwas anderes wichtig sein, als eben auf dieses selbe Hämmern und Klopfen Jesu Christi in unserem Leben zu achten? Kann es uns in allem, was geschieht, um etwas [anderes] gehen als um das Lauschen und Aufhorchen [im Manuskript: Aufhören], um das Zittern und Sichausstrecken nach ihm? Es ist etwas am Werk auch in uns. Daß wir's doch nicht zuschütteten, daß wir doch auftäten dem, der da kommen will. Mitten im Winter hat Luther einmal, als er an Advent über unseren Text predigte, gerufen: »Der Sommer ist nahe. Die Bäume wollen hervor. Es ist Frühlingszeit.« Wer Ohren hat zu hören, der hört. Amen.

## Meine Seele erhebet den Herrn

### Dritter Advent, 17. Dezember 1933

*Lukas 1, 46–55: Und Maria sprach: Meine Seele erhebet den Herrn, und mein Geist freuet sich Gottes, meines Heilandes; denn er hat die Niedrigkeit seiner Magd angesehen. Siehe, von nun an werden mich selig preisen alle Kindeskinder; denn er hat große Dinge an mir getan, der da mächtig ist und des Name heilig ist. Und seine Barmherzigkeit währet immer für und für bei denen, die ihn fürchten. Er übet Gewalt mit seinem Arm und zerstreuet, die hoffärtig sind in ihres Herzens Sinn. Er stößt die Gewaltigen vom Stuhl und erhebt die Niedrigen. Die Hungrigen füllet er mit Gütern und läßt die Reichen leer. Er denket der Barmherzigkeit und hilft seinem Diener Israel auf, wie er geredet hat unsern Vätern, Abraham und seinem Samen ewiglich.*

Dieses Lied der Maria ist das älteste Adventslied. Es ist zugleich das leidenschaftlichste, wildeste, ja man möchte fast sagen revolutionärste Adventslied, das je gesungen worden ist. Es ist nicht die sanfte, zärtliche, verträumte Maria, wie wir sie manchmal auf Bildern dargestellt sehen, sondern es ist die leidenschaftliche, hingerissene, stolze, begeisterte Maria, die hier spricht. Nichts von den süßen, wehmütigen oder gar spielerischen Tönen mancher unserer Weihnachtslieder, sondern ein hartes, starkes, unerbittliches Lied von stürzenden Thronen und gedemütigten Herren dieser Welt, von Gottes Gewalt und von der Menschen Ohnmacht. Es sind die Töne der prophetischen Frauen aus dem Alten Testament, Debora, Judith, Mirjam, die hier im Munde der Maria lebendig werden. Maria, die vom Geist ergriffen und gefaßt, Maria, die gehorsam und demütig an sich geschehen läßt, was der Geist ihr gebietet, die den Geist wehen läßt, wo er will, sie spricht aus diesem Geist heraus vom Kommen Gottes in die Welt, vom Advent Jesu Christi. Sie weiß ja besser als irgendein anderer, was es heißt, auf Christus warten. Sie wartet ja anders auf ihn als irgendein anderer Mensch. Sie erwartet ihn als seine Mutter. Er ist ihr näher als irgendeinem anderen. Sie weiß um das Geheimnis seines Kommens, um den Geist, der hier im Spiele ist, um den allmächtigen Gott, der sein Wunder tut. Sie erfährt es selbst am eigenen Leib, daß Gott wunderbare Wege mit den Menschen geht, daß er sich nicht nach der Meinung und Ansicht der Menschen richtet, daß er nicht den Weg geht, den die Menschen ihm vorschreiben wollen, sondern daß sein Weg über alles Begreifen, über alles Beweisen frei und eigenwillig ist.

Wo der Verstand sich entrüstet, wo unsere Natur sich auflehnt, wo unsere Frömmigkeit sich ängstlich fernhält, dort, gerade dort liebt es Gott zu sein. Dort verwirrt er den Verstand der Verständigen. Dort ärgert er unsere Natur, unsere Frömmigkeit. Dort will er sein und keiner kann's ihm verwehren. Und nur die Demütigen glauben ihm und freuen sich, daß Gott so frei und so herrlich ist, daß er Wunder tut, wo der Mensch verzagt, daß er herrlich macht, was gering und niedrig ist. Und das ist ja das

Wunder aller Wunder, daß Gott das Niedrige liebt. »Gott hat die Niedrigkeit seiner Magd angesehen.«
Gott in der Niedrigkeit – das ist das revolutionäre, das leidenschaftliche Adventswort. Zunächst Maria selbst, die Zimmermannsfrau. Sagen wir: die arme Arbeiterfrau, unbekannt, bei den Menschen unangesehen – nun aber gerade in ihrer Unansehnlichkeit, in ihrer Niedrigkeit bei den Menschen von Gott angesehen und ausersehen, Mutter des Weltenretters zu sein. Nicht um irgendwelcher menschlichen Vorzüge willen, auch nicht um ihrer gewiß großen Frömmigkeit willen, auch nicht um ihrer Demut willen, nicht um irgendwelcher Tugenden willen, sondern ausschließlich und allein darum, weil Gottes gnädiger Wille das Niedrige, das Unansehnliche, das Geringe liebt, erwählt und groß macht. Maria, die harte, fromme, in ihrem Alten Testament lebende und auf ihren Erlöser hoffende niedrige Arbeiterfrau – die Mutter Gottes. Christus, der arme Arbeitersohn im East End von London, Christus in der Krippe ... Gott schämt sich der Niedrigkeit des Menschen nicht. Er geht mitten hinein, erwählt einen Menschen zu seinem Werkzeug und tut seine Wunder dort, wo man sie am wenigsten erwartet. Gott ist nahe der Niedrigkeit. Er liebt das Verlorene, das Unbeachtete, Unansehnliche, das Ausgestoßene, das Schwache und Zerbrochene. Wo die Menschen sagen »verloren«, da sagt er »gefunden«. Wo die Menschen sagen »gerichtet«, da sagt er »gerettet« [im Manuskript: »gerichtet« »gerettet«]. Wo die Menschen sagen: Nein!, da sagt er: Ja! Wo die Menschen ihren Blick gleichgültig oder hochmütig wegwenden, da ist sein Blick von einer Glut der Liebe wie nirgends sonst. Wo die Menschen sagen: »verächtlich«, da ruft Gott: »selig«. Wo wir an einen Punkt in unserem Leben geraten sind, daß wir uns nur noch vor uns selbst und vor Gott schämen; wo wir meinen, Gott selbst müsse sich jetzt unserer schämen; wo wir uns Gott so fern fühlen wie

irgend je im Leben, da gerade ist Gott uns so nah wie nie zuvor. Da will er in unser Leben einbrechen. Da läßt er uns sein Herannahen fühlbar spüren, damit wir das Wunder seiner Liebe, seiner Nähe, seiner Gnade begreifen sollen. »Siehe, nun werden mich selig preisen alle Kindeskinder«, jubelt Maria. Was heißt es, Maria, die niedrige Magd, selig preisen? Es kann nichts anderes heißen, als das Wunder Gottes, das an ihr geschah, staunend anbeten; an ihr ersehen, daß Gott das Niedrige ansieht und erhöht; daß Gottes Kommen in diese Welt nicht die Höhen, sondern die Tiefen aufsucht; daß wir Gottes Herrlichkeit und Allmacht darin sehen, daß er das Geringe groß macht. Maria selig preisen heißt nicht, ihr Altäre bauen, sondern mit ihr den Gott anbeten, der das Niedrige ansieht und erwählt, der »große Dinge tut und des Name heilig ist«. Maria selig preisen heißt, mit ihr wissen, daß Gottes »Barmherzigkeit währet für und für bei denen, die ihn fürchten«, die seinen Wegen staunend nachsehen und nachdenken, die seinen Geist wehen lassen, wo er will, die ihm gehorchen und mit Maria demütig sprechen: »Mir geschehe, wie du gesagt hast.«

Wenn Gott die Maria zum Werkzeug erwählt, wenn Gott selbst in der Krippe von Bethlehem auf diese Welt kommen will, so ist das nicht eine idyllische Familienangelegenheit, sondern es ist der Beginn einer völligen Umkehrung, Neuordnung aller Dinge dieser Erde. Wenn wir an diesem Advents- und Weihnachtsgeschehen teilnehmen wollen, so können wir nicht einfach zuschauerisch wie bei einem Theater daneben stehen und uns an all den freundlichen Bildern freuen, sondern dann werden wir selbst in diese Handlung, die da geschieht, in diese Umkehr aller Dinge mit hineingerissen. Da müssen wir mitspielen auf dieser Bühne. Da ist der Zuschauer immer schon eine handelnde Person in dem Stück. Da können wir uns nicht entziehen.

Was spielen wir denn da mit? Fromme Hirten, die ihre Knie beugen? Könige, die ihre Gaben bringen? Was wird denn da gespielt, wo Maria die Mutter Gottes wird? Wo Gott in der Niedrigkeit der Krippe in die Welt kommt? Weltgericht und Welterlösung – das ist es, was hier geschieht. Und das Christuskind in der Krippe selbst ist es, das Weltgericht und Welterlösung hält. Es stößt die Großen und Gewaltigen zurück. Es stürzt die Throne der Machthaber. Es demütigt die Hoffärtigen. Sein Arm übt Gewalt über alle Hohen und Starken und er erhebt, was niedrig ist und macht es groß und herrlich in seiner Barmherzigkeit. Und darum können wir an seine Krippe nicht treten wie an die Wiege eines anderen Kindes. Sondern wer an seine Krippe gehen will, mit dem geht etwas vor. Der kann nur gerichtet oder erlöst wieder von ihr fortgehen. Der muß hier entweder zusammenbrechen oder er weiß die Barmherzigkeit Gottes sich zugewandt.

Was heißt das? Ist das nicht alles Redensart, pastorale Übertreibung einer schönen frommen Legende? Was heißt es, daß solche Dinge vom Christuskind gesagt werden? Wer es als Redensart nehmen will, der tue es und feiere Advent und Weihnachten weiterhin so heidnisch-unbeteiligt wie bisher. Uns ist es keine Redensart. Denn das ist es ja, daß es Gott selbst ist, der Herr und Schöpfer aller Dinge, der hier so gering wird, der hier in den Winkel, in die Verborgenheit, in die Unansehnlichkeit der Welt eingeht; der in der Hilflosigkeit und Wehrlosigkeit des Kindes uns begegnen und unter uns sein will – und das nicht aus Tändelei, aus Spielerei, weil wir das so rührend finden, sondern um uns zu zeigen, wo er sei und wer er sei und um von diesem Ort aus alles menschliche Großseinwollen zu richten und zu entwerten [und] zu entthronen.

Der Thron Gottes in der Welt ist nicht auf den menschlichen Thronen, sondern in den menschlichen Abgründen

und Tiefen, in der Krippe. Um seinen Thron herum stehen nicht schmeichelnde Vasallen, sondern dunkle, unbekannte, fragwürdige Gestalten, die sich an diesem Wunder nicht satt sehen können und ganz von der Barmherzigkeit Gottes leben wollen.
Es gibt für einen Starken, für einen Großen dieser Welt nur zwei Orte, an denen ihn sein Mut verläßt, vor denen er sich in tiefster Seele fürchtet, denen er scheu ausweicht. Das ist die Krippe und das Kreuz Jesu Christi. In die Nähe der Krippe wagt sich kein Gewaltiger, hat sich der König Herodes auch nicht gewagt. Denn eben hier wanken die Throne, fallen die Gewaltigen, stürzen die Hohen, weil Gott mit den Niedrigen ist. Hier werden die Reichen zunichte, weil Gott mit den Armen und Hungernden ist, weil er die Hungernden satt macht. Aber die Satten und Reichen gehen leer aus. Vor Maria, der Magd, vor der Krippe Christi, vor Gott in der Niedrigkeit kommt der Starke zu Fall, hat er kein Recht, keine Hoffnung, ist er gerichtet. Und wenn er auch heute noch meint, es geschehe ihm nichts, so wird es morgen oder übermorgen geschehen. Gott stößt die Tyrannen vom Stuhl. Gott erhebt die Niedrigen. Dazu ist Jesus Christus als Kind in der Krippe, als Sohn der Maria zur Welt gekommen.
Wir wollen in acht Tagen Weihnachten feiern und nun einmal wirklich als Fest des Christus in unserer Welt. Da müssen wir vorher noch etwas bereinigen, was in unserem Leben eine große Rolle spielt. Nämlich wir müssen uns klar werden, wie wir angesichts der Krippe künftighin über hoch und niedrig im menschlichen Leben denken wollen. Wir sind zwar alle keine Gewaltigen, auch wenn wir's vielleicht gern wären und wir uns das ungern sagen lassen. Große Gewaltige gibt es immer nur wenige. Aber umso mehr kleine Gewaltige gibt es, solche Leute, die, wo sie es können, ihre kleine Gewalt spielen lassen und die

nur einem Gedanken leben: immer höher hinauf! Gottes Gedanke heißt anders. Er heißt: immer tiefer hinab, in die Niedrigkeit, in die Unscheinbarkeit, in die Selbstvergessenheit, in die Unansehnlichkeit, in das Nicht-gelten-Wollen, Nicht-hoch-sein-Wollen. Und auf diesem Weg begegnen wir Gott selbst. Jeder von uns lebt mit solchen zusammen, die man hoch und mit solchen, die man niedrig nennt. Jeder von uns hat noch einen, der niedriger ist als er. Ob dieses Weihnachten uns dazu helfen wird, noch einmal an diesem Punkt radikal umzulernen, umzudenken und zu wissen, daß unser Weg, sofern er ein Weg zu Gott sein soll, uns nicht auf die Höhen, sondern ganz wirklich in die Tiefen, zu den Geringen führt? Und daß jeder Lebensweg, der nur ein Höhenweg sein soll, ein Ende mit Schrecken nehmen muß?

Gott läßt sich nicht spotten. Er läßt es nicht hingehen, daß wir Jahr um Jahr Weihnachten feiern und nicht Ernst machen. Er hält sein Wort gewiß und er wird Weihnachten, wenn er in seiner Herrlichkeit und Macht in die Krippe eingeht, die Gewaltigen von ihrem Stuhl stoßen, wenn sie nicht endlich, endlich Umkehr halten.

Es ist eine wichtige Sache für eine christliche Gemeinde, daß sie sich in diesem Punkt versteht und daß sie aus solcher Erkenntnis die Konsequenzen für ihr Zusammenleben zieht. Es ist hier auch Grund, in dieser Richtung in unserer Gemeinde manches zu bedenken.

Wer von uns wird Weihnachten recht feiern? Wer alle Gewalt, alle Ehre, alles Ansehen, alle Eitelkeit, allen Hochmut, alle Eigenwilligkeit endlich niederlegt an der Krippe. Wer sich hält zu den Niedrigen und Gott allein hoch sein läßt. Wer im Kind in der Krippe die Herrlichkeit Gottes gerade in der Niedrigkeit schaut. Wer mit Maria spricht: Der Herr [hat] meine Niedrigkeit angesehen. Meine Seele erhebt den Herrn und mein Geist freuet sich Gottes, meines Heilandes. Amen.

# Anfang mit Christus

## Neujahrs-Andacht[1]

*Lukas 9, 57–62: Und sie gingen in einen andern Markt. Es begab sich aber, da sie auf dem Wege waren, sprach einer zu ihm: Ich will dir folgen, wo du hin gehst. Und Jesus sprach zu ihm: Die Füchse haben Gruben und die Vögel unter dem Himmel haben Nester; aber des Menschen Sohn hat nicht, da er sein Haupt hin lege. Und er sprach zu einem andern: Folge mir nach! Der sprach aber: Herr, erlaube mir, daß ich zuvor hingehe und meinen Vater begrabe. Aber Jesus sprach zu ihm: Laß die Toten ihre Toten begraben; gehe du aber hin und verkündige das Reich Gottes! Und ein anderer sprach: Herr, ich will dir nachfolgen; aber erlaube mir zuvor, daß ich einen Abschied mache mit denen, die in meinem Hause sind. Jesus aber sprach zu ihm: Wer seine Hand an den Pflug legt und sieht zurück, der ist nicht geschickt zum Reich Gottes.*

»Der Weg zur Hölle ist mit guten Vorsätzen gepflastert« – dieses Sprichwort, das sich in den verschiedensten Ländern findet, entspringt nicht der frechen Weltklugheit eines Unverbesserlichen, sondern hier enthüllt sich christliche Einsicht. Wer an der Jahreswende nichts Besseres zu tun weiß, als sich ein Register begangener Schlechtigkeiten anzulegen und den Beschluß zu fassen, von nun an – wie viele solche »von nun an« hat es schon gegeben! – mit besseren Vorsätzen anzufangen, der steckt noch mitten im Heidentum.

1. Für den Gemeindeboten für die deutschen evangelischen Gemeinden in Großbritannien, Nr. 1, 7. Januar 1934.

Denn *erstens* meint er, der gute Vorsatz mache schon den neuen Anfang, d. h. er meint, er könne von sich aus einfach einen neuen Anfang machen, wann er es gerade wolle. Und das ist eine böse Täuschung; einen neuen Anfang macht allein Gott mit dem Menschen, wenn es ihm gefällt, aber nicht der Mensch mit Gott. Einen neuen Anfang kann der Mensch darum überhaupt nicht machen, sondern er kann nur darum beten. Wo der Mensch bei sich selbst ist und aus sich heraus lebt, da ist das Neue und der Anfang nicht. Und Gott kann man nicht kommandieren, man kann um ihn nur beten. Aber beten kann der Mensch nur, wenn er begreift, daß er etwas nicht kann, daß er an seiner Grenze ist, daß ein anderer anfangen muß.

*Zweitens* aber merkt der Mensch, der allein von seinen guten Vorsätzen leben will, gar nicht, woher diese eigentlich kommen. Da gilt es scharf hinzusehen. Unsere sogenannten guten Vorsätze sind ja nichts als Angstprodukte eines schwachen Herzens, das sich vor allerlei Schlechtigkeiten, Sünden fürchtet und sich nun mit sehr menschlichen Waffen rüstet, um gegen diese Gewalten anzugehen. Wer aber Angst hat vor der Sünde, der ist schon mitten drin. Die Angst ist das Netz, das uns der Böse überwirft, damit wir uns verstricken und alsbald zu Fall kommen. Wer Angst hat, ist schon gefallen. Wen auf einer schwierigen Bergbesteigung plötzlich die Angst überfällt, der strauchelt gewiß.

Also mit solchen ängstlichen guten Vorsätzen ist es nichts. So kommen wir bestimmt zu keinem neuen Anfang. Der Weg zur Hölle ist mit guten Vorsätzen gepflastert.

Wie finden wir einen neuen Anfang? Unser Text berichtet zunächst von einem offenbar für Jesus Christus begeisterten jungen Mann, der vielleicht schon lange auf die Gelegenheit gewartet hatte, seiner Begeisterung Ausdruck zu

geben. Jetzt kommt Jesus in die Stadt, der Begeisterte eilt ihm entgegen, tritt ihm in den Weg: Ich will dir folgen, wo du hingehst. Er selbst will den Anfang machen, er bietet sich an, in glühender Hingabe meint er, für diesen Mann alles tun, alles lassen zu können. Aber Jesus wehrt ab. Ihm ist diese Begeisterung verdächtig. Weißt du auch, was du tust? Weißt du auch, wer ich bin? Weißt du auch, wohin mein Weg dich führen würde? Weißt du auch, daß man sich mir nicht aus Begeisterung an den Hals wirft, sondern daß ich festen, unerschütterlichen Glauben brauche, der sich allein an meinen Ruf hält? Habe ich dich gerufen? Kommst du allein auf meinen Ruf? Du willst von neuem anfangen, du Begeisterter; bedenke, was du tust; bedenke, mit wem du es wagst; bedenke, daß es von der Begeistertung zur Verlegenheit nur ein Schritt ist!
Den Zweiten in unserer Geschichte ruft Jesus selbst an; der lebt ganz im Vergangenen, hängt einem großen Schmerz nach, den er nicht vergessen kann, hat keine Zukunftsfreudigkeit mehr; er möchte in der Welt der Toten, im Vergangenen dahindämmern. Den ruft Christus heraus. Er zögert, er will noch einmal zurück. »Laß die Toten ihre Toten begraben« – laß das Vergangene dahinten, werde frei – jetzt oder nie. Christus ruft dich zu neuem Anfang, auf ihn allein wage es – aber nun gleich, heute noch, Christus zieht weiter – geh' mit ihm, auf seinen Ruf, jetzt!
Der Dritte wäre wohl gern mitgegangen. Er meint es ernst, und eben darum kann er ja wohl seinem Anerbieten, Jesus nachzufolgen, eine kleine Bedingung anhängen. »Erlaube mir zuvor ...« Ich will ja gewiß, aber, nicht wahr, du verstehst, Herr, noch dieses und jenes »zuvor«. Nein, er versteht nicht, will nicht verstehen. »Wer seine Hand an den Pflug legt ...«; nicht zurück, aber auch nicht in unübersehbare Fernen schaut der Mann, der den Pflug führt, sondern auf den nächsten Schritt, den er tun

muß; Rückblicke sind keine christliche Sache. Laß dahinten Angst, Kummer, Schuld. Du aber sieh auf den, der dir einen neuen Anfang gegeben. Über ihm vergißt du alles.
Das nächste Jahr wird kein Jahr ohne Angst, Schuld, Not sein. Aber – daß es in aller Schuld, Angst, Not ein Jahr mit Christus sei, daß unserm Anfang mit Christus eine Geschichte mit Christus folge, die ja nichts ist als ein tägliches Anfangen mit ihm – darauf kommt es an.

## Der überlegene Spieler

Undatiert[1]

*Sprüche 16,9: Des Menschen Herz erdenkt sich seinen Weg; aber der Herr allein gibt, daß er fortgehe.*

Wenn ich zu einer deutschen Auslandsgemeinde kam, hat mich eine Frage immer am meisten beschäftigt: Wie sind die Leute hier alle an diesen Ort gekommen? Welche verschiedenartigen Gründe und welch merkwürdigen Ziele haben sie hierher gebracht? Haben nicht Zufall und unberechenbare Umstände eine große Rolle gespielt? War es nicht oft so, daß eine sehr unscheinbare Ursache sehr wichtig geworden ist für das ganze Leben? Auf der anderen Seite muß es oft einer außerordentlichen, unbiegsamen und unvergleichlichen Willenskraft bedurft haben,

1. Abend-Predigt in der deutschen reformierten St.-Pauls-Kirche in englischer Sprache, übersetzt von E. Bethge.

den Weg zu bereiten, jede Art von Schwierigkeit durchzukämpfen und schließlich das Ziel zu erreichen. Stellt euch vor, daß jeder jetzt nacheinander aufsteht und uns erzählt, wie er in dies Land gekommen ist, in diese Stadt und an diese Stelle – ich bin sicher, wir wären verblüfft über die merkwürdigen und wunderbaren Wege, die Menschen geführt werden; es wäre zweifellos eine gute Sache für uns alle, wieder zu lernen, was wir so schnell vergessen, nämlich die Wunder unseres Lebens bis hierher. Es gäbe niemand, der uns nicht berichten könnte von großen Plänen und Hoffnungen in seinem Leben, von großen Niederlagen und Enttäuschungen, von Glück und Elend, von Einsamkeit und Gemeinschaft, von Ruhelosigkeit und Arbeit und – vielleicht – von schließlichem Frieden und Ausruhen, das er nach so langen Wanderungen und Kämpfen gefunden hat. Einige von uns sind mitten auf ihrem Wege, einige beginnen gerade, andere sind grausam aus der Bahn geworfen und müssen einen neuen Start machen. Die Mehrzahl von uns wird mehr zurück in die Vergangenheit schauen als vorwärts in die Zukunft. Aber niemand hat das Ende erreicht. Wir haben unsere Straße noch weiter zu wandern und niemand weiß, wohin sie ihn morgen führt.

Es ist erstaunlich, wie oft man von Jungen und von Alten das alte deutsche Sprichwort hört, wenn sie ihre Lebensgeschichte und ihre Pläne erzählen: »Jedermann ist seines Glückes Schmied.« Dies Sprichwort scheint die Erfahrung von vielen unter uns zum Ausdruck zu bringen. Es liegt alles an mir; ob wir aus unserem Leben einen Erfolg oder einen Fehlschlag machen, ob wir glücklich sind oder nicht, ob wir zufrieden oder dauernd unzufrieden gegen unser Schicksal grollen, das hängt letzten Endes ab von meiner Willenskraft, meiner Arbeit, meinen Opfern, meinem Temperament und Gaben – das behaupten sie zu wissen.

»Jeder ist seines Glückes Schmied.« Da ist der Junge, der von der Zeit träumt, wenn er erwachsen sein wird, der von der Zukunft und Erfolgen, von Arbeit, Ehre und Ruhm, von Erlebnissen und Glück träumt. »Wie werde ich es erreichen?« fragt er sich Tag und Nacht. Und welche Antwort könnte stolzer, einfacher und ermutigender sein als diese: Jeder ist seines Glückes Schmied. Schmiede das Eisen, solange es heiß ist. Ich vermute, es gibt keinen Jungen, den diese Worte nicht anfeuern zu größerer Hoffnung und Ungeduld.

Da ist der reife Mann, der es oft genug erfahren hat: Du bist es selbst, der es tun muß, du allein; du mußt dich durchkämpfen, du mußt dich heiter und optimistisch erhalten, selbst wenn alles gegen dich läuft – Du bist deines Glückes Schmied.

Und da ist schließlich der Alte, der zurückschaut, der vieles in dieser Welt gesehen hat, der vielleicht als ein mittelloser kleiner Junge sein Leben begann und dessen Leben ein Erfolg geworden ist und der nun Abschied nimmt mit der stolzen Feststellung und dem Rat: Jeder ist seines Glückes Schmied!

Aber mitten unter diesen einmütigen Stimmen läßt sich eine andere Stimme vernehmen, die uns merkwürdig und fremd erscheint. Es ist die Stimme des alten weisen König Salomo: »Des Menschen Herz denkt sich einen Weg aus, aber der Herr lenkt seinen Schritt.« Dieses Wort ist tatsächlich das genaue Gegenteil zu jenem populären Wort. Das macht tatsächlich den ganzen Unterschied aus, ob einer auf dem Grund dieses biblischen oder jenes populären Wortes lebt. Es macht tatsächlich den ganzen Unterschied aus, ob einer versucht, nach seinen eigenen Gedanken, Plänen und Entwürfen zu leben und meint, diese seien die ganze Wirklichkeit – oder ob er sich klar macht, daß weder seine Gedanken und Wünsche noch seine angespanntesten Willenskräfte seinem Leben die Bestimmung geben, sondern daß da andere Faktoren, unbekannt, unsichtbar und verborgen existieren, auf die es allein ankommt, die hinter jedem stehen, was die Geschichte von Menschen und Nationen schafft, welche die letzte Wirklichkeit sind – Gott, der Allmächtige. Unser Leben ist nicht die einfache und gerade Linie, die unser eigener Wille und Verstand zieht, sondern das Leben ist etwas, was aus zwei verschiedenen Linien entsteht, zwei verschiedenen Faktoren, zwei verschiedenen Kräften – Leben ist komponiert aus des Menschen Gedanken und Gottes Wegen; und in Wahrheit gibt es das überhaupt gar nicht: des Menschen Wege – denn »des Menschen Herz denkt sich einen Weg aus« –, das will sagen, da ist nur ein Weg-Entwurf, ein Weg in Gedanken, in Theorie, in Illusion – aber da ist ein wirklicher Weg, den wir unvermeidlich zu gehen haben – und das ist Gottes Weg. Der Unterschied zwischen den beiden Wegen ist, daß der Mensch das Ganze seines Lebens auf einmal voraussehen möchte, aber Gottes Weg geht nur Schritt für Schritt. »Des Menschen Herz denkt sich seinen Weg aus, aber der Herr lenkt seinen Schritt.« Das scheint dem Menschen natürlich höchst unbefriedigend. Er möchte das Leben überschauen vom Anfang bis zum Ende. Aber Gott erlaubt es nicht. Gott möchte, daß der Mensch geht Schritt für Schritt, nicht von seinen eigenen Ideen über das Leben geleitet, sondern von Gottes Wort, welches bei jedem Schritt zu ihm kommt, wann immer er danach fragt. Es gibt kein Wort von Gott für das Ganze unseres Lebens. Gottes Wort ist neu und frei heute und morgen, und es ist zutreffend genau in dem Augenblick, in welchem wir es hören. Gott möchte, daß wir weitergehen Schritt für Schritt, um uns zu sich zu treiben, damit wir wieder und wieder bei ihm Hilfe suchen.

Obwohl wir zugeben, daß wir das Geheimnis unserer Zukunft in Wirklichkeit nicht entdecken können, so versuchen wir doch immer noch, es mit unserer Einbildung oder Berechnung zu meistern. Aber Leben kann nicht kalkuliert werden, es ist jenseits des Reiches der Zahlen und Ideen; das Leben spottet jedes Versuches zu berechnen, denn es kommt von Gott selber, der in seinen Plänen nicht kalkuliert werden kann, der frei ist zu tun, was ihm gefällt. Leben ist undurchsichtig und jenseits der Fassungskraft menschlichen Verstandes – so ist es mit dem Geschick und den Wegen des Menschen. Wer versteht sie? Wer deutet sie?

Laßt mich auf ein Beispiel aufmerksam machen, das mich begleitet hat, seit ich ein Junge gewesen bin. Das klügste Spiel, welches der Mensch erfunden hat, ist Schach; es ist ein wunderbares Symbol für das Leben des Menschen. Leben ist wie das Schachspiel gegen einen überlegenen Partner. Es sind zwei Personen, die sich zum Spiel zusammensetzen. Jeder entwirft seinen Plan zu gewinnen. Der Schwächere wird jedoch bald folgende Beobachtung machen: er hat seinen Plan, es scheint voranzugehen, er hat Erfolg, der Partner weicht zurück, seine Züge scheinen ganz unbedeutend zu sein, er scheint ihn nicht einmal zu durchschauen – die Absichten des schwächeren Spielers; mehr und mehr gibt er nach, so daß er seinen Zügen nicht einmal mehr besondere Aufmerksamkeit schenkt. Da plötzlich, grade in dem Augenblick, als er den letzten entscheidenden Zug machen will, sieht er seinen Zusammenbruch. Er muß zugeben, daß der Partner das Spiel schon gewonnen hatte, ehe er einen seiner Züge verstand. Und erst jetzt, wenn das Spiel zu Ende ist und meine Niederlage offenbar, fange ich langsam an, jeden einzelnen Zug meines Partners zu verstehen und ich beginne zu merken, warum er so langsam zu sein schien, so zögernd. Jetzt verstehe ich alle die offensichtlich unbedeutenden Bewegungen, die so zwangsläufig zu meiner Niederlage führten.

Ihr versteht, was ich zu sagen versuche. Der Mensch ist der Verlierer, Gott der Gewinner. Gott läßt den Menschen starten, er läßt ihn Fortschritte machen, Erfolge haben und scheint selbst völlig passiv, seine Gegenzüge scheinen völlig unbedeutend. Selten merken wir sie überhaupt. So schreiten wir vorwärts stolz und bewußt und gewiß unseres Erfolges und endlichen Sieges – aber Gott kann warten, er wartet manchmal Jahre und Jahre, er erträgt uns Jahr um Jahr in unseren Wegen und scheint gar nicht zu sehen, daß wir auf der falschen Fährte sind. Gott wartet in der Hoffnung, daß der Mensch endlich seine Züge verstehen und sein Leben ihm ausliefern möchte. Aber einmal in jedem Leben – das mag vielleicht erst in der Stunde des Todes sein – kreuzt Gott den Weg, so daß der Mensch keinen Schritt mehr weiter kann, daß er anhalten und in Furcht und Zittern Gottes Macht und seine eigene Schwäche und sein Elend anerkennen muß; daß er dem, der der Sieger ist, sein Leben ausliefern muß; daß er um Gnade flehen muß, denn nichts als Gnade kann ihm mehr helfen.

Nur in diesen großen Augenblicken unseres Lebens verstehen wir die Bedeutung, daß Gott unsere Schritte lenkt, verstehen wir Gottes Geduld und Zorn. Und es geschieht in diesen Augenblicken, daß wir erkennen: Nur diese Stunden, in denen Gott unseren Weg gekreuzt hat, haben wirkliche Bedeutung in unserem Leben. Nur sie machen unser Leben lebenswert.

Die Pläne des Menschen werden von Gottes Wegen durchkreuzt. Diese Durchkreuzung weist zu dem Ort in der Welt, wo alle menschlichen Wünsche, Gedanken und Wege von Gottes Weg durchkreuzt worden sind, sie weist auf das Kreuz Christi. Zwei Richtungen, zwei Wege, der eine vom anderen gekreuzt – der Wille des Menschen durchkreuzt und gekreuzigt von Gottes Willen. Des Menschen Niederlage – Gottes Sieg. Des Menschen Ende – Gottes Anfang. Des Menschen Kreuzigung – Gottes Königreich. Nur der Weg des Menschen, der zum Kreuz führt, ist der Weg, den Gott Schritt für Schritt lenkt und der schließlich durch das Kreuz zu dem ewig dauernden Leben führt. Amen.

## Konnten wir wissen, daß deine Liebe so weh tut?

3. nach Epiphanias, 21. Januar 1934[1]

*Jeremia 20,7: Herr, du hast mich überredet und ich habe mich überreden lassen. Du bist mir zu stark gewesen und hast gewonnen.*

Jeremia hat sich nicht dazu gedrängt, Prophet Gottes zu werden. Er ist zurückgeschreckt, als ihn plötzlich der Ruf traf. Er hat sich gewehrt. Er wollte ausweichen – nein, er wollte dieses Gottes Prophet und Zeuge nicht sein. Aber auf der Flucht packt ihn, ergreift ihn das Wort, der Ruf. Er kann sich nicht mehr entziehen. Es ist um ihn geschehen. Gott hat sein Opfer. Oder, wie es einmal heißt, der Pfeil des allmächtigen Gottes hat das gehetzte Wild erlegt. Jeremia ist sein Prophet.
Von außen her kommt es über den Menschen. Nicht aus der Sehnsucht seines Herzens, nicht aus seinen geheimen, verborgensten Wünschen und Hoffnungen steigt es her-

1. In den Tagen des immer wieder verschobenen Empfangs der Kirchenführer bei Hitler, s. Biographie, 399–402.

auf. Das Wort, das den Menschen stellt, packt, gefangen nimmt, bindet, kommt nicht aus den Tiefen unserer Seele, sondern es ist das fremde, unbekannte, unerwartete, gewalttätige, überwältigende Wort des Herrn, der in seinen Dienst ruft, wen und wann er will. Da hilft kein Widerstreben. Sondern da heißt Gottes Antwort: Ich kannte dich, ehe ich dich im Mutterleib bereitete. Du bist mein. Fürchte dich nicht! Ich bin dein Gott, der dich hält.
Und dann ist dies fremde, ferne, unbekannte, gewalttätige Wort auf einmal das uns schon so unheimlich wohlbekannte, unheimlich nahe, überredende, betörende, verführende Wort der Liebe des Herrn, den es nach seinem Geschöpf verlangt. Dem Menschen ist ein Lasso über den Kopf geworfen und nun kommt er nicht mehr los. Versucht er zu widerstreben, so spürt [er] erst recht, wie unmöglich das ist. Denn das Lasso zieht sich nur enger und schmerzhafter zusammen und erinnert ihn daran, daß er ein Gefangener ist. Er ist Gefangener, er muß folgen. Der Weg ist vorgeschrieben. Es ist der Weg des Menschen, den Gott nicht mehr losläßt, der Gott nicht mehr loswird. Das heißt aber auch, der Weg des Menschen, der nie mehr – im Guten oder Bösen – gott-los wird.
Und dieser Weg führt mitten in die tiefste menschliche Schwachheit hinein. Ein verlachter, verachteter, für verrückt erklärter, aber für Ruhe und Frieden der Menschen äußerst gefährlicher Narr, den man schlägt, einsperrt, foltert und am liebsten gleich umbringt – das ist dieser Jeremia, eben weil er Gott nicht mehr loswerden kann. Phantast, Sturkopf, Friedensstörer, Volksfeind hat man ihn gescholten, hat man zu allen Zeiten bis heute die gescholten, die von Gott besessen und gefaßt waren, denen Gott zu stark geworden war. Wie gern hätte Jeremia anders geredet. Wie gern hätte er mit den anderen »Friede« und »Heil« geschrieen, wo doch Unfriede und Unheil war.

Wie gern hätte er geschwiegen, den anderen recht gegeben – aber er konnte einfach nicht. Es lag wie ein Zwang, wie ein Druck auf ihm. Es war, als säße ihm einer im Nacken und triebe ihn von einer Wahrheit zur anderen, von einem Leiden zum anderen. Er war nicht mehr sein eigener Herr. Er war seiner selbst nicht mehr mächtig. Ein anderer war seiner mächtig geworden. Ein anderer besaß ihn, von einem anderen war er besessen. Und Jeremia war von unserem Fleisch und Blut. Er war ein Mensch wie wir. Er leidet unter den dauernden Erniedrigungen, dem Spott, der Gewalt, der Brutalität der anderen. Und so bricht er dann nach einer qualvollen Folterung, die eine ganze Nacht gewährt hatte, in dieses Gebet aus: »Herr, du hast mich überredet und ich habe mich überreden lassen. Du bist mir zu stark geworden und hast gewonnen.«
Gott, du hast es mit mir angefangen. Du hast mir nachgestellt, hast mich nicht loslassen wollen, bist mir immer wieder hier oder dort plötzlich in den Weg getreten, hast mich verlockt und betört, hast dir mein Herz gefügig und willig gemacht; hast zu mir geredet von deiner Sehnsucht und ewigen Liebe, von deiner Treue und Stärke. Als ich Kraft suchte, stärktest du mich. Als ich Halt suchte, hieltest du mich. Als ich Vergebung suchte, vergabst du mir die Schuld. Ich hatte nicht gewollt. Aber du überwandest meinen Willen, meinen Widerstand, mein Herz. Gott, du verführtest mich unwiderstehlich, daß ich mich dir hingab. Herr, du hast mich überredet und ich habe mich überreden lassen. Wie einen Ahnungslosen hast du mich gefaßt – und nun kann ich nicht mehr von dir los. Nun schleppst du mich davon als deine Beute, bindest uns an deinen Siegeswagen und schleifst uns hinter dir her, daß wir geschunden und zermartert an deinem Triumphzug teilnehmen. Konnten wir es wissen, daß deine Liebe so weh tut? Daß deine Gnade so hart ist? Du bist mir zu stark geworden und hast gewonnen. Als der Gedanke an

dich in mir stark wurde, da wurde ich schwach. Als du über mich gewannst, da war ich verloren. Da war mein Wille gebrochen. Da war meine Kraft zu gering. Da mußte ich den Weg des Leidens gehen. Da konnte ich dir nicht mehr widerstreben. Da konnte ich nicht mehr zurück. Da war die Entscheidung über mein Leben gefallen. Nicht ich habe entschieden. Du hast entschieden. Du hast mich an dich gebunden auf Gedeih und Verderb. Gott, warum bist du uns so furchtbar nahe?
Tausende von Gemeindegliedern und Pfarrern sind heute in unserer Heimatkirche in der Gefahr der Unterdrükkung und Verfolgung um ihres Zeugnisses für die Wahrheit willen. Sie haben sich diesen Weg nicht aus Trotz und Willkür ausgesucht, sondern sie wurden diesen Weg geführt. Sie mußten ihn gehen – oft gegen ihren Willen, gegen ihr Fleisch und Blut – weil Gott in ihnen zu stark geworden war. Weil sie Gott nicht mehr widerstehen konnten. Weil hinter ihnen ein Schloß zugefallen war. Weil sie nicht mehr zurück konnten hinter Gottes Wort, Gottes Ruf, Gottes Befehl. Wie wünschten sie es oft, daß endlich Friede und Ruhe und Stille kämen. Wie wünschten sie oft, sie brauchten nicht immer wieder zu drohen, zu warnen, zu protestieren, die Wahrheit zu bezeugen. Aber ein Zwang liegt auf ihnen. »Weh uns, wenn wir das Evangelium nicht predigten« [1. Kor. 9,16]. Gott, warum bist du uns so nah?
Von Gott nicht mehr loskommen können, das ist die dauernde Beunruhigung jedes christlichen Lebens. Wer sich einmal auf ihn einließ, wer sich einmal von ihm überreden ließ, der kommt nicht mehr los. Wie ein Kind nicht mehr loskommt von seiner Mutter; wie ein Mann nicht mehr loskommt von der Frau, die er liebt. Zu wem er einmal geredet hat, der kann ihn nicht mehr ganz vergessen. Den begleitet er immerfort, im Guten und im Bösen. Den verfolgt er wie der Schatten den Menschen. Und diese dau-

ernde Nähe Gottes wird dem Menschen zu viel, zu groß, geht ihm über seine Kraft. Und er denkt wohl manchmal: O, hätte ich es nie mit Gott angefangen. Es ist zu schwer für mich. Es zerstört mir den Frieden meiner Seele und mein Glück. – Aber das nützt ihm alles nichts mehr. Er kann nicht mehr los. Und nun muß er hindurch mit Gott, es komme, was da wolle. Und wenn er meint, er könne es nicht mehr ertragen, er müsse sich selbst ein Ende machen, dann weiß er doch auch wieder, daß er auch so nicht mehr loskommt von dem Gott, auf den er sich einließ, von dem er sich hat überreden lassen. Er bleibt sein Opfer, in seinen Händen.

Aber eben hier, wo einer meint, den Weg mit Gott nicht mehr länger gehen zu können, weil er zu schwer ist – und solche Stunden kommen über jeden zu seiner Zeit – wo uns Gott zu stark geworden ist, wo ein Christ unter Gott zusammenbricht und verzagt, da wird uns Gottes Nähe, Gottes Treue, Gottes Stärke zum Trost und zur Hilfe. Da erst erkennen wir Gott und den Sinn unseres christlichen Lebens recht. Von Gott nicht mehr loskommen das bedeutet viel Angst, viel Verzagtheit, viel Trübsal, aber bedeutet doch auch im Guten und im Bösen nie mehr gott-los sein können. Es bedeutet: Gott mit uns auf allen unseren Wegen, im Glauben und in der Sünde, in Verfolgung, Verspottung und Tod. Was liegt an uns, an unserem Leben, an unserem Glück, an unserem Frieden, an unserer Schwachheit, an unserer Sünde? Wenn nur das Wort und der Wille und die Kraft Gottes an unserem schwachen, sterblichen, sündigen Leben verherrlicht wird! Wenn nur unsere Schwachheit ein Gefäß der göttlichen Macht ist! Gefangene tragen keine stolzen Kleider, sondern Ketten. Aber diese Ketten verherrlichen den, der als der Sieger durch die Welt und die Menschheit zieht. Unsere Ketten und die Fetzen unserer Kleider und die Narben, die wir tragen müssen, sind der Lobgesang auf

den, der die Wahrheit und die Liebe und die Gnade an uns verherrlicht. Der Siegeszug der Wahrheit und der Gerechtigkeit, der Siegeszug Gottes und seines Evangeliums durch diese Welt schleift hinter dem Siegeswagen die Gebundenen und Gefangenen hinter sich her.
Daß er uns endlich an seinen Siegeswagen bände, daß wir doch, wenn auch gebunden und geschunden, an seinem Siege teilhätten! Er hat uns überredet. Er ist uns zu stark geworden. Er läßt uns nicht mehr los. Was kümmern uns die Fesseln und die Wunden? Was kümmert [uns] Sünde und Leiden [und] Tod? Er hält uns fest. Er läßt uns nicht mehr. Herr, überrede uns immer neu und werde stark über uns, damit wir dir allein glauben, leben und sterben. Damit wir deinen Sieg schauen.

## Wenn du glauben könntest!

Undatiert[1]

*Markus 9, 23–24: Wenn du könntest glauben! Alle Dinge sind möglich dem, der da glaubt ... Ich glaube, lieber Herr; hilf meinem Unglauben!*

Zu einem Menschen in einer menschlich gesehen hoffnungslosen Lage sagt Jesus dies: Wenn du glauben könntest. Dann wäre alles anders in deinem Leben. Dann stündest du nicht kleinmütig und verzagt hier. Dann wüßtest

1. Bisher (in GS IV,88–92) irrtümlich den Berliner Predigten zugeordnet; nach dem Wasserzeichen des Papiers aus der gleichen Zeit wie die Londoner Predigt über 2. Kor. 12,9.

du, es gibt für dich nichts Unmögliches mehr. Zu einem Vater, dessen Kind – menschlich geredet – unheilbar krank ist und der alles tun will, um seinem Sohn zu helfen und der doch machtlos dem Unheil zusehen muß. Alle erdenklichen Wege bis [hin] zu den Jüngern Jesu ist der Vater gegangen, bis ihm nur der eine Weg noch bleibt, ein Weg, vor dem ihm schaudert, ein Weg, vor dem jedem Menschen schaudert, wenn er ihn zum ersten Mal geht – *der Weg zu Jesus*.

Warum gehen wir denn alle anderen Wege immer lieber als diesen Weg zu Christus selbst, wenn etwas bei uns nicht stimmt? Warum vermeiden wir es, diesen Weg wirklich zu gehen? Warum schaudern wir vor diesem Weg zurück? Weil wir wissen, daß wir hier Antwort geben müssen auf eine große Frage und diese Frage heißt: Kannst du glauben? So glauben, daß dein ganzes Leben ein einziges großes Trauen und Wagen auf Gott geworden ist oder werden will? So glauben, daß du nicht rechts und links siehst, sondern auf Gott hin tust, was du tun mußt? So glauben, daß du Gott gehorchst? Kannst du glauben? Wenn du glauben könntest, ja, dann wäre die Hilfe schon da. Dann ist dir nichts mehr unmöglich.

Wie oft graust es uns dann vor unserer eigenen Glaubenslosigkeit! Ach, wenn ich nur glauben *könnte*! Am Krankenbett, am Totenbett, am Rand der Verzweiflung an mir und anderen schreit es förmlich in mir auf: ach, wenn ich nur glauben *könnte*! Aber wenn wir das Leben eines Menschen, der im Glauben lebte und starb, sehen dürfen, wie es mir in diesen Wochen ging, als ich eine ergreifende Darstellung des Lebens des heiligen Franziskus[2] sehen durfte – da werden wir so restlos davon überzeugt, daß

2. 1931 erschien im Chr. Kaiser Verlag in der Reihe »Münchener Laienspiele« als Heft 30 »Ein Spiel vom Heiligen Franz« von Otto Bruder, 3. Auflage (1. und 2. Auflage im Neuwerkverlag).

dies der einzige Weg wäre, den es der Mühe wert wäre zu gehen. So einfach danach leben, was Christus von uns wollte, unbekümmert um das, was für uns persönlich daraus wird – dann packt es uns unwiderstehlich an: Wenn ich nur glauben könnte – ja, dann wäre es wirklich alles in meinem Leben anders! Dann wäre ich frei. Dann wäre ich vielleicht sogar irgendwie glücklich. Dann gäbe es nichts Unmögliches mehr für mich. »Ich vermag *alles* durch den, der mich mächtig macht, Christus« [Phil. 4, 13].

Wir glauben ja an allerlei. Wir glauben sogar an viel zu viel. Wir glauben an die Macht. Wir glauben an uns selbst. Wir glauben an andere Menschen. Wir glauben an die Menschheit. Wir glauben an unser Volk. Wir glauben an unsere Religionsgemeinschaft. Wir glauben an neue Ideen. Aber wir glauben über dem allem an den einen nicht – an Gott. Und dieser Glaube an Gott würde uns nämlich den Glauben an alle die anderen Mächte nehmen, unmöglich machen. Wer an Gott glaubt, der glaubt in dieser Welt an nichts [anderes], denn er weiß, es zerbricht und vergeht. Aber er braucht auch an nichts [anderes] zu glauben, denn er hat ja den, von dem alles kommt und in dessen Hände alles fällt. Wir kennen die Siege, die ein Mensch erringt, der wirklich an sich selbst glaubt, der an irgendeine Macht oder Idee dieser Erde glaubt, so daß er sich ihr gänzlich ergibt und lebt. Er vermag Übermenschliches, Unmögliches. Wie viel größere Siege müßte erst der erringen, dessen Glaube nicht nur ein subjektives Phantom, sondern der lebendige Gott selbst ist! Die Wunder Jesu, die Werke Jesu, sie waren ja nichts als sein Glaube! *Wir* sollten die sein, die so glauben. Und wie beschämt müssen wir auf unser Leben sehen angesichts dessen, was Menschen mit einem Glauben an diese Welt geschafft haben. Ach, wenn wir nur glauben könnten!

Warum können wir nicht glauben? Worin bestehen die Hindernisse? Es gibt darauf ebenso viele Antworten, wie es glaubenslose Menschen gibt. Bei einem soll es der Verstand, beim anderen mangelnde »religiöse Begabung« sein, beim dritten schwere Erlebnisse seines Lebens, allgemein: Pessimismus u.s.w. Es gibt genug Gründe, die wir vorschieben, mit denen wir uns entschuldigen können. Daran fehlt es dem Menschen nie, und wenn es ihm an allem anderen fehlte. Aber die *einzig* aufrichtige Antwort auf diese Frage heißt – weil wir im Grunde nicht glauben *wollen*. Ich weiß, wir sind beleidigt, wenn man uns das sagt. Wir sagen, wir hätten es wohl hundertmal in unserem Leben versucht zu glauben und wir wollten es wohl heute auch. Aber mit uns sei es nun eben so besonders, daß wir wirklich einfach trotz bestem Willen nicht glauben *könnten*. Es ist nicht wahr, es ist Spiegelfechterei dies alles, vielleicht uns subjektiv nicht bewußt, aber wahr ist es doch. In allen diesen verzweifelten und krampfhaften Versuchen [zu] glauben wollten wir ihm gerade nicht glauben. Das heißt eben, wir wollten das nicht, was aber zum Glauben zuallererst gehört, nämlich uns selbst gänzlich aufgeben, uns gar nicht mehr sehen, unseren Geltungsdrang völlig töten und Gott allein gelten lassen und ihm so trauen und es auf ihn wagen. Aufgeben, was uns unangenehm war, aber nicht, was uns lieb ist! Glauben heißt *bedingungslos* trauen und wagen. Dies wollten wir nicht. Wir wollten Bedingungen machen, und darum war alles andere verfehlt und unwahr. *Wir wollten nicht glauben.*

Und wenn nun einer kommt und mit frommen Argumenten beweisen will, daß es eben doch nach der Schrift solche gebe, die Gott dazu vorherbestimmt habe, daß sie nicht glauben könnten, sondern Gefäße zur Unehre sein sollten [Röm. 9, 19–23], so wollen wir antworten: Das ist wohl wahr. Aber woher weißt du denn, daß du zu diesen gehörst? Wer hat dir das gesagt? Woher weißt du denn, daß es von dir nicht gerade Schuld ist, daß du dich weigerst zu glauben, wo Gott dich unaufhörlich ruft? Du willst glauben – nun gut, ist denn das nicht Ruf Gottes genug, daß [du] auch glauben sollst und auch glauben kannst, wenn du dich nur auf ihn verläßt? *Wir wollen nicht glauben.*

Aber Jesus sagt: Wenn du könntest glauben. Es liegt etwas Sehnsüchtiges und etwas unendlich Mitleidvolles in diesem Ausruf. Wenn du dich doch endlich entschlössest, den Schritt zu tun, den du dein ganzes Leben lang tun wolltest und doch nicht tatest, zu glauben. Wenn du dich doch ausliefertest, ganz einfach und in allem ganz Persönlichen und ganz Konkreten und Jesus über dich herrschen ließest.

Alle Dinge sind möglich dem, der da glaubt. Hier ist von einer unheilbaren Krankheit geredet, die durch den Glauben an die Macht Gottes wirklich soll gebrochen werden können und gebrochen wird. Wir stocken. Wir machen Ausflüchte: suggestive Einflüsse, unbewußte Psychotherapie – Christus sagt: Nein, dies alles nicht, sondern Glaube und Gott.

Alle Dinge – Menschen, die in geistigen Dingen zu Hause sind, wissen, daß nichts unmöglicher erscheint, als ein geistiges Gesetz, einen geistigen Zwang, der über einem Menschen liegt, zu zerbrechen, den Menschen in eine andere Richtung zu bringen als bisher. Jesus sagt: *Alle Dinge.* Menschen, die ein geistliches Leben führen, wissen, daß wir völlig hoffnungslos gegen unsere Sünde, unsere Selbstsucht, unsere Schwäche ankämpfen, so lange wir uns auf uns selbst verlassen. Kurze Zeit . . . dann wieder . . . [Sie wissen], daß nichts verzweifelter ist als der Kampf des Menschen gegen die Sünde. – Jesus sagt, alle Dinge sind möglich dem, der da glaubt. Der härteste und verstockteste Sünder wird neu, wird frei von aller Angst, allem Krampf, aller bösen Gewohnheit, wo er nur glaubt, das heißt, wo er auf Gott sein Wagen und Trauen setzt.

Der trübsinnigste Mensch wird fröhlich, der scheueste Mensch wird offen, der gleichgültigste und laueste Mensch wird erfüllt mit neuer Glut und [neuem] Leben.
»Wenn du nur glauben könntest.«
Alle Dinge sind möglich – Wir denken an so viele Stunden, in denen wir glauben wollten, zu Gott gebetet und gerufen haben, er möge uns helfen, wenn es sein Wille ist – und uns wurde nicht geholfen, jedenfalls nicht so, wie wir erbaten – alle Dinge – ist es auch wahr?
Heißt das nicht fast, daß der Glaube Gott *zwingen* kann? Ja, das heißt es in der Tat! Aber das ist ja das Unerhörte, daß Gott sich von unserem Glauben zwingen lassen *will*, nicht von unserem Klagen und Lamentieren und Sorgen und Seufzen, aber von unserem Glauben. Das scheint gotteslästerlich zu klingen. Aber kann es das denn sein? Hat denn nicht jeder wirkliche Glaube seine notwendige Grenze an *Gottes Willen*? Heißt denn Glaube etwas anderes, als Gottes Willen Raum lassen wollen über uns, über die Welt? Und kann denn ein einziges Ding unmöglich sein, wenn es Gottes Wille ist? Und wissen wir nicht sehr wohl, was Gottes Wille über unser Leben wäre? Wissen wir nicht sehr wohl, was Gottes Wille über unser Volk, über unsere Kirche wäre? Wollen wir nicht endlich im Glauben wagen, Gottes Willen an uns geschehen zu lassen?
... [unleserlich] Ich glaube, lieber Herr, hilf meinem Unglauben. Die Verheißung, die Jesus dem Glauben gegeben [hat], reißt den Vater [des kranken Kindes] über sich selbst hinaus, zwingt ihm den Glauben ab. Jesus selbst zwingt ihm den Glauben ab. Ich glaube, lieber Herr, – Ich glaube, was du sagst. Ich glaube, daß dein Wort und dein Versprechen Wahrheit ist. Ich glaube, *wenn ich auf dich sehe*, auf deine Worte höre und sehe. Aber *wenn ich auf mich selbst sehe* – lieber Herr, *hilf meinem Unglauben*. Da stürmt es gegen mich, da sträubt

sich alles in mir gegen solche Verheißung, Vernunft, Geschichte, Welt, Erfahrung. »Hilf meinem Unglauben.«

*Wir sind nach unserem Glauben gefragt.* Wir sind dazu aufgerufen. Ach, wenn du könntest glauben! Es ist uns eine Verheißung zugesprochen: Alle Dinge sind möglich. Können wir anders als im Blick auf solche Worte antworten: Ich glaube, lieber Herr? Und können wir anders, als im Blick auf unsere Natur zu beten: Herr, hilf meinem Unglauben? Aus diesem Zwiespalt kommt kein Mensch heraus. Glaubst du? Ich glaube, hilf meinem Unglauben, der täglich neu auch [da] ist. Wer will sagen, daß er glaubt, angesichts der Anfechtung, die er stündlich erfährt? Herr, wir wollen es auf dein Wort wagen – aber nicht unser Glaube macht es, sondern du allein. Nicht wir, nicht einmal unser Glaube, sondern du. Dir ist kein Ding unmöglich. Herr, hilf meinem Unglauben! Amen.

## Auf der Seite der Schwachen

1934[1]

*2. Korinther 12,9: Meine Kraft ist in den Schwachen mächtig.*

Jede Lebensanschauung muß eine Antwort auf die Frage geben, welche sich überall in der Welt stellt: Was bedeutet die Schwachheit in dieser Welt, was bedeutet körperliche, geistige und moralische Schwäche? Selbst wenn wir uns

1. Abend-Predigt in der deutschen reformierten St.-Pauls-Kirche in englischer Sprache, übersetzt von E. Bethge.

der Frage intellektuell niemals gestellt haben, wissen wir, daß wir täglich und unausweichlich eine Haltung dazu einnehmen. Was uns vielleicht unbewußt geblieben ist, das soll nun bewußt werden, bewußt im Licht des Wortes Gottes. Die menschliche Natur neigt dazu, sich Probleme fernzuhalten, die angetan sein könnten, unangenehm zu werden. Wir lassen diese Fragen lieber im Dunkel des Unterbewußten, als sie in einer klaren und verantwortlichen Verhaltensweise aufzunehmen. Gott möchte aber nicht, daß wir die Köpfe in den Sand stecken wie der Strauß, sondern er gebietet uns, die Dinge zu sehen, wie sie sind und wahrhaftige und entschiedene Entscheidungen zu treffen.

Man mag einwenden: Warum ist das Problem der Schwäche so sehr wichtig? Wir antworten: Hast du jemals ein größeres Geheimnis gesehen in dieser Welt als arme Leute, Alte, Kranke – Menschen, die sich selbst nicht helfen können, sondern von anderen abhängig sind, von anderer Hilfe, Liebe und Sorge? Hast du daran gedacht, wie sich das Leben einem Krüppel darstellt, einem hoffnungslos Kranken, einem sozial Ausgebeuteten, einem Farbigen in weißer Umgebung, einem der Unberührbaren? Und wenn, kannst du nachfühlen, daß hier Leben etwas völlig anderes bedeutet von dem, was es dir ist? Und daß auf der anderen Seite du unlösbar mit den Unglücklichen zusammengehörst; nur eben, weil du ein Mensch bist wie sie; nur eben, weil du stark bist und nicht schwach; nur eben, weil du in all deinen Gedanken ihre Schwäche spüren wirst? Haben wir nicht gemerkt, daß wir niemals in unserem Leben glücklich sein können, solange diese Welt der Schwäche, von der wir vielleicht noch verschont sind – freilich, wer weiß, wie lange? –, fremd und unbekannt und weit weg von uns ist, solange wir sie uns bewußt oder unbewußt außer Reichweite halten? (Bethel!).

Was bedeutet die Schwäche in dieser Welt? Wir wissen, daß dem Christentum seit seinen ersten Tagen zum Vorwurf gemacht wurde, daß seine Botschaft an die Schwachen ging. Das Christentum ist die Religion für Sklaven, für Leute mit Schwachheits-Komplexen; es verdankt seinen Erfolg nur den Massen der Erbärmlichen, deren Schwäche und Elend es verherrlicht hat. Es ist tatsächlich die Einstellung zum Problem des Leidens in der Welt gewesen, welche jedermann zum Anhänger oder zum Feind des Christentums gemacht hat. Immer hat es den scharfen und entrüsteten Protest einer aristokratischen Philosophie, welche Stärke, Macht und Gewalt als die höchsten Ideale der Menschheit pries, gegeben – gegen die neue Bedeutung, die das Christentum der Machtlosigkeit gab, gegen diese Glorifizierung der Schwachheit.
Wir sind Zeugen eben dieses Kampfes in unseren eigenen Tagen. Das Christentum steht oder fällt mit seinem revolutionären Protest gegen die Gewalt, gegen die Willkür und den Machtstolz, mit seiner Verteidigung für die Schwachen. Ich glaube, daß die Christenheit eher zu wenig tut, dies klar zu machen, als zu viel. Die Christenheit hat sich viel zu leicht der Anbetung der Macht angepaßt. Sie sollte viel mehr Ärgernis erregen, die Welt viel stärker schockieren, als sie jetzt tut. Die Christenheit sollte sich viel entschiedener auf die Seite der Schwachen stellen als auf das eventuelle moralische Recht der Starken Rücksicht nehmen.
Auf der Mitte zwischen dem christlichen und dem aristokratischen Standpunkt gibt es eine ganze Reihe von Ansichten, zwischen ihnen zu vermitteln. Die gefährlichste dieser Vermittlungen ist die allgemein verbreitete Haltung der Wohl- und der Mildtätigkeit. Dort ist die Tiefe des Problems noch gar nicht erkannt. Schwachheit ist für sie nichts anderes als Unvollkommenheit. Das schließt aber ein, daß natürlich der höhere Wert in Macht und

Stärke gesehen wird. Kraft und Schwachheit sind im Verhältnis des Vollkommenen zum Unvollkommenen gesehen. Hier muß das Christentum widersprechen. Mit allem gebührenden Respekt vor den Opfern, die aus der Haltung der Wohltätigkeit gebracht werden, muß offen gesagt werden, daß diese Sanktion des Schwachen gänzlich falsch und unchristlich ist; denn sie bedeutet Herablassung anstelle der Demut. Christliche Liebe und Hilfe für die Schwachen bedeutet die Erniedrigung des Starken vor dem Schwachen, des Gesunden vor dem Leidenden, des Mächtigen vor dem Ausgebeuteten. Das christliche Verhältnis zwischen dem Starken und dem Schwachen ist, daß der Starke zu dem Schwachen aufsehen und niemals herunterschauen soll. Die Schwachheit ist heilig, deshalb ergeben wir uns den Schwachen. Schwachheit ist in den Augen Christi nicht das Unvollkommene gegenüber dem Vollkommenen, sondern eher ist Stärke das Unvollkommene und Schwachheit des Vollkommene. Nicht der Schwache hat dem Starken zu dienen, sondern der Starke dem Schwachen – und dies nicht aus Wohltätigkeit, sondern aus Liebe und Ehrfurcht. Nicht der Mächtige hat recht, letztlich hat immer der Schwache recht. So bedeutet das Christentum eine Abwertung aller menschlichen Werte und die Errichtung einer neuen Ordnung der Werte im Angesicht Christi.

Damit sind wir bei der letzten Frage angekommen. Was ist der Grund für diese neue Darlegung dessen, was die Schwachheit in der Welt bedeutet? Warum ist Leiden heilig? Darum, weil Gott in der Welt durch den Menschen leidet. Wo immer Gott erscheint, hat er wiederum durch Menschen zu leiden. Gott hat am Kreuz gelitten. Darum hat alles menschliche Leiden und Schwachsein Anteil an Gottes eigenem Leiden und Schwachsein in der Welt. Wir leiden – Gott leidet viel mehr. Unser Gott ist ein leidender Gott. Leiden bringt den Menschen in die Gleichgestalt

mit Gott. Der leidende Mensch ist Gottes Ebenbild. »Die Kraft erreicht ihre Vollendung in Schwachheit« (2. Kor. 12,9), sagt Gott.
Wo immer ein Mensch in körperlicher Schwäche, in sozialer oder moralischer oder religiöser Schwachheit sein Dasein mit Gott und seine Gleichgestalt mit ihm entdeckt, dort hat er Anteil an Gottes Leben; dort spürt er, daß Gott mit ihm ist; dort ist er geöffnet für Gottes Gedanken. Diese sind seine Gnade, seine Liebe, sein Trost, die alles Verstehen und alle menschlichen Werte übertreffen. Gott verherrlicht sich selbst in den Schwachen, so wie er sich am Kreuz verherrlicht hat. Gott ist mächtig, wo der Mensch nichts ist.

## »Und kommen mit Freuden und bringen ihre Garben«

Cantate, 22. April 1934

*Psalm 98,1: Singet dem Herrn ein neues Lied!*

Wir wollen am heutigen Cantate-Sonntag davon reden, wie unser Gott durch das Lied und durch die Musik gepriesen werden kann. Der Gott Jesu Christi und seine Anbetung in der Musik seiner Gemeinde – davon wollen wir sprechen.
Wer sich von uns noch an seinen ersten Kirchgang erinnern kann, der weiß gewiß, daß es mehr als alles andere der Klang einer brausenden Orgel gewesen ist, der sich

ihm unvergeßlich einprägte und sich mit diesem ersten Gottesdienst für alle Zeiten verbunden hat. Halb Angst, halb Ehrfurcht, halb Erschrecken, halb inneres Hingezogensein – so muß es wohl im Himmel sein, so müssen wohl die Engel und die Heiligen da oben vor Gottes Thron singen – das mag so etwa den Aufruhr beschreiben, in dem sich damals unsere Seele befand. Und wer kennt nicht noch heute Nachklänge dieser ersten Begegnung mit der Musik der Kirche?

Aber vielleicht ist auch mancher unter uns, der von Kind auf zu jener reformatorischen Kirche gehört, die keine Orgel und kein Musikinstrument im Gotteshaus duldet, weil sie die Herrlichkeit des verkündigten Wortes Gottes und der Heiligen Schrift nicht durch menschliche Zutat erniedrigen und verschleiern will. Und ein solcher mag dann den Klang der Orgel wie einen unerlaubten menschlichen Versuch, die Herrlichkeit Gottes anders als durch sein Wort zu verkündigen, empfinden. Er mag ein stilles Bangen und Grausen vor der Musik in der Kirche empfinden.

Von dem großen italienischen Dichter der Renaissance, Petrarca, wird erzählt, daß er einst von einem der oberitalienischen Berge hinabgeschaut habe ins blühende Land und daß er überwältigt worden sei von dem Gefühl: Gott, wie schön, wie schön ist diese Welt! – Aber schon im nächsten Augenblick habe er das Kreuz über sich geschlagen und sein Brevierbuch gefaßt, um daraus zu beten. Das ist der Mensch, der vor der Schönheit der Welt erschrickt und der dieser angstvoll entflieht. Er will ja nicht diese Welt mit ihrer Herrlichkeit mehr lieben als den, der sie schuf. Er will nicht das Geschöpf mehr lieben als den Schöpfer. Wie unerhört gefährlich für jeden, der einmal in der Peterskirche in Rom gestanden hat, die himmlischen Stimmen des sixtinischen Chores zu hören und zu lieben – und die wahrhaftige Stimme Gottes, wie sie in der Schlichtheit der biblischen Sprache ergeht, nicht zu hören und nicht zu lieben. Wie nahe der Gotteslästerung, den Mann im Kleid des Zimmermanns mit dem Wort der schlichten Klarheit, Einfachheit, Sachlichkeit mit einem so reichen, glanzvollen Werk menschlicher Kunst zu feiern, daß die Armut und die Niedrigkeit Jesu Christi darüber vergessen wird.

Daß wir die Kreatur mehr lieben als Gott, das ist die tiefe Gefahr und Versuchung aller derer, die die Musik um Gottes willen lieben wollen. Wir wollen doch ja nicht verächtlich auf jene anderen herabsehen, die solcher Gefahr aus dem Wege gehen und das Wort Gottes allein in der Kirche reden lassen wollen. Es ist ein großer Ernst darin, viel Wissen um die Einzigkeit und die Ausschließlichkeit, die Unersetzlichkeit und Nüchternheit der göttlichen Offenbarung. Das Wort Gottes bedarf keines Schmuckes.

Wir wollen das fest im Sinn behalten: Das Wort Gottes, wie es in [der] Bibel und in der Verkündigung seines Evangeliums an uns ergeht, bedarf keines Schmuckes. Es ist sein eigener Schmuck, seine eigene Herrlichkeit, seine eigene Schönheit. Das ist gewiß wahr. Aber wie besondere menschliche Schönheit, so kann sich auch das Wort Gottes dem Schmuck derer, die es lieb haben, nicht entziehen. Aber wie jeder Schmuck wahrer Schönheit kann auch der Schmuck des Wortes Gottes nur darin bestehen, daß seine ihm eigene Schönheit um so herrlicher strahle – nichts Fremdes, nichts Falsches, nichts Unechtes, nicht glitzernder Tand und nicht Schminke, nichts, was die eigene Schönheit verdeckt, sondern was sie offenbart und sichtbar macht – darf solcher Schmuck sein.

Und es haben sich die, die dieses Wort Gottes, wie es seit 2000 Jahren ergeht, liebten, nicht nehmen lassen, ihr Schönstes zu seinem Schmuck herbeizutragen. Und das Schönste konnte gar nichts anderes sein als etwas

Unsichtbares, nämlich ein gehorsames Herz. Aber aus diesem gehorsamen Herzen wuchs eben das sichtbare Werk, das hörbare Lied hervor zur Ehre Gottes und Jesu Christi. Und vor uns liegt ein Buch, das 1500 Jahre solchen Singens zur Ehre Jesu Christi umschließt. Mancher unechte, mancher mißlungene, aber auch mancher unvergleichlich edle Schmuck ist darin beschlossen. Und es ist wahrhaftig eine Schande, wie wenig wir oft von diesem alleredelsten Gut der Menschheit, das hier verborgen liegt, wissen und wie wenig wir danach suchen.

Wie aber gewinnen wir einen Schlüssel, das Echte und Gute von dem Unechten und Mißlungenen zu unterscheiden? Laßt uns ein Gleichnis nehmen: Des Menschen Seele ist eine Harfe und das Wort Gottes, das diese Seele trifft, ist der Harfner. Und je reiner und unverstimmter die Saiten der Harfe sind, desto reiner und klarer klingt das Lied, das aus der Seele dringt zum Lob des Harfners. Und wie oft sind die Saiten verstimmt. Wie oft gibt es einen Mißklang. Wie oft klingt es aus unserem Mund, als seien die Saiten alle geborsten und nur ein wildes, leidendes, gequältes, mißtönendes Geschrei kommt von unseren Lippen.

Es kann freilich auch sein, daß irgendein Sturm über die Saiten dahinfegt und sie zum Erklingen bringt, ein Sturm der Leidenschaft, ein Sturm des Aufruhrs, der Empörung gegen das Schicksal, vielleicht auch ein leises Klagen und Weinen. Und dann wird das Lied, wird die Musik, die da laut wird, die Verherrlichung, die Gloriole unserer selbst, unserer Leidenschaft, unserer Liebe, unseres Hasses, unserer Verzweiflung, unserer Trauer und unseres Kraftgefühls.

Das ist der große, entscheidende Unterschied, ob Gott selbst der Harfner ist oder ob es unsere Leiden und Leidenschaften sind. Ob unser Singen und Musizieren allein die Ehre Gottes und Jesu Christi verkündigen will oder ob der Mensch ihr Maß und Mittelpunkt ist. Bach hat über alle seine Werke geschrieben: Soli deo gloria; oder: Jesu juva. Und es ist, als ob seine Musik nichts anderes wäre als ein unermüdlicher Lobpreis dieses Gottes. Und es ist andererseits, als ob die Musik Beethovens nichts anderes wäre als der unvergängliche Ausdruck menschlichen Leidens und menschlicher Leidenschaft. Darum können wir Bach im Gottesdienst hören und Beethoven nicht.

Und dieser tiefe Unterschied geht auch durch unser ganzes Gesangbuch hindurch. Da sind manche Lieder drin, die viel mehr des Menschen Stimmung, Sehnsucht, Empfindung verherrlichen als die Taten Gottes. Aber da sind eben auch Lieder, die nichts anderes im Auge haben als die Herrlichkeit, Kraft, Liebe, Gnade Gottes und in denen der Mensch und seine vermeintliche Größe gänzlich verschwindet. Und diese Lieder sind ganz wesentlich die Lieder der Reformationszeit. Hier bricht mit elementarer Gewalt die Größe Gottes und seiner Wundertaten durch und der Mensch wird klein, aber herrlich. Er wird gewürdigt, diesen Gott der Allmacht zu preisen und anzubeten. Vergleicht einmal Lieder, die bis zum Jahr 1680 geschrieben sind mit solchen des Pietismus, und der Unterschied kann keinem verborgen bleiben.

Tolstoi hat einmal gesagt, der Zar müsse verbieten, daß Beethoven von guten Menschen gespielt werden dürfe. Er errege die Leidenschaften der Menschen zu tief und gefährde die Menschen. Luther hat andererseits oft gesagt, daß die Musik nächst dem Wort Gottes das Beste sei, was der Mensch haben kann. Sie haben beide etwas Verschiednes im Auge: Tolstoi jene Musik zu Ehren des Menschen, Luther diese Musik zur Ehre Gottes. Und von ihr wußte Luther, daß sie unendlich viel Tränen getrocknet, Betrübte fröhlich gemacht, Begierden gestillt, Niedergeschlagene aufgerichtet, Angefochtene gestärkt hat.

Daß sie auch manchen verstockten Herzen wieder die Tränen abgezwungen und manche großen Sünder zur Buße vor Gottes Güte getrieben hat.
Singt dem Herrn ein *neues* Lied. Auf diesem Wort *neu* liegt der Ton. Was ist dies neue Lied anders als das Lied, das den Menschen *neu* macht? Das Lied, das aus dem Menschen nach Dunkelheit und Sorge und Angst hervorbricht zu neuer Hoffnung, neuem Glauben, neuem Vertrauen? Das neue Lied ist das Lied, das Gott selbst neu in uns erweckt, und ob es ein uraltes Lied wäre. Der Gott, der, wie es bei Hiob heißt, »sich Lobgesänge schafft mitten in der Nacht«. Der Lobgesang in der Nacht unseres Lebens, unseres Leidens und unserer Furcht, in der Nacht unseres Todes – das ist das neue Lied. Das Lied, das den Leichtsinnigen zur Einkehr ruft, den Sünder zur Umkehr, den Heimatlosen zur Heimkehr, den Verstockten zum Weinen und den Weinenden zur Freude. Das Lied, das den Säugling in der Taufe zu Gott ruft, das den Jungen und das Mädchen bei der Konfirmation zum Bekenntnis ruft, das Eheleute zum Gehorsam und zur Treue aufruft, das über dem Totenbett und dem offenen Grab die Hoffnung der Auferstehung verkündigt – das ist das neue Lied von Christus, dem Herrn und Erlöser.
Singet dem Herrn ein neues Lied. – Und doch sind all unsere Lieder nur ein Abglanz von dem Lied der Lieder, das die Ewigkeit singt vor dem Thron Jesu Christi; oder, wie die Bilder der Bibel reden, von dem »Heilig« und dem »Halleluja«, das die Engel im Himmel und die Heiligen alle Gott, dem Vater, dem Sohn und [dem] Heiligen Geist zujauchzen. Die christliche Hoffnung aller Zeiten hat diese Ewigkeit Gottes nicht anders sich vorstellen können als erfüllt von dem Meer der Töne, der Harfen und der Gesänge. Bilder sind Bilder – und haben doch ihr Recht. Warum sollen wir uns nicht schon hier freuen auf das neue Lied, das uns umfangen wird, wenn wir die Augen

zutun, das reinste, das süßeste, das härteste und das gewaltigste aller Lieder. Singet dem Herrn ein neues Lied.

Ja, Herr, wir kommen mit Liedern auf den Lippen. Laß dein Lied stark werden, wenn unsere Lieder verstummen. Laß die Engel spielen, wenn unsere Hände niedersinken. Laß über unserem Totenbett dein Lied, das kein Sterblicher hören kann, laut erklingen. Herr, wir eilen zu deinem neuen Lied. Jesu juva – Jesus hilf. Amen.

## Geheimnis

Trinitatis, 27. Mai 1934

*1. Korinther 2, 7–10: Wir reden von der heimlichen, verborgenen Weisheit Gottes, welche Gott verordnet hat vor der Welt zu unsrer Herrlichkeit, welche keiner von den Obersten dieser Welt erkannt hat; denn wo sie die erkannt hätten, hätten sie den Herrn der Herrlichkeit nicht gekreuzigt. Sondern wie geschrieben steht (Jesaja 64,3): »Was kein Auge gesehen hat und kein Ohr gehört hat und in keines Menschen Herz gekommen ist, was Gott bereitet hat denen, die ihn lieben.« Uns aber hat es Gott offenbart durch seinen Geist; denn der Geist erforscht alle Dinge, auch die Tiefen der Gottheit.*

Die Geheimnislosigkeit unseres modernen Lebens ist unser Verfall und unsere Armut. Ein menschliches Leben ist so viel wert, als es Respekt behält vor dem Geheimnis.

Ein Mensch erhält sich so viel vom Kinde in ihm, als er das Geheimnis ehrt. Darum haben die Kinder so offene, erwachende Augen, weil sie wissen, daß sie umgeben sind vom Geheimnis. Sie sind mit dieser Welt noch nicht fertig geworden. Sie wissen sich noch nicht so durchzuschlagen und die Geheimnisse zu umgehen, wie wir es wissen. Wir zerstören das Geheimnis, weil wir spüren, daß wir hier an eine Grenze unseres Seins geraten; weil wir über alles verfügen und Herr sein wollen. Und eben das können wir mit dem Geheimnis nicht. Das *Geheimnis* ist uns *unheimlich*, weil wir nicht bei ihm *daheim* sind, weil es von einem anderen »Daheimsein« redet als dem unseren.

Geheimnislos leben heißt, von dem Geheimnis unseres eigenen Lebens, von dem Geheimnis des anderen Menschen, von dem Geheimnis der Welt nichts wissen. Heißt, an den Verborgenheiten unserer selbst, des anderen Menschen und der Welt vorübergehen. Heißt, an der Oberfläche bleiben. Heißt, die Welt nur so weit ernstnehmen, als sie *verrechnet* und *ausgenutzt* werden kann, hinter die Welt des Rechnens und des Nutzens nicht zurückgehen. Geheimnislos leben heißt, die entscheidenden Vorgänge des Lebens gar nicht sehen oder sogar ableugnen. Daß die Wurzeln des Baumes im Dunkel des Erdreiches liegen, daß alles, was im Licht lebt, aus dem Dunkel und [der] Verborgenheit des Mutterschoßes herkommt, daß auch alle unsere Gedanken, daß unser ganzes geistiges Leben so aus dem verborgenen, heimlichen Dunkel kommt wie unser Leib, wie alles Leben – das wollen wir nicht wissen. *Daß das Geheimnis die Wurzel alles Begreiflichen und Offenbaren [und] Klaren ist*, das wollen wir nicht hören. Und wenn wir es hören, so wollen wir diesem Geheimnis zu Leibe, wollen es errechnen und erklären, wollen es sezieren. Und der Erfolg ist, daß wir das Leben dabei töten und das Geheimnis nicht entdecken. Das Geheimnis bleibt Geheimnis. Es entzieht sich unserem Zugriff.

*Geheimnis heißt nun aber nicht einfach, etwas nicht wissen.* Nicht der fernste Stern ist das größte Geheimnis, sondern im Gegenteil: Je näher uns etwas kommt, je besser wir etwas wissen, desto geheimnisvoller wird es uns. Nicht der fernste Mensch ist uns das größte Geheimnis, sondern gerade der nächste. Und sein Geheimnis wird uns dadurch nicht geringer, daß wir immer mehr von ihm wissen, sondern in seiner Nähe wird er uns immer geheimnisvoller. Es ist die letzte Tiefe alles Geheimnisvollen, wenn zwei Menschen einander so nahe kommen, daß sie einander *lieben*. Nirgends in der Welt spürt der Mensch die Macht des Geheimnisses und seine Herrlichkeit so stark wie hier. Wo zwei Menschen alles voneinander wissen, wird das Geheimnis ihrer Liebe zwischen ihnen unendlich groß. Und erst in dieser Liebe verstehen sie einander, wissen sie ganz voneinander, erkennen sie einander ganz. Und doch, je mehr sie einander lieben und in der Liebe voneinander wissen, je tiefer erkennen sie das Geheimnis ihrer Liebe. Also das Wissen hebt das Geheimnis nicht auf, sondern vertieft es. *Daß* der andere mir so nahe ist, das ist das größte Geheimnis.

*Warum sagen wir das alles heute*, am Tag, an dem [wir] von der *Dreieinigkeit Gottes* reden sollen? Wir sagen es, um auf ganz menschliche Weise aufmerksam zu machen auf jenen Begriff, der uns immer wieder verloren gehen will und ohne den es einfach keinen Zutritt gibt zum Verständnis des Gedankens der Dreieinigkeit Gottes – nämlich den Begriff des Geheimnisses.

»Wir reden von der heimlichen, verborgenen Weisheit Gottes.« Gottes Gedanken liegen nicht auf der Hand, sind nicht common sense. Gott läßt sich nicht einfach fassen, wo wir ihn gerade fassen wollen. Sondern die Kirche redet von der *heimlichen, verborgenen Weisheit Gottes*. Gott lebt im Geheimnis. Sein Sein ist uns Geheimnis, Geheimnis von Ewigkeit her und zu Ewigkeit hin.

Geheimnis, weil es von einer Heimat redet, in der wir – noch nicht – daheim sind. Alle Gedanken, die wir über Gott denken, dürfen nie dazu dienen, dies Geheimnis aufzuheben, Gott zu etwas allgemein Begreiflichem, Geheimnislosem zu machen, sondern vielmehr muß alles Denken über Gott nur dazu dienen, sein uns gänzlich überlegenes *Geheimnis* sichtbar zu machen, Gottes heimliche, verborgene Weisheit in ihrer Heimlichkeit und Verborgenheit sichtbar zu machen, sie nicht dieser [zu] berauben. Daß vielleicht durch dies Geheimnis die Heimat sichtbar werde, aus der es kommt. Jedes Dogma der Kirche ist nur Hinweis auf das Geheimnis Gottes.

Aber die Welt ist gegen dieses Geheimnis blind. Sie will einen Gott, den sie verrechnen und ausnutzen kann oder sie will gar keinen Gott. Das Geheimnis Gottes bleibt ihr verborgen. Sie will es nicht. Sie macht sich Götter nach ihrem Wunsch. Aber den nahen, heimlichen, verborgenen Gott erkennt sie nicht. »Welche keiner von den Obersten dieser Welt erkannt hat.« Die Obersten dieser Welt leben vom Rechnen und vom Nutzen. Dadurch werden sie groß in der Welt – aber das Geheimnis begreifen sie nicht. Das begreifen ja nur die Kinder. Ein untrügliches Zeichen trägt die Welt, das von ihrer Blindheit gegen das Geheimnis Gottes zeugt: das Kreuz Jesu Christi. Hätten sie ihn erkannt, »so hätten sie den Herrn der Herrlichkeit nicht gekreuzigt«. Das also ist das unerkannte Geheimnis Gottes in dieser Welt: Jesus Christus. Daß dieser Jesus von Nazareth, der Zimmermann, der Herr der Herrlichkeit selbst war, das war das Geheimnis Gottes. Geheimnis darum, weil Gott hier arm, niedrig, gering und schwach wurde aus Liebe zu den Menschen; weil Gott ein Mensch wurde wie wir, damit wir göttlich würden. Weil er zu uns kam, damit wir zu ihm kämen. Gott als der, [der] um unsertwillen gering wird, *Gott in Jesus von Nazareth, das ist die heimliche, verborgene Weisheit*, »die kein Auge

gesehen, kein Ohr gehört [hat] und [die] in keines Menschen Herz gekommen ist«. Gottes Herrlichkeit in seiner Erniedrigung und Armut, Gottes Ehre in seiner Liebe zu den Menschen; daß Gott dem Menschen nicht fern bleibt, sondern daß er ihm nahe kommt und ihn liebt; *Gottes Liebe und Nähe – das ist das Geheimnis Gottes, das er denen bereitet hat, die ihn lieben.*
⟨Gottes Liebe, Gottes Offenbarung, Jesus Christus – das alles ist der Ausdruck für Gottes Geheimnis. Aber an diesem Geheimnis der Liebe Gottes in Jesus Christus nehmen nur die teil, die Gott lieben. Das Geheimnis also heißt, von Gott geliebt werden und Gott lieben. Es gibt in der ganzen Welt kein größeres Geheimnis als dies, daß Gott uns liebt und daß wir ihn lieben dürfen. Unvergleichlich mit jeder menschlichen Liebe, wie der Schöpfer unvergleichlich ist mit dem Geschöpf. Der Schöpfer der Welt liebt dich. Das ist nicht common sense, das ist Geheimnis, unglaublichstes Geheimnis. Geheimnis, das nur, wer Gott liebt, begreift. Das Geheimnis heißt, von Gott geliebt werden und Gott lieben. Von Gott geliebt werden aber heißt Christus. Gott lieben aber heißt Heiliger Geist. Das Geheimnis also heißt Christus und Heiliger Geist. Gottes Geheimnis heißt Heilige Dreieinigkeit.
»Uns aber hat es Gott geoffenbart durch *seinen* Geist. Denn der Geist erforscht alle Dinge, auch die Tiefen der Gottheit.« Kein menschliches Auge, kein menschliches Ohr, kein menschliches Herz vernimmt Gottes Worte, Rede und Geheimnis als allein sein Geist, den er uns gibt. Gottes Geheimnis in Christus ist so groß, daß es nur er selbst erkennt und wem er seinen Geist gibt, es zu erkennen.⟩
Daß es der eine Gott ist, der Vater und Schöpfer der Welt, der in Jesus Christus uns geliebt hat bis zum Tod, der im Heiligen Geist unser Herz zu ihm auftut, daß wir ihn

lieben; daß es nicht drei Götter sind, sondern daß es einer ist, der die Welt vom Anfang bis zum Ende umfängt, schafft und erlöst; und daß er doch jedesmal ganz Gott ist als der Schöpfer und Vater, als Jesus Christus und als der Heilige Geist, das ist *die Tiefe der Gottheit*, die wir *als Geheimnis anbeten* und *als Geheimnis begreifen*.

Und nun kann all unser Reden hiervon nichts anderes sein als der Hinweis auf das Geheimnis Gottes, das in seiner Offenbarung in der Niedrigkeit Jesu Christi und in der Gabe seines Heiligen Geistes an alle Welt besteht. Gottes Selbstverherrlichung in der Liebe – das ist sein Geheimnis.

Wenn wir am Anfang des Gottesdienstes sagen: »Im Namen [Gottes, des Vaters und des Sohnes und des Heiligen Geistes«], so rufen wir dies Geheimnis der Liebe Gottes an.

Wenn die Kirche seit Jahrhunderten von dem dreieinigen Gott lehrt, so ist dies gerade alles andere als rationalistische Verhärtung der Religion[1], sondern es ist nichts anderes als ein dauerndes Hinweisenwollen, durch allerlei Weise, auf das Geheimnis des lebendigen Gottes.

Der Sinn der Dreieinigkeitslehre ist ungeheuer einfach, so daß ihn jedes Kind verstehen kann: Es ist *wahrhaftig nur ein Gott*. Aber dieser Gott ist die vollkommene Liebe und als solche ist er Jesus Christus und der Heilige [Geist]. Die Dreieinigkeitslehre ist nichts als der schwache Lobpreis des Menschen auf das Ungestüm der Liebe Gottes, in der er sich selbst verherrlicht und in der er die ganze Welt umfaßt. Ist Aufruf zur Anbetung, zur Ehrfurcht, zur Liebe, die sich in Gott versenkt. Dem Vater und dem Sohn und dem Heiligen Geist sei allein die Ehre von nun an bis in Ewigkeit. Amen.

1. So der stets wiederholte Vorwurf A. von Harnacks.

# Ende des Suchens nach den Schuldigen

6. nach Trinitatis, 8. Juli 1934[1]

*Lukas 13, 1–5: Es waren aber zu der Zeit etliche dabei, die verkündigten ihm von den Galiläern, deren Blut Pilatus mit ihrem Opfer vermischt hatte. Und Jesus antwortete und sprach zu ihnen: Meinet ihr, daß diese Galiläer vor allen Galiläern Sünder gewesen sind, dieweil sie das erlitten haben? Ich sage: Nein; sondern so ihr euch nicht bessert, werdet ihr alle auch also umkommen. Oder meinet ihr, daß die achtzehn, auf welche der Turm in Siloah fiel und erschlug sie, seien schuldig gewesen vor allen Menschen, die zu Jerusalem wohnen? Ich sage: Nein; sondern so ihr euch nicht bessert, werdet ihr alle auch also umkommen.*

Vielleicht erschreckt ihr über diesen Text und meint, er sei doch heute gar zu aktuell und darum gefährlich für einen Gottesdienst. Die Welt der Zeitungen und der Sensationsnachrichten wollen wir in der Kirche doch wirklich einmal ganz loswerden. Ganz richtig, darauf kommt es wohl an, diese Welt wirklich loszuwerden. Das heißt doch aber eben, sie so loszuwerden, daß sie uns nicht, kaum daß wir aus der Kirche kommen, wieder überfällt und gefangen nimmt und knechtet, sondern so, daß wir sie *überwunden* haben, wenn wir aus dem Gottesdienst kommen.

⟨Wir stehen als Menschen mitten drin in den Ereignissen dieser unserer Welt, wir Heutigen mehr als je eine Generation. Wir erleben nicht nur die Geschicke unseres Einzellebens, unserer Stadt, unseres Landes, sondern wir

1. Nach dem sog. Röhm-Putsch vom 30. 6. 1934. Vgl. Biographie, 433 f.

werden hineingezogen in die Geschehnisse anderer Länder, ja der ganzen Welt. Wir können nicht ausweichen. Wir werden von ihnen bewegt, mitgerissen, erschüttert – und wenn wir nicht ganz stumpf werden unter all den vielen Eindrücken, so spüren wir immer stärker die enge Verbundenheit alles menschlichen Lebens miteinander. Aber sehr verschieden sind wir in unserer persönlichen Stellungnahme zu den Ereignissen. Der eine meint, es sei nicht christlich und nicht recht, sich überhaupt mit den Erschütterungen unseres Lebens zu sehr abzugeben. Das sei eben die Welt und damit habe der christliche Glaube nichts zu tun. Also, misch dich nicht in Dinge, die dir nicht zukommen. Die Finger und die Augen weg von all diesen Dingen dieser Welt! Solche [Menschen] machen dann manchmal eine sehr wunderliche Teilung: Als Bürger nehmen sie wohl sogar stärksten Anteil an den Dingen, aber als Christen wollen sie nichts damit zu tun haben.

Andere werden von den Vorgängen und Erschütterungen dieses Lebens so gefaßt, daß sie keine Ruhe mehr darüber finden können, daß sie bei jedem Unglücksfall, bei jeder Katastrophe die Frage nach der Schuld stellen müssen und sich erst beruhigen können, wenn sie meinen, den Schuldigen gefunden zu haben. Die Frage: Wer hatte recht? Wer hatte unrecht? steht uns eben im Mittelpunkt von allem. Und jeder von uns weiß, daß man über derartige Fragen endlos reden kann.

Aber solches Reden ist auch letzten Endes unfruchtbar und sieht die Dinge nicht ernst genug an. Wir wollen immer einen haben, auf den sich unsere ganze moralische Entrüstung entlädt und einen, dem wir recht geben, dem wir unsere ganze moralische Sympathie aussprechen, in dem wir uns dann selbst wiedererkennen und uns selbst recht geben. Nur in Schwarz und Weiß sehen. Und das darum, damit wir auch ja auf der Lichtseite stehen. Aber

jeder weiß auch, daß solche Fragen endlos sind und daß hier immer jeder recht haben kann.
Aber diese Betrachtung der Dinge ist nun auch letzten Endes unfruchtbar und bleibt ganz an der Oberfläche der Dinge stehen, so ernst sie auch aussehen mag. Sie ist darum auch ganz unchristlich. Das lernen wir aus dem verlesenen Text.⟩
Und darum kann es sich wirklich nicht darum handeln, daß wir diese Dinge »loswerden«, indem wir die Augen vor ihnen verschließen oder indem wir sie so schnell wie möglich, und sei es auch nur vorübergehend, vergessen. Sondern darum geht es doch, daß wir wissen, wie wir uns *als Christen* zu ihnen zu stellen haben. Nicht darauf allein kommt es an, *daß* wir diese Dinge loswerden, sondern *wie* wir sie loswerden.
Es gibt Menschen, die können zu keinem Begräbnis gehen – oder besser, sie wollen es nicht. Warum nicht? Weil sie die Erschütterung durch die unmittelbare Nähe eines Toten fürchten. Sie wollen diese Seite des menschlichen Lebens nicht sehen und meinen, daß sie dadurch, daß sie nicht hinsehen, die Dinge selbst aus der Welt schaffen.
Es gibt sogar solche, die meinen, es sei besonders fromm, die schwarzen, dunklen Seiten des Lebens nicht zu sehen, sich vor den Katastrophen dieser Welt zu verschließen und in friedlichem Optimismus sein eigenes selbstbeschauliches, frommes Leben zu führen.
Aber es kann eben nie und nimmer gut sein, sich um die Wahrheit zu betrügen. Wer sich um die Wahrheit seines eigenen Lebens betrügt, betrügt sich gewiß auch um die Wahrheit Gottes. Und es ist gewiß nie und nimmermehr fromm, die Augen, die uns Gott gab, damit wir unseren Nächsten und seine Not sehen, dort zu schließen, wo sie Trauriges, Entsetzliches sehen müssen. Also das ist gewiß nie und nimmer der rechte Weg, die Dinge, die uns erschrecken und bedrücken, loszuwerden.

⟨Aber tatsächlich werden ja auch die wenigsten von uns so denken. Das Gegenstück zu dem Menschen, der zu keinem Begräbnis gehen will, ist der Mensch, der sich umso wohler fühlt, je mehr Sensationen auf ihn einstürmen, der Mensch, dem die Luft in den Katakomben lieber ist als die unter freiem Himmel.⟩

Aber es gibt auch einen viel menschlicheren und viel ernsthafteren Versuch, mit den Dingen fertig zu werden – der sich doch auch als ein ganz unchristlicher Weg herausstellen wird. Denken wir an ein ganz einfaches Beispiel. Es geschieht vor unseren Augen auf der Straße ein Unglück. Es wird jemand überfahren. Wir erschrecken namenlos. Eine Sekunde stehen wir wie betäubt. Und dann ist unser erster Gedanke: *Wer ist schuld?* Das ist ein sehr alltägliches Beispiel für eine ganz allgemeine Haltung. Es bricht etwas Entsetzliches über uns herein, über uns persönlich, über unsere Familie, über unser Volk. Und unserer erste Frage, wenn wir aus dem Zustand der Besinnungslosigkeit wieder aufwachen, ist: *Wer ist schuld?* Und nun haben wir keine Ruhe, nun rasen unsere Gedanken hin und her, nun treten all die Menschen vor unser Auge, die an diesem Unglück irgendwie beteiligt sind. Und immer eindringlicher und schärfer wird unser Auge. Immer verbitterter stellen wir die Frage: Wer ist schuld? Wer hat recht? Wer hat unrecht? Der Mensch ist ein Moralist von Grund auf. Er will den einen anklagen können und den anderen freisprechen. Er will Richter sein über das, was geschieht. Und er will dadurch *mit einem furchtbaren Unheil fertig werden, daß er dem einen recht und dem anderen unrecht geben kann.* Denken wir an kleine Ereignisse aus unserem Leben, denken wir aber auch an große Katastrophen wie den Krieg, die Revolution. Es ist überall dasselbe. Der Mensch will selbst Richter sein.

Und nun halten wir einen Augenblick inne. Es ist für uns

von unermeßlichem Wert, daß Lukas – als einziger übrigens – uns einen Bericht aufbewahrt hat darüber, wie Jesus eine solche Nachricht von einer Katastrophe, die über sein Land hereingebrochen ist, sagen wir ruhig, eine sensationelle Zeitungsnachricht, aufnimmt und was er dazu zu sagen hat.

Es wird Jesus von Augenzeugen mitgeteilt, daß und wie Pilatus einige Galiläer, also Landsleute von Jesus, hat hinrichten lassen, offenbar als Aufrührer und Staatsfeinde. Und wie diese Hinrichtung unter Umständen geschehen sei, die frommen Juden das Blut zum Kochen brachte, nämlich daß sie von ihrem Opfer im Tempel weggerissen worden seien und so im Tempelbezirk getötet worden seien. Wahrhaftig eine Nachricht, die über alle Maßen die Gemüter erregen mußte, die Meinungen und Gegenmeinungen hervorrief und die das politische Gespräch mächtig in Gang brachte. Es wird hin und her gegangen sein: Pilatus hat recht – Pilatus hat unrecht. Die Galiläer sind die Opfer eines Tyrannen – die Galiläer haben ihre verdiente Strafe gefunden. Aber die vorwiegende Ansicht scheint doch dahin gegangen zu sein, daß ein so furchtbares Geschick, ein so entsetzliches Sterben die Galiläer doch gewiß nicht ohne ihre Schuld hätte treffen können. Hier müsse eine ganz schwere Verfehlung vorliegen. Sonst hätte Gott nicht so furchtbares Unheil geschehen lassen können. Das war also die Deutung der Ernsthaften, der Frommen, die der Meinung waren, man soll und kann doch auch dieses Ereignis nicht davon trennen, daß es einen Gott gibt, von dem alles kommt, Heil und Unheil, und dessen Gerichte gerecht sind. Mit Schaudern nur könne und müsse man sich von diesen gestraften Sündern abwenden, die Gottes Zorn getroffen habe. So wurde man mit dem Vorfall fertig. Dies die offizielle Ansicht, sagen wir die Tagespresse, über dieses Ereignis.

Und nun Jesus. Er knüpft offenbar an den Gedanken an,

daß allerdings Gott selbst hier mit diesem furchtbaren Geschehnis zusammengedacht werden müsse; daß es letzten Endes nicht Pilatus sei, der hier handle, sondern daß im Guten wie im Bösen Gott selbst als der Alleinwirksame in dieser Welt handele. Aber gerade dieser Gedanke, daß Gott hier seine Hand im Spiel habe, bedeutet für Jesus nun etwas ganz anderes als für die öffentliche Meinung.
⟨Kein Wort über Pilatus, ob er recht oder unrecht habe. Kein Wort über die Galiläer. Kein Wort des politischen Urteils. Kein Wort aber auch des moralischen Urteils! Das, was ganz klar sein muß: Jesus richtet nicht! Jesus gibt keiner der beiden menschlichen Gruppen recht. Warum? Weil Jesus hinter diesem politischen, irdischen Geschehen Gott selbst sieht. Und gerade nicht sieht, daß Gott dem einen recht und dem anderen unrecht gibt, sondern nur das eine aus dem allem vernimmt: *Tut Buße* – ihr alle! Für Jesus ist dieser erschütternde Zeitungsbericht von dem furchtbaren Geschehen der immer neue, unüberhörbare Ruf Gottes zur Buße an uns. Es ist die lebendige Illustration zu dem, was seine Predigt war, daß der Mensch vor Gott Buße tun müsse und sich demütigen müsse und Gott über sich recht geben müsse. »Meinet ihr, daß diese Galiläer vor allen Galiläern Sünder gewesen sind, dieweil sie das erlitten haben? Ich sage: Nein; sondern so ihr euch nicht bessert, werdet ihr alle auch also umkommen.«⟩
Kein Wort über Pilatus, ob er recht oder unrecht habe. Kein Wort über die Galiläer. Kein Wort des politischen Urteils. Kein Wort des moralischen Urteils. Das ist ganz klar: Jesus richtet nicht! Jesus gibt keiner der beiden Gruppen recht. Auch und gerade nicht den Frommen, die dieses Geschehen so ernst moralisch ausdeuteten. *Jesus sagt »Nein« zu ihnen.*
»Meinet ihr, daß diese Galiläer vor allen Galiläern Sünder

gewesen sind, dieweil sie das erlitten haben? *Ich sage: Nein.«* Jesus sagt nein zu den Frommen. Er sagt nein zu ihrem Versuch, als Richter mit diesem entsetzlichen Vorfall fertig zu werden. Jesus sagt: *Nein* – das heißt erst einmal, *Einhalt* tun mit vielem Raten, vielem Deuten, vielem Besserwissen und Richten. Einhalt tun mit dem Versuch, diese Dinge so abzutun. *Einhalt* – denn diese Dinge sind zu gewaltig. Hier ist Gott selbst am Werk ... Ich sage: *Nein* ... das heißt [zum anderen], hier ist *Gottes Geheimnis*, in das der Mensch nicht vorwitzig eindringen soll. Darum fort mit allem Richten, mit allem Rechtgeben hin und her– sondern stille gehalten und geschwiegen. Hier ist Gottes Geheimnis.

Und nachdem Jesus Schweigen und Ehrfurcht geboten hat, nachdem hinter seinem harten »Nein« Gott selbst sichtbar wurde, geht er nun zum Angriff über auf die, die da sofort mit ihrem Urteil zur Stelle sein wollten. »Meinet ihr ... Nein; sondern so ihr euch nicht bessert, werdet ihr alle auch also umkommen ... Siloah ...«

Was geht hier vor? Jesus tut anhand dieses Berichtes das eine und selbe, das er sein Leben lang getan hat. Er ruft zur Buße. Hier ist Gott – darum tut Buße. Für Jesus ist also dieser erschütternde Zeitungsbericht von dem furchtbaren Geschehen im Tempel nichts anderes als ein erneuter, unüberhörbarer Ruf Gottes zur Buße, zur Umkehr an alle, die ihn vernehmen. Es ist ihm nichts als eine handgreifliche, lebendige Illustration zu seiner Predigt, daß der Mensch vor Gottes Geheimnis und Macht sich demütigen müsse und Buße tun und Gott recht geben über sich.

Nun wird die Sache gefährlich. Nun sind wir nicht mehr Zuschauer, Beobachter, Richter dieser Geschehnisse. Nun sind wir selbst die Angeredeten, die Betroffenen. Für uns ist das geschehen. Zu uns redet Gott. Wir sind gemeint. 〈Also gerade weil nichts geschieht, ohne daß

Gott es tut, darum vernehmt in diesem Geschehen Gottes lebendige Stimme an euch!⟩ *Und das heißt doch zuerst:* Richtet nicht, auf daß ihr nicht gerichtet werdet [Matth. 7,1]. Spielt auch nicht auf, als seiet ihr besser als jene Galiläer oder als jener Pilatus. Sagt nicht stolz angesichts so furchtbarer Fügungen Gottes; »Ich danke dir, Gott, daß ich nicht bin wie diese anderen Leute.« Sondern betet für euch still: »Gott, sei mir Sünder gnädig.«
Auch Jesus wirft hier die Schuldfrage auf. Aber er beantwortet sie anders. Nicht Pilatus oder die Galiläer trifft sie, sondern uns. Uns selbst trifft sie. Es gilt angesichts furchtbarer menschlicher Katastrophen für den Christen nicht mehr die hochmütige zuschauerische Haltung des Richtens und des Besserwissens, sondern es gilt hier allein die Erkenntnis: Das ist meine Welt, in der das geschehen ist. Die Welt, in der ich lebe, in der ich sündige, in der ich Haß und Lieblosigkeit säe Tag um Tag. Das ist die Frucht dessen, was ich und meine Brüder gesät haben. Und diese Betroffenen, die Galiläer und Pilatus, sie sind meine Brüder, meine Brüder in der Sünde, im Haß, in der Bosheit, in der Lieblosigkeit, meine Brüder in der Schuld. Was sie trifft, sollte mich treffen. Sie sind nur der Fingerzeig des Zornes Gottes, der auch über mir steht. Darum laßt uns Buße tun und *unsere* Schuld erkennen und nicht richten.
⟨Aber ist nicht das eine sehr unfruchtbare Haltung? Eine sehr unproduktive Einstellung? Gerade das Gegenteil ist wahr. In der Buße allein wird die Welt überwunden, wird Böses mit Gutem überwunden.⟩
Es ist schwer, so zu denken. Es ist noch schwerer zu glauben – was doch geglaubt werden muß –, daß diese Haltung allein die Welt überwindet, daß durch Buße allein die Welt neu werden kann. Ist denn das nicht gänzlich unfruchtbar? Wird denn dadurch etwas gebessert? Ja allerdings: *Alles* wird dadurch gebessert. Wie denn? So, daß in dieser Buße Gottes Gnade wieder den Weg zu uns

findet. So, daß in unserer Buße kein Mensch recht haben und behalten soll, sondern Gott allein recht ist in seinen Wegen, in Schrecken und Barmherzigkeit.
Ein großer Mann unserer Zeit[2], ein Nichtchrist – aber man ist wohl versucht zu sagen, ein heidnischer Christ – erzählt in seiner Lebensgeschichte davon, wie er einst eine Schule geleitet habe und sich mit allen Kräften für die jungen Menschen dort eingesetzt habe und wie eines Tages ein ihn aufs tiefste erschütterndes Unrecht in dieser Schulgemeinschaft geschehen sei. Da habe er aus diesem Vorfall nicht den Ruf zur Strafe oder zum Richten vernommen, sondern ganz allein den Ruf zur Buße. Und er sei hingegangen und habe mit Fasten und allerlei Entsagung lange Tage Buße getan. Was bedeutete das? Es bedeutete erstens, daß er in der Schuld seiner Schüler seine eigene Schuld, seinen Mangel an Liebe, an Geduld, an Wahrhaftigkeit erkannte. Es bedeutete sodann, daß er wußte, daß allein in dem Geist der demütigen Sündenerkenntnis dem Geist Gottes wieder Raum gegeben werde. Es bedeutete schließlich, daß hier gesehen wurde, daß es in der Buße allein Glaube und Liebe und Hoffnung gebe. Wir haben noch nicht genug geglaubt. Wir haben noch nicht genug geliebt. Können wir Richter sein? Jesus spricht: *Ich sage: Nein.*
Es ist ein stiller, ein wunderlicher und ein langsamer Weg, der Weg, der durch Buße zur Erneuerung führt. Aber es ist allein Gottes Weg. Und wenn wir mit dieser Erkenntnis aus der Kirche heimgehen und mit ihr ernst machen wollen, dann allein haben wir die Welt der Zeitung, die Welt der Schrecken und die Welt des Richtens überwunden.
Herr, führe dein Volk in die Buße und fange bei uns damit an! Amen.

2. Mahatma Gandhi.

# Kirche und Völkerwelt

Fanö, 28. August 1934[1]

*Psalm 85,9: Ach, daß ich hören sollte, was Gott der Herr redet; daß er Frieden zusagte seinem Volk und seinen Heiligen.*

Zwischen den Klippen des Nationalismus und des Internationalismus ruft die oekumenische Christenheit nach ihrem Herrn und nach seiner Weisung. Nationalismus und Internationalismus sind Fragen der politischen Notwendigkeiten und Möglichkeiten. Aber die Oekumene fragt nicht nach diesen, sondern nach den Geboten Gottes und ruft diese Gebote Gottes ohne Rücksicht mitten hinein in die Welt.

Als Glied der Oekumene hat der Weltbund für Freundschaftsarbeit der Kirchen Gottes Ruf zum Frieden vernommen und richtet diesen Befehl an die Völkerwelt aus. Unsere theologische Aufgabe besteht darum hier allein darin, dieses Gebot als bindendes Gebot zu vernehmen und nicht als offene Frage zu diskutieren. »Friede auf Erden«, das ist kein Problem, sondern ein mit der Erscheinung Christi selbst gegebenes Gebot. Zum Gebot gibt es ein doppeltes Verhalten: den unbedingten, blinden Gehorsam der Tat oder die scheinheilige Frage der Schlange: »sollte Gott gesagt haben?« Diese Frage ist der Todfeind des Gehorsams, ist darum der Todfeind jedes echten Friedens. Sollte Gott nicht die menschliche Natur besser gekannt haben und wissen, daß Kriege in dieser

1. Morgenandacht während der Ökumenischen Konferenz auf Fanö; vgl. Biographie, 448 ff.

Welt kommen müssen wie Naturgesetze? Sollte Gott nicht gemeint haben, wir sollten wohl von Frieden reden, aber so wörtlich sei das nicht in die Tat umzusetzen? Sollte Gott nicht doch gesagt haben, wir sollten wohl für den Frieden arbeiten, aber zur Sicherung sollten wir doch Tanks und Giftgase bereitstellen? Und dann das scheinbar Ernsteste: Sollte Gott gesagt haben, du sollst dein Volk nicht schützen? Sollte Gott gesagt haben, du sollst deinen Nächsten dem Feind preisgeben?

Nein, das alles hat Gott nicht gesagt. Sondern gesagt hat er, daß Friede sein soll unter den Menschen. Daß wir ihm vor allen weiteren Fragen gehorchen sollen, das hat er gemeint. Wer Gottes Gebot in Frage zieht, bevor er gehorcht, der hat ihn schon verleugnet.

Friede soll sein, weil Christus in der Welt ist. Das heißt, Friede soll sein, weil es eine Kirche Christi gibt, um derentwillen allein die ganze Welt noch lebt. Und diese Kirche Christi lebt zugleich in allen Völkern und doch jenseits aller Grenzen völkischer, politischer, sozialer, rassischer Art, und die Glieder dieser Kirche sind durch das Gebot des einen Herrn Christus, auf das sie hören, unzertrennlicher verbunden als alle Bande der Geschichte, des Blutes, der Klassen und der Sprachen Menschen binden können. Alle diese Bindungen innerweltlicher Art sind wohl gültige, nicht gleichgültige, aber vor Christus auch nicht endgültige Bindungen. Darum ist den Gliedern der Oekumene, sofern sie an Christus bleiben, sein Wort und Gebot des Friedens heiliger, unverbrüchlicher, als die heiligsten Worte und Werke der natürlichen Welt es zu sein vermögen. Denn sie wissen: Wer nicht Vater und Mutter hassen kann um seinetwillen, der ist sein nicht wert, der lügt, wenn er sich Christ nennt. Diese Brüder durch Christus gehorchen seinem Wort und zweifeln und fragen nicht, sondern halten sein Gebot des Friedens und schämen sich nicht, der Welt zum Trotz sogar vom ewigen

Frieden zu reden. Sie können nicht die Waffen gegeneinander richten, weil sie wissen, daß sie damit die Waffen auf Christus selbst richteten. Es gibt für sie in aller Angst und Bedrängnis des Gewissens keine Ausflucht vor dem Gebot Christi, daß Friede sein soll.

Wie wird Friede? Durch ein System von politischen Verträgen? Durch Investierung internationalen Kapitals in den verschiedenen Ländern? Das heißt, durch die Großbanken, durch das Geld? Oder gar durch eine allseitige friedliche Aufrüstung zum Zweck der Sicherstellung des Friedens? Nein, durch dieses alles aus dem einen Grunde nicht, weil hier überall *Friede* und *Sicherheit* verwechselt wird. Es gibt keinen Weg zum Frieden auf dem Weg der Sicherheit. Denn Friede muß gewagt werden, ist das eine große Wagnis und läßt sich nie und nimmer sichern. Friede ist das Gegenteil von Sicherung. Sicherheiten fordern heißt Mißtrauen haben und dieses Mißtrauen gebiert wiederum Krieg. Sicherheiten suchen heißt, sich selber schützen wollen. Friede heißt, sich gänzlich ausliefern dem Gebot Gottes, keine Sicherung wollen, sondern in Glaube und Gehorsam dem allmächtigen Gott die Geschicke der Völker in die Hand legen und nicht selbstsüchtig über sie verfügen wollen. Kämpfe werden nicht mit Waffen gewonnen, sondern mit Gott. Sie werden auch dort noch gewonnen, wo der Weg ans Kreuz führt. Wer von uns darf denn sagen, daß er wüßte, was es für die Welt bedeuten könnte, wenn ein Volk – statt mit der Waffe in der Hand – betend und wehrlos und darum gerade bewaffnet mit der allein guten Wehr und Waffe den Angreifer empfinge? Gideon [bekommt von Gott gesagt]: »Des Volkes ist zu viel, das mit dir ist« [Richt. 7,2][2]. Gott vollzieht hier selbst die Abrüstung!

2. Vgl. die Predigt vom 26. 2. 1933, S. 349 ff.

Noch einmal darum: Wie wird Friede? Wer ruft zum Frieden, daß die Welt es hört, zu hören gezwungen ist? Daß alle Völker darüber froh werden müssen? Der einzelne Christ kann das nicht. Er kann wohl, wo alle schweigen, die Stimme erheben und Zeugnis ablegen, aber die Mächte der Welt können wortlos über ihn hinwegschreiten. Die einzelne Kirche kann auch wohl zeugen und leiden – ach, wenn sie es nur täte –, aber auch sie wird erdrückt von der Gewalt des Hasses. Nur *das eine große oekumenische Konzil der heiligen Kirche Christi aus aller Welt* kann es so sagen, daß die Welt zähneknirschend das Wort vom Frieden vernehmen muß und daß die Völker froh werden, weil diese Kirche Christi ihren Söhnen im Namen Christi die Waffen aus der Hand nimmt und ihnen den Krieg verbietet und den Frieden Christi ausruft über die rasende Welt.
Warum fürchten wir das Wutgeheul der Weltmächte? Warum rauben wir ihnen nicht die Macht und geben sie Christus zurück? Wir können es heute noch tun. Das oekumenische Konzil ist versammelt, es kann diesen radikalen Ruf zum Frieden an die Christusgläubigen ausgehen lassen. Die Völker warten darauf im Osten und Westen. Müssen wir uns von den Heiden im Osten beschämen lassen? Sollten wir die Einzelnen, die ihr Leben an diese Botschaft wagen, allein lassen? Die Stunde eilt. Die Welt starrt in Waffen und furchtbar schaut das Mißtrauen aus allen Augen. Die Kriegsfanfare kann morgen geblasen werden. Worauf warten wir noch? Wollen wir selbst mitschuldig werden wie nie zuvor?

»Was hülf' mir Kron' und Land und Gold und Ehre?
Die könnten mich nicht freun!
's ist leider Krieg – und ich begehre
Nicht schuld daran zu sein« (Matthias Claudius).

Wir wollen reden zu dieser Welt, kein halbes, sondern ein

ganzes Wort, ein mutiges, ein christliches Wort. Wir wollen beten, daß uns dieses Wort gegeben werde – heute noch. Wer weiß, ob wir uns im nächsten Jahr noch wiederfinden?

## Der Mensch, der für andere denkt und lebt

Ende September 1934

*Matthäus 11, 28–30: Kommet her zu mir alle, die ihr mühselig und beladen seid; ich will euch erquicken. Nehmet auf euch mein Joch und lernet von mir; denn ich bin sanftmütig und von Herzen demütig; so werdet ihr Ruhe finden für eure Seelen. Denn mein Joch ist sanft, und meine Last ist leicht.*

Seit Jesus dieses Wort gesagt hat, soll es keinen Menschen auf der Erde geben, der so verlassen wäre, daß er von sich sagen könnte: Nach mir hat niemand gefragt. Mich hat niemand gewollt. Mir hat niemand je seine Hilfe angeboten. Wer dieses Wort einmal in seinem Leben gehört hat und so spricht, der lügt. Ja, der verachtet und verspottet Jesus Christus und den Ernst seines Wortes. Denn er hat sie *alle* gerufen, die mühselig und beladen sind. Nicht eng hat er seinen Kreis gemacht. Nicht eine geistige oder geistlich-religiöse Aristokratie hat er um sich versammelt. Sondern so weit wie möglich hat [er] den Kreis gemacht, so weit, daß eigentlich nicht ein einziger mit gutem Gewissen sagen könnte, er sei nicht gemeint. Denn er gehöre ja nicht zu den Mühseligen und Beladenen. Das ist vielmehr das Verwunderliche an diesem Ruf, daß er eigentlich alle Menschen in die Verlegenheit bringt zuzugeben, auch sie seien gerufen und gemeint, ja gerade sie vielleicht.

Die Mühseligen und Beladenen – wer sind sie? Voll Absicht ist hier kein begrenzendes, einschränkendes Wort gesagt. Mühselig und beladen ist, wer sich so fühlt – und wahrhaftig auch, wer sich nicht so fühlt, weil er sich nicht so fühlen will. Mühselig und beladen – das sind gewiß die Männer und Frauen und Kinder, die unter einem harten äußeren Schicksal stehen und arbeiten müssen, die – wir möchten fast sagen – zufällig in die Dunkelheiten dieses Lebens, in Frondienst und äußeres und moralisches Elend hineingeboren wurden. Ich habe selten so den Eindruck gehabt, unter Beladenen und Mühseligen zu stehen wie in jener Bergarbeiterstadt im Norden Frankreichs, in der ich in diesen Ferien war[1]. Freudloses, gepeitschtes, erniedrigtes und beleidigtes, geschändetes Leben, sich forterbend unf fortzeugend von Vätern zu Kindern und Kindeskindern. Dort, wo Arbeit als Fluch Gottes über den Menschen erlebt wird, dort sind die Mühseligen und Beladenen.

Aber wir sind immer allzu leicht in Gefahr, allein unter der äußeren Armut jene Menschen zu finden. Aber Jesus hat ja die Allermühseligsten und Beladensten gewiß gerade nicht unter jenen, sondern unter den sogenannten Reichen gefunden und gesucht. Denkt an den reichen Jüngling, den Jesus liebte, wie es heißt, und der traurig von Jesus fortgeht, weil er zu schwach ist, ihm zu folgen [Matth. 19, 16–26]. Es gibt ja für den Menschen kaum eine bedrückendere Erkenntnis als zu sehen, daß er äußerlich alles, alles hat, was er will; aber daß er bei alledem doch innerlich hohl und leer und oberflächlich bleibt; daß er

1. Bruay en Artois, s. Biographie, 453 f.

mit allem Besitz die wichtigsten Dinge dieses irdischen Lebens nicht erkaufen kann – inneren Frieden, geistige Freude, Liebe in Ehe und Familie. Wie viel unsägliches inneres Leid, wie viel Beladensein mit schwerer Schuld, die der Reichtum mit sich bringt, ist gerade in den Häusern von scheinbar Glücklichen. Nein, die Mühseligen und Beladenen sehen nicht nur so aus, wie sie Rembrandt auf seinem Hundertguldenblatt zeichnet, die Armen, Elenden, Kranken, Aussätzigen, Zerlumpten, mit zerfurchten Gesichtern. Es gibt Mühselige und Beladene unter der Hülle eines glücklichen jugendlichen Gesichtes, eines glänzenden, erfolgreichen Lebens – Menschen, die sich mitten in der großen Gesellschaft so grenzenlos verlassen fühlen, denen alles schal und leer erscheint, bis sie dies Leben anwidert, weil sie spüren, wie unter dem allem ihre Seele vermodert und verwest. Niemand ist einsamer als der Glückliche.

Aber selbst jene noch, die im Rausch des Dahinlebens nicht einmal ihre Verlassenheit zu fühlen scheinen, die nicht daran denken, mühselig und beladen sein zu wollen, auch sie gehören ja in Wirklichkeit dazu. Es ist ja umgekehrt. Weil sie im tiefsten [Grunde] ihres Herzens doch wissen oder ahnen, daß auch sie dazu gehören, und weil sie Angst haben, sich das zuzugeben, darum stürzen sie sich nun umso wilder in ihr vermeintliches Glück, sind sie auf der Flucht vor jedem Wort, das ihnen die Wahrheit sagt. Sie wollen nicht mühselig und beladen sein und sind es in den Augen Jesu Christi doppelt.

*Alle, alle* sind es. Kommet her zu mir *alle*, die ihr mühselig und beladen seid. Dies letzte ist *keine Einschränkung* zu dem »Alle«, sondern ist *seine Erklärung*. Wer wollte denn sagen, wenn Jesus so ruft, ihn ginge das nicht an? Wer wollte denn sagen, er kenne das wirklich nicht, dies mühselig sein und beladen sein?

Wenn der Mensch einmal am Ende seiner inneren Kräfte

angekommen ist, wenn er sich selbst zur Last wird, wenn er nicht mehr weiter will, wenn er sich fürchtet vor dem Berg, der vor ihm liegt, wenn ihn eine Schuld zu Boden drücken will, wenn er sich von der ganzen Welt belogen und betrogen fühlt, dann helfen ihm keine Worte mehr, keine Ideale und Zukunftsträume, die man vor ihm aufrichtet, sondern dann braucht er nur eines: Er braucht einen Menschen, dem er ganz, ganz vorbehaltlos vertrauen kann. Einen Menschen, der alles versteht, der alles hört, der alles erträgt, der alles glaubt, alles hofft, alles vergibt. Einen Menschen, zu dem [man] sagen kann: »Du *bist* die Ruh, der Friede mild, die Sehnsucht du und was sie stillt« (Rückert). Einen Menschen, unter dessen Augen sich unsere Leiden lösen, unser Herz sich auftut in schweigender Liebe. Einen Menschen, der unsere Last leise von [uns] nimmt und allen Krampf, alle Angst löst und damit unsere Seele erlöst von dieser Welt. – Aber wer hat einen solchen Menschen? Wo gibt es ihn?
Das ist nun das Wunder aller Wunder, daß jeder Mensch diesen Menschen hat und finden kann. Denn dieser Mensch ruft ihn von selbst zu sich, bietet sich an, lädt uns ein. Dieser Mensch, der unsere Ruhe, unser Friede, unsere Erquickung, unsere Erlösung ist, ist Jesus Christus allein. Er, der allein Mensch ist. Und er, der in diesem wahren Menschsein Gott ist und Erlöser und Friede und Ruhe. »Kommet her zu mir alle, die ihr mühselig und beladen seid; *ich* will euch erquicken.« Auf dieses »Ich« kommt alles an. Nicht eine Idee, nicht ein Wort, nicht ein Prediger, sondern *ich*, der Mensch Jesus, der uns alle kennt, der alles durchlitten und durchkämpft hat, was wir zu durchleiden haben, der Mensch Jesus, unser Erlöser.
Es gibt zwei Möglichkeiten, einem Menschen, der von einer Last gedrückt wird, zu helfen. Entweder man nimmt ihm die ganze Last ab, so daß er künftig nichts

mehr zu tragen hat. Oder man hilft ihm tragen, indem man ihm dies Tragen leichter macht. Jesus will nicht den ersten Weg mit uns gehen. Die Last wird uns nicht abgenommen. Jesus, der selbst sein Kreuz getragen hat, weiß, daß der Mensch seiner Bestimmung [nach] Lastträger, Träger seines Kreuzes sein muß. Und daß allein unter dieser Last und nicht ohne diese Last der Mensch geheiligt wird. Die Last, die Gott dem Menschen auferlegt hat, nimmt Jesus dem Menschen nicht ab. Aber er macht dem Menschen die Last dadurch leichter, daß er ihm zeigt, wie er sie tragen muß.

»Nehmet auf euch mein Joch und lernet von mir.« Ein Joch ist selbst eine Last, eine Last zu der anderen Last hinzu; und die doch die eigentümliche Art hat, die andere Last leicht zu machen. Eine Last, die einen Menschen einfach zu Boden drücken würde, wird erträglich durch das Joch. Wir kennen ja die Bilder von Wasserträgern, die ein Joch auf ihren Schultern tragen. Wir kennen das Joch der Zugtiere, durch das allein sie befähigt werden, die schwere Last zu ziehen, ohne daß sie Schmerz und Qual dabei empfinden, ohne daß sie sich wundtragen. Und unter ein solches Joch will Jesus uns Menschen stellen, damit uns unsere Last nicht zu schwer wird. »Mein Joch« nennt er es. Das Joch also, unter dem er seine Last tragen gelernt hat, seine Last, die ja tausendmal schwerer ist als alle unsere Last, eben weil es ja unser aller Last ist, die er trägt. »Nehmet auf euch mein Joch« – geht mit mir unter mein Joch. Zusammengespannt mit ihm, so daß wir uns nicht mehr losreißen können; zusammengespannt mit all denen, die dies Joch tragen wollen; zusammengespannt, bis einstmals das Joch ganz von uns genommen wird.

»Lernet von mir ...« Seht, wie ich dies Joch trage, und tragt es ebenso. »Lernet von mir, *denn ich bin sanftmütig und von Herzen demütig*.« Das also ist das Joch, das er trägt, *seine Sanftmut und seine Demut*. Das ist das Joch,

das wir auf uns nehmen sollen, das Joch, von dem Jesus weiß, daß [es] uns hilft, unsere Last leicht zu machen. »Sanftmütig«, das heißt, nicht wider den Stachel löcken, sich nicht auflehnen gegen die Last, sich nicht daran stoßen und wund reiben, sondern still bleiben und geduldig. Und tragen, was uns auferlegt wird, weil wir ja wissen, daß Gott selbst es ist, der uns diese Last auflegt und der uns auch weiterhilft. »Sanftmütig und von Herzen demütig.« Demütig, das heißt ja wohl, den eigenen Willen gänzlich drangeben, nicht sich selbst durchsetzen wollen, sondern sich immer mehr freuen, wenn eines anderen Wille geschieht, als wenn mein eigener geschieht. Demütig [sein] heißt wissen, daß wir die Knechte sind und Gott der Herr und daß die Knechte wohl die Last zu tragen haben. Aber auch wissen, daß wir einen guten Herrn haben, der uns einstmals die Last von der Schulter nehmen wird, wenn diese Last uns geheiligt und gedemütigt und gereinigt hat.
Wer dieses Joch tragen wird, wer so von ihm lernen wird, der hat eine große Verheißung: *». . . so werdet ihr Ruhe finden für eure Seelen.«* Das ist das Ende. Diese Ruhe ist das Letzte. Freilich schon hier unter dem Joch Jesu, zusammengespannt mit ihm in der Sanftmut und in der Demut, ist sie [bereits da]. Aber erst dort, wo alle Last fallen wird, wird die völlige Ruhe sein, die wir ersehnen.
Und im Hinblick auf solche Seligkeit der Hoffnung, auf solche Erlösung von der Mühsal und der Schuld darf es nun schon heute heißen: »Mein Joch ist sanft und meine Last ist leicht.« Weh dem, der mit diesem Wort spielt, als sei damit gesagt, daß Christi Sache eine leichte Sache sei. Viel mehr versteht schon der davon, der vor Entsetzen vor dem Ernst und der Furchtbarkeit dieser Sache Christi zurückschreckt, der in Angst vor dem, was sie für unser wirkliches Leben bedeutet, sich nicht an sie heranwagt.

Aber freilich, wer erst so einmal begriffen hat, was es um Jesus Christus und seinen Willen ist, dem müssen wir es dann sagen: Nun geh zu Jesus selbst und nimm sein Joch auf dich und sieh, daß auf einmal alles, alles anders geworden ist; daß alle Angst, alles Entsetzen schwindet und daß nun auf einmal für den, der bei Jesus ist, [es] heißen darf: »Mein Joch ist sanft.«
Aber nun steht hier am Schluß eine Frage zwischen uns, die wir bei Namen nennen müssen, damit sie uns nicht verwirre. Sie sagen: Jesus ist tot. Wie sollen wir zu ihm gehen? Wie soll er uns trösten? Wie soll er uns helfen? Was können wir antworten als dies: Nein, Jesus lebt, lebt hier mitten [unter] uns. Such ihn nur, hier oder bei dir zu Haus. Ruf ihn an, frag ihn, bitte ihn. Und er wird plötzlich bei dir sein. Und du wirst wissen, daß er lebt. Du siehst ihn nicht, du spürst ihn. Du hörst ihn nicht, aber du weißt, er ist da, er hilft, er tröstet, er allein. Und du nimmst dein Joch auf dich und wirst froh und wartest. Und sehnst dich nach der letzten Ruhe bei ihm.

> Noch eine kleine Zeit, dann ist's gewonnen.
> Dann ist der ganze Streit in Nichts zerronnen.
> Dann kann ich laben mich an Lebensbächen
> Und ewig, ewiglich mit Jesus sprechen[2].

2. Sören Kierkegaards Grabinschrift.

# Menschliche Größe unter dem Gericht der Liebe

## 20. nach Trinitatis, 14. Oktober 1934

*1. Korinther 13, 1–3: Wenn ich mit Menschen- und mit Engelzungen redete, und hätte der Liebe nicht, so wäre ich ein tönend Erz oder eine klingende Schelle. Und wenn ich weissagen könnte und wüßte alle Geheimnisse und alle Erkenntnis und hätte allen Glauben, also daß ich Berge versetzte, und hätte der Liebe nicht, so wäre ich nichts. Und wenn ich alle meine Habe den Armen gäbe und ließe meinen Leib brennen und hätte der Liebe nicht, so wäre mir's nichts nütze.*

Die Gründe, die mich dazu geführt haben, dieses dreizehnte Kapitel des ersten Korintherbriefes fortlaufend auszulegen, sind folgende gewesen.
Zuerst: Es ist ein Kapitel, das unserer Gemeinde wie der in Korinth not tut. Was heißt schließlich eine christliche Gemeinde, wenn bei allem Schönen und Guten, was darin geschehen mag, das eine nicht ganz klar, ja selbstverständlich ist, daß sich die Glieder einer Gemeinde einfach untereinander liebhaben sollen? Was für ein Bild bietet eine Gemeinde sich selbst und der Welt, wenn nicht einmal diese allererste Pflicht ernstgenommen wird? Wenn irgend etwas Menschliches in der ersten Christenheit die Heiden zu überzeugen vermochte, so war es doch einfach dies, daß sie sehen, jawohl mit ihren leiblichen Augen sehen konnten, daß die beiden Nachbarn, daß [der] Herr und sein Sklave, daß die verfeindeten Brüder auf einmal nicht mehr gegeneinander, sondern miteinander, fürein-

ander waren. Da hatte sich einfach ganz äußerlich etwas verändert mit dem Christwerden. Meinen wir etwa, weil wir schon Christen seien, brauche sich da nichts mehr zu verändern? Oder wollen wir nicht lieber sagen: Wenn wir Christen würden, so würde sich auf einmal auch bei uns viel verändern? Wird nicht dies Wort auch einer Gemeinde zum Gericht: ... und wenn in einer Gemeinde alles geschähe, wenn sie zur Kirche käme, wenn sie mancherlei Gutes täte – »und hätte der Liebe nicht, so wäre sie nichts«?

Als Zweites hatte ich die besondere Lage unserer deutschen Kirchen im Auge. Ob man es sehen will oder nicht, ob man es für richtig hält oder nicht, die Kirchen stehen im Kampf um ihren Glauben, wie es seit mehreren hundert Jahren nicht mehr gewesen [ist]. Es geht um nichts anderes – ob man es für richtig hält oder nicht – als um das Bekenntnis zu Jesus Christus als dem alleinigen Herrn und Erlöser dieser Welt. ⟨Und bei allem Schweren und Niederdrückenden sind wir dankbar für diesen Kampf, denn er weckte die Kirchen auf zur Bereitschaft für ihren Herrn.⟩

Aber wer an diesem Kampf um dieses Bekenntnis innerlich und äußerlich teilnimmt, der weiß, daß solcher Glaubenskampf eine große Versuchung in sich trägt, die Versuchung der Selbstsicherheit, Selbstgerechtigkeit und Rechthaberei, das heißt aber die Versuchung der Lieblosigkeit gegen den Gegner. Und doch kann ja dieser Gegner nie wirklich überwunden werden, es sei denn durch Liebe. Wie überhaupt kein Gegner überwunden wird außer durch Liebe. »Vater, vergib ihnen, denn sie wissen nicht, was sie tun« (Luk. 23, 34). Wie viel Menschen sind durch dieses Wort Jesu wirklich überwunden worden! Auch über dem leidenschaftlichsten Glaubenskampf könnte ja der Satz stehen: »... *und hätte der Liebe nicht, so wäre er nichts.*«

Und damit sind wir beim Dritten. Die protestantische Kirche hat es vermocht, unvergleichlich zuversichtlich den Sieg und die Kraft des Glaubens an den Herrn Jesus Christus allein zu verkündigen und sie hat damit die Botschaft der Bibel in ihrer Reinheit wieder in der Welt hörbar gemacht. Aber wer hört dieses Wort vom Glauben noch so, wie es gehört werden soll? So nämlich, daß es nichts anderes heißt, als daß Gott über alles *geliebt* werden soll? Gott lieben – das heißt ja nicht nur, daß wir dort, wo es uns einmal schlecht geht, sagen: Gott wird schon wieder helfen! Das ist wahrhaftig noch ein armer, schwacher Glaube. Gott lieben, das heißt, sich an ihm freuen, gern an ihn denken, gern zu ihm beten. Gern vor ihm und mit ihm allein sein. Voll Ungeduld auf ihn warten, auf jedes Wort, jede Bitte. Ihn nicht betrüben, sondern sich in ihm freuen, einfach weil er es ist, weil er Gott ist. Und weil wir ihn kennen und haben und mit ihm reden und leben dürfen. Gott lieben – und aus Liebe zu ihm die Brüder lieben. Verstehen wir das noch in der ernüchterten protestantischen Kirche? Können wir das noch hören, ohne sogleich zu sagen: Das ist ja Pietismus? Und wenn er's schon wäre! Steht nicht auch über der protestantischen Kirche, die vom Glauben allein predigt, immer wieder dies Wort: ». . . und hätte der Liebe nicht, so wäre sie nichts?«
Und nun wollen wir uns bei allem Folgenden eines fest vornehmen, nicht auf den anderen, sondern nur in uns selbst hineinzusehen und *uns* nach *unserer* Liebe fragen zu lassen. Wer weiß es denn, ob nicht jener scheinbar so einsame, wunderliche, eigenbrödlerische, unfreundliche, egoistische Nachbar im letzten Grund viel mehr weiß von der Sehnsucht nach einer großen Liebe, und daß es nur lange, lange dauert, ehe das Eis bricht, ehe das Herz frei wird? Und wer weiß, ob all unsere Freundlichkeit und was wir sonst über ihn sagen mögen, den eigentlichen

Durchbruch der großen Liebe zu Gott und den Brüdern umso mehr verhindert? Also, allein auf uns wollen wir sehen und zu uns reden lassen.
Es ist zunächst etwas sehr Einfältiges, was hier gesagt ist. Nämlich daß ein Leben Sinn und Wert hat, nur sofern Liebe in ihm ist. Und daß ein Leben nichts, gar nichts ist und keinen Sinn und Wert hat, wenn keine Liebe in ihm ist. Ein Leben ist so viel wert, wie viel Liebe es hat. Alles andere ist nichts, gar nichts, ganz gleichgültig, ganz unwichtig. Alles Schlechte und alles Gute, alles Große und alles Kleine ist unwichtig. Wir sind nur nach einem gefragt, ob wir Liebe haben oder nicht.
Wir kennen alle den Augenblick, an dem Grab von Menschen zu stehen, über die es unsererseits schlechterdings nichts, gar nichts zu sagen gab. Wo uns nur das eine furchtbare Gefühl niederdrückte: Welch namenlose Armut in diesem Leben! Welche Sinnlosigkeit, wie viel verlorene Zeit und Kraft in diesem Leben! Er hatte niemand, den er liebte. Er hatte niemand, der ihn liebte. Stumpf, ohne Tränen, ohne Schmerz sehen wir zu, wie dieses Leben zur letzten Ruhe getragen wird, die es sich selbst vielleicht ersehnte. Er war ein Geizhals. Er war ein Eifersüchtiger. Er war ein Tyrann. Er kannte und suchte und wollte nur sich selbst. Er haßte die anderen. Jeder war ihm im Wege zu seinem Glück, das er doch nie fand. Er blieb allein, einsam. Ob er auch in Ewigkeit allein bleiben muß? Es sind dies die Gräber, die uns vielleicht am meisten erschüttern, weil sie uns eine ganz einfältige, aber ganz lebendige Predigt halten über das Wort: »und hätte der Liebe nicht, so wäre ich nichts.«
Und wir kennen die Gräber, an denen wir einer Mutter, einem treuen Vater, einem glücklichen Kind nachblicken. Und drum herum stehen alle die, die Liebe von diesem Menschen erfahren haben, eine unübersehbare Zahl. Viele, die niemand kennt, aber die wohl wissen, warum

sie da sind. Und unser Mund tut sich auf und will nicht schweigen, die Liebe zu preisen, die in diesem Leben sich verherrlichte.
Das sind sehr einfache Erfahrungen des Lebens, in denen wir von ferne zu begreifen meinen, warum Paulus mit solcher Ausschließlichkeit die Liebe preist. Nicht, wirklich gar nicht lebenswert ist jenes Leben ohne Liebe. Aller Sinn des Lebens aber ist erfüllt, wo Liebe ist. Dieser Liebe gegenüber wird dann alles andere ganz gleichgültig. Was heißt Glück und Unglück, was heißt Armut und Reichtum, was heißt Ehre und Schande, was heißt Heimat und Fremde, was heißt Leben und Tod, wo Menschen in der Liebe leben? Sie wissen es nicht. Sie unterscheiden es nicht. Sie wissen nur, daß ihnen Glück wie Unglück, Armut wie Reichtum, Ehre wie Schande, Heimat und Fremde, Leben und Sterben nur dazu dienen, umso stärker, umso reiner und völliger zu lieben. Sie ist das Eine, jenseits aller Unterschiede, vor allen Unterschieden, in allen Unterschieden. »Die Liebe ist stark wie der Tod« [Hohesl. 8,6].
⟨Schon aus dem, was wir hier zuletzt zu sagen hatten, wird es klar, daß dieser Lobpreis der Liebe nicht gerade eine Sache der selbstverständlichen bürgerlichen Moral ist, sondern eine Sache, die durch unsere bürgerlichen Lebensordnungen und -auffassungen quer hindurch geht, sie zerschneidet. Wenn das letzte »gerichtet« oder »gerettet«, das über unser Leben gesprochen werden soll, wirklich nur von einer Frage abhängt, ob ein Mensch Liebe hatte oder nicht, wenn es wirklich vor Gott heißt, Liebe oder nichts, dann sieht die Welt auf einmal sehr anders aus als vorher, dann stürzt wohl auf einmal vieles, was vorher groß war in der Welt, in jähem Sturz in dieses Nichts hinein, in diese Leere, in diese Vernichtung alles Lebens. Was nach Macht und Gewalt und Ehre, nach Lust und Besitz trachtete, was sich erhoben hatte über diese Welt,

es ist durch dieses einzige Wort des Neuen Testamentes gestürzt, gerichtet, vernichtet. Es ist nichts, gar nichts. Die Ordnung der Welt ist aus den Angeln gehoben, wenn es ernst wird mit diesem Wort: »und hätte der Liebe nicht, so wäre ich nichts«. Aber mit der Welt – und darauf kommt es nun an – [ist] auch unsere Frömmigkeit, unsere Christlichkeit, unser religiöses Leben und all sein Ernst [gestürzt]. Die Dinge, die wir bisher gesagt haben, waren der Mehrheit so selbstverständlich, daß sie nicht mehr gesagt zu [werden] brauchten. Aber sie wären eben gänzlich mißverstanden, wenn hier halt gemacht würde und nun dieser gestürzten Welt das gerettete Häuflein der Kirchgänger, der Frommen gegenübergestellt würde. Nein, dies Wort schneidet tief hinein in unsere eigenen Reihen, in unsere Kirche, in unsere Frömmigkeit. Und erst hier erkennt man die Schärfe, die das Wort Liebe in sich trägt, die es gegen jedes Mißverständnis schützt, die ungeheure aggressive Kraft, die in diesem Wort steckt, so daß es sich gerade gegen den Frommen aufmacht, um ihn von seiner falschen Höhe zu stürzen.⟩

Vor der Liebe wird alles andere klein, wird alles scheinbar Große zunichte, zerfällt, ein Bild der Erbärmlichkeit und des Jammers. Was ist ein Leben voll Lust, voll Ehre, voll Ruhm, voll Glanz gegenüber einem Leben in der Liebe? Aber freilich, die Frage macht hier nicht halt. Sie hat eine ungeheuer aggressive Kraft und drängt weiter: Was ist auch ein Leben voll Frömmigkeit, voll Moral, voll Zucht, voll Opfer und Entsagung, wenn es nicht ein Leben in der Liebe ist?

Da stehen in unserem Text Menschenbilder vor uns auf, die in ihrem Ernst, ihrer Kraft, ihrer Hingabe, ihrem Eifer um die Frömmigkeit zu denen gehören, auf die die Menschheit, auf die wir stolz sind; ja von denen wir meinen, der Schöpfer selbst dürfe stolz auf sie sein, zu denen wir aufsehen in Ehrfurcht und Verehrung, vor denen wir uns bedingungslos beugen. Menschen, an die sich kein Wort unserer Kritik heranwagen würde; Menschen, die schon jenseits alles Menschlichen zu stehen scheinen; Menschen in einsamer Hoheit und Größe. Und nun geschieht hier das ungeheure Schauspiel, daß diese Menschen der Höhe, des von uns unerreichten Ernstes und der Frömmigkeit angegriffen werden und zu Fall kommen durch das eine Wörtchen: »und hätte der Liebe nicht«; wie sie zu nichts werden, die uns alles zu sein schienen, zunichte vor Gott, der das Licht der Wahrheit über sie ausgießt und vor dem es nicht verborgen blieb, daß sie in aller Hoheit und Kraft ein kaltes, steinernes Herz in ihrer Brust trugen.

»Und wenn ich mit Menschen- und mit Engelzungen redete.« Wovon? Nun, wohl von dem, was mir heilig ist und wichtig und ernst im Leben. Zu wem? Zu dem wohl, dem ich diese Dinge nahe bringen möchte, den ich gewinnen möchte für die heilige Sache. Gesetzt also, wir könnten es, so von den größten und heiligsten Dingen reden, daß wir alles andere darüber vergessen, daß uns die Begeisterung wegreißt. Gesetzt also, es wäre uns die einzigartige Gabe mitgegeben, zu sagen, in Worte zu fassen, was wir empfinden und was andere stumm in sich herumtragen müssen. Und gesetzt, wir täten dies untereinander in aller Aufrichtigkeit, Hingabe – »Wenn ich mit Menschen- [und mit Engelzungen] redete und hätte der Liebe nicht, so wäre ich nichts, [ein] tönend Erz oder [eine] klingende Schelle.« Das fährt wie ein lähmender und zerstörender Blitz hinein. Das ist die Möglichkeit, mit der wir nicht gerechnet hatten, daß auch unsere heiligsten Worte unheilig, gottlos, gemein werden können, wenn ihnen das Herz fehlt, wenn sie ohne Liebe sind. Das also ist möglich, daß das *Wort*, das uns Menschen gegeben ist um unserer innersten Gemeinschaft willen, entheiligt wird, indem es von der Liebe losgerissen sich selbst dient, sich selbst liebt. Ein tönend Erz, eine klingende Schelle – ein hohles Getön, ein leeres Geplapper, ohne Herz, ohne Seele, das können unsere Worte werden. Das sind unsere Worte zueinander. Das sind unsere heiligsten, ernstesten, ehrlichsten Beteuerungen, selbst wenn sie Beteuerungen unserer Liebe sind – wenn sie nicht selbst aus der Liebe sind. Das ist das Erste: Der Mensch des ernsten, frommen Wortes unter dem Gericht der Liebe. Ein tönend Erz, eine klingende Schelle, ein Nichts. Und der Mensch vielleicht mit der schweren, stotternden Zunge des Mose, vielleicht mit dem stummen, verschlossenen Mund, er gerettet von derselben Liebe. Das Wort ohne Liebe, das ist das Erste.

Tiefer als das Wort liegt die Erkenntnis, das Wissen um die Geheimnisse dieser und jener Welt, die Hingabe und die Andacht des an Gott Denkens, der Versenkung in Gegenwärtiges und Vergangenes, der Erleuchtung des Zukünftigen. Ist nicht auch dies eine Gestalt des frommen Lebens, vor der uns fast erschauert? Wie viel Opfer und Entsagung verlangt die Wahrheit, die Erkenntnis, bis man sie erringt! ⟨Die großen Theologen aller Zeiten, die Menschen der Gotteserkenntnis.⟩ »Und wenn ich weissagen könnte und wüßte alle Geheimnisse und alle Erkenntnis . . .« Ja, packt uns bei solchen Worten nicht die leidenschaftliche Sehnsucht? Ja, hätte ich sie nur! Dann wäre mein Durst gestillt, wenn ich wüßte, warum ich diesen Weg und warum jener jenen Weg gehen muß, wenn ich die dunklen Wege Gottes schon hier erkennen könnte. Ja, wäre das nicht die Seligkeit? Und abermals heißt es: ». . . und hätte der Liebe nicht, so wäre ich nichts.« Erkenntnis, Wissen, Wahrheit ohne Liebe ist nichts. Sie ist nicht Wahrheit. Denn Wahrheit ist Gott und Gott ist Liebe. Darum ist Wahrheit ohne Liebe Lüge, nichts. *»Sagt die Wahrheit in der Liebe«*, sagt Paulus an einer anderen Stelle [Eph. 4, 15]. Wahrheit für sich selbt, Wahrheit in der Feindschaft, im Haß gesagt ist nicht Wahrheit, sondern Lüge, denn Wahrheit stellt vor Gott und Gott ist Liebe. Wahrheit ist die Klarheit der Liebe, sonst nichts.

Aber wir haben noch ein kleines Sätzchen, das dazwischen steht, ausgelassen. Und in diesem Satz ist ein furchtbares Rätsel vor uns enthüllt. »Und hätte allen Glauben, also daß ich Berge versetzte, und hätte der Liebe nicht, so wäre ich nichts.« »Hätte ich allen Glauben«. Was ist damit gesagt? Welche Saite unseres Inneren ist damit angeschlagen? Allen Glauben, alle Zuversicht, alle Gewißheit, daß ich bei Gott bin und Gott bei mir ist in allen Sorgen und Ängsten meines Lebens; allen Glauben, so daß ich mich nicht mehr fürchte vor dem morgigen Tag. Ist es nicht das, worum wir täglich bitten? Woran wir genug hätten? Woran wir uns halten würden bis an unser Ende? Und nun schlägt es auch hier ein. »*... und hätte der Liebe nicht, so wäre ich nichts.*« Was ist das für ein rätselhaftes Ding, ein Mensch, der allen Glauben hat – und doch nicht liebt? Gott nicht liebt und seinen Bruder nicht liebt? Was ist das für ein dunkler Abgrund, in den wir da hineinsehen müssen? Ein Glaube, der im tiefsten Grund selbstherrlich und selbstsüchtig ist, der sich selbst sucht. Ein gottloser Glaube, der nicht um Gottes willen, sondern um meinetwillen glaubt. Gott, behüte uns vor diesem Abgrund, vor solchem Aberglauben, der uns täuscht, als wären wir bei dir. Und wir sind dir doch fern. Gott, wer hilft uns aus solcher Not?

Und nun ist kein Halten mehr. Es wird immer furchtbarer und verzweifelter. Zu dem Glauben ohne Gott, ohne Liebe tritt die Tat der Liebe, die doch ohne Liebe ist. Das Werk, das dem Schein nach der Liebe gleich ist und ihr doch gänzlich fremd. »Und wenn ich alle meine Habe den Armen gäbe«, wenn ich entsagte und opferte, wie es nur die Liebe kann« und hätte doch der Liebe nicht«, sondern solches Opfer käme aus der Selbstsucht und Eitelkeit meines Herzens, *solches Opfer sollte Gott und den Nächsten betrügen um mein Herz*, »so wäre mir's nichts nütze«. Und was kann der Fromme zuletzt noch geben als sein nacktes Leben selbst zum Opfer für Gott, für Christus, zum Martyrium? Und wenn ich meinen Leib verbrennen ließe, wenn ich selbst im Tode meinen Ernst, meine Frömmigkeit bewiese und besiegelte, wenn ich Märtyrer würde um Gottes Sache willen – Gott, welche Gnade, für dich sterben zu dürfen – und hätte der Liebe nicht, so wäre mir's wahrhaftig nichts nütze. Wenn ich Gott zu lieben schiene bis in den Opfertod und liebte ihn doch nicht, sondern liebte nur mich selbst und meinen Märtyrerruhm und -traum, so wäre auch dem Märtyrer das Gericht gesprochen. Die Liebe stürzt ihn ins Nichts hinab.

Wer begreift das noch? Oder auch, wer begreift dies nicht? Wer weiß nicht, daß wir in allen Stücken die sind, die reden und Erkenntnis haben und Glauben und Taten tun und sich opfern – um unserer selbst willen, ohne Liebe, ohne Gott? Und wer begreift nicht, daß über solchem Tun Gottes Urteil ergehen muß, weil Gott Liebe ist und unsere ganze, ungeteilte Liebe will und sonst nichts?

Was ist diese Liebe? Diese Liebe zu Gott und zum Menschen? Sie ist nicht Wort, nicht Erkenntnis, nicht Glaube, nicht Liebestat und Lebensopfer in unserem Sinn. Haben wir sie? Ist auch über uns schon das Gericht gesprochen? Nun, wir rufen zu ihr, daß sie komme, von Gott selbst her und uns rette, uns dem Abgrund der Vernichtung entreiße.

Du Gott aller Liebe, komm du in unser verwirrtes Herz und rette uns aus Liebe, durch Liebe. Amen.

# Der unglaubliche Weg der Liebe

## 21. nach Trinitatis, 21. Oktober 1934

*1. Korinther 13, 4–7: Die Liebe ist langmütig und freundlich, die Liebe eifert nicht, die Liebe treibt nicht Mutwillen, sie blähet sich nicht, sie stellet sich nicht ungebärdig, sie suchet nicht das Ihre, sie läßt sich nicht erbittern, sie rechnet das Böse nicht zu, sie freuet sich nicht der Ungerechtigkeit, sie freuet sich aber der Wahrheit; sie verträgt alles, sie glaubet alles, sie hoffet alles, sie duldet alles.*

Wir haben am vergangenen Sonntag gelernt, daß unser Leben mit allen Idealen, mit all unserem Ernst, unserer Erkenntnis, unserem Glauben, ja selbst unserer Liebestat und unserem Opfer *nichts* ist, wenn ihm das eine fehlt, was Paulus die Liebe nennt. Also es kann sein, daß unser ganzes Leben, das wir ernst und in voller Pflichterfüllung und ganzem Einsatz führen, einfach nichts ist, weil es nicht aus der Liebe kommt, sondern aus dem Stolz oder der Angst oder der Eitelkeit des eigenen Herzens. Daß aber auch unsere ganze Frömmigkeit nichts ist, wenn es von ihr heißen muß: »Und hätte der Liebe nicht.« Daß alles menschliche Leben und Tun nichts ist, es komme denn aus der Liebe. Das stellt uns vor die Frage: Was *ist* denn diese Liebe, auf die so schlechterdings alles ankommt? Was ist diese Liebe, ohne die wir alle *nichts* sind?

Es ist wahr, es gibt keinen Menschen, der ohne Liebe lebt. Jeder Mensch hat Liebe. Er weiß um ihre Macht und um ihre Leidenschaft. Er weiß sogar, daß diese Liebe den ganzen Sinn seines Lebens ausmacht, und daß er ohne diese Liebe, die er kennt und hat, sein ganzes Leben wegwerfen könnte, weil es sich nicht mehr lohnte zu leben. Diese Liebe aber, um deren Macht, Leidenschaft und Sinn jeder Mensch weiß, *ist die Liebe des Menschen zu sich selbst*. Sie ist es, die ihn erfüllt, die ihn tatendurstig, erfinderisch macht, ohne die sich sein Leben nicht mehr lohnen würde. So kennen wir wohl die Liebe, aber nur in ihrem teuflischen Spiegel- und Zerrbild der Selbstliebe. Aber diese Selbstliebe ist die vom Ursprung abgefallene, verkehrte Liebe; die Liebe, die an sich selbst genug hat und darum zur Unfruchtbarkeit verdammt ist; die Liebe, die im Grunde Haß ist gegen Gott und gegen den Bruder, weil diese ja nur den engen Kreis meines Selbst stören können. Es ist wirklich dieselbe Macht, dieselbe Leidenschaft, dieselbe Ausschließlichkeit der Liebe dort wie hier. Es ist nur das unendlich verschiedene Ziel – hier ich selbst, dort Gott und der Nächste.

Aber die Selbstliebe ist klug. Sie weiß, daß sie nur das Zerrbild des Urbildes der Liebe ist. Darum verstellt sie sich, verhüllt sie sich, verkleidet sie sich in tausend Gestalten und versucht so, der wahren Liebe ähnlich zu werden. Und es gelingt ihr, so daß es dem menschlichen Auge fast nicht mehr möglich wird, den Schein von der Wahrheit zu unterscheiden. Die Selbstliebe spielt sich auf als Nächstenliebe, als Vaterlandsliebe, als soziale Liebe, als Menschheitsliebe [im Manuskript: Menschenliebe] und will nicht erkannt sein. Aber durch alle Versuche der Vernebelung und allen Schein hindurch zwingt nun Paulus die Selbstliebe zur Verantwortung, indem er vor ihr, vor uns das Bild der Liebe entwirft, die vor Gott gilt. Jeder einzelne der hier aufgezählten Züge kann für sich auch etwas anders gedeutet werden. Aber wo sie alle zusammen in Erscheinung treten, dort muß es wahr sein, daß der Bann der Selbstliebe durchbrochen ist und die Liebe zu Gott und zum Nächsten Wirklichkeit geworden ist. Aber wo geschieht das? Es heißt ja nicht, *der Mensch, der*

*liebt*, tut dies oder das, sondern *die Liebe* tut dies und das. Die Liebe, wer ist das? Von wem gilt es? Woher wissen wir das?
Wir geben hier keine Antwort, sondern hören zunächst, was gesagt ist. *»Die Liebe ist langmütig und freundlich.«* Das heißt, die Liebe kann warten, lange warten, bis zum letzten warten. Sie wird nie ungeduldig. Sie will nichts übereilen und erzwingen. Sie rechnet mit langen Zeiträumen. Sie rechnet allein damit, daß der andere endlich, endlich doch überwunden wird. Warten, Geduld haben, weiter lieben und freundlich sein, auch wo es gänzlich fehlzuschlagen scheint, das allein überwindet Menschen. Das allein löst die Fesseln, die jeden Menschen ketten, die Fesseln der Menschenfurcht und der Angst vor einem Umbruch, vor einem neuen Leben. Langmut, das paßt so gar nicht in unser gehetztes Leben. Freundlichkeit, das scheint oft so gänzlich unangebracht zu sein. *Aber die Liebe ist langmütig und freundlich*. Sie wartet, wie man auf einen, der sich verirrt und verlaufen hat, wartet und freut sich, wenn er überhaupt noch kommt.
*Darum eifert die Liebe nicht*. Die Selbstliebe aber eifert. Sie will etwas für sich selbst. Sie will den anderen gewinnen und besitzen für sich selbst. *Sie* will etwas von dem anderen. Die Liebe will dies nicht. *Sie* will nichts von dem anderen. Sie will alles für den anderen. Sie will den anderen nicht haben und besitzen. Sie will ihn erst recht nicht eifersüchtig allein besitzen. Sie will nur den anderen lieben, weil sie nicht anders kann. Sie will den anderen nur um seinetwillen. Sie will nichts von dem anderen, sie will alles für den anderen. Die Eifersucht, die die Liebe steigern und schützen soll, zerstört die Liebe, verunreinigt sie, entheiligt sie.
Weil aber die Liebe nicht eifert, weil sie nichts für sich selbst will, darum macht sie auch nichts aus sich. Sie will ganz unscheinbar sein. Sie will am liebsten gar nicht gese-

hen werden. Sie macht nie auf sich aufmerksam. Sie spielt sich nicht auf. Sie will nicht etwas Besonderes sein. »Sie treibt nicht Mutwillen, sie blähet sich nicht, sie stellt sich nicht ungebärdig.« Wir tun allerlei, um auf das Besondere unserer Liebe hinzuweisen. Wir spielen uns [in] eine Rolle hinein als Heilige, als Unschuldige, als Toren oder auch als Märtyrer mit unserer Liebe. Wir ängstigen den anderen damit, daß wir ihm plötzlich auch wieder unsere Liebe entziehen könnten. Das heißt, wir spielen mit der Liebe, wir treiben Mutwillen mit ihr. Wir sind sogar fähig und bereit, die Ordnungen des Anstandes und der Sitte, der Zurückhaltung und der Bescheidenheit zu durchbrechen, um auf unsere Liebe aufmerksam zu machen. *Die Liebe aber stellt sich nicht ungebärdig*. Sie tut das alles *nicht*, was wir tun, wenn wir zu lieben meinen.

Sie tut es nicht, *weil sie nicht das Ihre sucht*. Sie will ja nichts für sich, wirklich nicht. Sie vergißt sich. Sie sieht sich selbst ebenso wenig, wie das Auge sich selbst sieht. »Das Ihre«, was die Liebe suchen könnte, was unsere Liebe doch jedenfalls immer sucht, ist doch mindestens Gegenliebe, Dankbarkeit. Aber auch das, was doch das Ihre wäre, was sie verdiente, *sucht sie nicht*. Und allein, wenn sie es nicht sucht, auch nicht irgendwie verstohlen und heimlich, wird es sie vielleicht finden. Sie ist froh und dankbar, wenn der andere das Seine findet. Und sie sieht ohne Neid zu, wenn die Liebe des anderen sich auf einen anderen richtet, wie eine gute Mutter sich freut, wenn ihr Kind den findet, den es von ganzem Herzen lieben kann, auch wenn sie selbst dabei zurückstehen muß.

Aber selbst das Böse und die Sünde des anderen kann sie nicht erbittern, weil sie ja für sich selbst gar kein Gutes erwartet. Sie kennt sich selbst ja gar nicht, sie kennt ja nur den anderen. Sie trauert über dessen Böses und ist betrübt und liebt ihn darum umso mehr. Aber sie läßt sich nicht erbittern. Wo uns versagte Gegenliebe vielleicht das ganze

Leben verbittert, da sagt die Liebe zu uns: Du hast noch gar nicht recht geliebt, wenn du durch den Haß oder die Unachtsamkeit des anderen deine Liebe zerbrechen läßt. Sonst wärest du frei von jeder Bitterkeit. Du läßt dich erbittern. Aber die Liebe läßt sich nicht erbittern.
*Sie rechnet das Böse nicht zu.* Wo die Gerechtigkeit uns zu gebieten scheint, Gutes und Böses zu buchen und festzulegen, da ist die Liebe blind, wissend blind. Sie sieht das Böse, aber sie rechnet es nicht zu, sie vergibt es. Und nur die Liebe kann ja vergeben. Sie vergißt es. Sie trägt es nicht nach. Wenn wir nur dies eine begriffen: Die Liebe trägt nicht nach. Sie tritt dem anderen jeden Tag neu und mit neuer Liebe gegenüber und vergißt, was dahinten liegt. Sie macht sich dadurch zum Spott der Menschen, zum Narren. Und sie wird auch dadurch nicht irre, sondern sie fährt fort zu lieben.
Ist sie denn gleichgültig gegen Recht und Unrecht? Nein, sie freut sich *nicht* der Ungerechtigkeit, sie freut sich aber der Wahrheit. Sie will die Dinge sehen, wie sie sind. Sie will lieber Haß und Unrecht und Lüge klar sehen als allerlei Masken der Liebenswürdigkeit, die doch wieder den Haß nur noch verbirgt und noch häßlicher macht. Die Liebe will klare Verhältnisse schaffen und sehen. Sie freut sich der Wahrheit. Denn nur in der Wahrheit kann sie aufs neue lieben.
Und nun kommen die großen Zusammenfassungen, die wir fast nicht mehr wagen auszulegen, so ungeheuer sind sie an Tiefe und Ernst und Weite. *Sie verträgt alles, sie glaubt alles, sie hofft alles, sie duldet alles.* Auf das *»alles«* kommt es hier an. Es ist kompromißlos gemeint. *Alles* heißt hier wirklich *alles*. Auch wir sagen vielleicht einmal in einem großen Augenblick: Alles tue ich für dich; alles lasse ich für dich; alles trage ich mit dir. Wobei wir doch immer die eine große stillschweigende Voraussetzung machen: Wenn du es ebenso mit mir hälst. Diese Voraus-

setzung kennt die Liebe nicht. Ihr »Alles« hat keine Bedingung. Es ist bedingungslos *alles.*

*Sie verträgt alles.* Das heißt, sie erschrickt vor keinem Bösen mehr. Sie vermag die Furchtbarkeit menschlicher Sünde ganz aufzunehmen und anzusehen. Sie sieht nicht weg, weil sie es nicht vertragen kann, weil sie kein Blut sehen kann. Die Liebe verträgt alles. Keine Schuld, kein Verbrechen, kein Laster, kein Unheil ist so schwer, daß sie es nicht sähe und auf sich nähme. Denn sie weiß ja: Die Liebe ist noch größer als die größte Schuld.

*Sie glaubt alles – und wird darüber zum Narren und behält doch recht.* Sie wird darüber betrogen und belogen und behält dennoch das Feld. Aber ist es nicht ein Unsinn, alles zu glauben? Fordert es die anderen nicht geradezu heraus, mich für den Dummen zu halten? Ja, es ist ein Unsinn, wenn ich irgendetwas für mich selbst mit meiner Liebe bezwecke. Aber wenn ich wirklich nichts anderes will, als ohne Bedingung, ohne Grenzen, ohne Vorurteil zu lieben, dann ist es wohl kein Unsinn, sondern dann ist es *der* Weg, Menschen zu überwinden, der Weg, an dem Menschen stutzig werden und umkehren. Die Liebe glaubt *alles*, weil sie ja nicht anders kann als glauben, daß letzten Endes, wirklich zuletzt, ja alle, alle dazu gerufen sind, von der Liebe überwunden zu werden. Ist es euch einmal begegnet, daß ihr mit einem sehr schlechten Menschen gesprochen habt, von dem niemand etwas Rechtes und Aufrichtiges mehr erwartete, und daß ihr ihm zugehört und Glauben geschenkt habt und daß dieser dann vor dem Glauben an ihn einfach zusammenbrach und euch sagte: Sie sind der erste Mensch, der mir wieder glaubt? Und daß er sich so an eurem Glauben an ihn wieder aufrichtete, sogar wenn er uns eben noch belogen hatte? Und kennt ihr auch die Verzweiflung eines Menschen, dem wir mißtrauten und der doch, wie sich später herausstellte, die Wahrheit redete und der durch unser Mißtrauen an allem Glauben irre wurde? Wer das erfahren hat, der begreift es, daß die Liebe keinen Unterschied macht. Sondern mit sehenden Augen glaubt sie alles. Oder mit blinden Augen sieht sie die wahre Zukunft.

*Sie hofft alles.* Sie gibt keinen Menschen auf. Es kommt doch noch die Stunde, in der der Verirrte umkehrt, in der er seine verleugnete, zerbrochene, erschütterte, vergessene Liebe wiedergeben muß, in der die Krankheit weicht und er geheilt aufsteht. Die Liebe ist wie der Arzt am Krankenbett, der »noch Hoffnung hat« für den Kranken. Und an dieser Hoffnung richtet sich der Kranke auf. Und weil die Liebe nichts will, als daß der Kranke sich wieder aufrichte, darum gibt sie ihn *nie* auf. Darum hofft sie alles, nicht nur für den Einzelnen, sondern auch für ein Volk, für eine Kirche. Ohne Liebe alles zu hoffen ist törichter Leichtsinn und Optimismus. Aus Liebe alles zu hoffen ist die Kraft, an der sich ein Volk und [eine] Kirche wieder aufrichten kann. Das ist unsere Aufgabe, so bedingungslos zu hoffen, daß unsere Hoffnung der Liebe den anderen eine Kraft sei.

Wer alles glaubt und alles hofft um der Liebe willen, um des Aufrichtens und Helfens willen, der muß leiden und dulden. Denn die Welt hält ihn für einen Narren und vielleicht sogar für einen gefährlichen Narren, weil er die Bosheit noch herausfordert mit seiner Narrheit. Aber erst, wenn die Bosheit ans Licht kommt, kann sie ja ganz geliebt werden. Darum: *Die Liebe duldet alles* und ist in diesem Dulden selig. Denn dieses Dulden macht sie immer größer, immer unwiderstehlicher. Die Liebe, die wenig erdulden mußte, bleibt schwach. Die Liebe, die alles erduldete, behält den Sieg.

Wer ist diese Liebe – wenn nicht der, der, als er alles ertrug, alles glaubte, alles hoffte, auch alles dulden mußte bis zum Kreuz? Der sich nicht das Seine suchte, sich nicht erbittern ließ und das Böse nicht zurechnete und darum vom Bösen überwältigt wurde? Der noch am Kreuz für die Feinde betete und darin das Böse gänzlich überwand? Wer ist diese Liebe, von der Paulus hier geredet hat, anders als Jesus Christus selbst? Wer ist hier gemeint, wenn nicht er? Welches Zeichen steht über diesem ganzen Abschnitt, wenn nicht das Kreuz?

## Warum Liebe nie aufhört

22. nach Trinitatis, 28. Oktober 1934

*1. Korinther, 13, 8–12: Die Liebe höret nimmer auf, so doch die Weissagungen aufhören werden und das Zungenreden aufhören wird und die Erkenntnis aufhören wird. Denn unser Wissen ist Stückwerk, und unser Weissagen ist Stückwerk. Wenn aber kommen wird das Vollkommene, so wird das Stückwerk aufhören. Da ich ein Kind war, da redete ich wie ein Kind und war klug wie ein Kind und hatte kindische Anschläge; da ich aber ein Mann ward, tat ich ab, was kindisch war. Wir sehen jetzt durch einen Spiegel in einem dunkeln Wort; dann aber von Angesicht zu Angesicht. Jetzt erkenne ich's stückweise; dann aber werde ich erkennen, gleichwie ich erkannt bin.*

Wenn wir uns in unruhigen Zeiten einmal fragen, was eigentlich von all der Aufregung, von all dem Hin und Her der Gedanken und Überlegungen, von all den Sorgen und Befürchtungen, von allen Wünschen und Hoffnungen, die wir uns machen, wirklich übrig bleibt – und wenn wir uns dann die Antwort der Bibel geben lassen wollen, so wird uns gesagt: Es bleibt von all dem zuletzt nur eines, nämlich die Liebe, die wir in unseren Gedanken, Sorgen, Wünschen und Hoffnungen gehabt haben. Alles andere hört auf, vergeht. Alles, was wir nicht aus Liebe gedacht und ersehnt haben, alle Gedanken, alle Erkenntnis, alles Reden ohne Liebe hört auf. *Nur die Liebe höret nimmer auf.*

Wovon wir aber wissen, daß es doch aufhört, das lohnt sich wohl gar nicht erst anzufangen. Das Leben ist dafür zu kurz und zu ernst, als daß wir Zeit zu verlieren hätten, als daß wir uns mit den Dingen abzugeben hätten, die doch aufhören. Das geht uns hin und wieder selbst mit erschütternder Deutlichkeit auf. Wenn wir an der Jahreswende oder an unserem Geburtstag zurückblicken auf das, was wir nun eigentlich im vergangenen Jahr oder gar in dem hinter uns liegenden Stück unseres Lebens getan haben, dann überfällt uns manchmal ein Grauen, wenn wir sehen, daß wir so gar nichts getan haben, was bleibt; daß alle unsere Sorgen und Mühen, alles, was wir gedacht und gesagt haben, schon längst verhallt sind ins Leere und daß nichts bleibt; nichts als vielleicht eine zufällige, vielleicht uns nicht einmal bewußt gewordene Tat der Liebe, ein Gedanke der Liebe, eine Hoffnung für einen anderen.

Hier ist das Ziel klar: Alles, unser Wissen, Erkennen, Denken, Reden soll zuletzt übergehen und aufgehen in Liebe. Und nur, was in Liebe und aus Liebe gedacht ist, bleibt bestehen, hört nimmer auf.

Warum muß alles andere aufhören und warum hört allein Liebe nimmer auf? Weil allein in der Liebe der Mensch sich selbst aufgibt, seinen Willen drangibt für den anderen, weil also allein die Liebe nicht aus meinem eigenen Selbst kommt, sondern aus einem anderen Selbst, aus dem Selbst Gottes. Weil also allein in der Liebe Gott selbst durch uns handelt, während in allem anderen wir selbst handeln. Es sind *unsere Gedanken, unser Reden, unsere Erkenntnisse*, aber es ist Gottes Liebe. Und was von uns ist, muß aufhören, alles. Aber was von Gott ist, das bleibt. Weil also Liebe Gott selbst und sein Wille ist, darum hört sie nimmer auf. Darum wird sie nie irre. Darum bleibt sie bei ihrem Weg. Darum geht sie ihn mit schlafwandlerischer Sicherheit. Sie geht ihn mitten hindurch durch alle Dunkelheiten und Rätsel dieser Welt. Sie geht in die Abgründe menschlichen Elends und auf die Höhen menschlichen Glanzes. Sie geht zu den Feinden wie zu den Freunden. Sie verläßt keinen, auch wenn sie von jedem verlassen wird. Sie geht dem Geliebten nach in Schuld und Schande und Verlorenheit. Sie kennt das alles nicht. Sie ist einfach da und höret nimmer auf. Und sie heiligt jeden Ort, den sie betritt. Sie findet überall Stückwerk und zeugt überall von der Vollkommenheit.

Sie begehrt Einlaß in die Welt unserer Gedanken und Erkenntnisse. Die Erkenntnis ist der Liebe am ähnlichsten. Auch sie hat den anderen zum Gegenstand, ist auf den anderen gerichtet. Sie will die Welt und den Menschen und die Geheimnisse Gottes begreifen und verstehen und erklären. Es gibt keinen Menschen, der nicht selbst an der Erkenntnis teilnähme. Der Mensch ist ein erkennendes Wesen und sein Urgrund. Er muß erkennen, auch wenn er es nicht will, auch wenn er das Denken nicht zu seinem Beruf, nicht zum Selbstzweck gemacht hat. Es sind die großen Fragen, an denen jeder Mensch seine Erkenntnis versucht und an denen jeder auch zugleich die Grenzen seiner Erkenntnis kennen lernt. Und diese großen Fragen sind: Was ist des Menschen eigener Weg? Was ist des anderen Menschen Weg? Und was ist der Weg Gottes, der hinter allen menschlichen Wegen geht? Es gibt keinen Menschen, der diese Fragen nicht kennt und sich nicht immer wieder stellen müßte.

Und es gibt andererseits keinen Menschen, der sie aus den Kräften seiner eigenen Erkenntnis zu beantworten imstande gewesen wäre.

Alle Lösungen, die Menschen hier versucht haben, die wir täglich versuchen, sind Stückwerk, das vergeht. Das weiß keiner besser als der, der viel gedacht hat und viel weiß. Das wissen heute wenige besser als die vor kurzem noch so siegesgewissen und stolzen Naturwissenschaften. Das hat einer der größten Denker aller Zeiten selbst als das Ende und den Anfang aller Weisheit erkannt, indem er sagte: *Ich weiß, daß ich nichts weiß* (Sokrates). Aber das war nun auch das Ende. Das war seine letzte Gewißheit.

Paulus aber hat über diese Gewißheit hinaus noch eine unendlich größere Gewißheit: Unser Wissen ist Stückwerk, wenn aber kommen wird das Vollkommene, dann wird das Stückwerk aufhören. Dies Vollkommene aber ist die Liebe. Erkennen und Liebe verhalten sich wie Stückwerk und Vollkommenheit. Und je mehr Sehnsucht nach Vollkommenheit im erkennenden Menschen ist, umso mehr Liebe wird er haben. *Das vollkommene Erkennen ist die vollkommene Liebe.* Das ist ein seltsamer, aber doch sehr tiefsinniger und wahrer Satz des Paulus.

Vielleicht fragt einer: Was hat denn das Erkennen überhaupt mit der Liebe zu tun? Erkennen heißt doch gerade das ganz objektive, sachliche Erkennen, ohne alle persönlichen Urteile. Gewiß ist es so. Aber um die Sache selbst zu sehen [zu] bekommen, müssen wir sie lieben. *Eine Sache oder einen Menschen*, der uns gleichgültig ist, erkennen und *begreifen wir nie*. Eine Sache oder einen Menschen, den wir hassen, *verkennen wir immer*. Allein einen Menschen, den wir lieben, *erkennen wir ganz*. Wir erkennen an einem Menschen so viel, wie wir an ihm lieben. Der sogenannte weltkluge Menschenkenner kennt und versteht ja Menschen im Grunde gar nicht. Es ist vielmehr sein Trick, sich auf die Schlechtigkeit von Menschen zu verstehen und vor allem vorsichtig zu sein. Das aber muß er gerade darum, weil er die Menschen nicht versteht. Denken wir nur, ein uns unsympathischer Mensch hat eine uns überraschende Tat getan. Und ein Mensch, den wir sehr lieben, hat eine Tat getan, die wir einfach von ihm nicht begreifen können. Dann werden wir bei dem ersten sofort allerlei Erklärungen zur Hand haben, aus welchen schlechten Motiven heraus jener gehandelt haben könnte. Und wir werden andererseits suchen und fragen ohne Ende und Gründe der Entschuldigung finden, um recht zu verstehen, warum der Mensch, den wir liebten, so handelte. Und wir haben dann den letzten gewiß besser erkannt als den ersteren.

Alles wirkliche Erkennen ist ein Stück Liebe. Aber eben von Eitelkeit und Ruhmsucht und Selbstsucht noch ganz umhüllte Liebe. Aber es steckt in ihm eine Sehnsucht nach Vollkommenheit, nach dem Aufhören des Stückwerkes, nach dem Anbruch der vollendeten Wahrheit, Erkenntnis und Liebe.

»*Wenn aber kommen wird das Vollkommene*, so wird das Stückwerk aufhören.« Es ist kein allmählicher Aufstieg, daß das Stückwerk zum Vollkommenen käme, sondern das Vollkommene, das vom Stückwerk nie Erreichte, *kommt* selbst, wird kommen aus voller Freiheit, aus eigener Machtvollkommenheit. Und das Stückwerk wird aufhören. Es wird zerbrechen, wie man ein Spiegelbild zerbrechen kann, wenn man die Wirklichkeit sieht.

Es ist ein überraschendes Bild, wenn nun das Alter des Kindes mit dem Stückwerk des Erkennens und wenn das reife Mannesalter mit der Vollkommenheit der Liebe verglichen wird. »*Da ich ein Kind war*, redete ich wie ein Kind und war klug wie ein Kind und hatte kindische Anschläge.« Erkennen ohne Liebe ist kindisch, kindischer Anschlag, kindischer Versuch, der Welt auf einem

Schleichweg Herr zu werden. Der Stolz des Erkennens ohne Liebe ist wie Prahlerei eines dummen Jungen, die nicht einmal ernst genommen zu werden verdient, über die der reife Mann nur lächelt. »Da ich aber ein Mann war, tat ich ab, was kindisch war.« Wir würden es gerade umgekehrt sagen: Die Kinderei ist die Liebe in der Erkenntnis und die Reife ist nüchterne Erkenntnis ohne Liebe. Aber Paulus sagt: Die Liebe ist die Sache der reifen Einsicht, der wahren Erkenntnis, des Mannesalters. Der Weg der Liebe ist der Weg des männlichen Tuns. Das grenzt wohl diese Liebe deutlich von aller Schwärmerei, von aller Weichlichkeit und Sentimentalität ab. Liebe heißt Wahrheit vor Gott, heißt vollkommene Erkenntnis vor Gott.

Und noch ein zweites Bild: »Wir sehen jetzt durch einen Spiegel ...« Gottes Gedanken sind in der Welt nur wie im Spiegel aufgefangen. Wir sehen sie nur in der Spiegelschrift. Und die Spiegelschrift Gottes ist schwer zu lesen. Sie heißt ja wohl, daß Großes klein und Kleines groß, Rechtes verkehrt und Verkehrtes recht ist, daß Hoffnungsloses Verheißung und Hoffnungsvolles das Gericht erwartet. Sie heißt ja wohl, daß Kreuz Sieg und Tod Leben bedeutet. Wir lesen die Spiegelschrift Gottes in Jesus Christus, in seinem Leben und Reden und Sterben. »Wir sehen durch einen Spiegel *in einem dunklen Wort.*« Das dunkle Wort des Kreuzes als die Spiegelschrift Gottes, das ist wahrhaftig schwer zu erkennen und zu begreifen. Und dennoch, wir sehen jetzt! Aber freilich *»dann aber* von Angesicht zu Angesicht«. »Dann aber«, wenn nämlich das Vollkommene hereinbricht, wenn der Spiegel der Welt zerbricht und der Glanz und das Licht Gottes uns selbst umfangen wird. *»Dann aber«*, am Ende, an unserem Ende, in der Stunde unseres Sterbens und Aufhörens und Davongehens, »dann aber von Angesicht zu Angesicht«. Dann ist die Klarheit da. Dann ist die vollendete Liebe bei uns. »Von Angesicht zu Angesicht« – Gott sehen, wie er ist. Seine Liebe nicht nur glauben, sondern schauen, spüren, fühlen, empfinden, in seiner Liebe selig sein. »*Selig sind*, die reines Herzens sind, denn sie werden *Gott schauen*.« [Matth 5,8] Dann aber von Angesicht zu Angesicht.

»Jetzt erkenne ich's stückweise. Dann aber werde ich erkennen, gleichwie ich erkannt bin.« Das ist die Lösung, »gleichwie ich erkannt bin«. Das ist der Grund, warum allein ich hoffen darf, so zu erkennen und so das Vollkommene zu erfahren, daß ich erkannt bin von Gott, von der Liebe, von dem Vollkommenen. Sein Licht sucht meine Augen. Seine Liebe sucht mein Herz. Er hat mich schon längst erkannt und geliebt. Und darum zieht es mich so unwiderstehlich dazu, ihn wieder zu erkennen und wieder zu lieben. Darum drängt es durch alles Stückwerk hindurch auf ihn hin, auf das Vollkommene hin. Ich könnte ihn nicht erkennen, wenn er mich nicht erkannt hätte.

Gott und Mensch erkennen sich gegenseitig. Sie sehen sich von Angesicht zu Angesicht. Sie wissen umeinander. Sie wissen um ihre gegenseitige Liebe. Sie wissen, daß sie nicht ohne einander sein können und sollen. Sie sind nun miteinander, beieinander, ineinander, sind eins im Erkennen, eins in dem seligen Geheimnis ihrer Liebe. Und der Mensch sinkt zu Boden und streckt seine Hände aus und ist nicht mehr er selbst. Denn nun ist er in Gott. Das ist Vollendung. Amen.

# Vor Erstarrung bewahrt allein die Liebe

Reformationsfest, 4. November 1934

*1. Korinther 13, 13: Nun aber bleibt Glaube, Hoffnung, Liebe, diese drei; aber die Liebe ist die größte unter ihnen.*

Mit voller Absicht haben wir unsere Predigtreihe über 1. Korinther 13 so eingerichtet, daß dieser Text auf das Reformationsfest fällt. Wir wollen damit sagen, daß die Kirche, die von der alleinigen Kraft und dem Heil und dem Sieg des Glaubens an Jesus Christus so geredet hat wie wohl keine andere, daß die Kirche, die groß ist im Glauben, noch größer sein müsse in der Liebe. Und wir wollen damit einerseits nichts anderes als zurück zur ursprünglichen Reformation, andererseits aber einer Gefahr und Entartung entgegentreten, die den Protestantismus von Anfang bedroht hat, nämlich daß die Botschaft von dem allein rettenden und erlösenden Glauben erstarrte, ein totes Wort wurde, weil sie nicht lebendig gehalten wurde durch die Liebe.

Eine Kirche des Glaubens aber – und sei es der bekenntnistreueste und orthodoxeste Glaube –, die nicht noch viel mehr Kirche der reinen und allumfassenden Liebe ist, ist nichts nütze. Was heißt es auch, an Christus glauben, der die Liebe war, und selbst noch hassen? Was heißt es, Christus seinen Herrn nennen im Glauben und seinen Willen nicht tun? Solcher Glaube ist kein Glaube, sondern er ist Heuchelei. Es nützt keinem Menschen etwas, seinen Glauben an Christus zu beteuern, wenn er nicht zuvor hingegangen ist und sich mit seinem Bruder, mit der Wirklichkeit jedes seiner Brüder, auch mit dem gottlosen, rassenfremden, geächteten und verstoßenen Bruder versöhnt hat. Und die Kirche, die ein Volk zum Glauben an Christus aufruft, muß selbst in diesem Volk das brennende Feuer der Liebe sein, die Keimzelle zur Versöhnung, der Brandherd, in dem aller Haß erstickt wird und die Menschen aus Stolz und Haß zu Menschen der Liebe umgewandelt werden. Unsere Kirchen der Reformation haben manche große Taten getan. Und doch scheint es mir, als sei ihnen diese größte Tat noch nicht gelungen. Und sie ist heute notwendiger als je.

»Nun aber bleibt Glaube, Hoffnung, Liebe, diese drei.« »Glaube« – das heißt ja nun freilich, daß kein Mensch und keine Kirche von der Größe ihrer eigenen Taten leben kann, sondern daß sie allein von der großen Tat leben, die Gott selbst tut und getan hat. Und das ist nun das Entscheidende: Die großen Taten Gottes bleiben ungesehen, verborgen in der Welt. Es ist eben mit der Kirche nicht so, wie es in der Welt und in der Geschichte der Völker ist, daß es letztlich darauf ankäme, auf große Taten hinweisen zu können. Die Kirche, die das versucht, wäre schon längst den Gesetzen und den Mächten dieser Welt verfallen. *Die Kirche des Erfolges* ist wahrhaftig noch lange nicht *die Kirche des Glaubens*. Die Tat, die Gott in dieser Welt getan hat und von der seitdem alle Welt lebt, heißt das Kreuz von Golgatha. Das sind Gottes »Erfolge«. Und so werden die Erfolge der Kirche und des Einzelnen aussehen, wenn sie Taten des Glaubens sind. Daß der Glaube bleibt, das heißt, daß es wahr bleibt, *daß der Mensch vom Unsichtbaren leben muß*, daß er nicht von seinem sichtbaren Werk, sondern von der unsichtbaren Tat Gottes lebt. Er sieht Irrtum und er glaubt Wahrheit. Er sieht Schuld und er glaubt Vergebung. Er sieht Sterben und er glaubt ewiges Leben. Er sieht nichts und er glaubt die Tat und die Gnade Gottes. »Laß dir an meiner Gnade genügen, denn meine Kraft ist in den Schwachen mächtig«

[2. Kor. 12,9]. Und so ist es mit der reformatorischen Kirche. Sie lebt nie und nimmer von ihrer Tat, auch nicht von ihrer Liebestat. Sondern sie lebt von dem, was sie nicht sieht und doch glaubt. Sie sieht Bedrängnis und sie glaubt Errettung. Sie sieht Irrlehre und sie glaubt Gottes Wahrheit. Sie sieht Verrat am Evangelium und sie glaubt die Treue Gottes. Die reformatorische Kirche ist niemals die sichtbare Gemeinschaft der Heiligen, sondern die Sünderkirche, die gegen allen Schein an die Gnade glaubt und von ihr allein lebt. »Heraus aus der Kirche, wer ein Heiliger sein will«, hat Luther einmal gerufen. Sünderkirche – Gnadenkirche – Glaubenskirche, das ist es. »Nun aber bleibt Glaube«, weil er vor Gott und von Gott allein lebt. Es gibt nur eine Sünde. Und die heißt, ohne Glauben zu leben.

Aber ein Glaube, der sich wirklich an das Unsichtbare hält und von ihm lebt, als wäre es schon da, hofft zugleich auf die Zeit der Erfüllung und des Schauens und des Habens. Er hofft darauf so gewiß, wie das hungrige Kind, dem der Vater Brot versprochen hat, wohl eine Zeit warten kann, weil es glaubt, aber doch endlich das Brot empfangen will. Oder wie der Musikhörer wohl einem dunklen Ineinander von Disharmonieen willig folgt, aber doch in der Gewißheit, daß sich diese Disharmonieen auch wieder lösen müssen. Oder wie der Kranke eine bittere Arznei nimmt, damit der Schmerz endlich von ihm genommen werde. Ein Glaube, der nicht hofft, ist krank. Er ist wie ein hungriges Kind, das nicht essen, oder ein müder Mensch, der nicht schlafen will. So gewiß der Mensch glaubt, so gewiß hofft er. Und es ist keine Schande zu hoffen, grenzenlos zu hoffen. Wer wollte auch von Gott reden, ohne zu hoffen, ihn einmal zu schauen? Wer wollte vom Frieden und von der Liebe unter den Menschen reden, ohne sie einmal in Ewigkeit erleben zu wollen? Wer wollte von einer neuen Welt und einer neuen Menschheit reden, ohne zu hoffen, daß er an ihr teilhaben werde? Und warum sollen wir uns unserer Hoffnung schämen? Nicht unserer Hoffnungen werden wir uns einstmals zu schämen haben, sondern unserer ärmlichen und ängstlichen Hoffnungslosigkeit, die Gott nichts zutraut, die in falscher Demut nicht zugreift, wo Gottes Verheißungen gegeben sind, die resigniert in diesem Leben und sich nicht freuen kann auf Gottes ewige Macht und Herrlichkeit. »Wir heißen euch hoffen«! [Carlyle]. »Hoffnung läßt nicht zuschanden werden« [Röm. 5,5]. Je mehr ein Mensch zu hoffen wagt, desto größer wird er mit seiner Hoffnung. Der Mensch wächst mit seiner Hoffnung, wenn es nur die Hoffnung auf Gott und seine alleinige Macht ist. Die Hoffnung bleibt.

»Nun aber bleibt Glaube, Hoffnung, Liebe, diese drei; aber die Liebe ist die größte unter ihnen.« Noch einmal klingt es aus den ersten Versen des Kapitels nach: »Und wenn ich allen Glauben hätte, also daß ich Berge versetzte« – und wir fügen hinzu: wenn ich alle Hoffnung hätte – »und hätte der Liebe nicht, so wäre ich nichts«. Denn die Liebe ist die größte unter ihnen.

Was kann größer sein, als sein Leben im Glauben *vor* Gott [zu] leben? Was kann größer sein, als sein Leben in der Hoffnung *zu* Gott *hin* [zu] leben? Größer ist die Liebe, die *in* Gott lebt. »Wandle *vor* mir« [1. Mose 17,1]. »Wer in der Liebe bleibt, der bleibt *in ihm*« [nach 1. Joh. 4,16]. Was ist größer als die Demut des Glaubens, die den unendlichen Abstand des Schöpfers vom Geschöpf nie vergißt? Was ist größer als die Zuversicht der Hoffnung, die sich nach dem Kommen Gottes und nach dem Schauen seiner Wirklichkeit sehnt? Größer ist die Liebe, die hier schon seiner Nähe und Gegenwart überall gewiß ist, die an seiner Liebe hängt und weiß, daß seine Liebe nichts will als unsere Liebe. Was ist größer als der Glaube, der sein Heil in Christus erhofft und festhält und in ihm gerechtfertigt wird? Was ist größer als die Hoffnung, die sich Stunde um Stunde auf ein seliges Sterben und Heimgehen richtet? Größer ist die dienende Liebe, die für den anderen alles vergißt, sogar das eigene Heil hingibt, um es den Brüdern zu bringen. Denn wer seine Liebe verliert um meinetwillen, der wird sie gewinnen [nach Matth. 16,25].

Es bleiben Glaube und Hoffnung. Daß nicht einer meine, er könne die Liebe haben ohne den Glauben und ohne Hoffnung! Liebe ohne Glauben [ist] wie [ein] Strom ohne Quelle. Das hieße ja, er könne die Liebe haben ohne Christus. *Der Glaube allein rechtfertigt vor Gott.* Die Hoffnung richtet uns aufs Ende hin. Die Liebe vollendet.

Der Glaube allein rechtfertigt. Auf diesem Satz ist unsere protestantische Kirche erbaut. Auf die Frage des Menschen: Wie kann ich vor Gott bestehen? fand Luther in der Bibel als einzige Antwort: Indem du seiner Gnade und Barmherzigkeit in Jesus Christus glaubst. Auf die Frage, wie der Mensch vor Gott recht fertig werde, heißt die Antwort: Durch Gnade allein, durch Glauben allein. Wir können daher hier am Ende mit allem Recht den Satz unseres Kapitels auch umdrehen und sagen: *Und wenn ich alle Liebe hätte, so daß ich alle guten Werke vollbrächte* und hätte *den Glauben nicht,* so wäre ich nichts. Der Glaube allein rechtfertigt. Aber die Liebe vollendet.

Glaube und Hoffnung gehen in die Ewigkeit ein in der verwandelten Gestalt der Liebe. Es muß am Ende alles Liebe werden. Vollendung heißt Liebe. Aber das Zeichen der Vollendung in dieser Welt heißt Kreuz. Das ist der Weg, den die vollendete Liebe in dieser Welt gehen muß und immer wieder gehen wird. Das aber zeigt uns erstens, daß diese Welt reif ist zum Abbruch, überreif; daß es nur Gottes unbeschreibliche Geduld ist, die noch wartet bis zum Ende. [Das zeigt uns] zweitens, daß die Kirche in dieser Welt Kirche unter dem Kreuz bleibt. Wehe der Kirche, die Kirche der sichtbaren Herrlichkeit schon hier werden will. Sie hat ihren Herrn am Kreuz verleugnet. Glaube, Hoffnung, Liebe führen allesamt ans Kreuz zur Vollendung.

Wenn wir jetzt aus der Kirche herausgehen, so gehen wir in eine Welt hinein, die sich nach den Dingen sehnt, von denen wir hier geredet haben, freilich nicht nur nach den Worten, sondern nach der Wirklichkeit. Die tausendmal betrogene und enttäuschte Menschheit braucht Glauben. Die wunde und leidende Menschheit braucht Hoffnung. Die in Zwietracht und Mißtrauen zerfallene Menschheit braucht Liebe. Und wenn wir schon kein Mitleid mehr haben mit unserer eigenen armen Seele, die dieses alles wahrhaftig auch braucht, so habt Mitleid wenigstens mit der armen Menschheit. Sie will von uns lernen, aufs neue zu glauben, zu hoffen, zu lieben. Versagt es ihr nicht. Lassen wir es uns zurufen am Reformationstag: Glaubt, hofft und vor allem liebt! Und ihr werdet die Welt überwinden. Amen.